21 世纪人力资源开发与管理系列教材

人力资源开发与管理概论

吴国存　李新建　主编

南开大学出版社
中国·天津

图书在版编目(CIP)数据

人力资源开发与管理概论 / 吴国存，李新建主编.
天津：南开大学出版社，2001.12(2021.1 重印)
　21 世纪人力资源开发与管理系列教材
　ISBN 978-7-310-01608-2

　Ⅰ.人… Ⅱ.①吴…②李… Ⅲ.①劳动力资源－
资源开发－教材②劳动力资源－资源管理－教材
　Ⅳ.F241

中国版本图书馆 CIP 数据核字(2001)第 070198 号

版权所有　侵权必究

人力资源开发与管理概论
RENLI ZIYUAN KAIFA YU GUANLI GAILUN

南开大学出版社出版发行
出版人：陈　敬
地址：天津市南开区卫津路 94 号　邮政编码：300071
营销部电话：(022)23508339　营销部传真：(022)23508542
http://www.nkup.com.cn

昌黎县佳印印刷有限责任公司印刷　全国各地新华书店经销
2001 年 12 月第 1 版　　2021 年 1 月第 14 次印刷
880×1230 毫米　32 开本　13.75 印张　390 千字
定价：34.00 元

如遇图书印装质量问题，请与本社营销部联系调换，电话：(022)23508339

编委会委员

（按姓氏笔画排列）

马庆国	王通讯	李维安
李新建	吴国存	邱立成
郑绍濂	赵曙明	崔　勋
董克用	谢晋宇	

总　　序

在当今的经济发展与企业竞争中,人力资源的开发、利用与管理显得愈发重要,人力资源成为一种最重要的资源。人力资源的培育、开发与利用不仅已成为经济增长的决定性因素,而且直接构成企业核心竞争力的关键性战略资源,以人为本的管理理念成为 21 世纪企业管理的新思潮。

在近几十年中,现代人力资源开发与管理的理论与实践都有了长足的发展,并已取代了以往传统的企业人事管理。这不仅仅是管理方法上的创新,更多的是观念和认识上的突破。为适应我国市场经济发展的需要,南开大学与其他 60 余所高等院校先后建立了人力资源管理专业,以培养我国目前急需的高级人力资源开发与管理人才。

作为我国管理科学的一个新兴学科,人力资源管理学科急需建立和完善适应我国经济发展需要的人力资源管理人才的教育与培养体系,特别是人力资源管理专业的教材建设。为适应这一现实需要,在南开大学出版社的鼎力支持下,南开大学人力资源管理系组织了全国部分高等院校的专家学者编写和出版了这套"21世纪企业人力资源开发与管理系列教材"丛书。

这套丛书主要是面向我国高等院校人力资源管理专业的本科与研究生教学,对于从事人力资源管理实践的管理人员亦有较大的实用价值。基于这种考虑,本书体现了人力资源管理的理论性、应用性与可操作性,并通过一些典型案例,开发和提高读者对理论的应用能力;同时,在力求消化、吸收国外最新研究成果的基础上,注重对中国问题的分析与研究。

这套丛书中难免存在一些不足之处,敬请读者批评指正,以便我们今后对此套丛书不断完善与修订。

前　　言

　　人力资源开发与管理的理论研究和实践发展,在国外已有数十年。近年来,我国对人力资源开发与管理的研究,亦有长足进步,有关的成果已发表不少。但是,真正适合于高校人力资源管理专业学生使用的教材尚不多见。1995年,我们曾经出版了《公司人力资源开发与管理》一书(南开大学出版社出版,1998年被教育部列为全国高校经济学、管理学专业的推荐教材),虽有所长,但时代进步太快,随着科学技术日新月异和迅猛发展及新经济时代的来临,人力资源开发管理理论与实践方面所发生的诸多创新,未能得以全面反映,该书已显得有些陈旧。故我们组织了南开大学国际商学院人力资源管理系的几位教师,并吸收个别实际部门的同志,在研究最新成果和总结教学经验的基础上,撰写了《人力资源开发与管理概论》一书。

当前,国外的研究将人力资源开发从整个人力资源管理中分离出来,成为相对独立的领域。因此,本书大的体例框架划分为三篇:总论篇、管理篇、开发篇。该书作为一本专业教材,强调对基本概念、基础理论的掌握,内容上力求全面、系统、创新,反映人力资源开发管理理论与实践的最新成果和信息。

人力资源管理专业在我国高校设立,是十分令人高兴和振奋的大事情,这是知识经济发展的客观要求,是我国经济腾飞、强国富民的必然需要。但是,她毕竟处于初创时期,许多问题尚在探索;人力资源开发与管理概论,作为一门专业基础课,也有个逐步改进、完善、成熟的过程,于此之中,倘若本书能发挥抛砖引玉之作用,对专业学科发展有所裨益的话,我们将感到无比欣慰。鉴于本书写作时间匆忙,作者水平所限,疏漏和错误之处在所难免,敬请读者批评指正。

该书由吴国存、李新建任主编。全书架构和写作大纲系吴国存拟出,并经集体讨论后确定。各章作者初稿写就,交由吴国存、李新建审阅、修改、改写(部分章节),又经作者修改,最后由二位主编修订、统纂、定稿。全书写作分工如下:

吴国存——第一章、第二章、第三章、第十二章、第十五章、第十六章;

李新建——第七章、第八章;

谢晋宇——第九章;

刘 川——第四章、第五章、第六章、第七章、第十七章;

崔 勋——第十章;

邱立成——第十一章;

魏爱琴——第十三章;

王健友——第十四章。

"21世纪人力资源开发与管理系列教材"由纪益员同志策划,为此她倾注了大量心血,付出了艰辛的努力;对本书的写作与出版,亦给予了极大关怀和满腔热忱的帮助。本书责任编辑童颖同志为此书的出版花费了大量心血,付出了紧张而辛勤的劳动。在此,我们一并致以最诚挚的谢意!

编　者
2001年6月于南开园

目 录

总论篇

第一章 企业的人力资源……………（3）
　本章学习要点 ………………………（3）
　第一节　人力资源 …………………（4）
　第二节　人力资源在现代经济和企业
　　　　　发展中的地位与作用 ……（8）
　第三节　企业人力资源的构成 ……（16）
　参考资料 ……………………………（19）
　思考题 ………………………………（19）

第二章 企业人力资源管理及其基本原理
　………………………………………（20）
　本章学习要点 ………………………（20）

　　　　第一节　人力资源管理的涵义与特征……………………（21）
　　　　第二节　企业人力资源管理的目的、任务与功能………（25）
　　　　第三节　企业人力资源管理的基本原理…………………（32）
　　　　参考资料………………………………………………………（35）
　　　　思考题…………………………………………………………（35）

第三章　企业人力资源开发与管理的思想理论基础……………（36）
　　　　本章学习要点…………………………………………………（36）
　　　　第一节　人的管理哲学——人性假设……………………（37）
　　　　第二节　以人为本的管理思想……………………………（47）
　　　　第三节　人力资本理论……………………………………（54）
　　　　参考资料………………………………………………………（64）
　　　　思考题…………………………………………………………（64）

管理篇

第四章　工作分析与工作设计……………………………………（67）
　　　　本章学习要点…………………………………………………（67）
　　　　第一节　工作分析的涵义、任务与内容…………………（68）
　　　　第二节　工作分析的信息获取……………………………（73）
　　　　第三节　工作分析程序……………………………………（78）
　　　　第四节　工作设计…………………………………………（82）
　　　　参考资料………………………………………………………（89）
　　　　思考题…………………………………………………………（90）

第五章　人力资源规划……………………………………………（91）
　　　　本章学习要点…………………………………………………（91）
　　　　第一节　人力资源规划概述………………………………（92）
　　　　第二节　人力资源需求与供给测定………………………（98）
　　　　第三节　人力资源规划的制定与实施……………………（108）

参考资料 ·· (115)
　　　思考题 ·· (116)

第六章　企业人力资源形成——员工的招聘、选择与录用 ······ (117)
　　　本章学习要点 ·· (117)
　　　第一节　招聘 ·· (118)
　　　第二节　筛选与录用 ·· (132)
　　　参考资料 ·· (142)
　　　思考题 ·· (142)

第七章　薪资与福利管理 ·· (143)
　　　本章学习要点 ·· (143)
　　　第一节　企业薪资的一般概念 ································ (144)
　　　第二节　薪资水平与薪资结构的决定 ·························· (146)
　　　第三节　企业薪资政策 ······································ (154)
　　　第四节　企业薪资制度与管理实务 ···························· (157)
　　　第五节　企业福利管理 ······································ (165)
　　　参考资料 ·· (169)
　　　思考题 ·· (169)

第八章　员工安全健康管理 ······································ (170)
　　　本章学习要点 ·· (170)
　　　第一节　员工安全健康管理的作用与特点 ······················ (171)
　　　第二节　安全健康的法制化与制度化管理 ······················ (175)
　　　第三节　企业安全管理 ······································ (181)
　　　第四节　员工健康管理 ······································ (185)
　　　第五节　员工不健康行为防范 ································ (189)
　　　参考资料 ·· (191)
　　　思考题 ·· (191)

第九章 员工的流动管理 (192)
本章学习要点 (192)
第一节 员工流动的内涵及种类 (193)
第二节 员工流动的条件和自愿流动的原因 (200)
第三节 员工流动的机制 (204)
第四节 员工流动模式 (207)
参考资料 (214)
思考题 (214)

第十章 劳动关系管理 (215)
本章学习要点 (215)
第一节 劳动关系概述 (216)
第二节 集体谈判 (221)
第三节 劳动争议 (232)
参考资料 (236)
思考题 (237)

第十一章 国际人力资源管理 (238)
本章学习要点 (238)
第一节 国际人力资源管理及其特征 (239)
第二节 国际雇员的来源与选择 (241)
第三节 外派人员的培训开发 (247)
第四节 外派人员的薪酬管理 (253)
参考资料 (260)
思考题 (261)

开发篇

第十二章 企业人力资源开发概述 (265)
本章学习要点 (265)

　　　　第一节　人力资源开发的涵义与内容 …………………（266）
　　　　第二节　企业人力资源开发的必要性与原则 …………（270）
　　　　第三节　企业人力资源开发主体系统和客体系统 ………（275）
　　　　参考资料 ………………………………………………（282）
　　　　思考题 …………………………………………………（283）

第十三章　组织开发 ……………………………………………（284）
　　　　本章学习要点 …………………………………………（284）
　　　　第一节　组织的扁平化 ………………………………（285）
　　　　第二节　团队与团队建设 ……………………………（288）
　　　　第三节　学习型组织的开发 …………………………（300）
　　　　第四节　企业文化 ……………………………………（306）
　　　　参考资料 ………………………………………………（313）
　　　　思考题 …………………………………………………（314）

第十四章　绩效评价与管理 ……………………………………（315）
　　　　本章学习要点 …………………………………………（315）
　　　　第一节　绩效管理概述 ………………………………（316）
　　　　第二节　绩效管理过程 ………………………………（321）
　　　　第三节　绩效评价 ……………………………………（324）
　　　　第四节　绩效管理的改进 ……………………………（336）
　　　　参考资料 ………………………………………………（340）
　　　　思考题 …………………………………………………（341）

第十五章　企业教育培训开发 …………………………………（342）
　　　　本章学习要点 …………………………………………（342）
　　　　第一节　企业教育培训的意义和原则 ………………（343）
　　　　第二节　企业教育培训的组织机构 …………………（349）
　　　　第三节　企业教育培训需求分析与目标计划的确定 ………（353）

第四节　企业教育培训的内容、形式与途径……………（360）
　　　参考资料 ……………………………………………………（367）
　　　思考题 ………………………………………………………（368）

第十六章　职业开发 ……………………………………………（369）
　　　本章学习要点 ………………………………………………（369）
　　　第一节　职业与职业生涯 …………………………………（370）
　　　第二节　职业选择 …………………………………………（377）
　　　第三节　职业开发 …………………………………………（382）
　　　第四节　职业计划 …………………………………………（392）
　　　参考资料 ……………………………………………………（397）
　　　思考题 ………………………………………………………（397）

第十七章　员工的激励开发 ……………………………………（398）
　　　本章学习要点 ………………………………………………（398）
　　　第一节　激励开发概述 ……………………………………（399）
　　　第二节　激励变革——战略激励 …………………………（407）
　　　第三节　激励原则与方法 …………………………………（411）
　　　参考资料 ……………………………………………………（421）
　　　思考题 ………………………………………………………（422）

总论篇

第一章

企业的人力资源

本章学习要点

- 人力资源是一定时空内的人口总体所具有的劳动能力之总和。它具有不可剥离性、二重属性、能动性、时效性、开发连续性等特征。
- 人力资源具有可计量性,有数量内容。
- 人力资源质量的内容包括思想素质、文化技术素质和生理心理素质。
- 人力资源是国民经济的第一资源,是现代经济增长的战略资源、特殊资源和重要资产,因此它是社会经济运行的根本要素和企业持续发展的动力和活力所在。
- 企业人力资源从多方位、多角度配置,形成了不同类别的组合结构,因此需建立合理的企业人力资源结构。

第一节 人力资源

一、人力资源的涵义与特征

1. 人力资源的涵义

人力资源(Human Resources)是20世纪五六十年代提出的概念。所谓人力资源,是指一定时间、一定空间地域内的人口总体所具有的劳动能力之总和。对人力资源的概念,需要从以下几方面把握:

(1) 人力资源作为社会资财的来源,是一种国民经济资源,或者说是一种经济资源要素。

(2) 人力资源作为经济资源,实质就是人所具有的运用和推动生产资料(物质资源)进行物质生产或社会经济活动的能力,亦即社会劳动能力。它包含体能和智能两个基本方面。

体能,亦即对劳动负荷的承载力和劳动过后迅速消除疲劳的能力,以及对工作或事物的心理承载力和平衡能力。它表现为人的身体素质,如力量、速度、耐力、反应力等;还表现为人的心理素质,如心理承受力、克服心理障碍、寻求心理平衡的能力等。

智能包含三方面:①智力——认识事物、运用知识、解决问题的能力,包括观察力、理解力、思维判断力等;②知识——人类具备的从事社会生产和社会生活实践活动的经验和理论;③技能——人们在智力、知识支配和指导下实际操作、运用和推动生产资料、生产物质财富的能力。

体能、智力、知识和技能,为人力资源现实的应用形态,也是人力资源之所以成为资源的基本内容和根本实质所在。

(3) 构成人力资源实质的劳动能力,乃人类所独具,并以人体为其依存的载体,没有人,作为经济资源的能力不复存在。因此,现实生活中,人力资源表现为总人口中具有劳动能力的人口。

（4）人力资源是个时空概念。例如，某一时间某个国家或地区的人力资源，一定时间某行政区域、经济区域、城市、乡村的人力资源，或者某个部门、公司、企业在某一时间拥有的人力资源。

（5）人力资源，既有质的规定性，又有量的可计量性，是质和量的统一。谈及人力资源，既有一定的数量意义，又具有一定的质量内容。

2. 人力资源的特征

人力资源是一种特殊的经济资源，与物质资源相比，呈现出自有特征。

（1）人力资源具有不可剥离性。作为资源的劳动能力，即体能与智能，是人类独具的，属于人类自身所有，并依附于人身，不可能游离于人体之外而自由存在，故人力资源具有不可剥离性；同时，也具有不可剥夺性。

（2）人力资源具有生物属性。它是一种融于人体内的有生命的活的资源，与人的自然特征相关联，具有天然生理构成的方面和出生、成长、死亡的自然生理发展过程。

（3）人力资源具有社会属性。这是人力资源不同于物质资源之处，是人力资源实质性的属性。其社会属性主要表现在以下几方面：

① 物质资源完全归属于自然界。人力资源虽然具有生物属性，也存在于自然界、宇宙空间，然而它不归属于自然界，而属于人类社会，人力资源从根本上讲是社会范畴。

② 人力资源是在人类社会生活和社会生产活动中形成与发展的。

③ 人力资源存在于一定社会形态中，其形成、使用、配置必须通过社会，依赖于社会。离开一定社会背景，它不可能作为经济资源要素在社会经济发展中发挥作用。

④ 人力资源是社会生产和生活的主体，从其产生伊始，便处于一定社会形态之中。因此，它总是一定社会生产方式下的经济资源，反映一定的社会关系。

（4）人力资源具有能动性。其能动性主要表现于五方面：一是人力资源有思想，有社会意识，在生产要素中，能动地支配、使用物质资料，从来都是自觉地、有意识、有目的地从事社会生产活动，生产预期产品或达到预期工作效果;二是在与自然界的关系上,人力资源不是被动地服从于自然,而总是以其智力、知识、技能,主动地认识、利用、改造自然,使之为人类服务,达到既定目的;三是人力资源是社会生产和生活的主体,积极要求同生产资料相结合,主动择业,按照自己的意愿、目的和要求,开发职业生涯;四是人力资源在社会经济活动中,可以自觉、主动地调度自身的体能、智力、知识和技能;五是人力资源的能动性不仅表现在对自然界和物质资源的关系上,而且也表现于它在改造自然、发展生产力的过程中,有意识地不断自我开发、自我强化、自我提高与自我发展。

(5) 人力资源具有时效性。首先,它的形成、开发有一个过程,需要时间。仅就自然生理形成过程来看,至少需要 15 年,加上知识、技能的积累和教育培训,则需要更多时间。其次,人力资源的使用,严格受到时间的限制。在每个人的生命周期中,一般只有 15 岁到 60 岁期间可作为劳动力资源发挥作用,而在这几十年间,在不同年龄段上的劳动能力又不相同。人力资源的使用要特别注意到这一特点。

(6) 人力资源开发具有连续性。人力资源从形成时即可多次开发、不断开发。在形成后的使用过程中,可以而且必须继续开发,连续不断地开发,以至终身开发。

二、人力资源的数量与质量

1. 人力资源的数量内容

人力资源在现实生活中表现为一定时间、一定空间范围内的总人口中具有劳动能力的人口之和。某一时间内,一个国家或地区的人力资源数量内容,主要包括如下几部分人口群体:

(1) 劳动年龄[①] 内的在业人口;
(2) 未达劳动年龄但已从事社会劳动的就业人口;
(3) 超过劳动年龄仍继续从事社会劳动的就业人口;
(4) 劳动年龄内的失业人口;

[①] 劳动年龄,在我国为:男 16 岁~60 岁,女 16 岁~55 岁。

(5) 劳动年龄内的从事家务劳动的人口；
(6) 劳动年龄内的在学人口；
(7) 劳动年龄内的军队服役人口；
(8) 劳动年龄内的其他具有劳动能力的人口。

第(1)至(3)为社会在业人口，是已在利用的人力资源。第(1)至(4)为社会经济活动人口，是现实的劳动力供给，亦系现实的人力资源。第(5)至(8)为目前尚不是现实的劳动力，但是，以后会形成现实劳动力，故为潜在人力资源。

这里有一个问题尚需讨论清楚，即人力资源与劳动力资源是否涵义相同，其说不一。一些学者认为二者非同一涵义，人力资源涵义更广，而劳动力资源只是劳动年龄内的具有劳动能力的人口，是处于劳动年龄内的那部分人力资源。具体说来，即上述第(1)、(4)、(5)、(6)、(7)、(8)六部分人口。

以上为宏观、中观空间的人力资源数量内容，微观范围的企业人力资源，则为全部现任在岗工作人员之总和，请长假长休（事假、病休）人员、停薪留职人员、离退休人员不含其内。

2. 人力资源的质量内容

人力资源的质量包含三方面内容：思想素质、文化技术素质和生理心理素质。

(1) 思想素质包括政治觉悟、思想水平、道德品质等。

(2) 文化技术素质主要就智力、知识、技能而言，这是人力作为资源所具有的质的规定性的主要方面。

(3) 生理心理素质是指体能和心理精神状态。

以上三方面素质的统一构成人力资源的全部质量内容，缺一不可。其中，生理心理素质是基础，文化技术素质是关键，是人力资源本质所在，而思想素质是人力作为资源要素发挥作用的必要前提和保障，若无此，即使具有较高的文化技术素质和体能的人力资源，也难以充分发挥作用。

值得注意的是，人力资源三方面质量内容是确定的，但是，具体质量内容与标准随时代变迁而变化。换言之，时代的变化与发展，要求并赋予人力资源质量以新的具体内容和标准。人力资源质量具有强时代性,这是一突出特征。

上述分别考察了人力资源的数量与质量。实际上,数、质相统一,不可分。一定数量的人力资源是一个国家或地区、一个公司或企业存在和发展的基础和前提条件。然而,人力资源数量的确定,往往又依赖于人力资源质量状况。人力资源数量只反映推动物质资料的人数;人力资源质量则反映推动不同类型、不同复杂程度和不同数量生产资料的具体能力及其与物质资料相应的劳动力结构状况,其中也包含数量结构。当今时代,经济发展主要取决于知识和科学技术进步,因此,对人力资源质量的要求愈来愈高,需求也更迫切,而对数量需求相对减弱。再加之人力资源的质量对数量有很强的替代性,而数量对质量的替代性则较差,甚至不能替代。所以,在人力资源数量一定的前提下,质量更重于数量。明确这个道理,对于自觉扩大人力资本投资,加强人力资源管理,合理开发、利用、配置人力资源是十分必要的。

第二节 人力资源在现代经济和企业发展中的地位与作用

一、人力资源与现代经济增长

1. 人力资源是国民经济的第一资源,是构成社会经济运行的根本前提

国民经济发展,依赖于资源要素,支撑现代经济增长的主要经济资源为:物质资源、资本资源、信息资源和人力资源。在诸项经济资源中,人力资源是第一资源,主要缘于:

(1) 人力资源是惟一能动性资源。在四大经济资源中,人力资源是惟一有思想、有意识的资源要素,它可以能动地依照预先需要、要求、计划、目的,合理地运用、配置、使用各种资源;它可以能动地自我调度自

身的智力、知识与技能。此外,在四个资源要素中,物质资源、资本资源和信息资源均是被动的客体要素,即被支配、被使用的资源,惟人力资源是主动支配自我、支配和使用其他资源的主体资源要素。

(2) 人力资源是起主导作用的资源。在社会经济运行中,运用何种资源,如何利用、配置各种资源,每种资源各自发挥什么样的作用,如何发挥作用,不同资源要素结合将产生怎样的预期产品等,均由人力资源主持、决定和引导。人力资源对经济运行所产生的主要的和引导的作用,是其他任何资源无法替代的。

(3) 人力资源是根本性的资源。物质资源、资本资源、信息资源均由人力资源生产和制造,没有人力资源,便没有其他资源的发现、产生和创造。就此意义而言,人力资源是其他一切资源要素的源泉,是根本性资源要素。

由此可见,人力资源确为国民经济的第一资源,没有第一资源,其他资源就不复存在,当然也就没有社会经济的运行。所以,人力资源作为第一资源,是构成社会经济运行与发展的根本前提。

2. 人力资源是现代经济增长的战略资源

所谓战略资源,即经济发展依赖的资源,是指导和决定经济发展全局的根本性重要资源。考察以商品经济文明取替自然经济所显示的人类近现代文明历史轨迹,大体经历了三个经济发展阶段。而不同经济发展阶段所依赖的战略资源是不相同的。

第一阶段,由英国产业革命开始至19世纪中叶,此乃商品经济取替了自然经济的阶段,是商品经济文明确立时期。第二阶段,由19世纪中叶至20世纪中叶,为商品经济文明大发展时期。第三阶段,20世纪中叶以来,特别是六七十年代,是现代商品经济文明迅速发展的时期。

在第一、第二个阶段,经济发展主要依赖于物质资源的扩展和劳动力数量的增加,这是一种以物质资本为依托的经济发展模式。也就是说,在第一、第二两个经济发展阶段,物质资源作为战略资源而存在。进入第三个阶段,经济发展主要不再依靠物质资本(资源)的扩张,而主要依赖高质量的人力资源,即依赖于人力资源内含的人力资本存量。这是一种新的以人力资本为依托的经济增长模式。高质量的人力资源成为现代经济发展的战略资源,其凝聚的知识、技术,作用于物质资源,使高附加值的生产变为现实,对经济增长产生了巨大决定作用。我们给出单位产品出厂价比例为:

1	:	5	:	30	:	1000	:	2000
钢筋 钢板		轿车		彩电		计算机		集成电路块 计算机软件

同样一种原材料,加工为初级产品(钢筋、钢板)、技术产品(轿车)、高智力产品(电脑),其经济效益之比竟是1:5:1000。若把钢材加工成电子计算机和集成电路块,价格竟可以扩大1000倍和2000倍。

20世纪80年代中期,日本出口一种电子计算机,其原材料只相当于一般中国家庭用炒菜铁锅那么大的一点材料(钢铁),但售价却相当于同体积重的黄金。也就是说,日本外贸是用铁来换别国的黄金,发展中国家则是以黄金价格购买日本人的铁,虽然,这铁最初还是从发展中国家购进的。这种交换之所以存在,是因为日本有高技术、高人力资本含量的人力资源队伍,而发展中国家则没有。

上述实例说明两点:一是现代经济发展不取决于物质资源的多寡,人力资源所凝聚的人力资本存量决定一个国家(地区)、企业经济增长的速度和后劲。这就是以人力资本为依托的经济发展模式的特点。二是一个国家缺乏甚至没有物质资源,但只要有一支高技术、高知识含量的人力资源队伍,就可以进行高附加值的生产,推进经济迅速增长。这就是战败的日本在财产损失42%、工业设备损失44%,完全丧失海外市场、殖民地,能源全部依赖进口,经济全面崩溃,资源甚为贫乏的情况下,仅用了1/3世纪的时间,重新崛起。这就是从20世纪50年代至70年代初的20年间,日本的国民经济总值增加近30倍,一跃成为世界经济强国的原因所在。日本已故首相大平正芳1979年一语说中:"战后日本经济复兴是靠人的头脑、进取心、纪律性和不屈不挠的精神这些无形资源发展起来的。受过高等教育并精通业务的人们,是日本最有价值的资源。"[①] 战败后德国崛起为世界经济强国,亚洲"四小龙"的腾飞等,均

[①] 转引自戴良铁、伍爱:《人力资源管理学》,暨南大学出版社,1999年,第252～253页。

走的是以人力资本为依托的经济发展之路。联合国开发计划署《1996年度人力资源开发》报告指出：一个国家国民生产总值的3/4靠人力资源，1/4靠资本资源。世界经济的发展充分说明，人力资源是现代经济增长的战略资源，这已成为不争的事实。

3. 人力资源作为现代科学技术知识的发明创造者和物质载体，是现代经济增长的决定因素

经济发展，从来都是伴随着技术进步而发生的。现代经济增长，更是依靠高新技术的推动，这是不争的事实。二战后掀起的第三次技术革命浪潮是清晰的例证。第三次技术革命，是一场高新技术革命，信息技术、新能源技术、新材料技术、空间技术、生物技术、海洋工程技术、微电子技术、激光技术群、智能机器人等全面崛起。这场高新技术革命，内容之丰富、发展之迅速、影响之深远，是以往任何一次技术革命所不可比拟的。它使社会技术基础从资本密集型、劳动密集型转向知识、智能密集型，促使人类开始迈入一个新的飞跃发展时期——知识经济时代。显而易见，高新技术直接推动现代经济增长，但是，说到底，高质量的人力资源才是现代经济发展的根本推动力量。

（1）现代经济依靠科学、知识、技术而发展，而科学、知识、技术是劳动者发明创造的。倘若没有劳动者创造性的劳动，绝无科学、知识、技术的出现、进步与发展。现今时代，谁创造、发明、支配和掌握了最新科学、技术、知识，谁将获得成功。韩国三星集团创始人李兼吉先生临终遗言讲得好："技术的支配者将支配世界。"此言既指明科学技术在现代经济中的重要作用，又一语道破高质量的人力资源是现代经济增长更为重要的因素。

（2）对现代经济产生巨大推动作用的第三次技术革命不同于以往的技术革命。以往的技术革命是以经验为基础，以资本的扩张和人手的延长为主要特征的技术。人力资源的作用未突出显现。第三次技术革命，则是以最新科学成就和知识为基础，以智能的扩张和人脑的扩大为主要特征的高新技术。应当说，这场高新技术革命是人力资源的智慧、知识、技能的结晶，是人力资源推动了现代经济增长。

（3）科学、技术、知识对现代经济的推动作用，只有通过人力资源

的劳动过程方能实现。知识、科学、技术从来是附载于劳动者身体中的,劳动者必须有意识、有目的、有计划地支出和运用之,并且直接作用于物质资料,进行预期的社会经济活动,才有可能对现代经济发生作用。

综上所述,现代经济增长,是由现代知识、科学、技术推动,但归根到底,人力资源作为现代科学、技术、知识的发明创造者、生产使用者、支配者,是现代经济增长的真正拉动力——新引擎,是现代经济增长的决定因素,是未来世界的真正主宰。

二、人力资源与现代企业发展

1. 人力资源是企业最重要的资产

传统的企业管理,将企业拥有和控制的能以货币计量的经济资源视作自己的资产。就此而言,厂房、建筑物、各种通用和专用设备、现金、银行存款、投资、应收预付款项、存货、成品与半成品等,无疑是企业的重要资产。然而,把人力资源看作是劳动力,同生产工具一样是必不可少的生产要素,是一种成本耗费,从未视其为企业的宝贵资产。随着人力资源在现代经济增长中地位和作用的上升与突现,现代企业管理变革和创新,须重新认识和定位企业的人力资源。事实上,人力资源也是企业的资产,只不过与物质和资金形式的资产相比,是一种更重要的特殊资产。

(1) 人力资源是首要的能动性生产要素。劳动力、生产资料、资金、技术等均为生产要素,尽管对整个生产和经济运行来讲,缺少其中任何一种生产要素都不可以,但是,诸要素的作用却不相同。常言道"巧妇难为无米之炊",没有物质资源要素,人力资源也无用武之地,无法作为资源发挥作用,企业亦无法运行。然而,没有人力资源对物质资源的支配、运用,物质资源则为无用之物,企业也不复存在。因此,人力资源作为惟一能动的、起决定性主导作用的生产要素,是企业第一位的重要资源。

(2) 人力资源是特殊的经济资源。物质资源本身不创造价值,惟有人力资源通过自身劳动,创造价值、增加价值、增加物质财富。虽然其他资源要素可以给企业带来经济利益,但那是在人力资源要素推动下,转移旧价值,加入新价值的结果。换言之,通过人力资源的劳动,使其他资源要素给企业带来经济利益;否则,再好的设备、原材料、工具,再多的资金,也无济于事。正因如此,企业一旦拥有和支配人力资源,便掌握和控制了获得未来更大经济利益和获取新的物质资源的权利和条件。美国微软公司凭借其拥有的大量高级人才资源,不断地开发新软件,使公司取得资产每周增加4亿美元,产值超过美国三大汽车公司产值总和的骄人成就。

(3)现代企业的人力资源,均有投资凝结于其中,成为人力资本(只是每一员工内含人力资本存量不同而已)。人力资本具有价值,可以用货币衡量。依照原有企业资产定义,人力资源列为企业资产毫不为过,而且这一资产重于物质资产。因为,在以人力资本为依托的现代经济发展时期,人力资本对经济增长的作用远远大于物质资本,它对现代企业发展有着举足轻重的、物质资本无法替代的巨大作用。

基于上述,人力资源是企业的重要资产,而且是比物质资源更重要的资产。于是,一个全新的理念——人力资源是企业最重要的资产,率先在诸多发达国家企业普遍形成与建立,并在实践中贯彻之。美国钢铁大王卡内基的切身体会颇深,他说:"将我所有的工厂、设备、市场、资金全部都拿去,但只要保留我组织中的人,4年以后,我将仍是一个钢铁大王。"此言何等精彩!何等深刻!

2. 人力资源是企业最宝贵的稀缺资源

目前,我国一些企业在企业员工和人力资源开发管理方面做得很好,取得一些宝贵的经验。但是,鉴于我国人口众多,劳动力长期供过于求,因此,在相当一部分企业管理者心目中,人力资源是"不值钱"的,抱着"三条腿的蛤蟆不好找,两条腿的人遍地都是"的观念的企业领导者不在少数。在向知识经济时代迈进的今天,这种视人力资源为纯粹劳动力、活的生产工具的极端陈腐观念,是必须清除的时候了。现今的时代,人力资源不仅是企业最重要的资产,而且是最宝贵的稀缺资源。

(1)人力资源生成是有条件的。人力资源有个自然成长发育的过程,特别是尚有适应社会经济发展之必需、进行专门教育培训的过程。

这一形成过程,历经一漫长周期,少则 15 年,多则 20 余年。从其生成的条件和漫长的时间,以及发展的连续性来看,人力资源是稀缺资源。

(2) 企业人力资源的形成、保持、发展异常艰辛,从中透视出企业人力资源的宝贵与稀缺。就企业而言,本身不生产人力资源,其人力资源从社会选取而来,换言之,社会人力资源总体是企业人力资源形成的源泉和基础。但是,企业并非从社会随意取来即用。首先,选人很难。社会人力资源生成不易,企业从社会上选人也不易,选择到自己所需的合适的人更不易,况且尚有双向选择问题。企业选中某人,但某人未必选中企业,真正双方满意、相互选中实为难之难。其次,企业必须花费招聘、选择、录用成本,既有直接成本,还有间接成本,这是一笔不小的费用。问题还在于,有些时候,这种招聘选录成本白白花费掉。仅举一例,在穗某外贸公司,仅为了招聘一个懂外语、懂管理、又懂人力资源开发的复合型人才,花了 60 多万元广告费在全国招聘,还多次斥资参加人才交流会,花费了不少人力、财力、物力,虽引来应聘者数千人,可经历了两年,还是没有物色到合适人选。[①]最后,对于进入企业的员工,企业必须不断进行人力资本投资,在质量上进一步形成与发展人力资源,增大人力资本存量。任何一个企业,均有自己独特的工作和业务。对进入企业的劳动者来说,必须通过工作实践和教育培训,使之获得胜任企业工作的能力。同时,企业尚需有超前意识,考虑到企业未来的发展和科学技术的进步,根据企业拓展业务需要,有针对性地开展教育培训,提高广大员工的知识、技能。企业这种人力资源开发工作,所进行的人力资本再投资,是适应企业生产经营需要的人力资源的进一步形成过程。勿庸置疑,企业经过如此艰辛努力方获得的来之不易的人力资源,并经过企业人力资本投资,进一步培育、形成、保持和提高的人力资源,当然是企业的宝贵财富和稀缺资源。

(3) 人力资源有其独特的能动性。人力资源作为企业一切生产经营管理活动的主体,作为能动的特殊资源和企业最重要的资产,不断给

---

① 见《今晚报》,1999 年 4 月 24 日。

企业创造愈来愈多的财富和企业效益,相对于这种无以替代的特殊地位和作用而言,人力资源无疑是企业的稀缺资源。

(4)人力资源既是生产力,又是消费力。作为生产力,它是创造物质财富的源泉;作为消费力,它是物质生产和经济发展的推动力。就此特殊双重身份与作用而言,人力资源永远是宝贵的稀缺资源。企业中,人力资源作为生产力的作用如上述;作为消费力,它同样是现代企业生产和前进的动力。而且人力资源质量愈高,其作为生产力和消费力所产生的作用愈大。以人为本的现代企业,是为人的需要而存在,为人的需要而生产的,同时也为本企业人力资源的利益和全面发展而生存与发展。否则,企业的存在与发展毫无意义。就此而言,人力资源是企业不可缺少的宝贵稀缺资源。

常言说得好:"稀者为贵。"因为稀缺,事物方显更宝贵;同样,正因为宝贵,愈显出其稀缺。人力资源是企业最宝贵的稀缺资源,已为众多大企业家所认识,日本年轻的企业家浅井雅夫深有感慨:"一个企业留下金钱是下策,留下事业是中策,留下人才是上策。"正因为人才资源宝贵又稀缺,企业才想方设法地珍惜、保护、爱护、开发人力资源,这将企业人力资源开发与管理推进到一个新水平。

3. 人力资源所表现的忠诚、向心力、创造力,是企业持续发展的动力和活力所在

企业具备一定数量和质量的人力资源,以及充足的物质资源、资本资源,只是具备了企业经济发展所必要的物质条件,并不等于企业一定能很好地迅速发展。我们一些国有大中型企业,可谓人才济济,资金相对有保证,但是,亏损企业不在少数。在其他条件具备的前提下,一个企业经营得好坏,能否不断发展,关键取决于企业管理者是否有现代管理理念和水平,是否有充分调动全体员工的积极性、自觉性、创造性,并吸引和凝聚员工的人格魅力和优秀企业家素质。若全体员工"心朝一处想,力向一处使",为共同目标敬业奋斗,没有搞不好的企业。

第三节 企业人力资源的构成

企业是一个有机的经济运行整体。企业有诸多项不同特点、性质、职能作用的工作和业务活动,需要配置与之相应的不同类型、不同专业技能、不同质量层次的一定数量的人力资源去运作。多种类型、不同层次的人力资源在质和量上配置与组合的状况,就是企业的人力资源结构或构成。

一、企业人力资源结构分类

企业人力资源,可以多方位、多角度地进行配置与组合,从而形成不同类别的人力资源结构。

1. 人力资源自然结构

人力资源自然结构是以人的自然生理属性或特征来进行的人力资源配置与组合,它包括人力资源的性别结构和年龄结构。这是企业人力资源队伍最基本、最一般的情况。

人力资源性别结构是在某一时点上,一个企业内的男女员工数量及其各自在企业人力资源总量中所占比重。男性劳动者与女性劳动者在体能、智力(如记忆力、洞察力、思维判断力、创造力、理解力等)、性格、物质等方面,往往有些天然的差别及各自的优势与弱势,在工作群体中,男女性别搭配好,有利于二者互相取长补短,优势互补,相互促进,而且易于团结协作,激发工作热情和干劲。

人力资源年龄结构是指某一时点,企业内处于不同年龄的员工数量及其在企业员工总体中所占的比例。一般而言,企业大都作粗线条划分,即将企业员工划分为青年、中年和老年,那么,青年、中年、老年员工的数量及各自占企业员工总数的比例,即为企业人力资源的一种年龄构成。年龄构成一向是企业人力资源队伍的重要构成,它从一个侧面反映企业人力资源质量现状及企业后续力量情况。在知识更新加速、科技迅猛发展的当今时代,年龄结构更被人们格外关注。

2. 人力资源文化结构

人力资源文化结构是以受教育程度来考察的人力资源组合情况。企业人力资源文化结构,是指在某一时点,企业中具有各种不同文化程度(文化层次)的员工数量及其各自在企业人力资源总量中所占的比例。它是企业极为重要的一项指标,因为文化结构直接反映企业人力资源队伍质量,反映企业智力资源拥有情况,表明企业的人力资本存量。在以人力资本为依托的现代经济增长时期,它往往是人们密切关注的首要结构指标。

3. 人力资源专业技能结构

人力资源专业技能结构,是以专业职称、技术等级而进行的人力资源组合。职称有技术系列、管理系列,每一系列有高、中、初等级之分。在一定时间内,不同级别的专业职称和技术等级的人员数量及其各自在企业人力资源总量中的比重,即为企业人力资源专业技术结构。它反映企业人才资源拥有情况和企业现实的技术实力。如同人力资源文化结构一样,它是现时代引起人们密切关注的重要结构指标。

4. 人力资源职业或工种结构

这是以职业、业务类型或工种而组合配置的人力资源结构,是人力资源在企业直接经济运行或生产工艺流程过程中担当的经济职能结构。

一般企业由4类人员构成:决策者、管理人员、专业技术人员、生产和服务工人。此为企业经济运行最基本的人力资源结构。我国国有企业尚有干部(含管理干部和技术干部)与工人的构成,即干部与工人在某时点的数量及其分别占企业人力资源总量的比例。此外,生产人员与非生产人员的数量及其所占企业人力资源总量的比例,也是企业人力资源的基本结构。

其他的人力资源结构还很多。例如,人力资源的组织结构,其形式多样,常规的有直线式组织结构、职能组织结构、事业部制组织结构、直线参谋组织结构、模拟分散管理组织结构、矩阵组织结构、多维组织结构等。此外,有临时的组织结构,有团队组织,还有非正式群体组织等。

总之,人力资源结构多样、多层次,在此不再一一赘述。

二、建立合理的企业人力资源结构

人力资源结构并非自发形成,乃是企业根据经济发展的需求和自身工作的需要,能动地对本企业人力资源要素的质和量进行配置的结果。因此,人力资源结构说到底是人力资源配置问题,其合理与否,必须视经济运行及其运行中的人力资源要素运用和作用情况来考察。具体讲主要有三方面:一是企业成员各就各位,各司其职,不存在任何形式的闲散冗员,企业员工劳动积极性高涨,每一名员工的作用得以充分发挥。工时充分而有效利用,劳动生产率不断提高。二是企业各项工作和活动能很好地配合与衔接,整个生产工艺流程和经济工作有条不紊地顺利运转,没有因为人力资源配置结构不当而导致工序流程中断,乃至破坏的现象发生。三是企业各项目标得以顺利实现,既取得很好的经济效益,又保证使人力资源个人利益得以实现。

企业人力资源结构是人力资源配置的结果,它是一定时间内相对静止的某种状况。所以,其合理性也是相对一定时间而言的。事实上,合理的人力资源结构形成于人力资源配置和使用过程中,在动态过程中一旦形成,非一劳永逸,而是随着企业复杂的经济工作不断变化,原有的相对合理的结构会被打破,逐渐形成新的合理结构。因此,企业应当在动态之中加强人力资源管理,不断形成和保持合理的人力资源结构。

首先,根据企业既定的经营目标、任务和经济运作的需要,做好人力资源与物质资源要素在质和量的比例上的组合配置,做好人力资源在年龄、性别、文化程度、专业技能等方面的组合配置,形成一个与企业现状和发展相适应的合理的人力资源结构。在确立和奠定企业人力资源基础结构之时,一定注意不可整齐划一,追求某一固定比例,或者盲目与他人相比,一定要根据自己企业实际情况和需要配置。

其次,合理的人力资源结构形成之后,一般情况下,总是相对稳定一段时间。但是,此间会因种种缘故发生某些微小、局部的变化,平时需要通过招聘、晋升、调动、培训等方法,随时调整和解决好人力资源结构方面出现的问题,以保持人力资源结构的平衡与合理。

此外,当企业目标、任务和工作情况有较大变化时,必须及时在质和量上重新布局配置,较大范围甚至全面调整人力资源结构,使之与变化了的新情况相适应,形成新的合理的人力资源结构。新日本钢铁公司是日本也是目前世界最大的钢铁生产企业。在70年代至80年代中期,经历了由繁荣到衰退的巨大变化。70年代后期,钢铁产量下滑,销售额与纯利润连年下降,市场占有率由建企业之初的35%下降为不足2%,1986年出现了前所未有的1000亿日元的财政赤字。于是,新日铁公司实施彻底改革,首先是大规模裁员,其次是开辟新领域,建立新日铁企业集团,由原单一的钢铁生产企业向"重工业工程技术综合公司"转变。面对如此巨大变化,企业及时地对人力资源作重新配置,全面调整,致使企业人力资源结构呈现全新布局,在变化了的情况下,达到新的平衡与合理。

参考资料

1. 吴国存、谢晋宇:《公司人力资源开发与管理》,南开大学出版社,1995年。
2. 姚裕群:《人力资源概论》,中国劳动出版社,1992年。
3. 陈远敦、陈金明:《人力资源开发与管理》,中国统计出版社,1995年。
4. 石金涛:《现代人力资源开发与管理》,上海交通大学出版社,1999年。

思考题

1. 如何把握人力资源这一范畴?
2. 简述人力资源的数量与质量内容。
3. 试析现代人力资源观。
4. 如何构建合理的企业人力资源结构?试举例说明。

第二章

企业人力资源管理及其基本原理

本章学习要点

- 在一个组织内,形成、培养、使用、配置、周转、爱护、激励、保全组织成员,建立良好的劳动关系,以实现组织目标的过程或活动,即为人力资源管理。

- 人力资源管理呈现出不同于传统劳动人事管理的特征。二者的区别主要表现于管理理念、管理重心、管理地位、管理内容、管理模式、管理手段。

- 企业人力资源管理具有获取、整合、使用、调整、评估、激励、开发的一般功能。就功能性质而言,有经营性功能和战略性功能。

- 人力资源管理的基本原理主要有:要素有用原理、能位相宜原理、群体合力原理、群体互补原理、同素异构原理、动态适应原理等。

第一节 人力资源管理的涵义与特征

一、人力资源管理的涵义

何谓人力资源管理(Human Resource Management),众说纷纭,但仅是在定义表述上各自强调了不同侧面,其实质内容并无大的分歧。所谓人力资源管理,意指在一个组织内,形成、培养、配置、使用、周转、爱护、保全组织成员,建立组织与其成员之间良好的劳动关系,充分挖掘组织成员的劳动潜能,调动其积极性、自觉性、创造性,以实现组织目标的全过程或活动。应当从如下几方面把握人力资源管理概念:

(1) 人力资源管理首先需要确定主体和客体。主体,即谁进行管理;客体,则为管理谁,即管理对象。人力资源管理主体系某一组织,该组织可以是公司、企业、事业单位、行业部门,也可以是国家、省市自治区地方政府等。客体则是主体(组织)所辖的人力资源全体。

根据主体的确定,人力资源管理细化为宏观人力资源管理和微观人力资源管理。一般而言,微观人力资源管理即指企业人力资源管理,亦为本书考察的内容。宏观人力资源管理,一般是指国家(中央政府或地方政府)作为主体,对社会人力资源的管理。它包括人力资源形成及前期的人口规划管理、教育规划管理、劳动力供求、职业技术培训、人力资源的产业部门与地区间的配置、就业与调配、劳动力流动管理、劳动保护与社会保障等等。通常讲来,人力资源开发与管理多就微观而言。我们所言现代人力资源管理,即现代企业人力资源管理。

(2) 人力资源管理是组织行为。一方面,人力资源管理是组织发出的管理行为,组织是其主体;另一方面,人力资源管理是组织所进行的有组织、有目的的行为和活动。另外,人力资源管理的目的是组织目标的实现,其一切管理活动服从于组织目标。

(3) 人力资源管理的实质,即在推动工作、完成组织目标和使命的过程中,对"人与事"、"人与人"关系的调整。人力资源作为国民经济的第一资源和经济运行的主体,在社会生产和社会经济活动中发挥能动的主导作用,其一切经济行为或活动,均体现了人与生产资料、人与人的生产关系。所以,对人力资源的管理,实质是安排、调整、协调处理人与事、人与人的关系。

(4) 人力资源管理,就其性质而言,是经济管理活动,其管理对象、内容、实质和目的清晰可见。

(5) 人力资源管理是一管理系统。它是由对人力资源的聘任、使用、配置、培训、调整、保护、保全等一系列管理活动构成,诸项管理活动并非无序、无关联的,而是立体交叉、有机联系在一起的,这就构成了人力资源管理体系。

二、人力资源管理的特征

以二战为契机,于 20 世纪六七十年代发展起来的现代人力资源管理,不同于传统的劳动人事管理,呈现出自有特征。

(1) 从管理理念上来看,劳动力不再是执行指令的活的机器或生产工具,而是最宝贵的资源,是能动的起主导作用的第一资源,是能带来价值增殖的特殊经济资源。因此,对其进行充分挖掘与开发、倍加爱护与珍惜,是人力资源管理的职责与任务。

(2) 现代人力资源管理的重心在于充分调动与发挥人的潜能、积极性、创造性。所以,通过教育培训、职业生涯计划、企业文化的构建与认同等所进行的人力资源开发,成为现代人力资源管理的核心。

(3) 在现代人力资源管理中,人性、个性、人的尊严受到重视,注重个人价值实现和个人能力的充分发挥。管理以人为本,符合人性,富有人情味。

(4) 现代人力资源管理注重人际关系、行为科学、组织心理学的研究,针对人的关系、行为、心理,进行科学的、有针对性的、富有成效的管理。管人先关心人,开发人先开发人的心,这是现代人力资源管理之道,它已扬弃注重员工"力的资源",开始走向开发"心的资源"的新管理理念。

（5）现代企业已步入以人力资源为核心的现代企业管理新时期。因此，人力资源管理在企业中已由执行地位或执行者角色，上升为参与决策的地位，或充任决策者角色。现代人力资源管理系战略性人力资源管理。

（6）人力资源管理部门在现代企业中系生产性和效益性部门。

三、现代人力资源管理与传统劳动人事管理的区别

从上述现代人力资源管理特征的分析中可以看到，它与传统劳动人事管理不同，我们对二者作一概括性比较。

（1）管理理念。传统劳动人事管理视人为被支配的活的劳动工具，是企业的成本负担，其管理以降低成本支出为宗旨。现代人力资源管理视人为经济资源，是能动的第一资源；而且视现代企业的人力资源为一种宝贵的资本资源。因此，以人为本成为现代人力资源管理的指导思想和理念。

（2）管理重心。传统劳动人事管理视事为重心，人被降格为"执行指令的机器"，管理活动局限于给人找位置，为事而配人。现代人力资源管理以人为核心，是资本性资源，其管理着眼于对人力资源的开发利用，开发人力资源成为现代人力资源管理的重心。

（3）管理地位。在以往的传统企业管理中，劳动人事管理不被重视，是企业管理工作的次要部分。劳动人事管理者处于执行层，只为领导者提供某些建议，不参与决策。在迎接知识经济来临之际，人力资源对企业发展的决定性作用突出显现，人力资源管理上升到企业战略管理的高度。具体表现在以下两方面：①人力资源管理部门由执行层进入到决策层，由单一的职能部门，转变为战略决策与职能相结合的部门；②人力资源管理成为企业战略计划不可分割的有机构成部分。用国际商业机器公司IBM董事会主席和执行总裁艾科斯的话说："在IBM，人力资源管理由于两个原因成为公司战略计划不可分割的组成部分。首先，员工是我们事业不断取得成功的关键所在，因此在公司的经营决策中体现这一信念和原则至关重要；其次，人力资源方面的事务被看成是公司经营活动的主要组成部分，我们处理这些事务的成效将给公司带

来广泛而深远的影响。"

（4）管理内容。传统劳动人事管理内容相对简单，主要功能是招聘、选用，为事择人，人事相宜之后，就是动态调配、薪资福利、安全保健等一系列管理和督导。当人被作为有效资源、人力资源开发成为管理重心以及人力资源管理战略地位被确认之时，人力资源管理内容就丰富化、扩大化，除担当传统的职责之外，尚负担起工作分析、工作设计、规划工作流程、预测人力资源需求与供给、制定人力资源规划、协调工作关系、人力资本投资、职业生涯开发、组织创新再造等多项管理任务。

（5）管理模式。传统劳动人事管理模式有两个突出特点：①管理者与被管理者身份界限分明，员工被动地接受管理，无责任主动地参与管理；②为低层次的事务型管理。现代人力资源管理模式呈现的特点：①员工积极参与企业管理，管理者与被管理者双向沟通，互通信息，互动机会较多，互动途径更开放；②现代人力资源管理是高层次的战略型管理模式，它不是局限或沉酣于琐碎、具体的繁杂管理事务中。其首要的聚焦点是整个企业人力资源开发管理战略，立足于企业战略高度，在分析企业内外环境的基础上，适应企业发展之需要，全面、系统地规划企业人力资源的需求、配置、使用与开发。在关乎全局与未来的战略指导下，脚踏实地地开展人力资源开发与管理工作，以保证企业战略目标的实现。

（6）管理手段。传统劳动人事管理手段是简单化、感性化、低级的刚性管理，其本质是硬控制，以规章制度、惩罚等手段管、卡、压，强制性色彩颇浓，以外在作用强迫员工遵守与服从，具有不可抗拒性。这种刚性管理建立在不尊重人性、个性，不顺应人的心理行为规律的基础之上。在进入以人力资本为依托的现代经济增长时期，在把以人为本作为现代企业管理指导思想与理念的今天，在美国把"开发人的心理资源"列为21世纪的前沿课题加以研究之际，柔性管理作为管理科学的一个新领域，引起人们的高度重视，它是90年代以来的一个全新的管理概念。所谓柔性管理，是在研究人们心理和行为规律的基础上，采用非强制方式，在人们心目中产生一种内在的说服力，从而把组织意志变为人们自觉的行动。[①]

值得注意的是,现代企业对员工实施柔性管理,并非根本否定刚性管理的存在。在人力资源管理中,刚性管理并非一无是处,而是初始的、第一必须的。在实施柔性管理的同时,辅之以刚性管理完全必要,二者相辅相成,全面协调,推进企业人力资源管理至一个新水平。

第二节　企业人力资源管理的目的、任务与功能

一、企业人力资源管理的目的

1. 实现企业利润最大化

利润最大化是企业追求的目标。20世纪六七十年代,由于现代企业目标的多元化,为资产所有者利润最大化服务这一目的的惟一性被打破,而成为现代企业及其人力资源管理目的之一。

在我国计划经济体制下,企业利润最大化一向被视为资本主义的生产目的,资本主义企业的目标追求。因此,计划体制下的我国企业从不追求利润,利润不能也不可能成为企业及其劳动人事管理的目标追求。

在向市场经济体制转轨、建立现代企业制度的改革形势下,企业作为独立的法人,其行为目标脱离了上级指令计划轨道,而奔向竞争中的利润指标。目标的根本转换,带来其经济行为的根本变化。为了实现最大化利润,企业工作注意力聚焦于如何使其经济运行科学、合理,如何增强竞争实力。因此,企业想方设法在改善经营管理,提高劳动生产率和资金利用率,降低物耗与成本等增进效益的方面狠下功夫。而作为这一切,关键在于人,尤其是现代,取决于人的知识技能素质和思想道德素质。因此,企业对人力资源的运用与开发、配置与管理,直接关系到企

[①] 郑其绪著:《柔性管理》,石油大学出版社,1998年,第92页。

业利润高低、经济效益的好坏。可见,企业人力资源开发与管理,是提高企业经济效益的途径;同时,不断创造更好的经济效益,实现利润最大化,又是企业人力资源开发与管理的目的。

2. 满足企业全体员工的利益需求

这一目的产生于现代,它伴随着劳动者在现代经济增长和企业发展中地位作用的巨大变化而发生。在传统企业管理时期,劳动者被视为客体要素,作为机器附属物而存在,企业发展依赖于物质资本的扩张。此种情况下,企业员工的利益也不可能进入资产者视野之中。企业及其劳动人事管理目标一元化,即只为企业所有者利益最大化服务。在现代企业管理时代,劳动力成为经济增长的内生主体要素,企业发展依赖于员工的科学文化技能、敬业精神和劳动积极性、自觉性、创造性的充分发挥。因此,现代企业不可不顾及企业员工利益和员工的发展,这是当今企业发展及其资产者实现利润最大化的保证。

3. 促进企业员工全面发展

就企业员工个体发展而言,促进企业员工全面发展是指组织成员在完成组织任务过程中,根据组织的需要,不断提高个人智力、知识、技能、创新能力的全面素质,获得满意的职业工作,并取得显著绩效,实现自身价值和个人利益最大化。员工发展,作为企业及其人力资源开发管理的目的,是现代科学技术进步和知识经济来临的必然要求和结果。在20世纪60年代中期以前,美国一直忽视人力资源管理,60年代中期,方开始予以注意,但也仅是一些简单的人事管理工作。70年代前后,为了妥善解决劳资矛盾,在1964年通过《民权法》之后,政府又相继通过了涉及公民就业的诸多法规,如《种族歧视法》、《退休法》、《保健安全法》等,这就迫使企业严格人力资源管理工作,强调规范化、系统化、科学化,工作内容除录用员工等常规人事管理之外,尚有维持发展、评价和调整等工作。企业这样做的根本目的并不是为了员工发展,而是怕引起劳资纠纷,违反政府法规,使企业遭受罚款的巨大经济损失。所以,此时期公司企业加强人力资源管理,完全是被动的,只是为维护企业利益,应付政府不得已而为之,故称之为"政府职责"阶段。80年代以来,企业人力资源管理由被动变为主动,进入企业的职责阶段。这种变化主要基于如下事实:第一,1972年~1982年间,由于工人的懒散和管理无力,美国企业劳动生产率平均增长仅为0.6%,而同期日本、法国和原西德却分别是3.4%、3%和2.1%;第二,劳资关系紧张,存在着"令人不安的矛盾"。在这样的情况下,雇主愈加认识到,发挥人的积极性和掌握好处理人际关系的技巧,是企业走出困境,取得未来成功发展的关键因素。

进入20世纪90年代,高新技术与信息的发展异常迅猛,知识经济已见端倪,加之经济全球化、一体化的发展,以及市场竞争日炽,使企业的生存与发展面临新的挑战。企业家们清醒地认识到,现代经济的竞争,归根到底是人才的竞争。因此,人力资源,特别是人才资源,乃企业之生命。于是,适应企业发展的需要,促进员工全面发展,保证企业人才的培养与造就,这些都成为现代企业及其人力资源开发与管理的根本任务和直接目的。

在计划经济体制下,我国企业经济运行目的既忽略经济效益的获取,又忽视员工自身的全面发展,管理目的只为完成生产计划服务。改革开放以来,随着社会主义市场经济体制的逐步确立,企业广大员工不再被指令性生产计划所趋使,一方面追求自身利益;另一方面,作为能动的第一资源要素,如同生产资料要素质量有好坏之分一样,人力资源也有好坏、高低之别,特别是其思想、文化素质直接决定企业兴旺发达与否。因此,促进员工智能水平提高,给予其职业生涯开发和个人利益追求以支持和帮助,使其获得全面发展,这同企业发展及经济效益提高一脉相承,成为企业人力资源开发与管理的目的之一。

二、企业人力资源管理的任务

为达上述目的,企业人力资源管理担当了特定任务和管理内容,主要有如下方面:

1.形成企业人力资源。人力资源是企业最重要的资产,一个企业诞生,首要任务便是形成这一项资产。人力资源要素具有时效性特征,待到一定年龄(如我国,男性到60岁,女性到55岁)便要退出劳动力队伍,企业人力资源总量会因为员工退休而减少。此外,由于人力资源是活的有思想的生命体,具有能动性,不像物质生产要素那样,完全被动地任由人们摆布,特别是在市场经济大潮中,其流动性增强,员工辞职离开企业之事时有发生,也减少了企业的人力资源量,影响了企业的发展;与此同时,企业的拓展、业务的扩充,需要担当开发新人员的工作。因此,企业人力资源管理的重要任务之一,就是根据企业生产经营的实际需要,通过招聘、引进、调动等方法,吸收新员工,不断形成和补充企业人力资源,为企业实现奋斗目标提供充足、合格的人力资源。

2.调配人力资源。在市场经济体制下,劳动力的供给与需求通过市场机制实现。在市场竞争中,员工作为劳动力的所有者,有权支配自身劳动力,出于某种原因,可以离开企业。而作为劳动力需求方的企业,也有权依据自己生产经营的需要及员工能力和工作表现,吸纳或释放劳动力。对于劳动力在企业内外之间的这种流动,企业需要做好组织、管理、调配工作,这是企业人力资源管理的任务。

特别需要指出,鉴于员工全面发展已成为现代企业目标或目的之一,作为个人发展重要内容的员工职业生涯开发已引起企业高度重视。企业根据员工的职业意愿和要求,帮助员工制定切实可行的个人职业计划,并且依据企业计划目标,培训员工职业生涯发展所需要的能力素质,适时进行职业变动与调适,使组织与个人的职业计划相匹配,这已构成现代企业人力资源开发与管理的重要任务,也是当今人力资源开发与管理的创新之处。

3.教育和培训人力资源,增大企业人力资本存量。如前所述,任何一个人,并非天生就作为人力资源要素发挥作用,教育是形成人力资源,使之具有劳动能力的决定因素。当一个人进入职业工作空间之后,为适应工作要求,适应科学技术进步,掌握最新知识和技能,尚需企业不断进行再培训、再教育的人力资本投资,这正是企业人力资源开发管理承担的一项重要任务。

4.管理企业员工的生活。首先,管理薪资收入分配。根据员工付出劳动多少、绩效大小,制定合理的薪资收入分配制度,并使职工收入随企业的发展和效益的提高而不断增长。其次,制定公平合理的奖酬制度,激励员工积极敬业,在为企业多作贡献的过程中实现自我发展、自我升华,这有利于企业目标的全面实现。

5. 调节企业人际关系。人力资源管理实质是调节人与事(突出反映于第一、二项任务)、人与人的关系。调整、理顺企业人际关系,是企业人力资源管理的实质性任务。在企业内部,人际关系呈多元化、多层次、复杂化,既有企业与员工的劳动关系,现实中表现为劳动力使用者(经理、总裁)与劳动者的关系,又有管理者与被管理者的关系,领导与其部属的关系,还有领导者之间的关系、管理者之间的关系,以及员工之间的关系等。反映在组织机构上,有正式组织工作群体之间的关系,如公司董事会与各职能部门之间的关系,各职能部门之间、职能部门与车间、车间与车间、车间与班组、班组之间等多层次、多侧面、多角度的生产经营运行过程中的人与人关系;有正式组织群体与非正式组织群体之间的关系,还有非正式组织群体之间的关系等。

这多种关系,亦即一对对矛盾。在诸多关系中,尤以企业与员工的劳动关系最为重要,这是决定企业存在的根本,是企业中牵动全局的最基本的关系,也是企业的基本矛盾。管理的任务在于不断处理、调整企业内错综复杂的各种关系和矛盾,特别要调适好企业的劳动关系,充分调动方方面面的积极性,使大家团结一心,为实现企业的目标而努力奋斗。

三、企业人力资源管理的功能

人力资源管理是企业须臾不可离的专项管理工作。它有着不同于企业生产管理、技术管理、财务管理、营销管理等的特有功能和任务。企业人力资源管理必须通过自身所具有的七项主要功能(见图2-1),来完成上述管理任务。

1. 获取,即招聘、选择、录用、委派,吸收新员工进入企业组织。
2. 整合,又称作认同功能。通过优秀的企业文化构建与重塑、教育培训、人际沟通等,使新员工了解企业文化,从思想上、感情上、心理上认同组织的价值观、目标,并融为一体;同时,协调、整顿、组合好组织中的人际关系,包括员工与组织、领导与部属、员工与员工、团队与团队、群体与群体等之间的关系。

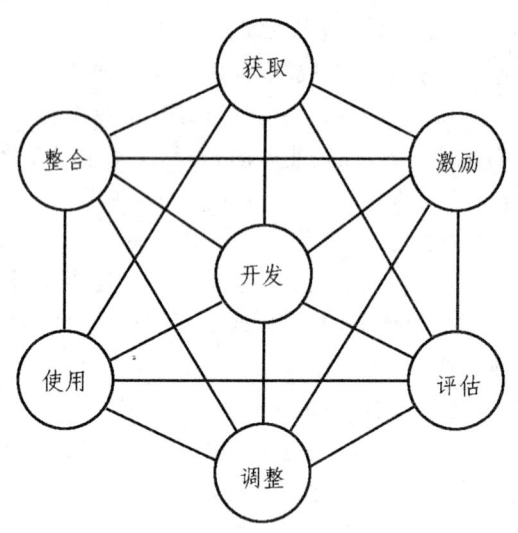

图 2-1　企业人力资源管理功能图

3. 使用，即对员工的使用作出决策。根据工作分析和工作设计所确定的岗位要求，把符合岗位条件者配置于相应职位上，使之能位相宜，人尽其才，才尽其用。

4. 调整，即对企业员工进行动态管理，进行组织结构、工作任务、职位等的再配置。根据组织需要及员工个人情况，实施工作调动、晋升、降职、调出调入、解雇、离退等重新调配与整顿。

5. 评估，即设置和执行合理而完整的绩效考评制度，对员工的工作情况和能力进行考核、鉴定。

6. 激励，即设计并执行公平合理的薪资、奖酬、福利、保健等制度，建立和实施多样化激励机制，以激发员工内在潜能，使其对工作条件和环境感到满意，培养和保持工作热情。

7. 开发，主要包括组织开发、教育培训开发与职业生涯开发，旨在提高企业员工素质，增大企业人力资本存量，以及启发、调动员工积极性，提高其活力。

上述七项主要功能互相关联、相互作用、互相影响，均服务于组织既定目标与使命。

以上是就企业人力资源管理的一般效能、作用而言的七项功能。从人力资源管理功能来讲，有以下两种：

一是经营性功能。它侧重于短期目标的行政事务工作，以日常工作的顺利开展为直接目的。一般的常规管理工作主要有：

· 招聘或选拔人员填补当前空缺；
· 向新员工介绍情况；
· 审核安全和事故报告；
· 处理员工抱怨和投诉；
· 实施员工薪资福利计划方案；
· 经办员工流动；
· 考核与评价员工工作等。

二是战略性功能。将企业人力资源管理置于国际和国内的大环境、大背景之中，从战略角度出发，侧重于全球任务、全国和所在地区任务，着眼于企业在大环境和大背景之下的长期性目标及创新，以企业经营目标实现和企业持续发展为目的。其常规管理工作主要有：

· 制定人力资源规划；
· 跟踪政府的方针政策；
· 跟踪不断变动的法律与规则；
· 分析劳动力供给与需求的变化趋势和有关问题，劳动力市场发育与运行；
· 参与社区经济发展；
· 协助企业进行改组和裁员；
· 提供企业合并与收购方面的建议；
· 制定企业人力资本投资、员工教育培训计划与实施策略；
· 制定报酬计划和实施策略等。

现代企业人力资源管理所具备的战略性功能，使其自身已上升至企业战略地位的高度，战略人力资源管理是现代企业人力资源管理理念与实践的创新。

第三节 企业人力资源管理的基本原理

为了履行好职能责任,顺利完成开发管理人力资源的任务,公司人力资源管理者应当懂得并运用人力资源管理的基本原理。

总结中外管理理论和经验,人力资源管理的基本原理主要有:要素有用原理、能位相宜原理、群体合力原理、群体互补原理、同质异构原理、动态适应原理等。

1. 要素有用原理

一切要素都是有用的,此为要素的共性。就某一要素而言,在某种条件下可能发挥不了作用,但在另外条件下可能发挥很大的作用。人亦如此。例如,某个人心灵手巧,动手能力极强,如若让他搞学问,做理论研究,可能一事无成;但是若让他搞工艺,绝对是个技术好手。根据要素有用原理,在开发与管理人力资源时,第一,不要随意轻看某个人,认为某某人"不行",某某人"不可用"。陈云同志曾有精辟之言"无一人不可用",必须坚信没有无用之人,充分相信企业广大员工。第二,要会用人,善于用人。常言说得好:"天生我才必有用,就看会用不会用。"要根据个人专长,为其创造条件,将其放于恰当的、能发挥其专长的工作岗位上。第三,不要将人看绝对了,同是一个人,他(她)有两重性,同一种性格、个人特质,也有二重性。每人各有所长,又有其短,要善于用人之长,避其之短。

2. 能位相宜原理

这里的"能",即能力、才能,"位"系职位、岗位。能位相宜的基本意思是:根据某人所具有的能力(才能),把其放在相应的工作岗位和职位上。或者说,根据不同工作岗位和职位对能力的要求,配备具有相应能力的人。根据能位相宜原理,对人力资源的开发管理必须知人善任,按照岗位、职位的要求,量才使用,取得最佳的能位适宜度;同时,不同的职位,应有不同的权力与利益,讲求在其位、谋其政、负其责、获其利。

3. 群体合力原理

合力,系物理学概念,是指若干个力同时作用于一个物体,对物体运动所产生的力。合力的大小取决于两方面因素:一是各个分力的大小。在其他条件一定的前提下,合力为各分力之和,合力大小同各个分力大小呈正相关关系。二是各分力作用方向和作用点。分力尽管有大小之别,但只要同方向、同时作用于一个点,会产生强大合力。反之,虽然各个分力很强大,却作用不到一个点上,作用方向分散、多方位,甚至反向,其结果是作用力相互抵消,而绝无合力产生。

在现代人力资源管理中,应当借用物理学这一原理,搞好管理工作。第一,增强企业每一分力。通过企业的人力资本投资,开展广泛的教育培训,提高每个员工的知识、技能和创新能力。第二,企业必须有自己的价值观、目标,并且必须为广大员工认可与接受,形成企业统一的目标和价值取向。第三,在企业统一目标指引下,恰当地将不同个体协调地组合成一体,凝结成为强大的内聚力,发挥集体的力量。现代育才型管理模式需要建立并发挥团队作用,就是群体合力原理在人力资源开发管理中的很好应用。根据这一原理,公司人力资源管理就要处理、协调好人际关系,努力消除矛盾,把群体内的内耗力减小到最低程度,把群体内的内聚力最大限度地增强,组成为团结一致、齐心协力的强大合力。

4. 群体互补原理

个体的人,不可能十全十美,但是在一个群体内,人们却可以互相取长补短,也就是互补,包括个性的互补、年龄体力的互补、知识技能的互补、组织才干的互补等。在一个最佳组合结构群体内,成员间相互学习,互相帮助,互相协调,互相推动,相互促进,最大限度地充分发挥群体作用,必然产生 $1+1>2$ 的互补增值效果,达到个体所不能达到的目标。否则,在一个群体内,若各成员间非优势互补,而是互相抵触,相互矛盾,互相摩擦,必然产生 $1+1<2$ 的后果。因此,企业人力资源管理者在建设组织结构、组建工作群体之时,应当注意到这种互补效应。只有具有互补效应的人力资源构成,才是比较理想且合理的工作团体,这样既可以充分发挥个体优势,又能充分发挥集体力量,产生最佳效应。

5. 同质异构原理

一般来讲,事物的构成要素或成分因排列次序和结构形式上的变动,会引起不同的结果,甚至发生质的变化。例如,乙醇、甲醚两种物质具有相同的构成要素,分子式都是 C_2H_6O,只是由于碳、氢、氧原子排列顺序不同,结构方式不同(如图 2-2),就形成了不同质的两种化合物。这种现象称之为"同质异构"现象。①

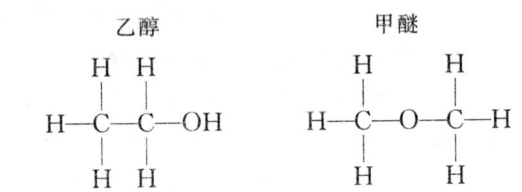

图 2-2　乙醇、甲醚"同质异构"

这一道理对人力资源管理有重要的指导意义。一个人的行为是个体与群体环境中各种有关力量相互作用的结果,群体的行为不等于群体各成员个人行为的简单相加。同样数量和素质的一个人力资源群体,如果排列组合不同,会产生完全不同的效应。例如,在生产第一线,同样人数和素质的劳动力,由于组织安排的不同,人员组合相异,生产效率会有高低之差别。若每人工作安排得当,在每一生产工序上高、中、低不同素质人员搭配合理,人尽其才,物尽其用,必产生高效率;否则,必将导致低效。所以,人力资源管理,不仅应考虑个人能力,还必须有合理的人员构成,考虑如何优化组合,以达到人尽其才,才尽其用,发挥整体最佳效益。

6. 动态适应原理

事物从来就是在矛盾运动中发展的,此为普遍规律。企业中的人与事总是处于不适应——适应——不适应——适应的不断矛盾运动过程中。不适应是绝对的,适应则是相对的。不适应表现很多,如用非所学、用非所长,既使学用对口,由于科技进步、生产变化,仍会造成人的能位

---

① 于子明:《现代人力资源开发与管理》,中国展望出版社,1986年。

不符;新技术、新材料、新设备的应用,引发人与事不适应;人力资源结构不合理等。因此,人力资源管理工作,切不可固定静止,一成不变,必须根据变化了的情况,随时进行必要的调整。也就是说,要对人力资源进行动态化管理。

参考资料

1. 石金涛主编:《现代人力资源开发与管理》,上海交通大学出版社,1999年。

2. 戴良铁、伍爱:《人力资源管理学》,暨南大学出版社,1999年。

3. [日]LEC.东京法思株式会社编著:《怎样开发和管理人力资源》,复旦大学出版社,1995年。

4. [美]R.韦恩·蒙迪、罗伯特·M.诺埃著:《人力资源管理》,经济科学出版社,1998年。

5. [美]加里·德斯勒著:《人力资源管理》,中国人民大学出版社,1999年。

思考题

1. 结合我国实践,试析怎样实现由传统劳动人事管理向现代人力资源管理转型。

2. 试析现代企业人力资源管理功能的创新。

3. 如何将人力资源管理的基本原理运用于企业管理的实践?试举例说明。

第三章

企业人力资源开发与管理的思想理论基础

本章学习要点

- 人性内容有自然属性内容和心理属性内容两个方面。
- 在对人的管理中，依次出现四种人性假设及相应的管理方式，对此应予以正确认识和评价。
- 人本管理是以人为核心、以人为根本的管理。
- 动力机制、约束机制、压力机制、保证机制、环境优化机制、选择机制是人本管理实现的必要条件和保证。
- 人力资本是通过投资，形成于人力资源体中，并能够带来新的价值增值的智力、知识、技能及体能之总和，具有自有特征。
- 人力资本投资的内容分为健康保健投资、教育投资、迁移流动投资三大类。

企业人力资源开发与管理,有其实施的思想理论基础或理论指导,主要为:人的管理哲学——人性假设、人本管理思想和人力资本理论,本章将逐一展开探讨。

第一节 人的管理哲学——人性假设

一、人性内容及特征

(一)人性内容

人性,即人的本性或本质,是人通过自己的社会性的生命活动,形成或获得的全部属性的综合,亦即现实生活中的人所具有的全部规定性。这种多方面的属性或规定性,概括为两方面的内容。

1. 自然属性

人所具有的自然属性又称为生物属性,主要是指人生来就具有的先天之性,即作为自然人的体质、生理构造、形态和由生存本能而滋生的一系列本能欲望与追求,如食欲、性欲、获得欲等。

人是自然界的产物,且生活于自然界中,这就决定了人永远不能也不可能摆脱外部自然和内部自然(即自身本能)的制约、影响和控制。人的本能的欲念、冲动、渴望、追求往往支配于人,常常成为人的行为的内在驱动力。虽然人与动物同源,在生物属性方面二者有相同或相似之处,然而,二者也有着根本不同。动物的一切行动完全由自然本能所驱使,对外部自然则被动地服从、适应。而人绝不甘心让本能主宰自己的命运,成为自然本性的奴隶,相反,他自觉、主动地利用、控制自己的本能,利用、改造外部自然,让自然界服从于、服务于自己。也就是说,人通过自己的劳动改变外部自然,也改变自身自然,在使自然界愈益人性化的同时,也使自己的生物本性越来越带有一系列精神文化特征,打上了社会的烙印。生物属性是人性不可缺少的部分,是人及其人性存在的基础,人的其他的更高级属性亦是在此基础上发展而来的。

2. 心理属性

心理属性,即人的感觉、知觉、记忆、思维、想象、意志、需要、动机等一切心理现象的总和。这是人性的重要构成部分,是人性的本质。

人的心理属性或心理现象总括为四方面:心理过程、心理状态、个性心理特征和个性意识倾向。其基本内容如图3-1所示。

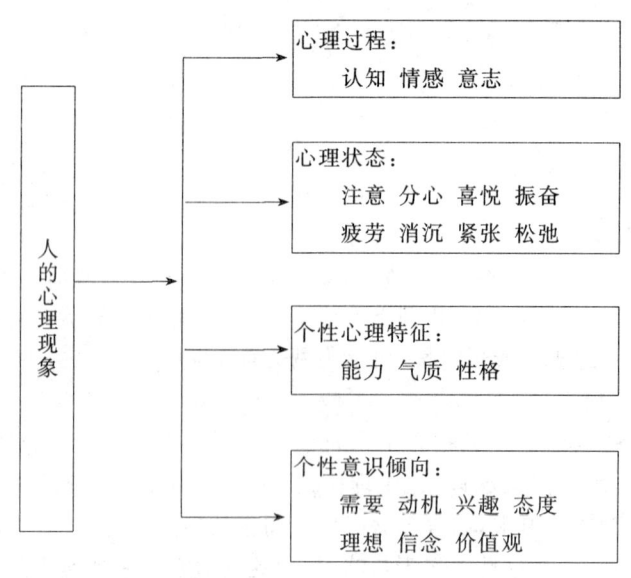

图3-1 心理属性内容图

(1)心理过程。心理过程是人的心理活动的基本形式,也是人心理现象的重要方面。人的认知活动、情感活动和意志活动相互联系和影响,构成人的心理过程。认知活动是接收、储存、解读和处理外部信息的过程,是人的头脑对客观物质世界的现象和本质的反映过程。它包括感觉、知觉、记忆、思维、想象等。情感活动是人在认识客观事物时,对现实事物所持的态度和产生某种主观体验,以及相应的行为反应,其表现为喜、怒、哀、乐等过程。意志活动则是人在认识客观物质世界的活动中,自觉地确定目的,并为实现目的而自觉支配和调节行为、克服困难的心理活动。

(2)心理状态。与心理过程和个性心理不同,心理状态是心理活动在一定时间内独有的心理特征,如注意、分心、喜悦、振奋、疲劳、消沉、紧张、松弛等。它具有一定的持续性,其持续时间介于个性差异与心理过程之间。此外,任何一种心理状态既有感知、记忆等各种心理过程的成分,又有个性心理差异色彩,情绪是心理状态的主要成分。多种成分在心理状态中占有不同地位,具有不同作用,形成心理状态完整的结构性。

(3)个性心理特征。认知、感情、意志,人皆有之,是人类共同的心理特征。在人的心理活动过程中,每个人有各自独有的特点,呈现出各种迥然不同的个性差异。个性,是指个体在社会关系中形成的带有倾向性的、本质的、稳定持久的心理特征的总和。个性心理特征则是个体在能力、气质和性格等方面表现出的个性差异。正是因为这些个性心理特征差异,人与人之间方彼此区别开来。

(4)个性意识倾向。它是指一定社会条件下所形成的个人的需要、动机、兴趣、态度、理想、信念、价值观等意识倾向。它是个性的核心部分。需要产生动机,动机激发人的行为,而人的兴趣、态度、理想、信念、价值观又对人的行为产生巨大影响。因此,个性意识倾向是人们行为的心理动力因素,制约着人的全部心理活动和行为的方向与社会价值,反映着人与人之间精神世界的差异。

(二)人性特征

人性,即人的本性或本质,在自然界和社会经济活动中,呈现出独有特征。

1. 人性具有能动性

人与动物的本质区别是人具有能动性。动物的生存与发展是被动地受制于环境,服从于自然界,通过改变自我机体、生理机能适应自然界,达到适者生存之结果。而人却根据自己生存和发展的需要,主动地改造自然世界和人类社会,创造环境,运用环境服务于自己,创造自我。人不是被动地接受客观外部世界的赋予,而是在改造外部世界的过程中,能动地形成、造就了人的自我属性或人性的全部内容。

2. 人性具有社会性

人性不同于动物属性,它具有社会性质。首先,人性是长期社会生产和社会生活的必然产物。离开社会生产与生活,不会有人的产生,亦不会有人性存在。其次,人生活于一定社会形态中,人性总是一定社会关系下的人性,不可避免地打上历史的烙印,反映一定的社会关系,正如马克思所强调的:"人的本质并不是单个人所固有的抽象物。在其现实性上,它是一切社会关系的总和。"① 再者,人性的形成通过社会,其完善与发展也必须经过社会。

3. 人性具有整体性

如前所述,人性包括自然属性和心理属性,之中包含了种种特征,表现出五彩缤纷、多种多样的心理现象,它们之间互相影响、互相作用、互相渗透,紧密交织在一起,构成一个有机的结构整体。人性的每一个具体内容,所表现的每一个特征,均是这一整体的人性结构中不可缺少的组成部分。

4. 人性具有两面性

人性丰富多彩,异常复杂。但人性本身有两面性,即积极的和消极的两种倾向,向善或向恶的两种可能性。如培根所言:"人性中的确有向善的倾向:友谊、同情、善良、正义;但也有为恶的倾向:嫉妒、憎恨、竞争……这样,人性的善恶便取决于发展哪一种倾向。"② 人性的这种两面性既存在于个体身上,即每一个人身上,其人性有积极与消极、向善与向恶的两面性;同时,也存在于群体中,因为群体是多个个体的总和。所以,好的、美的人性与坏的、丑的人性共存于同一群体。人力资源开发与管理的任务与要求,当然是倡美鞭丑,导人向善,防止向恶。

5. 人性具有可变性

这一特征首先缘于人性的社会属性。因为人性存在于一定社会关系下,并反映一定的社会关系,而且随着社会进步,可以不断完善与发展,所以一旦社会变化,人性会随之变化。其次,缘于人性的两面性,人

---

① 《马克思恩格斯选集》第 1 卷,人民出版社,1972 年,第 18 页。
② 何新译:《培根论人生》,上海人民出版社,1983 年,第 5 页。

性的两面是可以相互转换的。因此,人性是一个开放的结构,可以塑造,可以改善,可以发展,可以促其朝向好的、美的人性变化。

6. 人性具有个体差异性

人性有其共性的方面,也有其个性的方面。个性是每个人具有的独特性,是每个人之所以成为一个独立个体,而不同于其他个体的本质所在。人与人同具生物属性,但每一个人都具有自己不同于他人的外貌特征和生理结构。同具心理属性,但每一个人又都有不同于他人的独特认知、思维方式、情感、气质、性格、能力及精神世界等。人力资源开发与管理面对的非抽象人类,而是形形色色、实实在在的个体的人,只有充分了解人性的个体差异性,才能进行有效的人的管理。

二、人性假设——对人管理的基础和依据

(一)管理中的人性假设

管理中的人性假设,即为管理中的人性观。它是指管理者对被管理者的需求、工作目标、工作态度的基本估计或基本看法。它有如下基本内涵:

1. 人性是人类社会中的客观存在,人性假设则是对这一客观存在的主观认识、看法与判断。

2. 人性假设的主体是管理者,客体为被管理者,人性假设是管理者对被管理者的人性的认识、看法和判断。

3. 人性假设是管理者对被管理者实施管理的依据、基础或前提。对被管理者人性的认识和看法,决定了管理者对被管理者的态度、管理原则、方法与手段,管理者建立什么样的规章制度和组织机构,均同他对人性的看法有关。

4. 管理者对被管理者的人性的看法非一成不变,随着人性假设的变化,管理手段在变,以至呈现出不同的管理阶段。这在下述问题中清晰可见。

(二)人性假设及其相应的管理

在西方的管理理论中,存在四种人性假设,也有四种不同的管理方式。

1. "经济人"假设及其管理

"经济人"又称为"唯利人"、"实利人",认为人的行为是为了追求自身最大经济利益,由此经济诱因才引发了人的工作动机,即人们工作的目的是为了获取经济报酬。这是传统管理对人性、人的本质的看法。"经济人"假设说的代表人物是泰罗。美国麻省理工学院心理学教授麦格雷戈,在其《企业的人性面》一书中,对"经济人"假设的传统观点进行了综合概括,称之为X理论。其主要内容为:

(1) 人天生懒惰,厌恶工作,可能的话,总想尽量逃避工作,尽可能少干工作。

(2) 一般人都没有雄心大志,无进取心,不愿负责任,宁愿接受别人引导与指挥。

(3) 人生来以自我为中心,对组织的目标与要求不关心。

(4) 人是缺乏理性的,本质上不能自律,容易受他人影响。

(5) 一般人都是为了满足自己的生理需要和安全需要参加工作,只有金钱和其他物质利益才能激励他们努力工作。

与"经济人"假设相应的管理方式和措施为:

(1) 管理工作的重点是完成生产任务,提高劳动生产率,对人的感情和愿望漠不关心。

(2) 组织以金钱来刺激员工劳动的积极性、效率和服从,对消极怠工者则采取严厉的惩罚措施。

(3) 制定各种严格的管理制度和工作规范,强令工人按照规定的标准进行工作,加强各种法规管制。运用领导的权力和严密的控制体系来保证组织目标的实现。当发现工人有联合起来对付管理当局的倾向时,甚至规定除特殊情况之外,不得有4名以上工人在一起工作。组织目标的实现程度取决于管理人员对工人的控制程度。

(4) 管理是少数人的事情,广大员工与之无关。工人的责任只是干活,俯首贴耳,听从管理者的指挥。

2. "社会人"假设及其管理

"社会人"又称"社交人"。"社会人"假设建立在人性是善良的基础之上,人不只为经济利益而生存,人们工作的动机不仅在于物质利益,更在于工作中的社会关系。也就是说,物质刺激对于调动人的积极性来说,只具有次要意义。

美国哈佛大学教授埃尔顿·梅奥是"社会人"假设说的代表人物。20世纪二三十年代,梅奥等人在芝加哥的西方电气公司霍桑工厂进行了一系列人际关系方面的试验研究。根据试验结果,提出了他的"人群关系理论",作为"社会人"假设的基本理论。"社会人"假设的主要观点是:

(1)人是社会的人,影响人的生产积极性因素,除物质条件以外,尚有社会的、心理的因素。

(2)由于技术进步和工作合理化,使人对工作本身失去乐趣和意义,于是便从社会关系中寻求乐趣和意义。

(3)生产率的高低,主要取决于员工的士气,而士气则取决于家庭生活和社会生活,以及企业中人与人之间的关系。

(4)组织中存在非正式组织群体。这种非正式组织群体具有特殊的行为规范,对其成员产生很大影响。

(5)领导者要善于了解人,倾听员工的意见,沟通看法,使正式组织的经济需求与非正式组织的社会需求取得平衡。

与"社会人"假设相应的管理方式与措施为:

(1)管理人员关心生产任务的完成情况,但是,注意的重点放在关心员工、满足员工的需要上。

(2)管理者高度重视员工之间的关系,培养和形成员工对企业的归属感和整体感。

(3)提倡集体奖励制度,不主张个人奖励制度。

(4)管理职能不断地完善和变化。管理人员不是只执行计划、指挥、监督、组织和控制的传统职能,而是在员工与领导者之间起联络作用,既倾听员工的意见与要求,又将之及时汇报、反映给上级领导者。

(5)实施员工参与管理的新型管理方式,让员工或下属在不同程度上参与企业决策的研究和讨论。

3."自我实现人"假设

"自我实现人"又称为"自动人"。它是马斯洛、阿吉利斯和麦格雷戈等美国著名心理学家提出来的一种人性观,其中马斯洛的影响最大。所谓"自我实现人",是指人都需要发挥自己的潜力,充分展示和发挥个人才能,实现个人理想与抱负,以及人格趋于完善的一种人性假设。这一人性假设认为,自我实现是人的最高层次需要,只有使每个人都能有机会将个人才能、智慧发挥出来,才能最大限度地调动人的积极性。

麦格雷戈结合管理问题,总结了"自我实现人"假设的主要观点,将之称为Y理论,与X理论所总结的"经济人"假设相对立。

(1)一般人都是勤奋的,只要环境条件合适,人是乐于工作的。

(2)控制和惩罚不是驱动人工作、实现组织目标的惟一方法。人在执行任务的过程中,具有自我指导和自我控制力。

(3)人对工作的态度取决于对工作的理解和感受。在正常情况下,一般人不仅会接受任务,而且会主动寻求责任。

(4)大多数人都具有相当程度的想像力、智谋和创造力,在不为外界因素指使和控制的情况下,可以得到正常发挥。

(5)人体之中蕴藏着极大的潜力,在现代工业条件下,一般人只发挥部分潜力。

(6)员工自我实现倾向与组织所要求的行为之间并无冲突,如果给员工以机会,他会自动地把自己的目标与组织的目标相结合。

"自我实现人"假设,是建立在人是勤奋、有才能、有潜力这一人性认识基础之上的,因而提出了同"经济人"、"社会人"假设完全不同的管理主张和管理措施。

(1)"经济人"假设把管理重点放在生产管理上,重物轻人;"社会人"假设则将满足人的社会和心理需要作为管理之重点,重视人的作用和人际关系,物质因素置于次要地位;而"自我实现人"假设的专注点却转移至工作环境上,即创造一个适宜的工作环境和工作条件,以利于人们充分发挥自己的潜力和能力,实现自我。

(2)管理者的职责在于,排除使人的才智难以充分发挥的障碍,创造适宜的工作环境,根据不同人的不同需求,分配其富有意义和挑战性的工作。

(3)关于如何调动人的积极性,"经济人"假设的管理是运用物质刺激,"社会人"假设的管理是满足人的社会需要,搞好人际关系,这些均系外在激励。"自我实现人"假设的管理,则采用更深刻、更持久的内在激励。近些年,西方国家的"工作重新设计"(即"工作扩大化、丰富化"),企业内的民主参与制度,自我培训计划,提高工作和生活质量,满足员工高层次需要,等等,均是激发员工内在积极性的管理方法。

(4)以"自我实现人"假设为基础的管理制度,是保证员工充分发挥自己的才能,充分发挥积极性、创造性的管理制度,实施管理权力下放,建立决策参与制度、提案制度、劳资会议制度以及制定发展计划,将个人需要同组织目标相结合。

4."复杂人"假设

"复杂人"假设,是史克思等人在20世纪60年代末、70年代初提出来的。他们经过长期研究发现,人的需要与动机甚是复杂,并非如上述三种人性假设那样单一。它不仅因人而异,而且就一个人而言,其需要和动机也会随年龄、时间、地点之不同而有相异的表现,会随其年龄、学识、地位的变化而变化。人,既不是单纯的"经济人",也不是完全的"社会人",更不是纯粹的"自我实现人",而是"复杂人"。"经济人"、"社会人"及"自我实现人"三种人性假设,各有其合理的一面,然而并不适用一切人。摩尔斯、赖斯克根据"复杂人"假设,提出了一种既区别于X理论,又区别于Y理论的超Y理论,亦称为"权变理论"。他们认为,企业管理方式需根据企业所处的内外环境和条件而随机应变,不存在一成不变、普遍适用的所谓最好的管理方法。

"复杂人"假设的主要观点如下:

(1)人的需要和动机多种多样。人在不同工作单位或者同一单位的不同部门,会产生不同的需要和动机。随着人在组织中的工作和生活条件的不断发展变化,其需要和动机也在变化,会不断产生新的需要和动机。也就是说,人的动机的形成,是内部需要与外部环境相互作用的结果。

(2)人在同一时间内有多种需要和动机,它们相互作用,可以结合统一。

(3)人是可变的。人可以通过他们的组织经验,能够熟悉新的动机,能够对各种不同的管理策略作出反应。

与"复杂人"假设相应的管理,不赞同前述几种人性假设。但是,首先,它并不完全放弃上述三种以人性假设为基础的管理方式,而是善于发现员工之间的差异,根据不同人、不同情况,因人而异地采取灵活多变的管理方式。其次,根据工作性质,采取不同的组织形式,有的采取固定的组织形式,有的采取灵活变化的组织形式。最后,企业情况不同,领导方式亦应不一样。例如,任务明确、分工清楚、工作有序的企业,更多地采取授权的领导方式,以充分调动和发挥下属的积极性、主动性;而任务不明、工作杂乱的企业,则适宜采用严格的、较专权的领导方式,使企业逐步走上有序发展的轨道。

值得注意的是,对上述四种人性假设应当予以正确认识和评价。

第一,四种人性假设是历史发展的必然,它随着历史的发展而先后出现。在资本主义初期,资本家把员工不当人看;19世纪末至20世纪的20年代,"经济人"假设产生,承认人的经济要求;20世纪30年代至50年代,出现了"社会人"假设,认识到人有心理活动,不仅有物质需求,还有心理的、社会的需求,提出了尊重人、关心人、重视人际关系的主张;以后,行为科学勃兴,科学技术迅猛发展,人的作用凸现,产生了"自我实现人"假设,提出了人力资源的开发与管理问题;20世纪六七十年代,系统理论的发展,使管理界对人的认识由片面走向全面,从一个方面考察人到全面考察人,产生了"复杂人"假设。这四种人性假设的依次出现,反映了对人、人性认识的逐步深化和社会的进步。

第二,四种人性假设及以其为基础所提出的许多管理主张、措施有其合理性、科学性一面,至今仍有借鉴意义。

第三,四种人性假设有其片面、非科学一面。例如,"经济人"、"社会人"、"自我实现人"三种假设,分别认为人天生就懒惰、就勤奋、就善良,是彻头彻尾的唯心论,当然不足取。"复杂人"假设,过分强调人的差异性、个性,而忽视人的共性,这也是不科学的、片面的,亦不足取。

第四,四种人性假设,虽然是随历史进步依序产生,但是,我们不能武断地完全否定前者,以后者取替之,应当科学、审慎地分析每种人性假设,抛弃其唯心、不科学的片面之处,吸纳其科学、合理、进步之成分,即去其糟粕,取其精华,结合当前实际,对现代企业人的人性作出客观的、科学的、公正的认识,在此基础上,构建现代企业人力资源管理模式。

第二节　以人为本的管理思想

以人为本的管理,简称为人本管理。西方管理思想中的人本主义根植于西方自身的社会文化环境和价值观念。它源自文艺复兴时期,从人本身出发去研究自然界、社会和人与人的相互关系,是以人为中心和出发点的哲学理论。但是,在过去的发展历程中,以人为本的思想并未真正自觉地运用于西方企业管理之中,更未成为其管理的指导思想或理论基础。现代西方哲学中的存在主义、弗洛伊德主义、基督教哲学的人格主义,以及西方马克思主义等许多流派,都强调了以人为中心,构成了现代社会的人本主义思潮。在这一思潮的影响和作用之下,西方管理思想向人本主义倾斜。

真正将人本主义思想自觉有效地运用于企业管理之中,并成为企业管理的理论基础、指导思想和理念,被誉之为"人本管理",乃是现代的事情。它产生于20世纪六七十年代,是现代企业管理理论、管理思想和管理理念的革命。

一、人本管理的涵义

所谓人本管理,即以人为核心、以人为根本的管理。它是指企业中的人,作为管理的首要因素,系企业一切管理活动的主体或主导因素;同时,作为管理的本质因素,又是企业管理的出发点和归宿。一方面,企业一切管理活动围绕调动人的积极性、主动性和创造性而展开;另一方面,企业一切管理和经营实践活动,旨在满足人的需要,促使企业人获得全面自由的发展。

应当注意从以下几方面把握人本管理的基本涵义:

(1)企业中的人是首要因素,企业是以人为主体而组成的。人本管理强调企业依靠人而存在,由人进行管理,即一切管理活动由人决定、策划、操纵、运作,人始终是整个管理过程的主体或主导要素。这就是"人即企业,企业即人"的道理。

(2)企业为人的需要而存在,为人的需要而生产,为人的需要而管理。人的需要有:第一,社会的人的需要,企业不断创造顾客,满足社会消费需求。这是企业所担当的社会责任。第二,企业投资者的需要,即实现利润最大化。第三,企业全体员工的需要,一是获取收入最大化;二是施展才干、实现抱负,个人获得全面发展。于是,提高企业人的智力、知识、技能,锻炼和完善人的意志、品格,发展企业人的整体素质,成为现代企业经营管理的重要任务和目的。这是人本管理应有的哲学涵义、本质涵义和理想境界。

(3)人本管理不是企业管理的又一项工作,而是现代企业管理(当然包括人力资源管理)的一种理念、指导思想、管理意识。严格说来,人本管理不是一个管理概念,而是一个哲学概念。它重新认识人性,强调人的重要性和在管理中的主体与核心地位。人本管理要求将这一全新的理念贯穿和渗透于企业各项生产经营管理活动中,并指导企业工作,使企业一切工作纳入人本管理思想体系、基本框架内运行,即让人本管理统领企业的一切工作,取得预期绩效,实现企业目标。

二、人本管理的原则

企业进行以人为本的管理,必须遵循一定的标准、要求或原则。

(一)人的管理第一

在以人为本的现代企业管理中,对人的管理高于对物的管理,居于第一位。首先,人是惟一能动的资源要素,是第一资源。物质资源是被动的客体要素,需要有思想、有意识、有生命的人去支配、去管理、去使用;否则,便为无用之物,也不成其为资源。只有对人的管理,才可能有对物的管理,只有管理好人,才能管理好物。其次,人作为一种特殊的经济资源,不仅能动地支配、运用生产资料,生产预期产品,创造价值,而且带来新的价值增殖,成为企业生存与发展的决定性要素。就此意义而言,管理人重于管理物。再者,企业是整个国民经济的一个细胞,在企业经济运行过程中,必然发生人与人的关系,包括员工与企业之间的劳动关系,员工与员工之间的关系,企业内工作群体之间、工作团队之间的关系,企业内非组织群体之间的关系,企业与企业外的人(如客户、原材料供应商等)的关系等。处理好人与人之间的关系,于企业发展、前途命运举足轻重。而对人的管理,实际上是对人与事、人与人关系的管理,故对人的管理事关重大。最后,提高人、完善人,促进人的全面发展,是对人管理的首要任务,是现代企业的目标之一,是现代企业管理的重要创新。因此,把对人的管理列为人本管理的第一位,是实现企业目标的必然要求和必要保证。

(二)满足人的需要,实施激励

这一原则反映了对人的重视、了解与把握,体现了人本管理的实质内涵。这也是人本管理与其他"见物不见人"的管理哲学的根本区别。

这里所言人的需要,主要是指企业成员的个性需要和个人期望,人本管理对此必须重视和研究。个性需要,即马斯洛所提出的个人生理、安全、社交、受尊敬和自我实现的五层次需要论;还有麦克利兰所述个人有按高标准行事的愿望,或在竞争中取胜的成就论;按弗隆的观点,个人期望表示为个人对行为的期望、对行为结果所导致的满足感的期望。为了自己需要和期望的实现,个人会作出努力,从而成为个人行为的内在驱动力。但是,如果不与组织的需求和企业目标相结合,个人行为是盲目的,个人需要断然不能实现。因此,组织方面的因素必不可少。通过组织引导、激励,实现个人需要,是以人为本的企业管理本应担当的责任,是人本管理的基本要求和准则。

激励是指管理者对其下属的需要,采取外部诱因进行刺激,并使之内化为按照管理要求自觉行动的过程。这一过程见图3-2所示。

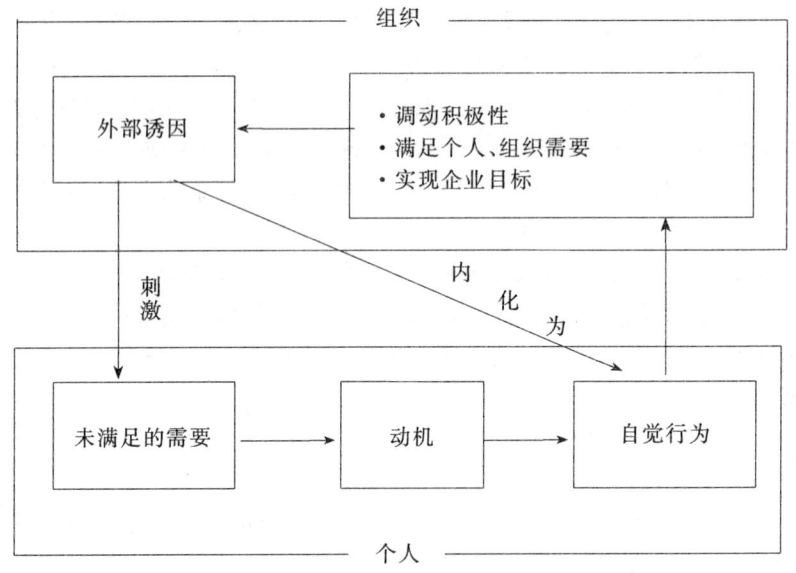

图 3-2 企业组织激励过程

由上可见,激励与个人需要密不可分,个人需要是激励的基础,需要引发动机,进而产生行为;这一激励过程又保证了个人需要的满足,以及随之而来的个人积极性的充分调动与发挥。可见,激励过程亦即个人需要实现的过程,是个人积极性被调动的过程,真切地表现了人本管理的实质内涵。满足个人需要,实施激励,必须成为人本管理的要求和准则。

(三)优化教育培训,完善人、开发人、发展人

在以人为本的现代企业中,企业目标已不再囿于追逐利润最大化,而是拓展出新的目标内容,即必须同时为企业的劳动者及其他有关方面的人的利益服务。

企业人自身不断地发展与完善,始终是人本管理坚持的最高目标,也是人本管理最本质的核心涵义。因此,完善人、开发人、发展人,必然成为人本管理的一项甚为重要的核心要求、原则及衡量标准。

企业人的不断开发、完善与发展,根本途径在于企业教育培训。优

化企业教育培训,意味着企业要以更高的资本投入、更高的效率和质量,对员工进行全面开发,它与完善人、开发人、发展人互为一体,成为企业实施人本管理的基本内容和原则。

(四)以人为本、以人为中心构建企业的组织形态和机构

人本管理通过组织进行,这就要求组织形态和结构必须体现以人为本、以人为中心,必须保证人本管理有效地实施。为此,应当构建有如下特征的企业组织形态或结构:

1.组织必须为其成员创造利益,并明确组织的宗旨和目标。

2.在组织能为自己创造利益的前提下,员工自愿进入组织,接受组织的职权和权威,此称之为"职权接受"。

3.组织及其成员在共同利益、共同目标的基础上相互接纳,协同合作。

4.组织集权与分权的平衡与适宜。

5.组织和地位弹性。

6.管理幅度合理。

7.确立企业员工参与管理的制度与渠道等。

当前,西方企业界盛行的组织扁平化和工作团队,多具如上特征,这是在人本管理理念之下所发生的组织结构创新。

(五)和谐的人际关系

企业人际关系是人本管理的环境,又是人本管理的内容及衡量标准。人际关系好坏、和谐与否,对企业人本管理顺利运行,对企业及其员工的成长与发展至关重要。

1.人际关系影响企业的凝聚力。不同的人际关系,会引起不同的情感体验。如果企业中人与人之间关系融洽和谐,人们会由衷地热爱这一工作集体,于是,企业的凝聚力因为具有良好的人际关系而增强。反之,倘若企业中人与人关系紧张,则有着很强的离散力。

2.人际关系影响人的身心健康。良好的人际关系,使人心情舒畅,工作生活欢愉。如果人际关系紧张,必定使人心情苦闷、烦恼、情绪低沉,特别是受到他人无端诽谤、打击、陷害,或者遭遇到不公平待遇之时,会发生严重的心理失衡,有可能导致疾病发生。

3.人际关系影响个体行为。人的行为,无论是好的行为,或是不良行为,都会不同程度地受到周围人及其人际关系的影响。若企业内人与人诚恳相待、团结协作、互助友爱,必催人奋进;反之则相反。

4.人际关系影响企业工作效率和企业发展。人际关系直接影响员工的积极性、主动性、创造性,影响员工的士气和干劲,而这正是企业存在与发展的动力和活力所在。此外,现代企业发展都有企业文化支撑,企业精神是企业的灵魂和支柱。人际关系作为企业文化的构成部分,对企业产生决定性的影响。好的人际关系形成优秀企业文化,团结广大员工为共同目标积极工作,企业风气正,企业形象佳,必然促进企业工作高效率,获取高效益,在市场竞争中不断发展。反之,不好的人际关系形成不良企业文化,企业员工缺乏统一奋斗目标和共同认可的价值观,缺少优良的道德风尚,甚至可能正不压邪,受制于这样的不良环境,企业不可能健康发展。因此,企业建立和谐的良好的人际关系,是人本管理的必然追求。

(六)员工个人与组织共同发展

组织是人本管理的主体,追逐组织效益和组织的发展,以及自我利益最大化,当然是其管理的宗旨和目标。但是,当今时代,组织发展依赖于企业员工,特别是企业高素质的人才。只有企业员工获得发展,组织发展才有可靠保证,没有人的发展,就没有组织的发展。就个人而言,其发展必须以组织为依托。个人是在完成组织工作任务和目标的过程中求得自我发展的,离开组织及其工作,无所谓个人发展。由于组织及其个人之间的相互依存、互相作用、相互影响的内在联系,组织发展与个人发展的相互依托与相互支撑,因此,人本管理不能片面强调某一方面的发展,必须坚持个人与组织同命运、共发展、双赢的原则。

三、人本管理的机制

企业人本管理的实施,需要运用诸多方式方法。与此同时,一套相关联的运行机制也是必不可少的,它是企业实现以人为本管理的必要保证。

1.动力机制

动力机制,亦即激励机制,旨在刺激员工需求,形成员工内在追求的强大动力。激励机制包括物质激励和精神激励两类。物质激励是以实际物质利益进行激励,如工资(绩效工资制、弹性工资制、岗位技能工资制等)、奖金、职务和职称的晋升、增进福利待遇(改善居住条件、度假、疗养)等。而各种荣誉、称号、表扬,对员工的尊重、认同、信任等,则为精神激励。

2. 约束机制

约束机制是以外在力量或因素,如规章制度、法律法规、伦理道德规范等,对人的行为加以规定、引导和约束,使人的行为有所遵循,知道何对何错,该做什么,不该做什么。规章制度、法律法规是有形约束,是一种强制约束。伦理道德则为无形约束,是自我约束和社会舆论约束。人本管理运用这一机制,提高人的思想境界,使这两种约束转化为内在的约束和自觉行为。

3. 压力机制

压力机制是借助某种外在力量,对人施加影响和压力,迫使人产生变压力为自觉行为的动力。对企业人来讲,一般有两大压力,竞争压力和目标责任压力。竞争经常使人面临严峻挑战,有一种危机感和压迫感,会使人产生一种奋进、拚搏向上的力量。目标责任制,使人有明确的奋斗目标,明确自身承担的责任,并且迫使人必须努力履行自己的职责。因此,这种压力促使员工发挥积极性、主动性,促进其自我完善与提高,由此也保证了组织任务的顺利完成。

4. 保证机制

保证机制主要是指法律的保护和社会保障体系的保证。法律保证,即通过法律来保证人的基本权利、利益、名誉、人格等不受侵害。例如,《劳动法》、《合同法》保证企业员工的劳动权利,以及由此而获得报酬的权利,保证员工的安全与健康、工作与休闲等。社会保障体系主要是保证人的基本生活,保证员工在病、老、伤、残和失业情况下的正常生活。

5. 环境优化机制

人的积极性、创造性的发挥,人的全面发展,亦受到环境的重要影响与制约。对于企业员工而言,主要有两大环境因素:一是工作本身的条件与环境;二是企业中的人际关系环境。工作条件和环境直接影响人的心境、情绪。优化工作环境,即可提高工作条件和环境质量。

6.选择机制

选择机制,一方面是指企业每一名员工均具有自主选择职业的权利,具有应聘、辞职或选择新职业的权利,寻求能充分施展自己的才能、实现个人抱负、满足个人需要的工作场所。另一方面,企业亦具有选择权,即选人、聘用人和解聘人的权利。选择机制的运作,必然促进企业员工的合理流动,有利于人才脱颖而出和人才作用的充分发挥,有利于企业人才优化组合,建立结构合理、素质优良的人才群体。

第三节 人力资本理论

人力资本理论是20世纪50年代末、60年代初形成的当代最重要的经济理论之一。人力资本理论,开辟了关于人的生产能力分析的新思路。劳动力不再单纯是生产发展的外生变量或生产的客体要素,而是生产发展的主体要素、经济增长的内生变量。所以,人的能力的形成与发展,为人们所格外关注。人力资本理论的形成,为确立人力资源在现代经济发展中的地位和作用,为开发人力资源,提供了理论依据,它不可避免地成为现代人力资源开发与管理的理论基础。

一、人力资本理论的产生

现代人力资本理论诞生于20世纪50年代末、60年代初,其产生有当时的历史背景,是实践与理论发展的客观必然。

首先,世界两大阵营的形成与对峙,推动了人力资本理论的产生。二战以后,世界形成了两大营垒对峙的政治格局:一是以美国为首的西方资本主义阵营;另一是以前苏联为首的东方社会主义阵营。两大阵营之间政治对立、军事对抗和经济竞争异常激烈。1958年~1961年,美国国民生产的增长率低于3%的历史水平,而苏联在50年代的经济增长速度却大大超过美国。面对此情此景,美国经济学家E.F.丹尼森惊呼:"如果这种趋势继续下去的话,我们就会失去现在的世界地位。"尤其是1957年苏联发射第一颗人造卫星,标志着苏联的空间技术、电子技术、材料技术、制造技术等已达到相当高的新水平。这一卫星上天事件极大地刺激了美国。美国政府感觉到自己科学技术已经落后,对苏联未来的军事优势和科学技术发展前景十分惧怕、忧虑,召集诸多专家学者全面研究美国科学技术(至少是空间技术)落后于苏联的原因。在此过程中,人们研究的视点聚焦于教育投资对于科学技术发展和经济增长的巨大作用。才思敏捷的G.S.贝克尔(G.S.Becker)于1960年率先发表了"高等教育的投资不足"一文,指出教育投资不足是美国科技落后的根本原因。同年舒尔茨(T.W.Schultz)发表了"由教育引起的资本形成",1963年又出版了《教育的经济价值》等。这些研究和分析的问题均系人力资本的理论与实践问题。

其次,马歇尔计划的成功与西欧迅速复兴的实践,推进了人力资本理论的诞生。第二次世界大战给交战双方带来了巨大的生命与财产损失。战后,重建和复兴成为许多国家面临的迫切而艰巨的任务。美国政府为了组建和加强西方阵营,于1947年采纳了当时的国务卿乔治·马歇尔的建议,制定了一项旨在帮助欧洲重建与复兴的经济援助计划——马歇尔计划。

马歇尔计划执行后,西欧国家在短短几年中就从战争的废墟上重新站立起来。其成功的重要原因或基本条件在于,西欧拥有诸多具有技术知识和所有必需的技能、以及学习新技术能力的工人。正如舒尔茨指出,这些人力资本是西欧的"长边"条件,西欧的"短边"条件是物质资本。在这种情况下,一旦注入物质资本,便会取得高收益率。而一些发展中国家,人力资本匮乏,即使给予其物质资本的援助,由于缺乏相应的有知识和技能水平的人力资源条件,经济仍然得不到迅速发展,对发展中国家经济援助失败的教训,从反面证明了同一道理:高素质的人力资源或人力资本是现代经济发展的决定性要素。

再者,经济学界面临求解"经济之谜"的挑战,是人力资本理论产生的学术背景和推动力量。从经济理论的发展来看,由于宏观经济学的兴起及日趋成熟,使人们对于诸如总投资、总收入、总储蓄、总消费等总量问题的研究日益深入,从而发现一系列经济学尚无法解释的"经济之谜"。比如,美国的经济学家在对美国经济增长的研究中发现一个令人困惑的现象:美国的生产增长率远远高于生产要素投入的增长率,而根据传统的增长理论,二者应该相等。再如,美国著名经济学家 S. 库兹涅茨(S. Kuznetz)在对美国的资本形成的研究中发现,美国在经济增长的同时,其资本形成的速度却在下降。也就是说,相对于国民收入的上升,美国的净资本形成在下降。此外,还有"里昂惕夫之谜"、"工人收入增长之谜"、"个人收入分配平均化趋势之谜"等。这些"谜"的出现向传统经济学的核心思想和理论基础发出了挑战,又为经济学新的发展创造了机遇,为人力资本理论的出现孕育了时机。

在 20 世纪 50 年代末、60 年代初,人力资本理论终于瓜熟蒂落,正式诞生。其重要的代表人物是美国经济学家、1979 年诺贝尔经济学奖得主 T. W. 舒尔茨(T. W. Schultz)。他于五六十年代相继发表了几篇重要文章,成为现代人力资本理论的奠基之作。这些文章包括:"关于农业生产、产出与供给的思考"(1958)、"教育与经济增长"(1961)、"人力资本投资"(1961)、"对人投资的思考"(1962)等。他在 1960 年美国经济学年会上发表的题为"人力资本投资"的演讲,在美国经济学界引起轰动,并引发和逐渐形成了人力资本研究热潮。

学者们对人力资本投资形式与途径、人力资本投资收益、人力资本投资与收益微观模型、人力资本与经济增长的关系、人力资本与技术进步和劳动生产率的关系、人力资本与个人收入分配的关系等问题颇为关注,进行了深入分析与研究,从而导致人力资本理论研究进一步深化与完善。与此同时,人力资本理论研究进一步向更广泛的研究领域扩展,并大大促进了相应领域研究的进展。70 年代末以后,这一研究势头有所减弱。但是,到了 80 年代后期,人力资本理论研究再掀高潮。以美国著名经济学家 R. E. Jr. 卢卡斯(R. E. Jr. Lucas)1988 年发表在《货币经济学杂志》(第 22 期)上的题为"关于经济发展机制"的文章为标志,学者的研究视野进一步拓宽,尤其是开始注意研究发展中国家的经济发展,强调人力资本存量和人力资本投资在从不发达经济向发达经济转变过程中的重要作用,确立了人力资本和人力资本投资在经济增长和发展中的关键作用,促使人力资本理论发展至一个新的高度。

二、人力资本

1. 人力资本的涵义

所谓人力资本,是指通过费用支出(投资)于人力资源,而形成和凝结于人力资源体中,并能带来价值增值的智力、知识、技能及体能的总和。人力资本概念包括以下几方面的涵义:

第一,人力资本是活的资本,它凝结于劳动者体内,表现为人的智能(智力、知识、技能)、体能,其中真正反映人力资本实质的是劳动者的智能,此为人力资本之实质内涵。

第二,人力资本直接由投资费用转化而来,没有费用投入于劳动者,就没有人力资本的形成。这种投资,在货币形态上可以表现为保健费用支出、教育费用支出和迁移费用支出等。

第三,人力资本独特的本质功能是,与物质资源要素相结合,转移价值、创造价值、产生新的价值增值。这是其成为资本之根本所在。

第四,人力资本内含一定的经济关系。因为人力资本是一种资本,由实际的投资行为而形成,故不可避免地存在着产权归属关系,即存在人力资本产权关系,它包含着人力资本投资、使用及收益分配等过程中的一系列经济关系。

2. 人力资本的特征

人力资本具有一般资本的共性,但是,与物质资本相比,它呈现出自有特征。

(1)人力资本存在于人体之中,它与人体不可分离。这一不可剥离性,决定了人力资本不可能如物质资本那样直接转让、买卖(人身隶属、依附情形除外)和继承。

(2)人力资本以一种无形的形式存在,必须通过生产劳动方能体现出来。劳动者若未从事生产劳动,则其体内的人力资本看不见、摸不着,也无法发挥作用,只能说其具有潜在的人力资本。

(3)人力资本具有时效性。人力资本的形成、使用均具有时间的限制。人力资本非与生俱来,其形成有一个过程:体能随人的成长逐渐增强,而智力、知识、技能的提高,需接受数年的教育。

(4)人力资本具有收益递增性,其对经济增长的作用大于物质资本。人力资本既然是一种资本,当然具有收益性,而且,在现代经济发展中,人力资本收益的份额具有递增性,即人力资本投资的收益率会越来越高。可以这样认为,人力资本是高增值的资本。舒尔茨认为,人力资本经济价值的上升,使劳动相对于土地和其他资本的作用日益扩大,很可能会带来新的制度变革。

人力资本是一切资本中最重要、最宝贵且最具能动性的资本。发达国家经济增长的事实说明,人力资本能比物质资本更有效地推动经济发展。

(5)人力资本具有无限的潜在创造性。人力资本是经济资本中的核心资本,是一切资本中最宝贵的资本,其原因在于人力资本的无限的创造性。

(6)人力资本具有累积性。一方面,表现于人力资本的形成非一蹴而就,乃是多年教育投资、逐步积累的结果,而且一定存量的人力资本一旦形成,尚可通过继续教育,进一步扩大人力资本积累,增大人力资本存量。另一方面,表现于人力资本使用上。在生产活动中,物质资本会因为使用而产生损耗,使用强度愈大,磨损程度愈高。人力资本的使用也不例外,它也会产生损耗,但通过消费生活资料,进行闲暇休息,以及不断地再教育和培训予以补充。

(7)人力资本具有个体差异性。人力资本是蕴藏于人体内的智能、体能,它与人体的不可剥离性,决定它必会受人的个人特质等诸多因素的影响,从而产生个体的人力资本的差异。不同个体有各自不同的成长环境、背景和历程,于此之中也形成了各自稳定的心理、意识等品质特征,从而使个人之间人力资本存量有别。

三、人力资本投资

(一)人力资本投资的涵义

凝结于劳动者体中的科学知识、技能即人力资本,它非天生具有,必须通过投资而形成。所以,人力资本的形成源于人力资本投资,换言之,人力资本投资形成人力资本。

所谓人力资本投资,是指投资者通过对人进行一定的资本投入(货币资本或实物),增加或提高人的智能和体能,这种劳动能力的提高最终反映在劳动产出增加上的一种投资行为。如贝克尔所言:"通过增加人的资源,影响未来货币与心理收入的活动。这些活动被称之为人力资本投资。"① 其包含如下基本涵义:

1. 人力资本投资首先需要确定投资者,亦即投资主体。投资者可以是国家(中央、地方政府)、事业单位、企业、社会团体,也可以是家庭、个人等。

2. 人力资本投资的对象是人,一般为投资主体所辖范围之中的人。

3. 人力资本投资直接改善、提高或增加人的劳动生产能力,即人进行劳动所必需的智力、知识、技能和体能。

4. 人力资本投资旨在通过对人的资本投入,投资者未来获取价值增值的劳动产出及由此带来的收入的增加,或者其他收益。

从上述涵义来看,人力资本投资具有投资的一般性质。它同物质资本投资一样,是能够带来新的价值增值的一种真正的投资行为或活动,是一种生产性的投资,且其投入产出收益大于物质资本投资,是一切投资中收益最高,获利最大的投资。

(二)人力资本投资的特征

1. 人力资本投资的连续性、动态性

与投资于工程建设相仿,人力资本投资亦必须连续进行。马克思认为:"如果工程不继续进行,已经在生产上消费掉的生产资料和劳力,就会白白地耗费。即使以后工程恢复了,它在这段间歇时间里也会不断损坏。"② 人力资本投资的连续性体现为在生命历程的各阶段上都要进行人力资本的投资。一个人在完成一定的正规教育之后进入社会从事生

---

① [美]加里·S.贝克尔:《人力资本》,北京大学出版社,1987年,第1页。
② 《马克思恩格斯全集》,第24卷,人民出版社,第257页。

产劳动,要接受各种在职培训,退出劳动过程还要参与多种继续教育。不能因为处于生命历程中的某个阶段而中断人力资本投资,中断即是人力资本的贬值。从时间跨度上讲,人力资本投资要贯穿人的一生,此即人力资本的长期性。另外,纵观人生,不同时期人力资本投资的形式、内容、目的等都是不同的,人力资本投资并非一成不变,它是一个不断发展、不断升华的动态过程。在这个过程中,人力资源逐步地适应社会化大生产的要求,适应高科技发展的要求,适应各种环境变化的要求,最终带来生产的提高,社会的进步。

2. 人力资本投资主体与客体具有同一性

就个人而言,当个人为实际的人力资本投资者时,他是在进行自我投资,表现为投资主体与客体的高度同一性。当他人(如国家、社会团体、企业)进行人力资本投资时,投资客体本人实际上也是投资者,因为他(她)至少需要投入自己的时间、精力和劳动。这是另外一种形式的投资。倘若投资客体本人没有自身时间、体力与脑力劳动的付出,他人为投资主体的投资活动便会中断、失效。因此,发生在个人身上的人力资本投资,存在投资主体与客体的同一性。

3. 人力资本投资的投资者与收益者的不完全一致性

投资者进行投资活动的目的之一就是获取收益,"谁投资,谁收益",这是市场经济的规则。但是,由于人力资本是一种无形资本,它潜藏于人体之中,与人体具有不可剥离性,只有通过对其载体——人进行投资,方可获得。因此,人力资本投资的获益者往往是个体之人,即投资对象,而投资者只有通过投资对象的活动才能受益。再者,人力资本投资可以由社会、企业、个人三方中的任何一方承担,但收益却三方均可获得。

4. 人力资本投资收益形式多样

物质资本投资收益形式一般表现于物质产品产出、服务产出及其折合的价值产出、生产力水平的提高,以及社会物质财富的增加等。人力资本投资收益,除了表现为上述形式之外,尚表现为人的教育水平、思想素质水平、健康水平的提高与全面发展,人的生活质量、社会经济地位、社会精神文明的提高和人类社会的进步等多种形式。

(三)人力资本投资的内容

人力资本投资是一个多方位的整体系统,可以投资于许多方面。贝克尔认为:"这种投资包括正规学校教育、在职培训、医疗保健、迁移,以及收集价格和收入的信息等多种形式。"[①] T.W.舒尔茨将人力资本投资分为五方面内容:[②]

1.医疗保健方面的投资

医疗保健活动主要是为了维持和恢复人力资源的劳动能力,它既有数量的含义又有质量的含义。这方面投资包括两部分:对日常的卫生保健投资和劳动保护投资。前者主要是通过对患者的医治以及对健康者的预防措施,来减轻或消除各种疾病对人体的侵害,保证人体健康,维护人的劳动能力。其产生的直接效益是人的预期寿命的延长,相应地,从事社会生产的期限也就延长。用于劳动保护方面的费用投资,则主要是防止劳动过程中的各种损害,包括在劳动环境中存在的机械、物理、化学、生物等因素,以及由于劳动本身造成的某些损害。通过投资改进生产设备,增加防护措施,有利于对人力资源的保护。因此,从广义上讲,凡是用于影响人力资源的寿命、力量、耐久力、精力等的费用,都可以认为是对医疗保健的投资。但是,也应该将其与"人口投资"区别对待。人口投资主要是指对全体人口的投资,其投资对象覆盖面广,人口投资主要是用于维持人口的基本生活以及人口的再生产过程。

2.在职培训的投资

经济学家普遍认为,在职培训是人力资本投资的主要内容之一。一个国家、一个企业用于在职培训方面投入的多少,将直接关系其生产力发展的速度和水平。据国外测算,一个大学毕业生所学知识仅占其需要的职业技能知识的1/10左右,大量的知识技能是靠走入工作岗位后的"再充电"完成的。当代,各国政府、企业从实践中逐渐认识到大力发展在职培训的意义,特别是在一些发达国家,在职培训几乎形成与正规学校教育并驾齐驱之势。

---

① [美]加里·S.贝克尔:《人力资本》,北京大学出版社,1987年,第5~6页。
② [美]西奥多·W.舒尔茨:《论人力资本投资》,北京经济学院出版社,1992年,第9~10页。

此外,一些新兴工业国家迅速起步的原因之一,亦在于其加强了在职培训的力度。为学习发达国家先进的经验,他们多采用与发达国家联合办学的方法。例如,新加坡与荷兰菲利浦公司合办新加坡菲利浦训练中心,与德国合办新加坡电子工程学院等。通过这种联合培训,相对落后的国家引进了发达国家现代化的教学设备,先进的教学手段。因此,这种跨国界的联合培训有助于技术人员知识、能力的补充,它已成为在职培训的一种趋势。

3.对各种正规教育的投资

正规教育是人力资本投资最主要的内容和形式。通过教育费用支出,使一系列生产活动得以改进,从而推动社会的进步与发展,教育也就具有了"生产性"。当然,从某种意义上讲,教育可以被认为是一项消费活动,它为受教育者提供了满足。但是,它主要的性质还是属于投资活动,其目的在于获得知识、技能,以增加受教育者未来的收入。教育的结果是使受教育者所接受的知识、技能转化为人力资本。所以,舒尔茨认为,教育是一种投资,其结果是一种资本形式。

4.成人教育方面的投资

成人教育是当前世界各国普遍存在的一项投资内容和教育形式,有的称其为继续教育。它担负着对广大成年人进行业务、文化、思想、健康等多方面教育的任务。成人教育防止了人力资本投资的中断,对于提高其各方面素质发挥着重要的作用。联合国教科文组织在1972年的报告书《学会生存》中对成人教育是这样解释的:"对于今天世界上许许多多成年人来说,成人教育可以代替他们失去的基本教育;对于那些只受过很不完全教育的人们来说,成人教育可以补充初等教育或职业教育;对于那些需要应付新的环境要求的人们来说,成人教育可以延长他们现有的教育;对于那些已经受过高级训练的人们来说,成人教育则给他们提供进一步的教育。成人教育也是发展每个人的个性的手段。"这段话,基本概括了成人教育的内容、功能以及面向的对象。

5.个人、家庭为寻找更好的就业机会而流动的投资

人力资源的流动,包括人力资源从一个工作单位到另一个工作单位、从一个地区到另一个地区、从一个国家到另一个国家的流动。当然,

在此考察的流动是一种自愿的行为,是人力资源追求效用最大化的结果,而并非因各种原因被解职、强行调遣等导致的流动行为。

对于人力资源来讲,通过教育和健康等投资形成的人力资本,要实现其价值,使价值增殖,可以通过流动来完成。因此,人力资源的这种流动也属于一种人力资本投资行为。其目的主要是为了获得更大的效益,而只有当流动的预期效益不少于投资的成本时,这种流动才会发生。

为了寻求更好的就业机会而流动的预期效益来自于个体对不同国家、不同地区、不同工作单位之间的工资、工作环境、生活环境等方面的比较。比较之后,对某个主要方面的满意度的提高便产生了效益。该投资的成本主要包括流动的各种直接的费用开支,流动期间所耗费的时间的机会成本,以及离开熟悉的工作环境与亲朋好友产生的心理成本。只要在地区、国家、组织之间存在着差异,人力资源的流动就会产生。当代,各国、各地区之间生产力发展水平差距仍然较大,促使人们认为流动的预期收益会稳定存在;同时,由于信息产业的发展,交通运输的便利,降低了流动的心理成本、交通费用成本。这两者共同作用,导致人力资源的流动在规模、范围上不断地扩大。不仅有本国内不同工作单位、不同地区之间的流动,尚有全球范围内的不同国家或地区间的国际流动,且流动规模日益扩大。

以上五项投资内容可以归为三大类:第一类是健康保健投资,即上述第 1 项内容,此为其他各种人力资本投资的前提和基础;上述第 2、3、4 项内容归为第二类,即教育投资,这是人力资本投资最主要的内容,是核心;第三类系迁移流动投资,即上述第 5 项内容,这是劳动者实现就业、满足个人偏好或创造更高收入所必需的。

总之,人力资本投资实质上是增加了人力资本的存量。对人力资本存量的增加,要考虑绝对性与相对性的问题。人力资本增加的绝对性是指人力资本投资使人力资源自身的科学技术知识增加、自身素质提高。人力资本增加的相对性是由于在竞争中体现出来的个体之间技能的差异而产生的,即某个个体(或群体)的人力资本增加的多少是通过与其他个体(或群体)增量的比较得出的。相对意义上人力资本的增长是绝对意义上增长的动力。只有在竞争的环境中,人与人之间才会相互比较,进行有目的、有意识的人力资本投资,最终推动全社会人力资本绝对量的上升。

参考资料

1. 吴国存主编:《企业人力资本投资》,经济管理出版社,1999年。
2. 赵西萍、宋合义、梁磊:《组织与人力资源管理》,西安交通大学出版社,1999年。
3. 芮明杰、杜锦根:《人本管理》,浙江人民出版社,1997年。
4. [美]西奥多·W.舒尔茨:《论人力资本投资》,北京经济学院出版社,1992年。
5. [美]加里·S.贝克尔:《人力资本》,北京大学出版社,1987年。

思考题

1. 人性的内容与特征是什么?
2. 管理中人性假设的内涵是什么?如何认识历史上出现的几种人性假设及其相应的管理?
3. 何谓人本管理?在现代企业人力资源管理中,如何实现人本管理?
4. 什么是人力资本?人力资本投资的基本内容是什么?
5. 为什么说人力资本理论是现代企业人力资源开发与管理的理论基础?

管理篇

第四章

工作分析与工作设计

本章学习要点

- 工作分析是对工作信息进行收集、分析、综合以及作出明确规定的过程或一系列活动,其结果的表达形式为工作说明书。
- 工作分析为人力资源开发管理提供基础、标准和依据,并以工作分析结果与各项开发管理工作密切相联。
- 常用的获取工作分析信息的方法为问卷调查法、资料分析法、面谈法、观察法、参与法和实验法等。
- 工作分析的主要程序为:准备阶段、信息获取、分析阶段、结果表达、评价与控制。
- 工作设计的主要内容包括工作内容、工作职能、工作关系、工作结果、工作结果反馈。
- 工作设计方法主要有工作专业化、工作扩大化、工作轮调、工作丰富化、辅助工作设计等。

第一节 工作分析的涵义、任务与内容

一、工作分析的涵义

工作分析又称职务分析,是指完整地确认工作整体,对组织中某一特定工作或职务的目的、任务或职责、权利、隶属关系、工作条件、任职资格等相关信息进行收集和分析,作出明确规定,并确定完成工作所需的能力和资质的过程或活动。

简言之,工作分析是进行工作信息收集、分析、综合以及作出明确规定的过程或一项系列活动。

工作分析包括的主要信息有:
(1)某特定工作职务设置的主要目的;
(2)该工作职务主要的职责、任务、权利;
(3)该工作职务的隶属关系;
(4)该工作职务的工作条件;
(5)该工作职务所需的知识、技能和能力等。

工作分析结果的主要表达形式是职务说明书。它综合了工作描述和任职者说明两部分内容,涉及工作性质和人员特性两个方面。

二、工作分析的任务

工作分析是人力资源管理与开发工作的基础。它的任务就是为人力资源开发与管理的各个方面提供基础、标准和依据。具体包括以下几方面的内容:

1. 为工作设计提供基础信息

企业内的任何工作职务都是根据组织的需要设置的。工作分析要根据组织的需要,将影响工作的因素逐一列举分析,决定组织中原有工作哪些需要保留,哪些需要去除,需要新设置哪些工作等。为了达到工

作设计和再设计的目的,工作分析要进行工作目标、活动内容、工作责任、工作复杂性、工作时间、劳动强度、工作危险性等项目的调查,提供关于工作设计最基础性的信息。

2. 为人力资源规划提供前提保证

组织内每项工作的责任大小、任务轻重、时间的约束、工作条件的限制等因素决定了所需的人员。通过对部门内各项工作的分析,确定各部门的人员编制,制定人力资源需求计划,并可以将接近的职务归类,为人力资源规划科学化提供前提保证。

3. 为招聘、选拔、考核工作提供客观尺度

在人员招聘中,以何为依据来判断求职者是否合格?主管人员怎样才能将"恰当的人"安排到"恰当的岗位"上?在员工考核工作中,如何才能减少主观随意性,做到相对公正?这些都要求工作分析来提供客观尺度。工作分析能够明确地规定各项工作的近期和远期目标,规定各项工作的要求、责任,掌握工作任务的静态和动态的特点,提出任职人员的心理、生理、技能、知识和品格要求,在此意义上就形成了具有广泛用途的客观尺度,使招聘、选拔和任用符合工作需要和工作要求的合格人员成为可能,使员工绩效评估有据可依。

4. 为报酬管理提供有力帮助

通过工作分析得到的工作评价、工作分类和工作可比价值,可以判断每个职务的"相对价值",以此为依据制定薪资水平,实现组织内及组织间报酬的相对公平。

5. 为员工的培训开发提供指导

工作分析明确规定从事某项工作所应具备的技能、知识和其他各种素质条件,并作为参照物,将从事该项工作员工的各种素质条件与之对比,可以进行培训必要性分析,二者之间的差距也为培训内容的确定指出了方向。因此,可以按照工作分析的结果,设计和制定培训方案,根据实际工作需要和参加人员的不同情况有区别、有针对性地选择培训内容和方法,实施积极的员工开发计划。工作分析还可以使员工明确工作责任、发展目标和努力方向,为员工职业生涯发展提供指南。

6. 促进组织激励机制的形成

工作分析对工作关系、职业资格、工作相对价值、员工职业生涯流动路线作出明确规定。因此，从公平管理的角度看，有利于促进组织激励机制的形成。工作分析还可以在训练、职业开发、安全、报酬、人际关系、员工咨询等方面提供建设性意见，组织可以在此基础上了解到员工工作的各种信息，以便全方位地有效激励员工。

三、工作分析的内容

一般来说，工作分析包括两个方面的基本内容：第一，确定工作岗位的具体特征，如工作内容、任务、职责、环境等；第二，找出工作岗位对任职人员的各种要求，如技能、学历、训练、经验、体能等。前者的结果表现为工作描述，后者的结果表现为任职者说明，它们的文本形式就是工作说明书或职务说明书。

1. 工作描述

工作描述具体说明工作的物质特点和环境特点，主要解决工作内容、任务、责任、权限、标准、工作流程、环境等问题。工作描述没有统一的严格标准，在内容上一般包括以下几个方面：

（1）工作基本资料，包括工作名称、直接上级职位、所属部门、对应岗位等级、薪资水平、所辖人员、定员人数、工作性质等。

（2）工作详细说明。它是工作描述的主体部分，包括工作概述、工作职责、工作权限、所使用的原材料和设备、工作流程、工作结果、与其他工作的关系等。

（3）组织提供的聘用条件，主要描述工作人员在组织中的有关工作安置情况。它包括工作时数、工资结构、支付工资的方法、福利待遇、该工作在组织中的正式位置、晋升的机会、培训和进修的机会等。

（4）工作环境说明，包括工作条件、物理环境、安全性等说明。

2. 任职者说明

任职者说明要求说明从事某项工作的人员必须具备的生理要求和心理要求，主要包括以下方面：

（1）资历要求。它主要是指任职所需最低学历，职位所需的性别、年龄规定、培训的内容和时间，从事与本职相关工作的年限和经验等。

(2) 生理要求。它主要包括健康状况、体能要求、运动的灵活性、感觉器官的灵敏度等。

(3) 心理要求。它主要包括观察能力、集中能力、记忆能力、理解能力、学习能力、解决问题的能力、创造性、数学计算能力、语言表达能力、决策能力、性格、气质、兴趣爱好、态度、事业心、合作性、领导能力等。

组织可根据工作分析的目的选择编制适合的职务说明书,内容可简可繁,可以用表格形式表示,也可采用叙述形式,但格式运用要统一,以达到整体的协调性。职务说明书范例见表4-1所示。

表4-1 职务说明书范例

某银行贷款助理职务说明

工作名称:公司贷款助理 工作代号: 在职者:	部门:公司信贷部 科室:信贷一科 工作地点:公司总部 时间:1998年12月
工作关系 上级:公司会计主管A先生、B女士 内部联系:公司信贷部的C、D、E、F等其他员工 外部联系:主要银行客户	下属:无
工作主要责任 帮助公司进行商务账单管理,保持与本公司有利益关系的公司的合作关系	
工作内容 信用分析(每周): 　　在信贷主管的指导下,分析客户公司的历史、现状、在行业中的地位、会计程序、贷款需求;考察信用报告;为潜在的贷款者推荐贷款方案;考察和总结现有贷款者的绩效;准备且跟踪信用往来与报表以及合法的贷款协议清单。 业务(每周): 　　帮助客户处理贷款问题与需求;出具客户有效需求的信用信息;根据公司资产负债情况分析账面利润,给各个客户贷款;指导公司贷款票据部门的基金收支、贷款签订过程;纠正内部偏差。 贷款文件(每周): 　　起草所需的贷款文件,帮助客户完成贷款文件,在贷款工作结束后立即对照贷款文件检查贷款的完成情况。 报告/信息系统(每周):	

续表

准备信用报表,描述和分析与客户的关系和贷款协议的条款,为信息输入信息系统做准备;检查信用报表的准确性。 客户/内部关系(每周): 　　熟悉客户的产品、生产能力,与客户建立深层次的关系;与客户及其他银行经常保持联系,以求获得与贷款相关的信息;解答客户的问题;准备与客户及未来的沟通和合作的报告;对影响客户及未来的重大事件编写备忘录。 辅助主管(每月): 　　帮助特定主管进行信用信息支持,密切客户关系;监督账目,检查和保管信用文件;贷款过程中协调票据在各部门中的流动;在主管不在时处理客户问题与需求。 辅助科室(每月): 　　总结银行在行业中的经济活动;跟踪行业与地区的发展;帮助科室经理规划科室近期和未来的经营活动;面试贷款助理的求职者;当主管不在时,代理主管行使职权。
工作条件与环境 　　75%以上的时间在室内工作,不受气候影响;工作场地温度与湿度适中,无噪声,无有害气体,无生命及其他伤害危险;一般无外出要求,只有在信贷调查时外出;因工作需要配备一台计算机、一部电话及其他办公用具;个人无独立的办公室。
聘用条件 　　每周工作35小时,每天7小时。因工作需要而加班,一天加班时数一般不超过2小时,一周不超过4小时,非节假日加班的加班工资按加班时数×平均小时工资×2计算,节假日加班其加班工资按加班时数×平均小时工资×4计算。法定节日放假,每年有带薪休假(详见《员工手册》)。每月月薪4500元。该工作的试用期为3个月,使用合格即可与公司签订正式录用合同。员工在被正式录用后,公司因经营不善,或因员工个人因素需解雇员工时,公司必须提前1个月向个人宣布解雇决定,且公司需向个人补贴生活费用。其补贴金额为:员工在公司工作的周年数×该员工解雇决定宣布当月的工资总额,员工工作不满1年者补贴该员工解雇决定宣布当月的工资总额的2倍。员工被正式录用后,个人向公司提出辞职时,需提前1个月(重要岗位需2个月)向公司提出辞职申请,获得公司批准后方可离开公司,此时员工可获补贴金额为:员工在公司工作的周年数×该员工解雇决定宣布当月的工资总额,员工工作不满1年者补贴该员工解雇决定宣布当月的工资总额的2倍;若不提前向公司提出申请或未获得公司批准而离开公司,则公司只按员工在公司工作的周年数×该员工解雇决定宣布当月的工资总额/2的标准支付补贴费用。员工工作不满1年者无补贴。员工在工司工作期间,每年按业绩实行奖励,按《员工手册》的规定享受公司一切福利,如各种保险、旅游、住房补贴等。

续表

晋升与培训机会 　　本职位为公司最低职位,可能晋升到贷款主管或会计主管,在公司内可获得信贷和会计等知识与技能培训。
资历要求 年龄:25岁~35岁 性别:男女不限 学历:大学本科以上 工作经验:在银行工作三年以上
体能要求 　　视力良好,能听见20英尺以外的说话声;对数字口头表达能力强;有充沛的体力寻访客户;能用手书写;无严重的疾病和传染病。
知识与技能 　　良好的语言沟通能力,如倾听与提问能力;具有一般会计能力;有良好的书写能力;有良好的综合分析能力,能对财务文件进行研究分析;有能力代表公司的形象;具有销售技能;具有企业管理与财务知识,具有银行信用政策和服务的知识,熟悉和银行相关的法律知识与术语;能熟练运用计算机;有独立工作的能力,能适应高强度的工作;具有面试能力;对经济/政治事件有分析能力。
其他特性 　　具有驾驶执照,愿意偶尔在下班后或周末加班,能每月/周出省出差;愿意在下班后参加各种活动;平时衣着整洁。

资料来源:余凯成、程文文、陈维政,《人力资源管理》,大连理工大学出版社,1999年,第86~88页。

第二节 工作分析的信息获取

　　要进行完整的工作分析,必须收集到足够的有关工作的信息。获取这些信息的方法很多,常用的有问卷调查法、资料分析法、面谈法、观察法、参与法和实验法等。

一、问卷调查法

　　问卷调查法是通过结构化的问卷来收集信息的一种方法。通过在岗人员填写工作信息调查表来获取有关工作的信息,是一种快速而有效的方法,其使用范围较广。

问卷调查法的优点是不必亲临工作现场,手续简便,便于全面开展调查,节省时间,费用低,速度快,而且容易获得广泛、丰富的资料,加之调查表是一种标准化、指标化、格式化的表格形式,便于资料整理工作的进行。

问卷调查法的缺点在于被调查者的主观态度对调查结果的干扰性较大,由于填表人的原因造成所填内容与事实不符,使调查所获信息的真实性降低;如果调查表设计不完备或与工作分析的目的不相符,还可能造成有些工作信息的遗漏。因此,采用问卷调查法时,要注意两个方面:一是问卷设计力求与工作分析目的相符,工作信息要素尽量完备;二是对被调查者进行事前培训,将主观干扰降到较低程度。

进行工作分析的目的不同,编制问卷设定的信息要素各异,通常有一般工作分析问卷法和特定工作分析问卷法。一般工作分析问卷法,问卷编制的调查内容具有普遍性,适合于各种工作。特定工作分析问卷法适合于某一特定工作,问卷内容具有特定性,一张问卷只适合于一种工作。

二、资料分析法

资料分析法是指利用企业现有的一些书面材料获取工作分析信息的方法。资料包括现有岗位规范或责任制文书,员工关键事件的记录、工作日记等。

岗位规范说明或相关责任制文书,可以获得很多工作分析的信息,避免不少重复劳动,应该充分加以利用。在收集信息时,要审慎分析这些书面资料的时效性、适用性、客观性。

关键事件记录是要求工作执行者对其在一定期间内(一般为半年到一年)能观察到,并对工作的有效性或无效性造成显著影响(如成功与失败、盈利与亏损、高效与低产等)的事件所做的记录。对关键事件记录进行收集分析,类似个案研究中的案例收集。从关键事件记录中可以获取的信息有:导致该事件发生的背景、原因;员工有效的或多余的行为;关键行为的后果以及员工控制上述后果的能力等。

工作日记是由员工按照规定格式和要求,定期汇总的工作记录。认真记录的工作日记可提供大量信息,如员工实际工作内容、责任、权利、人际关系及工作负荷、工作效率等。

资料分析法是一种间接分析方法。对第二手资料进行分析时,需要耗费大量时间从中甄别主观性因素和无效信息,然后进行分类汇总,以获取有用信息。

三、面谈法

面谈法是通过工作分析者和工作执行者面对面地谈话来收集信息资料的方法。采用面谈法时,应使面谈者的总体构成具有代表性,并注意选择参加座谈的工作执行人员。

在应用面谈法时,一般是以标准的格式记录,目的是使问题和回答限制在与工作直接有关的范围内,而且标准格式也便于比较不同员工的反应。面谈法的种类包括个别员工面谈法、集体员工面谈法和主管面谈法。个别员工面谈法适用于各个员工的工作有明显差别,且工作分析的时间又比较充分的情况。集体员工面谈法适用于多个员工从事同样的工作的情况,使用该法时应请主管出席,或者事后向主管征求对收集到的材料的看法。主管面谈法是指同一个或多个主管面谈,因为主管对工作内容相当了解,主管面谈法能够减少工作分析的时间。

在面谈过程中,工作分析人员应该只是被动地接受信息,而不能流露出对工作的评价、建议或任何主观判断色彩,否则会产生误导,使员工夸大自己的职责,或招致员工对组织的不满等。

面谈法的优点是能够迅速而简单地收集工作分析资料,适用面广,由任职者亲口讲出工作内容,具体而相对准确。缺点是员工容易把工作分析当成绩效考核,而夸大其承担的责任和工作难度,会引起工作分析信息的失真和扭曲。因此,面谈法不适合作为工作分析信息收集的惟一方法,而应与其他方法结合使用。

四、观察法

观察法是通过对特定对象的观察,把有关工作的内容、原因、方法、程序、目的等信息记录并收集的一种方法。

观察法适用于大量标准化的、周期短的、以体力活动为主的工作,被观察的工作应相对稳定,即在一段时间内,工作内容、工作程序、对工作执行者的要求不会发生明显变化。

观察法的优点是工作分析人员能够比较全面和深入地了解工作要求。其缺点是不适用于以脑力劳动为主的活动和处理紧急情况的间歇性工作,而且不易得到有关任职者要求的信息。

观察法经常和面谈法结合使用,工作分析人员可以在员工的工作期间观察并记录员工的工作活动,然后和员工进行面谈,请员工进行补充。表4-2是一个观察法获取工作信息的程序示例。

表4-2 观察法收集工作信息的程序

第一步:初步了解工作信息 1. 检查现有文件,形成工作的整体概念; 2. 准备初步的任务清单,拟定工作分析观察提纲。
第二步:面谈 1. 选择主管或有经验的员工面谈; 2. 补充、修改观察提纲。
第三步:现场观察 1. 根据观察提纲进行记录; 2. 增加观察提纲遗漏的项目,并进行记录。
第四步:整理观察记录 1. 对观察所获信息进行合并、汇总; 2. 对信息加以分类; 3. 检查最初的任务清单,确保每一项都已经被回答或确认。
第五步:核实所得信息 1. 将面谈对象、观察对象召集起来,对分类整理过的工作信息进行核实; 2. 对信息进行修正和补充,以求客观、完整、准确。

五、参与法

参与法是指工作分析人员通过直接参与某项工作,细致深入地体验、了解、分析工作的特点和要求的一种信息收集方法。

参与法可以克服一些有经验的员工并不总是很了解自己完成任务的方式等缺点。工作分析人员通过实践掌握第一手资料,可以补充了解一些观察不到的内容。

参与法的缺点也很明显,对于现代企业中的很多高度专业化的工作,工作分析人员往往不易参与其中;同时,这种方法适用于短期内可以掌握的工作,对那些需要大量训练方能胜任或有害的工作不适用。

六、实验法

实验法是指工作分析人员通过控制一些变量,引起其他相应变量的变化,来收集工作信息的一种方法。根据实验地点的不同,实验法可以分为两种:实验室实验法和现场实验法。企业中比较常用的是现场实验法。

1. 采用实验法时应遵循的原则

(1) 尽可能获得被试者的配合;

(2) 严格控制各种变量;

(3) 试验设计要严密;

(4) 变量变化要符合工作实际情况;

(5) 不能对被试者造成伤害。

2. 实验法的具体操作举例

装卸工装卸车上的货物,一般是四个人合作,30分钟可以装满一辆10吨的货车。采用实验法时,将合作人数作为自变量,装货所用的时间是因变量。先由两个人合作,再由三个人合作,最后由五个人合作,任务都是装满一辆10吨的货车,记录实验结果各用了多少分钟,比较哪一个组合效率最高。

上述获取工作分析信息的方法,在应用时可以分析具体情况,选择一种或几种方法结合使用。无论采用哪种方法,目的是使收集到的工作信息真实可靠,准确完备。

第三节 工作分析程序

工作分析是一个系统的分析评价过程。其主要程序可分为五个阶段:准备阶段、信息获取、分析阶段、结果表达、评价与控制。

一、准备阶段

准备阶段主要是解决"为什么进行工作分析"和"怎样进行工作分析"两个方面的问题。

1. 明确工作分析的范围

(1) 确定工作分析的目的。

(2) 根据目的可以确定工作分析的目标工作。

2. 选择工作分析的方法

(1) 确定所需信息的类型。

(2) 识别工作信息的来源。信息来源于工作执行者、管理监督者、顾客、工作分析人员等,据此确定调查和分析对象的样本,并考虑样本的代表性。

(3) 选择工作分析人员,并组成工作小组。工作分析人员应具有一定的经验和相关专业知识,同时应保持分析人员进行活动的独立性。

(4) 选择收集信息的方法和系统。信息收集分析的方法及适用系统是由工作分析的目的决定的。

3. 启动准备

(1) 把各项工作分解成若干工作元素和环节,确定工作的基本难度。

(2) 向有关人员进行宣传和解释。

(3) 与工作分析有关的员工建立良好的人际关系,使他们做好充分的心理准备。

二、信息获取阶段

信息获取阶段是按选定的方法、系统和程序收集信息,对所分析工作的工作过程、工作环境、工作内容、工作人员等主要方面进行相关调查。具体工作如下:

1. 编制、拟定收集信息所需各种文本

工作人员需编制、拟定的文本如观察提纲、访谈记录表、调查问卷等。

2. 设计被选定方法的实施方案

工作人员按选定的方法、系统、程序收集信息,如采用问卷调查法、资料分析法、面谈法、观察法、参与法、实验法等。

3. 工作数据收集

广泛收集有关工作的特征及所需要的各种数据。在收集背景材料中,企业的组织结构图、工作流程图、设备维护记录、工作区的设计图纸、培训手册等信息对工作分析都有重要的参考价值,应该让任职者和管理监督者确认这些资料。

4. 任职者信息收集

工作人员重点收集工作执行人员必需的特征信息。

5. 信息确认

工作人员要求工作执行者对各种工作特征和工作人员特征的重要性和发生频率等作出等级评定。

三、分析阶段

分析阶段是对上一阶段所获取信息的有关工作特征和工作人员特征进行深入全面的分析,主要包括信息描述、信息分类、信息评价和信息综合等。具体工作如下:

1. 对已收集到的信息进行审核。

2. 对工作分析信息进行分类,分析核定有关工作和工作执行人员的关键成分。

3. 归纳、总结工作分析的必需材料和关键要素。

功能性工作分析法是常用的一种以工作为中心的分析方法。它是美国培训与职业服务中心（U.S. Training and Employment Service）的研究成果,通过对人、事、信息三者之间关系的确定来进行工作分析研究,以员工应发挥的功能与应尽的责任为核心,列举员工要从事的工作活动,确定工作活动程度或结果的测量方法,并对以上信息进行归纳。

功能性分析方法有几个基本假设：

（1）完成什么事件与员工应完成什么事件需有明确的界限。

（2）每个工作均在一定程度上与人、事、信息相关。

（3）事件需要用体能完成,信息需要思考才能处理,而对于人则需运用人际关系方法。

（4）尽管员工的行为或他们所执行的任务多种多样,但所要完成的职责是非常有限的。例如,员工与机器有关的职责是进料、机器维护、机器操作、制造产品等；与公共汽车有关的职责是驾驶与控制车辆。这些职责在难度和内容上有较大差异,但每一种职能都只在相对较窄的范围内或特定的范围内依赖于员工的特性与资格来达到预期的绩效。

（5）与人、事、信息相关的职能,根据从复杂到简单的顺序排列,复杂的职能包含了简单的职能。例如,编辑数据包括了比较、复制、计算,但不包括分析等。

按照这套方法,可进行工作特点信息的分析和员工特点信息分析。

工作特点包括员工的职责、工作种类及材料、产品、知识范畴三大类。员工的职责是指工作执行者在工作过程中,与人、事、信息打交道的过程。任何工作,都离不开人、事、信息这三个基本要素,而每一要素所包含的各种基本活动又可按复杂程度分为不同的等级。工作的种类是指所属工种,如焊接、钳工等,工作分析人员要对工种的特点及所涉及的设备与工具加以描述。材料、产品及知识范畴是指该工作中,用于加工等原材料、最终产品及涉及的自然科学或社会科学知识范畴。

员工特点包括正确地完成工作所必备的培训、能力、个性、身体状况等方面的特点。其中培训包括所受到的常规教育及职业培训；能力包括员工的智力、动作协调性以及手的灵活性等；个性包括员工的适应性、果断性、对压力承受能力等；身体状况包括视力、身高、体重、握力、血压等。

四、结果表达阶段

结果表达阶段就是用书面文件的形式表达工作分析的结果。分析结果的主要表达形式是工作说明书，根据规定和信息编制"工作描述"和"任职者说明"。

有关工作说明的写法、内容已在第二节中有详细说明，在此不赘述。

五、评价与控制阶段

1. 结果运用

在工作分析结果表达之后，为促进工作分析结果的最大利用，必须有下列两个方面的具体活动：

（1）制作各种具体应用的文件，如考核标准、培训内容。

（2）培训工作说明书使用者，增强管理活动的科学性和规范性。

2. 工作分析评价

工作分析评价是以成本、收益与灵活性、可靠性、有效性为标准评价工作分析。

对工作分析的评价可以通过工作分析的灵活性与成本、收益的权衡来说明。工作分析越细致，所花费的成本就越高。因此，在工作的细致程度方面就存在着一个最优化的问题。有许多公司都在减少工作类别的划分，并愿意进行比较灵活的工作描述。当组织的任务需要变化，需要在相同的一类工作中对员工的工作进行调整时，组织具有很强的灵活性。一般而言，工作分析中所收集的资料越详尽，越容易对工作之间的类别进行区分，当然成本也越高。

工作分析的可靠性包括两方面：其一，不同的工作分析人员对同一工作的分析结果的一致性；其二，同一个工作分析人员在不同的时间对同一个工作的分析结果的一致性。工作分析的有效性是指工作分析结果的精确性，这实际上是将工作分析结果与实际工作进行比较。通常检验工作分析有效性的方法是通过多个工作执行者和管理监督者进行信息收集,并在工作分析的不同阶段上请他们核实,在分析结果上签字表示同意。

3. 工作分析控制

工作分析控制活动贯穿其全部过程。在组织的生产经营活动中,一些原有工作会消失,一些新的工作会产生。因此,及时地对职务分析进行调整和修订就会成为必然。工作分析文件的适用性只有通过反馈才能得到确认,并加以完善。控制是工作分析的一项长期活动。

第四节　工作设计

工作设计又称职务设计,是以工作为核心进行的一系列创造性的组织设计工作。工作设计的前提是对工作要求、人员要求和个人能力的了解。

一、工作设计概述

1. 工作设计的定义

工作设计是指为了有效地达到组织目标与满足个人需要而进行的关于工作内容、工作职能和工作关系的设计。工作设计是根据组织的需要并兼顾个人需要,规定某特定工作的任务、责任、权利以及在组织中与其他工作关系的过程。

工作设计与工作分析不同,工作分析是对现有工作的客观描述,而工作设计是对现有工作规范的认定、修改或对新增工作的完整描述。二者又有联系,即工作设计要利用工作分析的信息。工作分析的中心任务是为企业人力资源管理提供依据,事得其人,人尽其才,人事相宜。工作说明书必须以良好的工作设计为基础,才能发挥其应有的作用,实现上述目标。在工作信息调查后,如果发现工作设计不合理,存在严重缺陷时,应加以改进,使工作说明书等文件建立在科学的工作设计基础上。

除了建立新组织时需要进行工作设计以外,原有设计的改进需求通常由以下情况产生:

(1)由于组织变革,原有设计不适应组织目标、任务和体制的要求。

(2)现有人力资源在一定时期内难以达到工作规范要求。

(3)员工精神需求与按组织效率拟定的工作规范发生冲突,对工作绩效产生影响。

2.工作设计的内容

工作设计的主要内容包括五个部分:

(1)工作内容,即确定工作的一般性问题。

(2)工作职能,是指每件工作的基本要求和方法,包括工作责任、权限、信息沟通、工作方法和协作要求。

(3)工作关系,是指个人在工作中所发生的人与人的关系,包括与他人交往关系、建立友谊的机会和集体工作的要求等。

(4)工作结果,是指工作的成绩与效果的高低,包括工作绩效和工作者的反应。前者是完成工作任务所达到的数量、质量和效率等具体指标,后者是指工作执行者对工作的满意程度、出勤率和离职率等。

(5)工作结果的反馈,主要指工作本身的直接反馈和来自别人对所做工作的间接反馈,即同级、上级、下属及顾客、同行等多方面的反馈。

好的工作设计可以减少单调重复工作的不良效应,有利于建立整体性的工作系统,还可以为充分发挥劳动者的主动性和创造性提供更多的机会和条件。

二、工作设计的要求

工作设计必须达到以下四点基本要求:

1.全部工作的综合能够覆盖组织的总任务,即组织运行所需的每一件工作能通过工作设计得到落实。如为了完成临时性的任务,在工作规范中往往加上"完成部门总经理交办的其他事宜"条款。

2.全部职务所构成的责任体系应能保证组织总目标的实现,即组织运行所要达到的每一工作结果,组织内每一项资产的安全及有效运行都必须明确由哪个职务负责,不能出现责任空档的情况。

3. 工作分工应有助于发挥个人的能力,提高组织效率。这就要求工作设计者要全面权衡经济原则和社会原则,找到一个最佳平衡点,保证员工有效地工作。如果工作负荷过低,会导致人、财、物的浪费,超负荷又会影响员工的身心健康,并给设备带来不必要的损害。

4. 工作设计应考虑到现实的可能性。每个工作规定的任务、责任可以由当时的资源条件决定适当人选,不能脱离资源约束来单独考虑组织的需要。

三、工作设计的相关因素

在工作设计中必须充分重视三类影响因素:
1. 组织因素

工作设计中需要考虑的组织因素包括专业化、工作流程及工作习惯。

(1) 专业化,就是按照所需工作时间最短、所需努力最少的原则分解工作,结果是形成很小的工作循环。

(2) 工作流程,主要是考虑在相互协作的工作团体中需要考虑每个岗位负荷的均衡性问题,以保证不出现某工序的等待停留问题,确保工作的连续性。

(3) 工作习惯,它是在长期工作实践中形成的传统工作方式,反映工作集体的愿望,是工作设计过程中不可忽视的制约因素。

2. 环境因素

环境因素主要指组织外部环境因素,包括经济技术环境、社会心理环境等。

(1) 经济技术环境。在一定的经济技术环境中,工作设计要考虑有足够的合格人力资源供给。在经济技术发展的不同阶段上,对工作设计的要求是有差别的。在互联网时代,信息的获取和传递具有惊人的速度,工作设计会减少多余的信息传递环节,而采取更快捷的方式建立工作信息接口。

(2) 社会心理环境。社会心理环境反映出人们的期望,即通过工作满足些什么。在人们对工作生活质量有较高要求的情况下,单纯从工作效率、工作流程考虑组织效率往往"欲速则不达"。在工作设计时,要考虑到"人性"的要求和特点。

3. 行为因素

工作设计不能只考虑效率因素,还应当考虑满足工作人员的个人需要,集中表现在自主权、多样性、任务一体化、任务意义、反馈等方面。

(1) 自主权,是指应给予员工以自主参与和决策的权利,提供附加责任可增强员工受重视的感觉。如果缺乏自主权会使员工感到受冷落,导致绩效低。

(2) 多样性,是指工作时需要使用不同的技巧和能力,通过工作设计考虑工作的多样性特征,能减少疲劳厌烦引起的失误,从而减少低效率的诱因。

(3) 任务一体化,是指员工如果不能参与完整的工作任务,毫无责任感,并缺少对成果的骄傲和成就感,任务一体化就是要增强员工的成就感和工作满意感。

(4) 任务意义。任务意义和任务一体化密切相关。任务意义就是使工作人员知道该项工作对于组织中或外部的其他人是重要的。

(5) 反馈。工作反馈能够使工作执行者了解自己工作做得如何,产生一定的引导和记录作用。

在进行工作设计时,以上三方面因素都要予以充分地考虑,才能确保工作设计的有效性。

四、工作设计的思路和方法

早期的工作设计方法可以追溯至泰勒(Taylor)的科学管理原理,其理论基础是亚当·斯密的职能专业化。泰勒的基本方法是工作简单化,把每项工作简化到其最简单的任务,然后让员工在严密的监督下完成它。随后的吉尔布雷斯(Gilbreth)夫妇以动作研究闻名于世,他们将秒表、摄影机等工具应用于动作和时间研究之中,在弄清劳动的基本动作过程之后,对工人动作过程中的动作要素进行科学的分解、取消和合并,从而使劳动过程得以简化,提高产量和工作效率,这被称为传统的科学管理方法。这样设计出来的工作,安全、简单、可靠;同时,它也产生了很大的副作用,包括工作单调乏味,令人厌倦,工人缺乏成就感,对工作不满,工作责任心差,管理者和工人之间产生隔阂,离职率和缺勤率高,怠工和工作质量下降。迄今为止,科学管理原理对工业社会的工作设计仍具有很大影响,在对教育水平、个人判断和决策活动等要求比较少的加工制造业的工作中应用广泛。

在批判科学管理方法的过程中产生的人体工程学,试图设计适当的工作环境,以减少员工的疲劳,降低员工的眼压,减少工作中出现错误的可能性以及肌肉和心理的压力。人体工程学强调的重点只是对工作环境的改善,并没有对工作内容本身的设计产生重要影响。

人际关系运动从员工的角度出发来考虑工作设计,起点是20世纪20年代的霍桑实验。人际关系思想在工作设计中所借鉴之处是在工作内容中增加管理的成分,增加工作对员工的吸引力,强调工作对承担这一工作的员工心理的影响。根据人际关系哲学提出的工作设计方法主要包括工作扩大化(job enlargement)、工作轮调(job rotation)和工作丰富化(job enrichment)等。

1. 工作专业化

当员工的素质和精力难以适应复杂而综合的工作时,就应通过提高专业化程度将工作简化。工作专业化是一种传统的工作设计方法。它通过动作和时间研究,把工作分配为许多很小的单一化、标准化和专业化的操作内容及操作程序,并对工人进行培训和激励,使之保持高效率。专业化工作设计的优点是:

(1) 专业化和单一化最紧密地结合在一起,从而可以最大限度地提高工人的操作效率。

(2) 对工作执行者的技术要求低,可以节省大量的培训费用。

(3) 可以大大降低生产成本。

(4) 标准化的工序和操作方法,加强了管理者对产品数量和质量的控制,以保证生产的均衡。

专业化工作设计的不足是只强调工作任务的完成,而不考虑工作执行者的反应,因而专业化带来的高效率往往会被工人对重复单一的工作的不满与厌恶所造成的缺勤、离职所抵消。

2. 工作扩大化

与工作简单化相对应的是工作扩大化。工作扩大化旨在改变简单化的高效率工作所带来的单调和枯燥乏味。它包括横向扩大工作和纵向扩大工作。

横向扩大工作的方法很多。例如,将属于分工很细的作业单位合并,由一人负责一道工序改为几个人共同负责几道工序;在单调的作业中增加一些变动因素,如从事一部分维修保养、清洗滑润辅助工作;采用包干负责制,由一个人或一个小组负责一件完整的工作,降低流水线传动速度,延长加工周期,用多项操作代替单项操作等。

纵向扩大化工作是将经营人员的部分职能转由生产者承担,工作范围沿组织形式的方向垂直扩大化。例如,生产工人参与计划制定,自行决定生产目标、作业程序、操作方法、检验衡量工作质量和数量,并进行经济核算。

工作扩大化的实质内容是增加每个员工应掌握的技术种类和扩大操作工作的数目,目的在于降低对原有工作的单调感和厌恶情绪,从而提高员工的工作满意程度。工作扩大化在实际应用中的作用非常有限,赫兹伯格(F. Herzberg)曾批评工作扩大化是"用零加上零"。

3. 工作轮调

这种方法并不改变工作设计本身,而只是让员工先后承担不同的但内容很相似的工作,定期从一个岗位转到另一个岗位。这样做使员工有更强的适应能力,感受到工作的挑战性以及在一个新岗位上产生的新鲜感。日本企业广泛实行工作轮调,对培养管理人员发挥了很大作用。

工作轮调的不足在于,员工实际从事的工作并没有真正得到重大改变,轮换后的员工长期在几种常规的简单工作之间重复交替工作,最终还是会感到单调与厌烦的,并且容易产生报酬上的不公平感。不容忽视的是这种工作设计的方法给员工提供了发展技术和一个较全面的观察、了解整个生产过程的机会,对组织的全局有更好的把握。

4. 工作丰富化

工作丰富化是指在工作中赋予员工更多的责任、自主权和控制权，以满足员工的心理需求，达到激励的目的。工作丰富化思想对工作设计的影响很大，并在此基础上形成了一个著名的工作特征模型方法。

工作特征模型方法的理论依据是赫兹伯格的双因素理论。根据保健—激励理论，赫兹伯格设计了一种工作丰富化方法，即在工作中添加一些可以使员工有机会获得成就感的激励因子，以使工作更有趣、更富挑战性。这一般要给员工更多自主权，允许员工做更多有关规划和监督的工作。工作丰富化可采取以下措施：

(1) 组成自然的工作群体，使每个员工尽心为自己的部门工作，这可以改变员工的工作内容。

(2) 实行任务合并，让员工负担一项从头到尾的完整工作，而不是只让他承担其中的某一部分。

(3) 建立客户关系，即尽可能给予员工与客户接触的机会。

(4) 让员工自己规划和控制其工作，而不是让别人来控制。员工可以自己安排工作进度，处理遇到的问题，并且自己决定上下班的时间。

(5) 畅通反馈渠道，找出更好方法，让员工迅速了解其绩效情形。

工作丰富化的核心就是激励的工作特征模型。这一模型的运作可以使员工产生三种心理状态，即感受到工作的意义、感受到工作结果的责任和了解工作结果。这些心理状态又可以影响个人和工作的结果，即内在工作动力、绩效水平、工作满足感、缺勤率和离职率。而引致这些关键的心理状态的是工作的某些核心维度：技能的多样性、任务的完整性、工作任务的意义、任务的自主性和反馈。工作特征模型认为可以把一个工作按照它与这些核心维度的相似性或者差异性来描述，按照模型中的实施方法而丰富化了的工作就具有高水平的核心维度，并可由此而创造出高水平的心理状态和工作成果。

工作特征模型强调员工与工作之间的心理上的相互作用，并且强调最好的工作设计应该给员工以内在激励。这种方法的优点是认识到员工的社会需要的重要性，可以提高员工的工作动力、满意度和生产率；其缺点是成本和事故率比较高。这一模型在实践中的应用还在进一步探索。

5. 辅助工作设计方法

辅助的工作设计方法是指缩短工作周和弹性工作制。它们没有改变完成工作的方法，因此从根本上讲还不是工作设计的内容。但是它们改变了员工个人工作时间的严格规定，实际上也产生了促进生产率的作用，所以把它们作为辅助的工作设计方法。

(1) 缩短工作周

缩短工作周是指员工可以在5天内工作40小时，典型的情况是每周工作4个10小时工作日，一般是错开工作时间，使得所有的传统工作日都有员工在工作。缩短工作周的优点是每周员工开始工作的次数减少，缺勤率和迟到率下降，有助于节约，员工在路上的时间减少，工作的交易成本下降，工作的满足感提高。缩短工作周的缺点是工作日延长使工人感到疲劳，并可能导致危险，员工在工作日的晚间活动受影响。研究结果表明，4×10小时工作周只有短期效果。

(2) 弹性工作制

弹性工作制的典型做法是，企业要求员工在一个核心时间的期间内(如上午10点到下午3点)必须工作，但是上下班时间由员工自己决定，只要工作时间总量符合要求即可。弹性工作制的优点是员工可以自己掌握工作时间，为实现个人要求与组织要求的一致创造了条件，降低了缺勤率和离职率，提高了工作绩效。弹性工作制的缺点是每天工作时间延长增加了企业的公用事业费，同时需要企业建立相应的管理监督系统来确保员工工作时间总量符合规定。弹性工作制可以使企业和员工都受益。目前，在我国有许多实行项目管理制的研究开发工作均采用了弹性工作制度。

每个组织使用的工作设计方法可能不同，在进行工作设计时，往往要综合考虑组织的实际情况，因地制宜地采用上述一种或几种方法。

参考资料

1. 严诚忠：《企业人力资源管理——理论与实务》，立信会计出版社,1995年。

2. 黄维德:《现代人力资源开发与管理概论》,华东理工大学出版社,1998年。

3. 张一弛:《人力资源管理教程》,北京大学出版社,1999年。

4. 赵曙明:《人力资源管理与开发》,中国人事出版社,1998年。

5. 维尼·奥特罗:《精明的雇佣》,谢晋宇、郭庆松等译,中华工商联合出版社,2000年。

思考题

1. 工作分析与人力资源管理的各个环节怎样产生联系?
2. 常用的获取工作分析信息的方法有哪些?各有什么优缺点?
3. 简述工作分析的基本程序。
4. 扁平化的组织结构为工作设计提供了哪些思路和机会?

第五章

人力资源规划

本章学习要点

- 了解人力资源规划的内涵与作用,明确人力资源规划的必要性及其条件,正确处理人力资源规划与企业战略之间的关系。
- 掌握人力资源规划的具体内容,分清短期规划与长期规划、一般性规划与专项业务计划的任务、步骤、条件与实施重点。
- 了解人力资源需求和供给的预测方法,掌握人力资源规划的运作程序。

第一节　人力资源规划概述

一、人力资源规划的内涵

关于企业人力资源规划的定义和内涵,国内外已有不少论述,可归纳综述为:人力资源规划是企业根据发展战略的要求,对在未来变化中人力资源的供给与需求状况进行预测,对现有人力资源存量进行分析与规划,制定相应的人力资源获取、利用、保持和开发策略,确保企业对人力资源在数量和质量上的需求,使企业和个人获得长远利益的一项企业管理活动。

从人力资源规划的定义可以提炼出人力资源规划的基本问题:

第一,通过考察企业外部、自身和员工三方面因素确定目前企业的人力资源管理状态。

第二,在明确企业目标的基础上,衡量目标和管理现状之间的差距,确定目标需要考虑的条件,以及需要采取什么标准来衡量成功。

第三,为了缩小现实与目标之间的差距,需要制定必要的人力资源获取、利用、保持和开发策略,从事人力资源管理活动。人力资源规划通过一定的途径将它们整合为一个体系,使人力资源管理和开发工作有目的、有计划地进行。

第四,考察企业是否已经达到了既定的目标,然后回到第一个问题上,并重新制定新一轮计划。在一般情况下,当初设定的目标即为最终的成果评价标准。

寻求上述四个问题答案的过程也就是企业进行人力资源规划的过程。

二、人力资源规划的必要性

1. 有助于获取和引进企业的第一资源——人力资源

企业要生存、发展,不但要对生产、经营进行详细周密的计划,更要在人力资源规划方面先行一步,有了人,才能有物,才能有生产、经营和管理活动。人力资源与企业所需要的其他资源不同,不是用钱在市场上随时随意购买的,符合企业发展与战略要求的人力资源,更需要预先统筹安排,从长计议。

2. 有助于减少未来的不确定性

为了克服环境变化可能给企业经营带来的消极影响,人力资源规划必须考虑招聘、培训、考核和员工发展政策。人力资源的中长期计划、短期计划的制定与企业面临的不确定性的大小密切相关。对此,布莱克(E. H. Burack)和马西斯(N. J. Mathys)提出了不确定性因素与计划期长度之间的配合关系,如表 5-1 所示。

表 5-1　不确定性与计划期的长度

短期计划:不确定性/不稳定	长期计划:确定/稳定
很多新竞争者	强大的竞争地位
社会经济条件迅速变化	社会、政治和技术方面的变化是渐进的,而不是迅速的
不稳定的产品/服务需求	
变动的政治和法律环境	强大的管理信息系统
企业规模比较小	稳定的产品/服务需求
管理水平落后(危机管理)	管理水平先进

资料来源:Terry L. Leag and Michael D. Crino ,Personal ,Human Resource Management,Macmillan,1989,p.160.

3. 有助于减少人力资源流动对企业的不利影响

企业人力资源处在不断流动的状态中,员工离职、退休等原因必然造成职位空缺和人力资源的供给缺口,对此,应当预先采取相应的措施填补空缺。在员工流动率比较高的情况下,为了及时填补职位空缺,往往在很短的时间内匆忙招聘大量新员工,导致录用标准的下降,也为今后离职率的上升埋下隐患。人力资源从补充到适应企业和岗位的需要,存在一个过程,这一过程的长短,与岗位类型、工作岗位补充程度和员工自身的素质有关。因此,企业必须提前规划,作出周密的安排。

4. 有助于及时调整企业人力资源的结构

企业现有人力资源的结构可能存在不完善的地方,需要有计划地进行调整。如人力资源的年龄结构、性别结构、技能结构、专业结构等,需要在对人力资源现状进行盘点、分析之后,作出通盘的考虑和周密的调整规划。

5. 有助于适应人力资源的刚性特征

人力资源管理活动是一项复杂的系统工程。人力资源的供给与需求都存在着某种"刚性",即人力资源的供给和需求趋势难以被影响和改变的特性,对此也需要预先规划和提前处理。

人才的稀缺性是导致人力资源的供应呈刚性的主要因素。虽然社会上存在着大量的失业人口,但高质量的人力资源仍会短缺,招募到合适的人力资源是一件非常不容易的事。另外,人力资源的某些自身特质,如年龄、性格、禀赋等无法改变的因素,也是造成人力资源供给呈刚性的原因之一。产生人力资源需求刚性的两个因素是:其一,企业对市场变化的低可控性。其二,企业在技术和企业结构方面的低自由度。企业提供的产品和服务,无论在数量、质量、品种规格上,都难以对整个消费市场产生决定性的影响。企业的技术构成和组织结构存在相对的稳定性,它们的变动也必然是一个渐进的过程。

三、人力资源规划与企业战略管理

1. 企业战略管理的特点

企业战略管理是指从整体和长期利益出发,就企业的经营目标、内部环境等方面进行决策,并依据企业内部的各种资源和条件实施这些决策的一系列动态过程。企业战略管理具有如下特点:

(1) 开放性。企业是一个开放系统,应时刻注重对外部环境的研究,并把企业的目标纳入环境之中进行管理。

(2) 全局性。战略管理并非是各局部管理的简单相加和汇总,而是要通过整体战略规划的统筹制定和实施,最大限度地整合企业的各种资源,发挥各资源要素的功效,实现整体效益的最优化。

(3) 动态性。战略计划要根据企业内外环境的变化不断地调整、完善和创新,时间越长、范围越广、重要程度越大的战略计划应具有更强的动态特征。

（4）长期性。战略管理是一个未来范畴的动态管理过程。一方面，它立足当前，面向未来，既要了解过去和现在，又要预测未来发展的趋势，时间跨度大；另一方面，从事战略管理要注重考虑长期利益，而不是短期利益，从长远角度看，短期利益最大化是企业发展的主要障碍。

（5）层次性。具有全局性和长期性的战略规划不可能直接作为具体的执行计划付诸实施，需要层层分解，建立起一个包括战略规划和实施方案有机结合的战略管理系统。

2. 企业人力资源规划的层次

要使企业人力资源规划发生效力，就应该将它与不同层次的企业规划联系起来。人力资源规划包括人力资源的战略规划、人力资源的战术计划和人力资源行动方案。人力资源的战略规划主要研究企业外部和内部环境的变动，及其对未来企业人力资源管理的影响。人力资源战术计划的主要任务是对企业未来面临的人力供求形势作出预测，包括对企业未来员工的需求量、内部和外部的人力供给状况的详细预测等。人力资源行动方案是根据预测结果制定的具体措施和步骤，包括招聘、辞退、晋升、培训与发展、工作调动、工资福利政策和企业变革等。人力资源战术计划和行动方案属于在总体规划指导下的业务计划。

3. 企业人力资源规划与企业战略管理的关系

（1）企业的战略目标对人力资源规划起导向作用。人力资源规划是依据企业的战略目标而制定的，它是企业的战略目标在资源保障与配置上——人力资源供给和需求（包括数量和质量）方面的分解，是为了确保企业目标的实现而制定的一种辅助性规划，它与企业其他方面的规划如财务规划、营销规划、技术规划等共同构成企业目标的支撑体系。

（2）人力资源规划为企业战略目标的实现提供人力方面的保证。企业外部环境中有关政治、经济、法律、技术、文化等一系列因素处于不断变化之中，企业的战略目标也需要适应变化而不断进行调整，并相应引起企业对人力资源的需求变化，以及人力资源供需之间的失衡。人力资源规划可以根据企业目标的变化和企业人力资源现状,分析人力资源的供需,采取必要的确保措施,平衡人力资源的供给与需求,确保企业目标的实现;也可以通过相应的业务计划和行动方案,创造良好的条件,发挥员工的主观能动性,提高企业的工作效率。

(3) 人力资源规划有利于企业战略目标的进一步完善。一个企业的高层管理者在制定其战略目标以及在选择决策方案时总要考虑自身的资源,特别是人力资源的情况。人力资源规划既要对现存人力资源进行存量分析,又要预测未来的发展趋势,随环境的变化进行动态的调整。这有助于企业高层领导在制定战略目标和发展规划时不囿于企业的资源现状,使目标更加完善,使企业的环境适应能力更强,更富有竞争力。

(4) 企业战略对人力资源规划过程具有制约作用。具体而言,企业的一般战略规划制约人力资源战略规划,企业的一般经营计划制约人力资源战术计划,企业的预算方案制约人力资源的行动方案,人力资源的战略规划、战术计划和行动方案(或称业务计划)也存在相应的制约关系,由此决定了人力资源总体规划上要与企业的战略目标一致,人力资源业务计划要与企业的短期目标和战术目标相配套。

四、人力资源规划的内容

企业人力资源规划按其规划的期限有长、中、短期之分。一般说来,一年内的规划为短期规划,这种规划要求明确,任务具体,措施易落实;一至五年内的规划为中期规划,需要对企业的总体要求、方针政策作出明确规定,但没有短期计划那样具体;五年以上为长期规划,长期规划只是对企业总的方向、原则和方针政策作出概括的指导性说明,在实施过程中需要根据环境变化作出相应的调整。

企业的人力资源战略规划属于第一层次,即人力资源的总体规划;人力资源的战术计划和行动方案属于第二层次,即专项业务计划。专项业务计划是总体规划的展开和具体化,由目标、任务、政策、步骤及预算等要素组成。具体内容如表 5-2 所示。

表 5-2　人力资源规划内容

计划类别	目标	政策	步骤	预算
总规划	总目标(绩效、人力资源总量、素质、员工满意度)	基本政策(如扩大、收缩、改革、稳定等)	总体步骤(按年安排)	总预算XXX万元
人员补充计划	类型、数量、对人力资源结构及绩效的改善等	人员标准、人员来源、起点待遇	拟定标准、广告宣传、招募筛选、录用(时间)	招聘、挑选费用XXX万元
人员使用计划	部门编制、人力资源结构优化及绩效改善、职务轮换幅度	任职条件、岗位轮换的范围和时间	略	按使用规模、类别及人员状况决定的薪资预算
人才接替及提升计划	后备人才数量保持、优化人才结构、提高绩效	选拔标准、资格、使用期、提升比例	略	职位变化引起的薪酬变化
培训与开发计划	素质及绩效改善、企业文化推广、员工入职引导	时间保证、培训效果保证(待遇、考核、使用)	略	培训投入、工作脱产损失
评价与激励计划	人才离职率降低、士气水平、绩效提高	激励重点、工资政策、奖励政策、反馈	略	增加工资、奖金
劳动关系计划	降低非期望离职率、减少投诉率及不满	参与管理、加强沟通	略	诉讼费及相关费用
退休与解聘计划	编制,人力成本降低及生产率提高	退休政策、解聘程序	略	安置费、资遣费、人员重置费用

第二节 人力资源需求与供给测定

对人力资源供给和需求的预测是人力资源规划的重要环节,而对人力资源需求和供给的科学预测方法的选择,又是保证人力资源规划准确性的前提。

一、人力资源需求预测及其主要方法

人力资源需求预测受许多因素的影响,包括技术变化、经济形势、政策变化、消费者购买偏好、企业的经营状况、发展战略、企业结构设计等。其主要的企业变量包括:

第一,企业的财务资源对人力资源需求的约束,根据未来人力资源总成本可以推算人力资源的最大需求量。

第二,未来的生产经营任务和发展计划对人力资源的要求,根据生产因素的可能变动情况预测人力资源需求。

第三,企业的业务量或产量,现有员工的工作情况、定额和工作负荷情况。

第四,预期的员工流动率,即由辞职、解聘、退休等引起的职位空缺规模。

第五,提高产品或劳务的质量或进入新行业的决策对人力资源需求的影响。

人力资源需求预测主要有以下几种方法。

1. 德尔菲法

德尔菲(Delphi)法是一种简单、常用的主观判断预测方法,它起源于19世纪40年代的兰德公司。这种方法是由有经验的专家或管理人员对某些问题的分析或管理决策进行直觉判断与预测,其精度取决于预测者的个人经验和判断力,也称"专家征询法"或"集体预测法"。专家包括企业外部和内部对所研究问题有发言权的所有人员。

德尔菲预测技术的操作方法是：首先，将需要咨询的内容写成若干条意义十分明确的问题，寄给专家，请他们以书面的形式回答。专家在背靠背、互不通气的情况下回答问题。其次，将各位专家的意见集中归纳，并反馈给他们，请每个专家根据归纳的结果重新考虑答案。专家可以修改自己的预测，并说明修改的原因。此后，再将修改的结果寄回，经过三到四次的反馈，专家的意见趋于集中。最后，经过数据处理，得出最终结果。由于这种方法是在每个专家均不知除自己以外的其他专家的任何情况下进行的，因而避免了人际关系、群体压力等的缺点，也解决了难以将专家集中在一起的问题。这种方法由于简单可靠而被广泛运用。

在运用德尔菲法进行人力资源需求预测的过程中，企业应注意以下问题：

（1）提供充分且完备的信息，包括已经收集的历史资料和有关的统计分析结果，使预测者能够作出准确判断。

（2）所提出的问题尽可能简单，以保证所有专家能够从相同角度理解相关概念。

（3）所提出的问题应该是专家能够答复的，或在其专业特长之内的问题。

（4）问题的回答不要求太精确。例如，在人力资源需求预测时，可以不问人力需求的总体绝对数量，只问变动的百分比或某些专业人员的预计变动数量。预测者可以粗略估计数字，但要说明数字的可靠程度。

德尔菲法的难点在于如何提出简单明了的问题和如何将专家的意见归纳总结。对此，可采用名义小组讨论法弥补不足，即请各位专家或有经验的现场管理人员组成一个小组，每人根据现有的信息与资料，列出一张问题清单，企业将所有问题一一列出，请各位专家归纳。

2. 成本分析预测法

人力资源成本分析预测法是从成本约束的角度进行人力资源需求预测。其公式如下：

$$NHR = \frac{TB}{(S+BN+W+O) \cdot (1+a\% \cdot T)}$$

其中,NHR 是指未来一段时间内需要的人力资源,TB 是指未来一段时间内人力资源预算总额,S 是指当前人均工资,BN 是指当前人均奖金,W 是指当前人均福利,O 是指当前人均其他支出,a% 是指企业计划每年人力资源成本增加的平均百分比,T 是指预测年限。

例如,某公司 3 年后人力资源预算总额是 1200 万元/月,目前人均工资是 2700 元/月,人均奖金是 500 元/月,人均福利是 800 元/月,人均其他支出是 200 元/月。公司计划人力资源成本每年增加 3%,预测 3 年后所需的人力资源数量。

根据公式,TB=12000000,S=2700,BN=500
$$W=800, O=200, a\%=3\%, T=3$$
$$NHR = \frac{12000000}{(2700+500+800+200) \times (1+3\% \times 3)} = 2621(人)$$

根据人力资源成本分析法可以预测该企业 3 年后所需人力资源数量为 2621 人左右。

人力资源成本分析法简单,易于操作。但该方法着眼于人力资源的成本约束,需要结合其他的预测方法,方能克服其趋于保守的企业经营理念。

3. 趋势分析预测法

人力资源趋势分析预测法与成本分析预测法有相似之处,其公式如下:

$$NHR = a \cdot [1+(b\%-c\%) \cdot T]$$

其中,NHR 是指未来一段时间内需要的人力资源;a 是指现有的人力资源;b% 是指企业计划年均增长的百分比;c% 是指企业计划人力资源发展与实际发展的百分比差异,主要体现企业在未来发展中人力资源效率提高程度;T 是指预测年限。

例如,某公司目前的人力资源是 780 人,计划平均每年以 15% 的速度发展,计划人力资源发展与企业发展的百分比差异是 10%,3 年后需要多少人力资源?

根据公式,$a=780, b\%=15\%, c\%=10\%, T=3$

$$NHR = 780 \times [1+(15\%-10\%) \times 3]$$
$$= 897(人)$$

因此,用人力资源趋势分析预测法可以预测3年后该公司需要897人。

在实际应用中,趋势分析预测法和人力资源成本分析法结合使用,既考虑了企业的未来发展,也分析了企业的支付能力,可以收到很好的效果。

4. 工作负荷法

工作负荷法即按照历史数据,先计算出对某一特定工作的单位时间(如每年)的人均工作负荷量(如产量),再根据未来的生产量目标计算出所要完成的总工作量,然后根据前一标准折算出所需的人力资源数。工作负荷法的公式为:

$$NHR = \frac{TP}{\overline{X}P}$$

其中,NHR是指未来一段时间内需要的人力资源,TP是指预测期的总工作量目标,$\overline{X}P$是指人均单位时间工作负荷量。

5. 回归分析法

回归分析方法是根据数学中的回归原理对人力资源需求进行预测的一种方法,包括趋势外推法和多元回归分析预测法等。

(1) 趋势外推法

趋势外推法是根据企业整体或各个部门以往员工数量的变动趋势,预测未来的人力需求量。该方法实际是指以时间因素作为解释变量,预测者首先要掌握过去一段时间的历史数据资料,根据历史数据用最小平方法求得趋势线;再将趋势线延长,即可预测未来的需求数值。

例如,某公司在过去12年里的人力资源数量变化如表5-3所示。

表5-3 某公司人力资源的数量变化

年度	1	2	3	4	5	6	7	8	9	10	11	12
人数	510	480	540	570	600	640	640	720	770	820	840	930

利用最小平方方法,求直线方程,即
$$y = a + bx$$
其中:
$$a = \bar{y} - b \frac{\sum_{i=1}^{n} x_i}{n}$$

$$b = \frac{\sum_{i=1}^{n}(x_i - \bar{x})(y_i - \bar{y})}{\sum_{i=1}^{n}(x_i - \bar{x})^2}$$

$$\bar{y} = \frac{\sum_{i=1}^{n} y_i}{n}$$

$$\bar{x} = \frac{\sum_{i=1}^{n} x_i}{n}$$

$$a = 390.7 \qquad b = 41.3$$
$$y = 390.7 + 41.3x$$

根据上式,可预测未来第三年的人数为:
$$y = 390.7 + 41.3 \times 15 = 1010(人)$$

(2)多元回归分析预测法

与趋势外推法不同,多元回归分析法是一种从事物变化的因果关系进行预测的方法。它将多个因素作为自变量,运用事物之间的各种因果关系,根据自变量的变化推测与之相关的因变量变化。根据该方法,找出人力资源的需求随各因素变化的趋势,就可对人力资源需求情况作出预测。它包括五个操作步骤:

第一步:确定适当的与人力资源需求量有关的企业因素,企业因素应与企业的基本特征直接相关,而且它的变化必须与所需的人力资源需求量的变化成比例。

第二步:找出历史上企业因素与员工数量之间的关系。例如,学校中中学生与教师的比例关系,医院中病人与护士的比例关系等。

第三步：计算劳动生产率。

第四步：确立劳动生产率的变化趋势以及对趋势的调整。在确定过去一段时间内劳动生产率的变化趋势时，必须收集该时期的产量和劳动力数量的数据，以此算出平均每年生产率变化和企业因素的变化，这样就可预测下一年度的变化。

第五步：预测某一年人员的需求量。

多元回归预测分析法由于考虑了企业内外多个因素对人力资源需求的影响，较之趋势预测等方法，预测结果相对准确，但使用复杂。

6. 转换比率分析法

实际上，人力资源需求分析是要揭示未来经营活动所需要的各种员工的数量。转换比率分析法首先要估计企业需要的关键技能的员工数量，以此为基础估计秘书、财会和人力资源管理人员等辅助人员的数量。

转换比率分析法的精确性有赖于三个因素：关联方之间关系的强度、关系提炼方法的精确性以及这种关系在将来继续保持的程度。

例如，某公司人力资源部汇总各部门提出的部门秘书需求人数，发现除了各事业部、一级部门各报需求部门秘书1人外，公司技术研究院的11个研究部各报部门秘书需求人数1人。根据部门秘书职责，调查历史数据得出部门秘书需求与研究开发人员的比率为1：60。根据技术研究院现有研究开发人员420人，利用转换比率分析法，得出技术研究院秘书需求人数为：

$$420 \times \frac{1}{60} = 7(人)$$

因此，人力资源部可以将技术研究院各研究部的秘书需求人数合并为7人。

各种预测方法都是以函数关系不变作预测前提的，但这往往与现实不符，还需管理人员加入主观判断后进行修正。因为，有时生产技术水平的提高和管理方式的改进会减少对人力资源的需求，这是单纯的数量分析难以反映的。

二、人力资源供给预测

人力资源的供给预测和需求分析的一个重要差别在于：需求分析仅研究企业内部对人力资源的影响，而供给分析则需要研究企业内部和外部两个方面，因此，不确定性因素较多。

人力资源供给分析需要注意的是，首先，企业需要考察现有的人力资源存量，假定企业现行的人力资源管理政策保持不变，对未来的人力资源供给数量进行预测；其次，在预测过程中，企业需要考虑内部的晋升、降级、调配等因素，还要考虑到员工的辞职、退休、被开除等因素的影响；最后，得到的预测结果不应仅仅是员工的数量，而应该是员工规模、经验、能力、人工成本等各个方面的综合反映。

1. 人力资源内部供给分析

人力资源内部供给的思路是，在确定现有人力资源存量的基础上估计下一个时期内，各个工作岗位上留存的员工数量，因为期间会有员工调离原来的岗位，或者离开企业。鉴于实际情况比较复杂，在进行内部人力资源供给预测时，需要人力资源规划人员的主观判断和修正。常用的内部人力资源供给预测的方法有：

（1）技能清单。技能清单是一个用来反映员工工作记录和能力特征的列表。这些能力特征包括培训背景、以往的经历、持有的证书、已经通过的考试、主管的能力评价等。技能清单是对员工实际能力的记录，可帮助人力资源规划人员估计现有员工调换工作岗位的可能性，以及确定哪些员工可以补充当前的岗位空缺。表5-4是一个技能清单的示例。

技能清单的一般用途，包括晋升人选的确定、管理人员接续计划、对特殊项目的工作分配、工作调配、培训、薪资奖励计划、职业生涯规划和企业结构分析等。成员频繁调动、经常组建临时性团队或项目组的企业，技能清单中应该包括所有的员工。而那些主要使用技能清单来制定管理人员接续计划的企业，可以只包括管理人员。

（2）人员核查法。人员核查法是通过对企业现有人力资源的数量、质量、结构和在各职位上的分布状态进行核查，从而掌握企业可供调配的人力资源拥有量及其利用潜力,并在此基础上,评价当前不同种类员工的供应状况,确定晋升和岗位轮换的人选,确定员工特定的培训或发展项目的的需求,帮助员工确定职业开发计划与职业通路。

表5-4 技能清单示例

姓名:	部门:	到职日期:	来源:	出生年月:	最高职称:
教育背景	类别	学位种类	毕业日期	学校	主修科目
	高中				
	大学				
	硕士				
	博士				
训练背景	训练主题		训练机构		训练时间
技能	技能种类			证书	
评价					
需要何种培训	改善目前的技能和绩效:				
	提高晋升所需要的经验和能力:				
目前可晋升或流动至何岗位					

运用人员核查法的前提是企业应建立人力资源信息系统。在小型企业,技能清单或手工的档案管理就可以有效地提供相关信息;而规模大的企业,人事资料很难通过人工管理,需要采用计算机信息系统,将记录工作经验代码、产品知识、行业工作经验、训练课程、语言能力、调职意愿限制、前程抱负和绩效评估结果等重要信息进入管理信息系统之中。

(3)人员替代法。人员替代法是通过一张人员替代图来预测企业内的人力资源供给情况。在人员替代图中要给出部门、职位名称、在职员工姓名、职位(层次)、员工绩效与潜力等各种信息(如图5-1所示),以此来推测未来的人力资源变动的趋势。马尔可夫转移矩阵的基本假定是,企业内部的员工流动模式与流动比率会在未来大致重复,即在一定的时间段中,从某一状态(类)转移到另一状态(类)的人数比例与以前的比例相同,这个比例称为转移率,以该时间段的起始时刻状态的总人数的百分值来表示。转移矩阵实际上指的是转移率矩阵,通过描述企业员工流入、流出及内部流动的整体形式,为人力资源的内部供给预测提供基础。

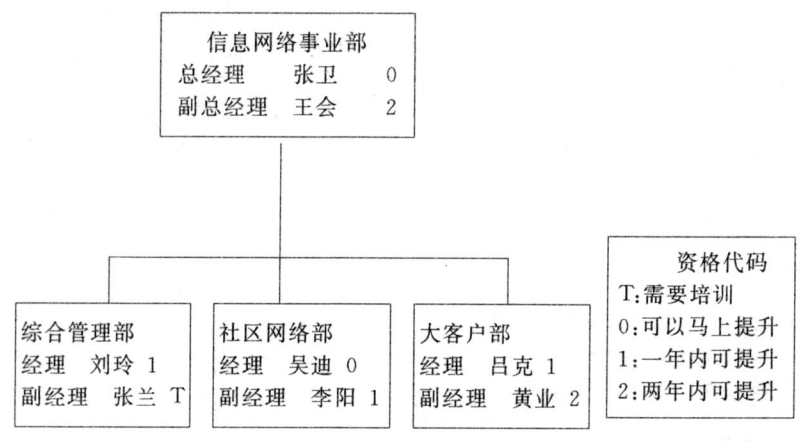

图 5-1 人员替代法示意图

表 5-5 绘制的是一个人员变动矩阵表,表中的每一个元素表示从一个特定时期内两个工作之间员工调动数量的历史平均百分比,即每一种工作的人员变动概率,一般以 5 到 10 年的长度为一个周期,周期越长,百分比的准确性越高。将计划期初每种工作的人员数量与相应的人员变动概率相乘,然后纵向相加,就可得到企业内部未来劳动力的净供给量。

例如,某工厂有经理(M)、车间主任(D)、班组长(G)、技术工人(W)等岗位。其初始人数和转移矩阵见表 5-5A。表中表明,在任何一年里,有 80% 的经理仍在原岗位上,20% 的经理离开工厂,70% 的车间主任仍在原岗位,10% 被提升为经理,20% 离职;有 80% 的班组长仍在原岗位,5% 的班组长被提升为车间主任,5% 降为技术工人,10% 的班组长离职;有 89% 的技术工人仍在原岗位工作,1% 的工人被提升为班组长,10%的技术工人离职。

用上述历史数据代表每一类人员转移流动的转移率,可以推算出人员变动情况,从而得到该企业下一年的各类人员的供给量。具体数据如表5-5B所示。

表5-5A 某厂四类人员转移率

初始人数		M	D	G	W	离职
10	M	0.8	——	——	——	0.2
20	D	0.1	0.7	——	——	0.2
40	G	——	0.05	0.8	0.05	0.1
500	W	——	——	0.01	0.89	0.1

表5-5B 某厂四类人员预测供给量

初始人数	M	D	G	W	离职
10	8	0	0	0	2
20	2	14	——	——	4
40		2	32	2	4
500	——	——	5	445	50
合计	10	16	37	447	60

根据表5-5B,预测该企业下一年度经理人数不变,仍为10人,车间主任由20人下降到16人,班组长由40人下降到37人,技术工人由500人下降到447人。因此,企业人力资源部门应预先对企业人力资源供给作出计划,确定下一年度是加大内部提升的力度,还是通过外部招聘方式补充人力资源缺口。

马尔可夫方法是一种定量预测方法,应用广泛,其最大价值是为企业提供了一种理解人力资源流动形式的分析框架,但对其准确性和可行性尚存疑义。

2. 人力资源外部供给预测

任何企业对人力资源的需求不能仅限于内部提拔,还要考虑从外

部招募。因此,进行人力资源外部供给预测十分必要。在人力资源外部供给预测时,需要考虑下列因素:

(1) 本地区的人口总量与人力资源供给率。这一比率决定了该地区可提供的人力资源总量。当地人口数量越大,人力资源供给率越高,人力资源的供给越充裕。

(2) 本地区的人力资源总体构成。该指标决定了在年龄、性别、教育、技能、经验等层次与类别上可提供的人力资源的数量与质量。

(3) 总体经济状况。在考虑人力资源外部供给时,需要对总体经济状况和未来可能出现的失业率进行预测。一般情况下,失业率与外部劳动力供给成正相关,即失业率越高,外部招募越容易。

(4) 地方劳动力市场状况。企业要着力对所在地的劳动力市场和就业状况进行预测,因为企业大量的人力资源供给来自当地。

(5) 本地区同一行业劳动力供求状况,包括本行业劳动力的平均价格、与外地市场的相对价格、当地的物价指数等,都会对企业的人力资源外部供给产生影响。

(6) 职业市场状况。职业市场特指企业所需要的人员市场的状况。例如,财务人员、研发人员、人事管理人员等相关的劳动力市场。职业市场中劳动力的择业心态与模式、工作价值观、同行业其他企业对人力资源的需求等,直接影响企业人力资源的外部供给。

此外,与内部供给预测分析一样,外部供给分析也需要研究潜在员工的数量和能力等。企业根据以往的录用经验可以了解进入企业的员工数量,以及新进员工的工作能力、经验、性别和成本等方面的特征。

第三节 人力资源规划的制定与实施

一、人力资源规划的基本程序

人力资源规划是整个企业计划的一个部分,它包括企业在人力资源方面的总体规划和具体业务计划,涉及企业在人力资源管理中的内部条件和外部环境、员工配置方案、工作补偿政策、培训计划、职业发展计划等各方面的内容以及短期内的具体战术与长期的战略之间的配合关系等。人力资源规划的基本程序可以概括为五个阶段,如表 5-6 所示。

表 5-6 人力资源规划的基本程序

人力资源信息收集 　　A. 外部环境信息 　　宏观经济形势、人口和社会发展趋势、劳动力市场状况、企业面临的竞争和机会、政策导向、劳动力择业期望与偏好 　　B. 企业内部信息 　　企业战略:目标任务、产品组合、市场组合、经营区域、生产技术、竞争重点、财务及利润目标等。 　　企业环境:企业结构、管理机制、管理风格、企业氛围、薪酬政策、企业文化、相关业务计划等。 　　人力资源现状:人力资源分布与构成、人力资源损耗和流动情况、企业的人力资源成本、相关人力资源政策、员工价值观、员工绩效与成果等。
人力资源需求预测 　　A. 短期预测与长期预测 　　B. 企业总量需求预测 　　C. 需求分布预测
人力资源供给预测 　　A. 内部供给预测 　　B. 外部供给预测
制定规划 　　A. 制定人力资源总体规划 　　B. 制定各项人力资源业务计划
实施与评估 　　A. 实施: 　　增加或减少人力资源规模,改变技术组合,开展人力资源的继续计划,实施员工职业生涯计划。 　　B. 评估 　　计划本身是否合理,执行过程中是否按计划实施,实施的效果如何,结果反馈。

1. 信息收集阶段

本阶段主要是调查研究以取得人力资源规划所需的信息资料,为后续阶段做实务方法和工具的准备。在对所需要的信息进行调查时,不仅要了解现状,更要认清战略目标方向和内外环境的变化趋势。表5-6中列出了需要通过调查获得信息的内容,涉及企业外部环境的信息,主要包括宏观经济形势、人口和社会发展趋势、劳动力市场状况、企业面临的竞争和机会、政策导向、劳动力择业期望与偏好等。

企业内部的信息主要包括三个方面:企业战略、企业环境和人力资源现状。关于企业的经营战略,要了解企业的任务目标、产品组合、市场组合、经营区域、生产技术、竞争重点、财务及利润目标等;关于企业环境方面的信息,要了解企业结构、管理机制、管理风格、企业氛围、薪酬政策、企业文化、相关业务计划等;企业的人力资源现状是调查分析的重点,包括现有员工的一般情况(如年龄结构、性别结构、专业技术结构、职称结构、学历结构等)、人力资源损耗和流动情况以及企业的人力资源成本、相关人力资源政策、员工价值观、员工绩效与成果等。

2. 人力资源需求预测

人力资源需求预测,按照时间划分为短期和长期人力资源需求预测两种;在层次上有人力资源总量预测,各部门、各岗位人力资源需求预测和需求分布预测。在收集的相关信息的基础上,借助计算机技术选择适合企业需要的各种统计预测方法,并根据情况,通过主观经验判断对预测结果进行修正。

3. 人力资源供给预测

人力资源供给预测需要综合考虑企业内部和外部的人力资源供给状况。根据人力资源供给预测结果,结合人力资源需求预测的情况,得出计划期内各类人力资源的余缺情况,即得到"净需求"的数据。

4. 人力资源规划制定阶段

本阶段制定人力资源开发与管理的总规划,根据总规划制定各项具体的人力资源业务计划以及相应的人力资源政策,以便各部门贯彻执行。在规划时要全面考虑各项业务计划的相互关联性,切忌分散地作个别单一的计划。

5. 人力资源规划实施与评估阶段

在本阶段,企业将人力资源的总体规划与各项业务计划付诸实施,并根据实施结果进行人力资源规划的评估,并及时将评估的结果反馈,修正人力资源规划。

由于企业内外诸多不确定因素的存在,造成企业战略目标的不断变化,人力资源规划需要滚动地实施,并不断修正短期行动方案。

二、制定人力资源政策

人力资源政策是人力资源规划的一项重要内容,也是协调人力资源供给状况的一个有效工具。当企业和岗位出现人力资源供过于求或供不应求时,要制定人力资源政策进行协调。由于人力资源供需的刚性,企业的人力资源供给与需求的不平衡是一种必然的现象。

1. 制定人力资源短缺时的政策

人力资源供给不足主要表现在企业的经营规模扩张和新的经营领域的开拓时期,需要增加新的人员。此时,应制定以下政策来进行人员补充:

(1) 从企业外部招聘。

(2) 内部晋升和实行人员接续计划。

(3) 调整人力资源结构。

(4) 聘用兼职员工。

(5) 把工作向外发包。

2. 制定人力资源过剩时的政策

绝对的人力资源过剩情况主要发生在企业经营萎缩时期,此时过剩人员的处置成为企业能否度过萧条期的关键因素之一。其制定政策时应从以下方面着手:

(1) 进行转岗培训,这有利于员工增加技能,从事新的工作。

(2) 提前退休。

(3) 工作分享,这是以降低薪金为前提的。

(4) 辞退员工。

(5) 减少工作时间。

三、制定人力资源规划

1. 制定人力资源总体规划

人力资源总体规划一般应包括以下几个方面:

(1) 与企业的总体规划有关的人力资源规划目标任务的说明。

(2) 有关人力资源管理的各项政策及其有关说明。

(3) 内部人力资源的供给与需求预测,外部人力资源情况与预测。

(4) 人力资源净需求。通常,从两个方面考虑人力资源的净需求,即按部门编制的净需求和按人力资源类别编制的净需求。前者表明企业未来人力资源规划的总体情况和部门分布;后者表明人力资源净需求的结构状况,可为后续的业务计划所用(参见表 5-7 和表 5-8 所示)。

表 5-7　人力资源净需求表

部门:		第一年	第二年	第三年	第四年	第五年
需求	年初人力资源需求量					
	预测年内需求的增加					
	年末总需求					
内部供给	年初拥有人数					
	实际招聘人数					
	人员损耗					
	其中:退休					
	调出					
	升迁					
	辞职					
	辞退					
	其他					
	年底拥有人数					
净需求	不足或有余					
	新进人员损耗总计					
	该年人力资源净需求					

表 5-8 按类别的人力资源净需求

人力资源类别	现有人员	计划人员	余缺	预期人员的损失							本期人力资源净需求
				调出	升迁	辞职	退休	辞退	其他	合计	
高层主管											
部门经理											
项目主管											
⋮											
合计											

2. 制定人力资源业务计划

具体的人力资源业务计划包括以下方面：

（1）招聘计划，包括：

① 需要的人员的类别、数目、特征；

② 特殊人力资源的引进计划方案；

③ 招聘方式、手段、渠道；

④ 拟定录用甄选条件；

⑤ 成立招聘小组，培训招聘人员；

⑥ 为招聘而作的广告与财务准备；

⑦ 制定招聘进度表，包括开始日期、地点、进度、预算等内容。

（2）晋升计划，包括：

① 企业中现有升迁渠道和职位空缺；

② 现有员工可升迁人员；

③ 现有人员经培训后适合升迁的可能性；

④ 由于升迁可能产生的职位空缺情况。

（3）裁员计划，包括：

① 人员裁减的对象、时间、地点；

② 经过培训可避免的裁减人员情况；
③ 帮助裁员对象寻找新工作具体步骤和措施；
④ 裁员的经济补偿预算；
⑤ 其他相关问题。

(4) 员工培训开发计划，包括：
① 员工培训层次、次数；
② 新员工培训的人数、内容、时间、方式、地点；
③ 岗位技能培训计划；
④ 培训费用预算。

(5) 人力资源保留计划，包括：
① 薪酬方案改进；
② 冲突管理实施方案；
③ 工作再设计计划；
④ 改进升迁方法。

四、人力资源规划的执行和评价

1. 人力资源规划的执行

人力资源规划的实施主要包括四个步骤：实施、检查、反馈、修正。

(1) 实施。在实施过程中要注意几点：首先，严格按照计划执行；其次，实施前做好充分的准备工作，实施时要全力以赴。

(2) 检查。如果缺少检查步骤，就会使人力资源具体业务计划的实施流于形式，或使实施缺少必要的压力。检查可以来自实施者的上级或平级，不可由实施者本人或下级执行。为了获得准确的信息，在检查前，检查者要列出检查提纲，明确检查目的和内容，根据提纲逐条检查并进行记录，检查后要及时与实施者沟通检查结果。

(3) 反馈。最主要的反馈是保持信息的真实性，只要获得真实的信息，才有助于人力资源计划的修正。反馈可以由检查者进行，也可以由实施者进行或两者共同进行。

(4) 修正。人力资源规划是一个动态的过程。在规划实施过程中，随时检查，及时反馈实施效果，修正原计划中的一些项目十分必要。只有适当修正和调整人力资源规划的不足和不当之处,才能保证企业总体目标的实现。

2. 人力资源规划的评价

在对人力资源规划进行评价时,首先要考虑人力资源规划目标本身的合理性。评价时要注重以下问题:第一,熟悉人力资源工作的程度及其重视程度;第二,处理好与提供数据及使用人力资源规划的管理人员之间的工作关系;第三,合理掌握与相关部门进行信息交流的难易程度;第四,考察管理人员对人力资源规划中提出的预测结果、行动方案和建议的重视和利用程度;第五,关注人力资源规划在企业高层管理者心目中的地位和价值。

在评价人力资源规划的时候,还要将行动的结果与计划本身进行比较,目的是通过发现计划和实际之间的差距,修正和指导今后的人力资源规划。其主要的比较方面为:

(1) 实际人力资源招聘数量与预测的人力资源净需求量比较;

(2) 劳动生产率的实际水平和预测水平的比较;

(3) 实际的和预测的人员流动率的比较;

(4) 实施人力资源规划的实际结果和预期目标的比较;

(5) 人力费用的实际成本与人力费用的预算比较;

(6) 行动方案的实际成本与行动方案的预算比较;

(7) 人力资源规划的成本与收益比较。

上述项目之间的差距越小,表明人力资源规划越符合实际,越有利于企业目标的实现。

参考资料

1. 罗锐韧、曾繁正:《哈佛商学院 MBA 教程系列·人力资源管理》,红旗出版社,1997年。

2. 胡君辰、郑绍濂:《人力资源开发与管理》,复旦大学出版社,1999年。

3. 陈远敦、陈明全:《人力资源开发与管理》,中国统计出版社,

1995年。

4. 梅燕京:《人力资源开发与管理》,华文出版社,1999年。

思考题

1. 企业为什么要进行人力资源规划?
2. 人力资源规划与企业战略有何关系?
3. 人力资源需求预测有哪些解释变量?有哪些预测方法?
4. 主要的人力资源内部供给预测方法是什么?预测人力资源外部供给时应考虑哪些因素?
5. 简述人力资源规划的基本程序。

第六章

企业人力资源形成——员工的招聘、选择与录用

本章学习要点

- 了解招聘的意义,熟悉规范的招聘管理流程的内容与要点。
- 了解招聘渠道,各种内部招聘与外部招聘的特点,掌握现代招聘技术与方法。
- 了解招聘工作的内容,学习招聘的原则、方法和技巧。
- 了解筛选与招聘之间的关系,学习筛选的原则与技术。
- 学习新员工录用的基本工作程序与要点。

吸引、选择、保留高素质的人力资源是企业赖以生存和发展的基础;寻觅到合适的员工并将其吸纳到企业中来,是企业不懈的追求目标;而企业对人力资源的获取,则需要通过员工的招聘、选择和录用程序来实现。

第一节 招聘

一、招聘的意义与基本流程

1. 招聘的意义和内容

招聘的成效是申请人的数量与质量、企业的甄选技术和员工与激励政策共同作用的结果。招聘的重要性包括以下几方面:

第一,成功的招聘是企业成功管理的基础。如果企业作出成功的招聘决策并留住优秀的员工,则企业的经营活动就有了成功的保证。合格的员工明白自己的工作职责,认同企业的文化和管理风格,"招聘那些符合我们企业的人"是企业进行招聘时潜在的指导思想。双方的认同感使员工的职业生涯发展与企业的发展易于融合,企业的经营压力会减小。较高的士气和低离职率易于企业营造一个稳定的持续发展的环境。

第二,良好的招聘是企业与外界沟通的窗口。企业招聘,不仅仅是为了获得企业发展所必需的高质量的人力资源,还是企业与外界进行信息传递、交换的重要途径。在招聘中,企业通过大量的信息传播,为塑造企业形象、扩大知名度提供了很好的机会。招聘人员的形象和行为特征也成为外界了解企业的窗口。

第三,通过招聘为企业注入新的管理思想和新的活力。招聘虽然是企业新成员的招募过程,但是也会在企业变革、技术创新、管理变革等各个方面为企业增添新的动力和活力。通过招聘,企业也可以了解潜在人力资源到企业工作的动机、目标、劳动力市场状况、竞争企业的策略、行业竞争状况等一系列非常重要的信息。

第四,失败的招聘也会引发巨大的经济损失,造成企业财力的浪费。具体而言,与工作职位不相匹配的员工具有以下弊端:不可能有较高的生产力;企业不得不解雇不合适者,寻找新的替代者;员工有可能主动离职,岗位继续空缺。招聘失败引致的直接损失包括:员工离职资遣费,新应聘者的招聘、筛选和考核成本,新员工上岗前职位空缺的临时替补费用,新员工培训费,以及职位空缺期所造成的生产力损失等。而员工离职中80%的经济损失被认为是"隐性"损失或间接损失,包括由于员工离职对现岗员工的业绩和士气的影响,以及对吸引顾客的不良影响等。

2. 招聘的内容与前提

员工招聘内容主要是由招募、筛选、录用、评估等一系列活动构成。

招募是企业为了吸引更多更好的工作申请者应聘而进行的若干活动,主要内容包括招聘计划的制定与审批、招聘信息的发布等。对企业的招募活动作出积极反应的人就成为工作的申请者。

筛选是企业从人与职位相匹配的原则出发,挑选出最合适的人来担任某一职位,由初步筛选、面试、考试、测评、调查取证、体检等环节组成。

录用主要涉及对经挑选合适的候选人进行录用决策、初始安置、试用、正式录用等过程。

评估包括招聘行为本身和招聘结果的成效两个方面。对招聘行为本身的评估,包括招聘计划的可操作性、招聘信息发布后吸引的申请者数量、实际招聘成本与预算的差距、招聘企业的状况、招聘的宣传效果等内容。招聘评估的重点是新录用员工的质量、在职时间的长短等方面。

员工的招聘有两个前提:一是从人力资源规划分析中得到人力资源净需求预测,确定预计需要招聘的职位空缺、部门、人员数量、时限、类型等因素;二是工作分析提供的工作说明书为人员的选择和录用提供了主要的参考依据,也为应聘者提供了与该工作相关的详细信息。

3. 招聘流程

招聘不是若干互不相干的行为的简单拼凑,而是一整套系统的过程。招聘的流程由两大部分组成,即基本步骤、面试和筛选步骤,如图 6-1、图 6-2 所示。

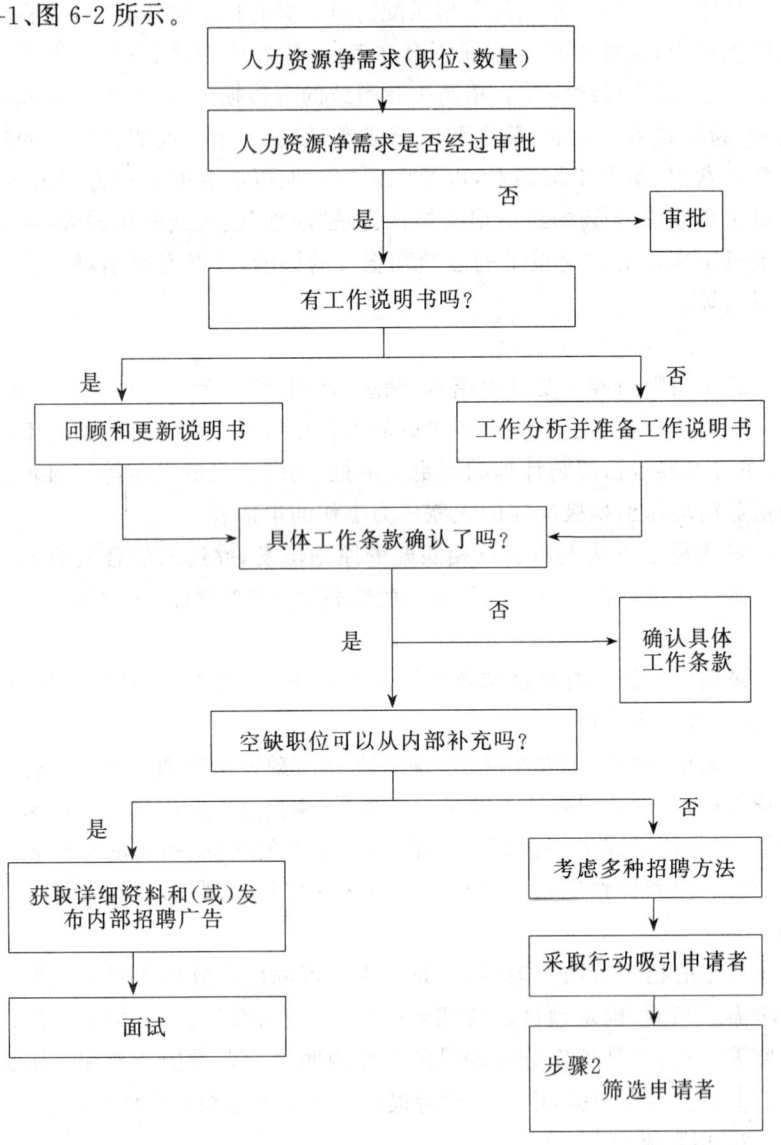

图 6-1　招聘流程第一部分:基本步骤

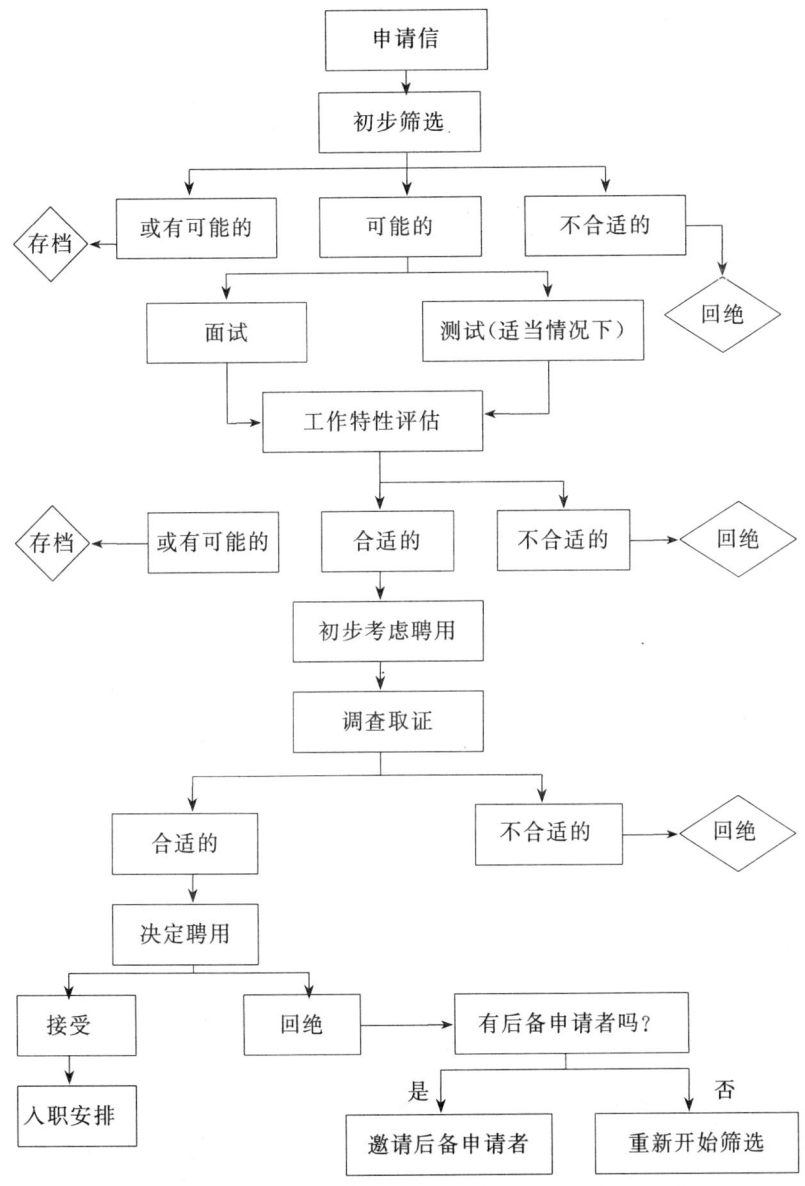

图 6-2 招聘流程第二部分:面试和筛选步骤

根据图 6-2,面试和筛选属于招聘流程的一个组成部分,具体步骤为:

首先,招聘信息发布后,工作申请者将申请书或简历递交给企业,招聘者对申请信和简历进行初步筛选,筛选出的人员进入面试阶段。

其次,对应聘者进行测试,测试中可考虑使用一些科学的测量工具,并将面试成绩和测试结果依据工作特性或工作常模进行评估,筛选合适者进入下一阶段。

再次,对初步考虑聘用的人员进行调查取证,如背景调查、推荐信核实等,对经取证后合格者企业考虑聘用。

最后,当求职者接受了企业的聘用意向时,就可进行入职安排,进入试用期。试用期满,合格者正式录用为企业的员工。

在每个筛选阶段上都有一些不合适的应聘者被回绝,成为落选者。

二、内部招聘与外部招聘

进入招聘流程的一个重要前提是空缺职位是从企业内部补充还是从外部招聘,即招聘来源的选择。两种招聘来源有各自不同的招聘渠道和招聘方法。

1. 内部招聘

职位空缺后,人力资源管理部门首先应考虑的是该职位是否可以由企业内部的员工来填充,并以积极的态度从企业内部去寻找、挑选合适的人员。许多企业的岗位空缺都是由现有员工填充的,例如在 20 世纪 50 年代,美国 50% 的管理职位由公司内部成员填补,当前该比率已上升到 90% 以上。

(1) 内部招聘的来源。内部招聘对象的主要来源有:

① 内部提升。从内部提拔一些合适的人员填补职位空缺是企业常用的方法。其优点是既可以迅速填补职位空缺,也给员工提供了职业发展的机会。内部提升和第五章中提到的人力资源规划法中的人员替代法或人员继承法相联系,比较适合对主管级别的职位招聘。

② 工作调换。工作调换也称"平调",它是指职务级别不发生变化,

但工作的岗位发生变化,一般适合中层管理人员。工作调换可以为员工提供在企业内从事多种相关工作的机会,开拓视野,为员工提升到更高一层的职位做好准备。

③ 工作轮换。工作轮换不同于工作调换,工作调换多用于中层管理人员,时间较长,工作轮换适用于一般员工,具有周期性的特点。工作轮换的优点是便于有潜力的员工积累不同工作岗位的经验,减少员工因长期从事某项工作而带来的枯燥感。工作设计中经常考虑这种方法。

④ 转岗培训。转岗培训是企业时常会出现由于个人或企业原因导致的员工内部待岗现象,适时对待岗员工进行培训,以等待有新的职位空缺或岗位需求时重新上岗。

(2) 内部招聘的方法。内部招聘有以下几种常用方法:

① 工作告示法。工作告示法是在企业内部利用布告栏、内部报刊等形式公布招聘内部职工信息的一种方式。工作告示的内容包括工作说明书中有关空缺职位的性质、职责、所要求的资历条件、薪酬情况、直接上级、工作时间等。工作告示的目的,一是使员工了解有哪些职位空缺,感觉到企业在招聘人员方面的透明度与公平性;二是让员工有机会将自己的技能、工作兴趣、资格、经验和职业目标与工作机会相互比较。

工作告示法主要用于吸引内部申请人,人力资源管理部门的工作包括承担全部的书面工作、负责安排用人部门对申请人进行面试,以确保挑选出最适合的申请人等。

② 推荐法。推荐法可以用于内部招聘,也可以用于外部招聘。它是由企业成员将自己熟悉的人员推荐给本企业人力资源部门和用人单位的一种方法。由于推荐人对企业的情况和需要填补的职位空缺的情况比较了解,对被推荐人有一个初步筛选的作用,也传递给被推荐者许多相关的信息。一项优秀的员工推荐计划,可以使员工成为公司的"猎头者"。如果推荐的工作申请人的特征与企业的要求不相匹配,不仅影响推荐者本身在企业中的地位,而且会危害其与被推荐人的关系。因此,员工推荐法是比较慎重的,成功率较高。

③ 档案法。如果企业员工内部档案所提供的信息准确、完备,就会对员工的晋升、培训和职业发展起重要的作用,人力资源部门可以从员

工的内部档案中了解现有员工的教育背景、培训、经验、技能、业绩等方面的信息,帮助用人部门寻找合适的人员补充职位空缺。

(3)内部招聘的优缺点。内部招聘的优点包括以下几点:

第一,更好地激励员工,提高员工对企业的忠诚度。得到升迁的员工还可以感觉到自己的才干和努力得到企业的认可,从而提高工作的积极性和努力程度;同时,有利于员工制定自己的职业发展计划,并引导员工朝着既定的目标努力。

第二,节约大量的费用,如广告费、招聘人员的差旅费、招聘筛选和测试费用等。

第三,简化了招聘程序,为企业节约了相关的间接和机会成本,如节省导向培训和基本技能培训;减少企业因职位空缺而造成的间接损失,如岗位闲置、效率降低等。

第四,招聘风险小。内部招聘的员工了解企业的情况,不会出现新员工经常发生的对企业的期望与现实差距较大的现象,离职和流失率可能性小。

内部招聘也存在一些缺陷。例如,没有被提拔或应征未成功的应征者会产生不满情绪,或有受挫感;当新主管从同级的员工中产生时,可能导致工作集体中某些员工的不满和不信任情绪,使新主管不容易建立威信;如果企业已经有内部补充的惯例,当企业从外部招聘主管人员时,有可能招致现有员工的抵制心理;在选择范围小的情况下,可能有合适人员不足,或者为满足填补空缺和降低标准的现象。另外,过多的内部招聘不利于新的管理思想和管理风格的产生,导致"近亲繁殖"。

2. 外部招聘

内部招聘不能满足企业对新人员的需求,特别是对于处于初创时期或规模高速膨胀时期的企业,必须借助外部的劳动力市场满足对人力资源的需求,即通过外部招聘获得企业所需要的人员。外部招聘的渠道和方法主要有:

(1)招聘广告。招聘广告是通过多种媒体形式向社会广泛传播招聘信息。其涉及的范围广、人员数量多、层次丰富,企业选择的余地大,而且在同一则广告上可以发布多种类别的职位招聘信息。

招聘广告的接收者不仅有工作申请人,还有潜在的工作申请人、客户和一般大众。招聘广告可为企业提供许多操作优势,例如,可以要求申请人在特定的时间段内亲临企业、打电话、以邮寄或电子邮件的方式向企业提供自己的简历和相关信息等。企业还可以发布"遮蔽广告"(Blind Advertisements),所谓的遮蔽广告是指在广告中不出现招聘企业的名称,只向申请人提供接受求职信和简历的邮寄地址。企业使用遮蔽式招聘广告有多种考虑,例如,不愿意暴露业务区域和业务范围,不想让竞争对手发现自己的业务扩展计划,或者为了避免企业内幕的披露和对企业名声的不良影响等,有时也出于不愿及早让内部员工发现由外部人员填充职位空缺的企图。

招聘广告在使用中要注意两点:一是媒体的选择。广告媒体的选择取决于招聘工作岗位的类型和招聘成本预算。一般来说,低层次职位的招聘可选择地方性报纸,高层次或专业化程度较高的职位则要选择全国性或专业性的报刊。后者的费用相对前者要高,但可以吸引更多的申请人应聘,使企业有更大的选择余地。二是广告的设计结构。一则成功的广告设计要遵循"AIDA"原则,即注意(Attention)、兴趣(Interesting)、欲望(Desire)和行动(Action)。换言之,好的招聘广告要引起一系列行为的产生,即能够引起读者的注意并产生兴趣,继而产生应聘的欲望,并采取实际的应征行动。在内容设计上,招聘广告应该准确、真实、详细,聘用条件清楚。招聘广告应包括以下基本内容:企业的基本情况、政府劳动部门的审批情况、招聘的职位、数量与任职条件、招聘的范围、工作地点、薪资与待遇情况、申请报名的时间、地点、方式及所需的资料,以及其他有关注意事项。

(2)招聘会。招聘会是许多企业愿意采纳的渠道。在大型的招聘会上设立展台,或者召开企业的专场招聘会等形式,可应用于所有职位的招聘,尤其是在短期内需要填补大量职位空缺时,这种方法更为有效。在招聘会上,工作申请者与招聘者直接接触,彼此进行直观印象和面谈,乃至进行简单的筛选等,这些都为后续阶段打下了成功的基础。一个计划周密的招聘会,可以在几小时内,寻找到许多潜在的应聘者。因此,招聘会是一种成本低、效率高的招聘形式。

招聘会成功的关键在于宣传,利用一切可能的渠道将招聘信息传递给每一个潜在的应聘者,吸引他们考察职业机遇。在招聘会召开之前要准备足够的辅助材料,包括公司的历史、公司的地理位置、招聘职位及其职业发展机遇等,都可以通过宣传单、幻灯、多媒体、广告栏、互联网等多种形式进行宣传。

招聘会的缺陷是有一定的地域限制,吸引的工作申请人集中在同一地域,而且持续时间也比较短。

(3) 校园招聘。学校是企业招聘专业技术人员和管理人员的主要来源和最佳提供基地,每年学校都会有应届毕业生走出校门,进入劳动力和人才市场。

校园招聘最常用的方式是一年一次或两次的毕业生人才洽谈会,供需双方直接见面,双向选择。此外,有的企业为了不断地从学校获得所需要的人才,通过委托培养、定向培养、设立奖学金、校企联合开发项目、资助优秀学生、为学生提供实习机会,以及与高等院校建立联谊会等多种形式招募专业技术和管理人才。

在设计校园招聘活动时,需要考虑选择学校和吸引工作申请人两个问题。在选择学校时,企业可以根据自己的财力状况和所需要的员工类型来进行决策。如果企业财力紧张,可考虑只在当地的学校中进行选择,而实力雄厚的企业可以在全国范围内进行校园招聘。

为了吸引最好的工作申请人,在校园招聘时要注意:一是选派能力较强的工作人员进入学校,因为他们在申请人面前代表着企业的形象;二是对工作申请人的询问要及时答复,否则将丧失合适的人选或在申请人中产生消极影响;三是要树立"真实职位预示",即在招聘过程中要将未来工作的真实情况向应聘者展示和说明,以免由于招聘中不切实际的引导使应聘者抱有很高期望,进入企业后因实际情况与预期反差太大而产生失落感,或导致高流失率的发生。此外,由于应届毕业生寻找工作集中,时间短,加之某些申请者不太注重信誉等原因,往往出现"一个女儿嫁多个婆家"的现象,对此,招聘单位要注意与应聘者沟通,双方达成意向之后,及时签订合同,明确雇佣关系。

校园招聘的缺点是录用时间必须与学生毕业时间相吻合,人员到位的速度较慢,不适合急需填补的职位空缺招聘,而且花费的时间多,工作集中,强度大。

(4) 就业代理机构。就业代理机构是指人才交流中心、职业介绍所、劳动力就业服务中心等机构。这些机构承担着双重角色,既为企业择人,又为求职者择业。借助这些机构,企业与求职者均可以获得对方的大量信息,同时也可以传播各自的信息。

许多就业代理机构是不进行人力资源搜索工作的,而是建立一个积极求职的人员数据库,然后寻找工作以安置这些候选人。企业通过就业代理机构招聘的职位有两个特点,一是不需要高度专业化技能的中等或低水平职位;二是社会上较为稀缺或者技能特殊的职位。

就业代理机构招聘的优点在于:第一,如果没有招聘候选人,就不会有财务风险,因为一般的就业代理机构采用的是"成功付费"的方式;第二,就业代理机构通常可以马上推荐许多人;第三,不需要企业进行前期宣传吸引工作,省时省力;第四,就业代理机构负责安排面试,并可以代为初步筛选应聘者。

就业代理机构的缺点在于:第一,由于就业代理机构希望企业能够尽快填补空缺,在建议面试时可能过于注重数量而忽视质量;第二,就业代理机构通常不会对难以填补的职位投入过多的时间;第三,代理机构事先筛选的质量不同,企业可能会失去一些原本有机会的应聘者;第四,在接受的应聘者中,有许多是与招聘广告的答复者相重复的。

一般说来,在下述情况下企业适合采用就业代理机构渠道进行招聘:

① 企业根据以往的经验发现难以吸引到足够数量的合格工作申请人;

② 企业只需要招聘数量较小的员工,设计和实施一个详细的招聘方案是得不偿失的;

③ 企业急需填充某一岗位的空缺,或期望招聘到现在正在就业的人力资源,尤其是在劳动力市场供不应求的情况下更是如此;

④ 企业在目标劳动力市场上缺乏招聘的经验。

(5) 猎头公司。猎头公司是一种与就业代理机构类似的就业中介企业,但由于其运作方式和服务对象的特殊性,经常被看作是一种独立的招聘渠道。猎头公司是一种专门为企业"搜捕"和推荐高级管理人员和高级专业技术人员的机构,而且在一般情况下,这些人已在其他公司就职,猎头公司的任务是设法诱使这些人才离开正在服务的企业,就职到委托招聘的企业中去。

猎头公司的层次不尽相同,一些高层次的猎头公司,一般对企业及其人力资源的需求有较详细的了解,对所"猎捕"对象的信息掌握全面,在供需匹配上较为慎重,其成功率也比较高。其缺点是填补职位空缺的速度较慢,成本很高,一般收费标准为所推荐人年薪的30%到40%。

(6)申请人自荐。申请人自荐也是一种企业招聘员工的渠道,并且适用于所有的职位,特别是管理岗位。这种招聘方式成本低,速度快,但需要对自荐人进行详细的审查。对于毛遂自荐的应征者,应礼貌接待,并安排简单的面谈;对于应征者的询问信,也应及时给予答复。这样做不仅是尊重自荐者,而且有利于提高企业的声誉。

(7)网上招聘。计算机时代使得在互联网上招聘成为可能。互联网为招聘开辟了一块新天地,越来越多的公司在网上接受简历。网上招聘有许多传统招聘方式所不能比拟的优点,例如,信息传播的范围广、速度快、成本低、供需双方选择的余地大,而且不受时间、地域的限制,因而越来越被企业广泛采用。网上招聘可以考虑三种方法:

一是利用企业的网页描述企业的信息,说明招聘需求。该方法有时不十分有效,国外专家称之为"就像把广告挂在了公园的大树上"——没有瞄准目标观众。但确是一种十分有用的公共关系工具,它可以及时传播企业招聘信息,信息更新容易、迅速,适应企业变化需求。

二是利用招聘的专业网站发布企业的招聘信息,求职者的简历可以由招聘网站转发到招聘企业或直接与招聘企业联系。当企业成为招聘网站的注册会员时,还可以直接进入招聘网站的求职者简历信息库中检索、查询合适的候选人。企业利用招聘的专业网站虽然需要付一定的费用,但因为可以获得庞大的信息量,相对成本还是较低。

三是利用网上猎头者来招聘专业化或难以填补的职位。例如,企业利用公共网站的检索器即可查到许多猎头公司,尽管网上公司并不一定很著名或很可信,但通过其他方式加以印证,仍然可以作为一种吸纳人才的补充形式。

三、招聘原则、方法与技巧

1. 招聘的原则

招聘要遵循以下原则:

(1) 宁缺毋滥的原则。一个岗位宁可暂时空缺,也不要让不合适的人占据。企业在进行招聘决策时要做好充分准备,切忌仓促上阵,为填补职位空缺而降低对应聘者的要求,既广开贤路,又人事相宜,这应该称为基本的招聘原则。

(2) 公开招聘的原则。企业把空缺的职位种类、数量、应聘资格、条件、应聘方法等信息,均向企业内外公开发布。这样做的目的,一方面可以给予企业内外的申请者以公平竞争的机会,达到广揽贤才的目的;另一方面,使招聘工作置于企业内外的公开监督之下,防止暗箱操作。

(3) 公平竞争的原则。它是指通过考核和公平竞争,确定人员的优劣和取舍。为达到公平竞争的目的,既要吸引较多的工作申请人,又要严格选拔程序,用科学的手段进行考核、筛选,减少选拔录用过程中的主观性。

(4) 平等对待的原则。企业招聘应该对所有工作申请人一视同仁,不能人为地制造各种不公平的限制(如性别歧视、年龄歧视等)和不平等的优先优惠政策,为企业内外的工作申请人提供平等的竞争机会。

(5) 全面考察的原则。对工作申请人从品德、知识、能力、智力、心理、经验、业绩与所招聘职位的匹配等各方面进行全面的考察,不能以偏概全,只考察其中的某一方面就简单作出录用或拒绝的判断。

(6) 能级相宜的原则。人的能力有大小,工作有难易,招聘时不一定要最优秀的应聘者,而应量才录用,做到人尽其才,人事相宜,尽量避免大材小用,造成浪费。

2. 招聘工作的方法与技巧

(1) 招聘工作的内容。招聘工作包括招聘的准备工作、招聘信息的发布和应聘者提出申请等内容。

① 招聘的准备工作。

第一,制定招聘计划并进行审批。招聘计划是人力资源部门根据用人部门的需求意见、人力资源规划对人员净需求量的分析、工作说明书的具体要求,以及对招聘职位、数量、时间、方法、渠道、步骤等多因素作出详细的计划安排。

招聘计划的具体内容包括:招聘工作的实施者,招聘的职位、人员需求数量、每个岗位的具体要求,招聘信息的发布时间、方式、渠道和范围,招募对象的来源、范围,招聘各阶段筛选和测试的实施部门,招聘预算,招聘结束时间和新员工到位时间,招聘评估的指标。招聘计划需要人力资源部进行反复审核,特别是对人员需求量、费用预算等项目,由主管领导审批后生效。

第二,招聘工作实施者的选择。招聘工作由招聘小组承担,成员除了企业人力资源部门的招聘代表以外,还应包括直线经理、招聘职位的未来同事等人员。在招聘工作组建立起来后,需要对成员进行培训。

第三,准备与招聘有关的信息资料。如招聘会所需要的辅助材料、展示板、招聘广告文稿、工作申请表、选拔与测试的题目以及各种结构性表格等。

② 招聘信息的发布。招聘信息发布的时间、方式、渠道与范围是根据招聘计划来确定的。发布招聘信息应注意的问题有:

第一,信息发布的范围。信息发布的范围由招聘对象的范围决定,本着信息与成本相适宜的原则确定信息发布范围。

第二,信息发布的时间。在条件允许的情况下,招聘信息应该尽早向公众发布,这样有利于缩短招聘进程,而且使更多的人有机会、有可能获得招聘信息,使应聘人数增加。

第三,招募对象的层次性。招募对象均处于社会的某个层次上,有时可以根据招聘职位的要求与特征,只向特定层次的潜在应聘者发布招聘信息,做到有针对性,以提高招聘的成功率,可以节约成本。

③ 应聘者提出申请。应聘者在获得招聘信息后,可向招聘单位提出应聘申请。应聘申请有两种:一是应聘者可以通过信函或电子邮件向招聘企业提出申请;二是直接填写招聘企业的应聘申请表。无论采取哪

一种形式,企业应该要求应聘者提供以下资料:

第一,应聘申请表(函),应聘者必须说明应聘的职位,还需要注明从什么渠道获取的招聘信息,以备企业总结和比较各种信息发布渠道的效果。

第二,应聘者个人简历,着重说明学历、工作经验、技能水平、成果、个人素质等信息。

第三,各种学历、技能水平、成果、奖励的证明材料(复印件)。

第四,应聘者的身份证(复印件)。

个人资料和应聘申请表提供的信息要求详尽真实,人力资源部门将在招聘后续工作环节予以核实。

(2) 招聘相关工具的设计。

① 招聘广告的设计。设计招聘广告需要以下步骤:

第一,对类似广告进行分析,怎样设计才能使本企业的招聘广告别具一格,更引人注意。

第二,确定广告类型,即采用分类广告(列式、行式)还是展示广告。行式广告是分类广告中的一些小广告,费用通常取决于字数或行数。展示广告是较大的四周封围的广告,经常包括标识语图片和显著标题,它比行式广告费用高。行式广告与展示广告之间的选择,取决于企业的竞争对手采取何种方式来吸引应聘者。如果所有的竞争广告都是列式的,就不必采用展示广告;如果所有的竞争广告都是大幅展示广告,那么列式广告就是白浪费时间和金钱。

第三,制作广告内容。招聘广告必须提供能使受众响应的信息,措辞要足以引起申请人的注意;同时,对招聘的条件、内容、企业和招聘职位的情况也需要在广告中列出。

第四,一定要注明希望应聘者的答复方式,以及联系地址、联系人员等。

② 应聘申请表的设计。应聘申请表的设计原则是简明扼要,包括应聘者所有要了解的信息,以及站在应聘者的立场考虑问题。应聘申请表的具体内容和格式可根据本企业的实际情况进行设计。

第二节 筛选与录用

筛选与录用阶段是招聘的核心阶段。对申请人进行筛选的过程是企业甄别合格人选的过程。企业在招聘工作中已经付出了招聘的直接和间接成本,只有成功的筛选和录用才能保证企业获得所需要的人才,否则将会导致企业支付更多的薪酬、福利、资遣费等,而不能获得相应的效益。在招聘过程中,不但要以申请人是否能够胜任现工作岗位为标准,还要考察申请人是否具有发展潜力,经过培训,可以胜任企业和岗位的需要,并长期为企业服务。

一、筛选的过程

筛选过程是招聘系统的组成部分,基本流程如图 6-2 所示。在传统的企业中,筛选是由人事部门一手策划和实施的,现代人力资源管理部门的角色发生了变化,直经理从中扮演着重要的角色。在招聘和筛选工作中,人力资源部和直线经理的职责如表 6-1 所示。

表 6-1 招聘过程中直线经理与人力资源部的职责

项目	人力资源部的职责	直线经理的职责
招募	规划招聘过程 实施招聘过程 评价招聘过程	判断招聘需求 向人力资源部提出招聘需求 与求职者互动
筛选	提供挑选的技术支持 辅助一线经理进行挑选 进行结构化的面试	确定职位所需要的能力 评估候选人 对挑选决策作投入 空缺满足及人员挑选效度证实

筛选过程由人力资源部门和直线经理共同完成,具体步骤如下:

1. 根据申请表和个人简历进行初步筛选

对企业来说,申请人提供的大量的职位申请信和个人简历,使企业获得了该求职者的"书面形象",初步筛选程序是为后续的选拔过程挑选最有希望的候选人,即从求职者的信息库中排除明显的不合格者。

由于申请者提供的信息量大和种类繁多,对申请表和个人简历进行筛选审查是非常不容易的一项工作。例如,在申请信和个人简历中存在不可靠的成分是常见的现象,特别是求职者主动提交个人简历的情况更是如此,即使招聘者要求所有的求职者填写企业统一设计的申请表格,也会出现某些人提供大量的信息,而另一些人仅用三言两语就回答一个问题的现象。因此,筛选的技巧在于透过申请信和个人简历的表面现象观察潜在的危险信号。对显示"危险信号"的申请者,应该在初步筛选中剔除:

(1) 申请表信息不完全;
(2) 就业经历存在间断;
(3) 没有合乎逻辑的原因在某职位上短期任职;
(4) 缺乏在某一工作岗位和职位上所期望的成绩;
(5) 缺乏有效的离职原因;
(6) 不连续的职业生涯轨迹,如多次进出某一就业领域;
(7) 所描述的职责与其职位不一致;
(8) 过去的经验与申请的职位不一致;
(9) 不合乎逻辑地提供申请职位所必需的经验或技能。

通过对申请信和个人简历的初步筛选,去掉一些明显没有希望的申请人,对于有希望的候选人,还可以将存在疑问的问题记录下来,在面试时要求候选人给予答复。

2. 对于初选合格的候选人进行面试,必要时进行考试和测试

由于初步审查只是根据申请人的"书面形象"进行的,不能反映出应聘者和企业的全部信息,因此需要通过面试使企业与个人进一步沟通和了解。具体步骤包括:

第一,确定参加面试的人选,发出面试通知。通知书上注明面试的时间、地点以及联系方式等内容。

第二,进行面试准备工作。它包括确定面试主持者和参加人员、选择合适的面试方法、实际评价量表和面试提问提纲、面试场所的布置和

环境的控制等。

第三,面试过程的实施。面试可以分为初次面谈和深层面试两个步骤进行。这一阶段是面试工作程序中最主要的环节,它的成功与否依靠面试者能否在面试过程中,有效地运用面试技巧。面试过程的操作质量直接影响着人员选拔与录用的质量。

第四,进行必要的考试和测试。考试主要是指专业方面的笔试,适用一些专业性较强的职位招聘。测试是在面试的基础上进一步对应聘者进行了解的一种手段。通过测试可以消除面试过程中考官的主观干扰,增加招聘的公平性。测试分为心理测试和智能测试,这种方法近年来为越来越多的企业所采用。

第五,分析评价面试和各种考试结果。这一阶段的工作主要是针对应聘者在面试和考试、测试过程中的实际表现作出结论性评价,为录用取舍提供建议。

3. 对经筛选合格的候选人进行调查取证

对候选人背景的调查取证是指企业通过打电话或要求申请人提供推荐信等方式对候选人的个人资料进行核实验证。推荐信和背景调查可以提供关于候选人的教育和工作履历、个人品质、人际交往能力、工作能力等信息。只有具备下列条件,推荐信和背景调查材料才有意义:

(1) 推荐者或信息提供者有适当的机会在工作状态下观察工作申请人。

(2) 推荐者或信息提供者有资格评价申请者的工作情况。

(3) 能够用调查单位可以理解的方式陈述对申请人的评价。

为了获得申请人真实的信息,招聘企业在使用背景调查获取候选人的信息时应该遵循以下原则:

(1) 只调查与工作有关的情况,并以书面的形式记录。

(2) 在进行背景调查以前,应征求候选人的书面同意。

(3) 避免对候选人的性格等方面的主观评价。

(4) 估计背景调查材料的可靠程度。一般来说,信息应该从对申请人情况最了解的地方获得。例如,申请人的原直接上级的评价要比原所在企业的人力资源管理人员的评价要可信。

（5）要求对方尽可能使用公开记录来评价员工的工作表现和个人品行。

4. 对候选人进行体检

大部分企业要求对候选人进行体检，确定应聘人在体能上是否能胜任所应聘的工作。如果应聘人有传染性疾病或其他严重疾病，可以及时发现并作出相应处理。此外，如果录用人今后出现工伤或其他有关情况，公司可以查阅员工的体检记录以帮助作出判断。

5. 选择结果的反馈

选择结果的反馈有两条线路，一是由人力资源部门将人员录用结果反馈到企业的主管负责人和招聘人员的部门；二是逐一将选择结果通知应聘者本人，其中包括将录用通知告知决定录用人员，对未录用人员表示企业的辞谢。

二、面试的方法与技巧

1. 面试方法

面试方法主要有三种，即结构化面试、系列面试和小组面试。

（1）结构化面试。结构化面试是其他面试方式的基础。结构化面试的目的是确保涵盖所有需要了解的重要信息，防止面试官盲目和随意地收集应聘者的信息和使面试偏离正轨。在面试前，需要预备好书面的工作说明书和录用标准，设计好面试提问问题，避免面试官遗漏某些关键的信息。

结构化面试还有助于对多个应聘人进行比较。因为每个应聘人都回答同样的问题，通过比较，可以发现合适的人选。结构化面试对初期筛选十分有用。

（2）系列面试。系列面试是指通过一系列连续的面试而积累信息的方法。每轮面试获取的信息汇集在面试评估表中并传递给下一轮面试官，这些信息包括需要探询的有关事项和问题。下一轮面试官根据前一轮面试官的记录和关注事项进行准备。

在系列面试中需要询问的问题不可能以统一的格式事先印制出来，除非知道每轮面试有多少人参与，每个人将问多少问题，这些问题怎样组织起来,以使每轮面试审查逐步深入。因为面试官需要在前轮面试信息的基础上构想问题,一定要为面试官分配好时间,以便他们事先查阅评估表并设计问题,避免出现面试官就相同问题重复提问的现象。

系列面试之所以有效,是因为它将每轮面试连接起来,形成逐步深入内容丰富的会谈。其缺陷是要求企业拥有若干具备资格和经验的面试者,比较费时费力。

(3) 小组面试。小组面试综合了结构化面试和系列面试的优点,其方法是几个面试官使用一套事先准备的问题,共同对一个面试者进行提问。在一般情况下,面试小组成员有主管或直线经理参与的面试小组效果最好。小组面试的优点是节省时间,为参与录用决策的人提供了同等的机会审查候选人。应聘者也可以同时与多个决策者交谈,节省了接受系列面试所需花费的时间和精力。其主要缺陷是给候选人造成压力,有"群体攻击"的感觉。为了避免这种现象,在面试前,一定要将具体安排告知候选人,且面试时间不宜过长,需要指定一个能发挥作用的小组负责人。

2. 面试问题的准备

面试结果取决于从候选人处获取的信息质量,而信息质量的高低则决定于面试者提出的问题的质量。面试问题通常有两种类型:封闭式问题和开放式问题。

封闭式问题用来证实某些具体的信息,特点是问题集中、内容限定而直接。封闭式问题适用范围很广,特别是在初选面试时可用来澄清履历表或申请信上所写的内容。然而,不能使用太多的封闭式问题,否则面试只能局限于已经了解的信息而不能深入。

开放式问题是促使应聘人在短时间内提供大量信息的十分有效的方法。开放式问题是指不能用一句话就可回答清楚的问题。这类问题鼓励应聘人多讲话,而面试官则有机会倾听并观察应聘人的语言沟通能力,并通过引导性的问题有助于打开话题并提供尽可能多的信息。但开放式问题可能过于含糊而不能得到被提问者的有效回答。

3. 面试提问的技巧

在面试提问过程中,面试官应当运用提问技巧,有利于获得更多的

信息,提高面试质量。常用的提问技巧有:

(1) 简单提问。在面试刚开始时,采用简单提问来缓解面试的紧张气氛,消除应聘者的心理压力,使应聘者能轻松进入角色,充分发挥自己的水平和潜力。

(2) 递进提问。递进提问的目的在于引导应聘者详细描述自己的工作经历、技能、成果、工作动机、个人兴趣等。提问应采用诱导方式,避免用肯定或否定的提问方式。

(3) 比较式提问。比较式提问是面试官要求应聘者对两个或更多的事物进行比较,以达到了解应聘者的个人品质、工作动机、态度等信息的目的。

(4) 举例提问。当应聘者回答有关问题时,面试官让其举例说明,引导应聘者回答解决某一问题或完成某项任务所采取的方法和措施,以此鉴别应聘者所谈问题的真假,了解应聘者实际解决问题的能力。

(5) 客观评价提问。面试官有意识地让应聘者介绍自己的情况,客观地对自己的优缺点进行评价,引导应聘者毫无戒备地回答一些敏感问题,借此观察应聘者的反应情况。

4. 面试结束阶段

面试结束之前要给应聘者提问的机会。面试结束时,面试官要感谢应聘人花费时间接受面试和他对本企业表现出的兴趣,称赞应聘人的优点,提醒下次联系的时间安排等,并在应聘人离开后及时写出面试评语,以及确定下次录用审查时要考察的要点等。

三、测试方法

测试也称为测评,是现代企业人力资源甄选录用过程中的一项重要技术。在人员甄选录用中,测试主要应用在能力特征和个性品质测评两个方面,其测试内容不同。

1. 对应聘者能力特征的诊断及发展潜力的预测

对应聘者能力的测评有两项,一是判断一个人具有什么样的优势,即所谓的诊断功能;二是判定在所从事的工作中,成功和适应的可能性,包括潜能,即所谓的预测功能。能力倾向测试的内容分为:普通能力倾向测试、特殊职业能力倾向测试、心理运动机能测试等。

(1) 普通能力倾向测试。其主要内容有:思维力、想像力、记忆力、推理力、分析力、数学能力、空间关系力、语言能力等。普通能力倾向的测试一般通过预先编制的成套测验量表进行。如美国劳工部从1934年起用了十多年的时间研究制定了普通能力倾向成套测验(General Aptitude Test Battery, 简称GATB)。这套测验在许多国家得到广泛的应用, 后来日本劳动省将GATB进行了日本版的标准化, 制定了《一般职业适应性检查》, 这套测验广泛应用于对员工工作所必需的集中能力测定。

(2) 特殊职业能力倾向测试。特殊职业能力倾向测试的对象是特殊职业或职业群的能力。其主要用于两个方面:测量已具备工作经验或受过有关训练的人员在某些职务领域中现有的熟练或成就水平;选拔那些具有从事某项职业的特殊潜能, 能够在很少或不经特殊培训的情况下从事某种职业的人员。特殊职业能力倾向测试的类型有:操作测试、书面测试和文件处理测试等。

(3) 心理运动机能测试。心理运动机能能力主要包括两大类:一是心理运动能力, 如选择反应时间、肢体运动速度、多肢协调、手指灵巧、手工灵巧、手臂的稳定性能、速度控制等。二是身体能力, 包括动态强度、躯体程度、爆发力程度、广度灵活性、动态灵活性、身体协调、总体身体均衡等。对甄选人员的心理运动机能能力的测试, 可以通过体格检查进行, 也可通过设计各种测试仪器或工具来进行。比较通用的测试工具有贝内特(Bennett)手—工具灵巧测验、斯特龙伯格(Stromberg)灵巧性测验、普渡(Purdue)插棒板测验、明尼苏达操作速度测验等。

2. 对应聘者的个性品质及职业兴趣进行测定

个性品质主要包括人的态度、情绪、价值观、气质、性格等方面的特征。在人员甄选录用中, 对应聘者个性品质测试也是一项重要的内容, 尤其是对于那些需要进行人际交流的职位候选人的选择尤为重要。个性品质的测验方法主要可分为两大类, 投射法和个性问卷调查表法。

(1) 投射法。投射法是一种用非结构任务作为刺激材料, 这种任务允许被试者有各种各样不受限制的反应, 通过被试者对材料知觉和解释来测定其个性品质倾向的测验方法。投射法可具体分为以下几类：

① 联想法。通常要求被试者说出经过某种刺激后引发的联想，一般指最先联想。

② 构造法。要求被试者编造或创造一些故事、图画等。

③ 完成法。要求被试者完成某种材料，如完成语句等。

④ 选择或排列法。要求被试者依据某种原则对刺激材料进行选择或予以排列。

⑤ 表露法。要求被试者利用某种媒介自由地表露自己的心理状态。

瑞士精神病学家赫尔曼·罗夏创造的罗夏墨迹测验，即为典型的投射测试。该测验共有10张图片，每张为一个对称图形。其中5张为黑白，墨迹深浅不一，2张为黑色加红色照片，其余3张为彩色照片。主试者可通过观察、记录、询问被试者对图片刺激的反应进行测试。

（2）个性品质问卷调查表。这类测验工具主要是问卷调查量表，常规的调查表通常包含行为、态度、感觉、信仰等有关的陈述式问题，要求被试者根据自身情况回答。

各个项目的反应通常是对几种个性品质特征，如支配性、社交能力或被动性等分别计分。通过统计分析，确定这些特殊品质和特征个性的反应特点，并对其反应计分。

有代表性的问卷式调查量表包括：明尼苏达多项个性调查表（MMPI）、加利福尼亚心理调查表（CPI）以及爱德华兹个人偏爱顺序表（EPPS）等。

对应聘者的职业兴趣进行测定对甄选也有一定的价值。如果某个人表现出与相同职业者的共同兴趣，其在该职业中得到满足的可能性则很大。目前普遍采用的职业兴趣测验量表有：霍兰德（Holland，1996）职业爱好调查表、斯特朗－坎贝尔兴趣调查表（SCIL）和库德（Kuder）兴趣调查表等。

四、求职者的录用与拒绝

在整个招聘过程中，人员挑选和录用工作的每个环节都包括两种过程结果：录用过程和辞谢过程。录用过程是指应聘者在应聘过程中逐步被企业接纳，而辞谢过程则是选聘录用过程中的拒绝和淘汰，两个过程同时进行和完成，具体情况如图6-3所示。

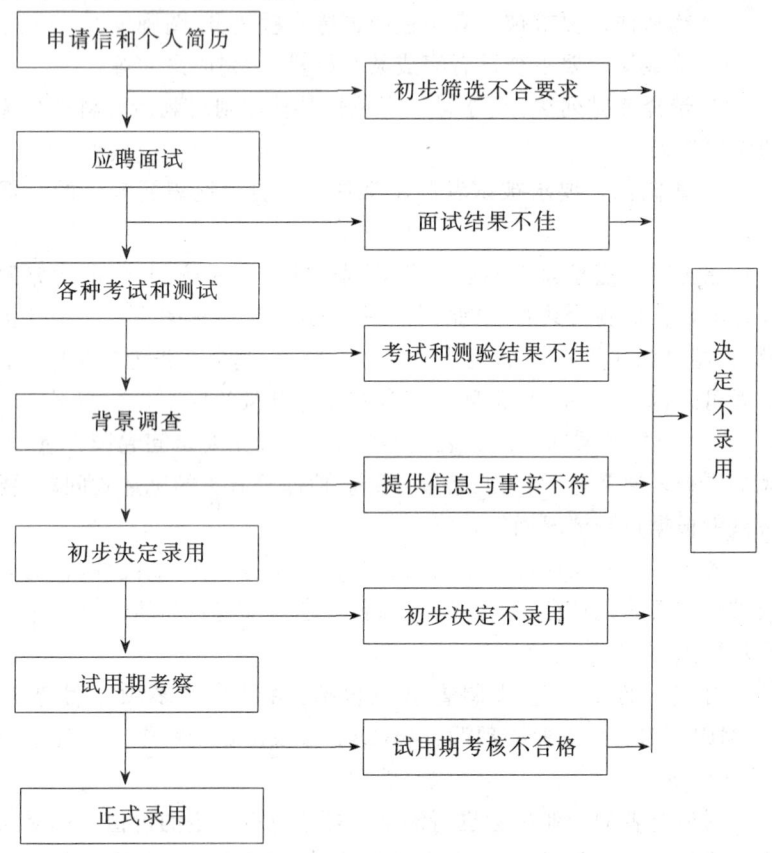

图6-3 人员录用与辞谢程序

1. 录用与拒绝的书面通知

（1）录用通知。录用通知应该以书面的形式做出。其内容除了对候选人表示祝贺，希望他接受公司聘任的职位并加入公司之外，还包括如下重要信息：工作权利、地点、工作报告关系、开始日期、责任和义务、薪酬标准、试用期限以及报到时应提供的证件及证明书等。

(2)拒绝求职者的通知。拒绝通知也以书面的形式为好,对每个录用阶段的落选者都应该及时通知本人,并表明如有空缺职位时将予以优先考虑。

2. 人员录用的后续工作

人员录用的后续工作,主要包括试用合同的签订、员工的初始配置、试用、正式录用等。

员工进入企业前,要与企业签订试用合同。试用合同是对员工在试用期间企业与员工双方的约束与保障。试用合同一般要规定试用的职位、期限、试用期的薪酬福利、试用期应接受的培训、绩效目标、双方的权利与义务、员工转正的条件,以及试用期合同的终止和变更等条款。

员工进入企业以后,企业要为其安排合适的职位,人员的初始配置即试用的开始。在试用期内,企业要对员工的能力、潜力、品质和态度作进一步的考核。

员工的正式录用即通常所称的"转正",在合同约定的试用期满后,考核合格的员工正式成为该企业的成员。正式录用时,企业与员工签订正规的劳动合同,规定双方的权利与义务,员工的薪酬、福利、职业发展计划等也将被纳入企业的整体系统之中。

五、员工的配置

员工的初始配置通常是根据职位空缺的情况和应聘意愿安排的。当新员工被安排到最初的工作岗位后,人力资源部门还有很多具体工作要做:

首先,引导新员工进入职位或岗位,使之尽快适应工作和岗位要求。

其次,考察录用的员工质量是否符合岗位要求,是否与职位相匹配。若发现录用不妥,应及时采取补救措施。

再次,当发现初始配置职位和员工难以匹配时,在企业内部对员工职位进行调整,给新员工适应企业和职位要求的机会,尽量使"事得其人,人事相宜"。

最后,在试用期满时,新员工仍不能满足职位要求,企业只能将其辞退,这是企业和员工个人都不愿发生的事情。因此,在人员招聘、甄选的各个环节都必须保证质量,才能最终杜绝或者减少录用决策的失误。

参考资料

1. 余凯成、程文文、陈维政:《人力资源管理》,大连理工大学出版社,1999年。
2. 张一弛:《人力资源管理教程》,北京大学出版社,1999年。
3. 维尼·奥特罗:《精明的雇佣》,谢晋宇、郭庆松等译,中华工商联合出版社,2000年。
4. 甘华明主编:《人力资源:企业与人事》,中国国际广播出版社,1999年。
5. 彭剑峰、包政:《现代管理制度、范例、方法、人员甄选录用与培训卷》,中国人民大学出版社,1993年。

思考题

1. 从哪些方面可以评估招聘的效果?提高招聘成功率依赖哪些因素?
2. 比较各种招聘渠道的优缺点和适用范围。
3. 简述招聘的基本程序、面试与筛选程序及录用与辞谢程序。
4. 招聘面试方式有哪些?招聘者和应聘人应该为招聘面试做哪些准备工作?

第七章

薪资与福利管理

本章学习要点

- 了解企业薪资管理的实质。
- 了解企业薪资水平与薪资结构管理在企业薪酬管理中的地位、作用与基本方法。
- 了解企业薪资政策的内涵,学习薪资政策的制定原则和运作机理。
- 了解企业各种薪资制度的基本内容,学习薪资管理实务。
- 了解企业福利管理系统的主要内容,掌握福利项目的设计与使用技术。

第一节　企业薪资的一般概念

一、企业薪资的性质

与其他形式的报酬或收入相比,企业员工的薪资有三个基本特性:

第一,合法性。薪资是员工合法的劳动收入,企业员工的薪资决定和薪资分配必须符合国家现行的劳动法规、劳动政策、集体合同和劳动合同等法律规范。

第二,义务与权益对等性。薪资是企业对员工履行劳动义务的物质补偿形式,企业员工有按照劳动数量、质量、工作要求完成生产和工作的义务,也有据此获取报酬的权利。

第三,总体性。薪资是员工基于劳动和对企业的贡献所获得的全部劳动报酬,包括货币和非货币形式的全部收入。

二、企业薪资的职能

下面,从企业和员工两个角度考察企业薪资的职能。

1. 雇佣方的职能

(1) 增值职能。工资是用来购买劳动力所支付的人工成本,是用来交换劳动者活劳动的一种手段。工资投入可以为投资者带来预期的大于成本的收益,是雇主雇佣劳动者对活劳动(人力资源要素)进行投资的动力所在。

(2) 激励职能。激励职能是工资的核心职能之一。通过高薪资,可以吸引和留住企业所需要的人才,激励员工工作绩效的提高。

(3) 配置职能。通过报酬机制,可以将组织目标和管理者意图传递给员工,促使员工的个人行为与组织行为的融合;也可以通过薪资结构的变动,调节各生产环节的人力资源流动,实现企业内部各种资源的有效配置。

（4）竞争职能。企业薪资水平是企业实力的体现，企业为了获得在劳动力市场上的竞争优势，就要保持高于其他企业的薪资水平，以吸引企业所需要的人才资源。

（5）导向职能。管理者可以将企业的政策、目标、计划和意图，通过薪资计划和薪资政策表达出来。因此，薪资不仅是对企业当前管理的有效工具，也是未来管理的导向器。

2. 被雇佣方的职能

（1）满足生活需求。劳动者通过劳动力的出卖换取劳动报酬，工资是企业员工获取生活费用、保障物质生活的主要来源。

（2）满足保障需求。合理的工资制度和工资水平可以使员工有一种安全感和对预期风险的心理保障意识，从而增强对企业的信任感和归属感。

（3）满足精神需求。薪资收入是员工工作业绩的显示器，它反映了员工的专业水平和工作能力，表明了员工在企业组织中的相对地位和作用。薪资也是一种职位晋升和事业成功的信号，员工薪资的提高，可使员工产生成就感和满足感，激发更大的工作热情。

三、企业薪资的构成

企业薪资主要是指员工和一般管理者的薪资，它由基本薪资和辅助薪资两大部分构成。

1. 基本薪资

基本薪资（Basic pay），也称基础薪资、基薪、底薪等，主要由狭义的工资（Wage）构成。基本薪资是企业员工劳动收入的主体部分，也是确定其他劳动报酬和福利待遇的基础。与非基础薪资，即辅助薪资和浮动薪资相比，基本薪资有常规性、固定性、基准性等特点。它可以满足员工的基本生活需要，同时又是辅助薪资的"平台"（Platform）。

2. 辅助薪资

辅助薪资除了基本薪资以外的，还包括任何以货币形式支付的劳动报酬。传统的辅助薪资仅包括奖金、津贴、补贴、分红等，在现代企业薪资管理中，浮动薪资（Variable compensation）是辅助薪酬的核心部分,除了奖励薪资之外,还包括增益分享(Gain sharing)、利润分享(Benefit sharing)、股票期权(Stock options)以及特殊奖励等,都属于广义的辅助薪资。

与基本薪资相比,辅助薪资有三个特点:一是对基本薪资起补充和辅助的作用;二是形式多样,支付时间和数额不固定,属薪资中的变动部分,而且在企业和员工之间,差异很大;三是不与劳动者的劳动贡献直接挂钩。

第二节 薪资水平与薪资结构的决定

一、企业薪资水平的决定

企业薪资水平一般是指企业员工在某一特定时期的平均工资。薪资水平是一个变动的量,但它的变动不是无章可循,也不是由企业的某些决策者随心所欲决定的,它受到企业外部和内部多种因素的影响。

1. 薪资水平的外部影响因素

(1) 经济发展水平和劳动生产率。一个国家和地区的劳动生产率低,企业员工的薪资水平普遍低。现代产业和传统产业的技术发展水平和劳动生产率的差别,必然反映在员工的薪资差异上。

(2) 劳动力市场的供求变化与竞争状况。劳动力市场上供求状况的变化,决定企业对人力资源成本的投入,从而影响企业员工薪资水平的变化。本地区、本行业、本国的其他企业,尤其是竞争对手的薪资政策与水准,对企业确定本企业员工薪资的影响很大,充当参照值的作用。一般情况下,企业总是力图在财力允许的条件下,将企业工资水平制定在至少不低于本地区同行业的平均水准,以便使企业的薪资水平具有外部竞争力。

(3) 政府的政策干预。政府对企业的薪资调节包括直接调节和间接调节两种。间接调节是指政府通过财政政策、价格政策以及产业政策等对企业的薪资水平产生影响。直接调节如劳动法、最低工资法、反歧视工资法、工资指导线制度等法律规范,都对企业的薪资水平起到保护或者制约的作用。

(4) 物价变动。物价变动,尤其是生活消费品价格的变动,直接影响员工的薪资水平。在货币薪资水平不变,或者变动幅度小于价格上涨的情况下,会导致员工的实际薪资水平的下降;反之,会引起薪资水平的上升。前一种情况发生的可能性大。在生活必需品价格普遍上涨的情况下,企业必须增加薪资,以保证员工的基本生活需要和企业的生产经营不受影响。

2. 薪资水平的内部影响因素

企业薪资的最终决定于企业内部,主要的内部影响因素有:

(1) 企业的经济效益。企业的经济效益归根结底决定着企业对员工劳动报酬的支付能力。在其他因素不变的情况下,劳动生产率提高,表明企业员工在单位时间内创造出的财富增加,员工的劳动报酬也会随之增加;反之,如果企业的效益不好,成品价值无法实现,企业员工的个人收入也就失去了增加的基础。

(2) 岗位与人员配置。薪资是企业成本的一个组成部分,在产值一定的情况下,企业的员工越多,表明企业支付的薪资成本越高,劳动生产率越低;在薪资成本一定的情况下,企业的员工越多,平均薪资越低。此外,员工的质量配置与企业薪资水平也有直接的关系,高质量的员工要支付高薪资,高薪低能和低薪高能都会影响薪资的效益。

(3) 薪资分配形式。相对而言,计件薪资比计时薪资更能促进某些产品的生产,因为它把劳动报酬与劳动成果直接联系在一起。但技术含量高的员工工作,单纯的计件工作又不能满足需要,绩效工作成为一些企业的主要工资形式。此外,基本薪资、奖励薪资以及附加薪资所占的比重不同,也影响企业员工的薪资水平及其差距。

(4) 企业的管理模式和企业文化。企业管理和激励模式的效果,将通过薪资政策体现出来。例如,企业为了争夺高质量的技术和管理人才,就会制定具有外部竞争力的薪资政策;为了调动企业中某个生产经营环节员工的积极性,或者为了激励某些具有专业特长的员工的工作绩效,就会制定相应的薪资政策,并由此引起企业薪资水平的变动。

此外,一个企业的管理风格和企业文化氛围,也会对企业薪资水平产生影响。一个提倡竞争、崇尚民主的企业,更注重薪资水平确定的科学性和有效性;反之,一个保守、管理僵化的企业,其薪资水平也缺乏弹性和竞争力。

二、薪资结构的决定

在企业薪资水平一定的情况下,员工个人薪资水平除了受劳动力市场的影响之外,主要由员工所从事的工作岗位的价值、个人能力和对企业的贡献等因素决定。

1. 工作岗位及其价值

按劳付酬是劳动者工资决定和工资支付的基本原则。但是,在企业中,由于每一特定岗位对企业所具有的价值不同,决定了从事该岗位员工劳动成果的价值量及其变动。在企业人力资源管理中,岗位价值是通过工作分析进行评估而确定的。因此,岗位工资的决定必须以工作分析和工作评价为基础。

2. 员工能力与资历

员工能力主要包括基础能力、业务能力和素质能力,以及细化为理解力、应用力、表达力、指导力等。能力决定了员工在特定的工作岗位上的工作成果和绩效水平。企业按照绩效支付报酬,员工个人能力发挥就对薪资水平起着决定性的作用。

资历与能力是两个不同的概念,在工资决定中,员工的资历主要体现在员工的工作经验和对企业贡献的积累上,它随着员工为企业服务年限的延长,或从事某种特定工作时间的增加而增大。实行年功工资制的企业,资历因素在员工工资中起了重要的作用。

3. 员工对企业的贡献

在现代薪资体系中,按照个人绩效和对企业的最终贡献来决定员工的收入水平,已经被越来越多的企业所认可。奖勤罚懒,奖优罚劣,报酬与绩效挂钩,最大限度地发挥个人报酬的激励作用,是企业薪资决定的基本原则。绩效工资和激励工资是根据员工对企业的贡献支付报酬原则的具体体现。

三、企业薪资结构的设计

一个好的薪资结构,不仅可以实现员工与岗位的合理配置,而且可以更好地发挥员工的积极性。在企业薪资结构的设计中,一般需要经过薪资调查、工作评价、确定薪资等级、制定工资曲线和配置微调等五个步骤,如图 7-1 所示。

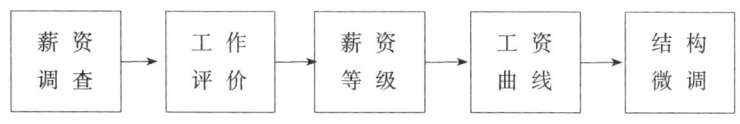

图 7-1　企业薪资结构的设计

1. 薪资调查

薪资调查的主要目的是了解某一特定岗位劳动力市场的价格,即工资率,或者是竞争支付的报酬水平等,将此作为企业确定薪资水平和结构的重要参考数据。外部竞争方面的决策将直接影响组织的总支出。因此,企业总是希望把最低报酬设定在尽可能低的水平上,并用最少的成本获取最大价值的劳动力。因此,发达国家的企业大多数是通过薪资调查来了解其他公司的薪资标准的。

2. 工作评价

工作评价就是确定每个工作的相对价值,它包括为确定某一工作相对价值所作的正式的、系统的比较,以及最终确定该工作的薪资水平。工作评价的方法很多,主要有工作排序法、工作分类法、要素计点法、因素比较法等。

(1) 工作排序法。工作排序法也称岗位排序法,它是一种简单、省时的工作评价方法,比较适合规模较小的组织。工作原理是根据各种工作的相对价值或它们各自对组织的相对贡献进行排列,通过确定各岗位的相对价值关系,形成一个岗位或职务等级结构表。具体包括五个基本步骤:

① 进行工作分析,获取工作信息。

② 选择等级参照物,确定岗位等级类别和数目。

③ 选择报酬因素。报酬因素是指不同工作相互比较,用来确定报酬水平的有关因素。在排序法中,通常使用一个因素,如岗位责任或工作复杂程度,确定岗位的相对价值。

④ 按照岗位的相对价值,进行排序。

⑤ 综合排序结果,构成岗位等级结构。

工作排序法简单易行,适合岗位少、规模小的企业,但评定中主观成分较大。

(2) 工作分类法。与排序法不同的是,工作分类法强调的是工作类别的差异,而不是单个工作的差异。它的基本思路是首先将各种工作岗位按照将最具代表性的性质或特征,设定一个分类标准,把相同特征的岗位归为同一个"类别",然后在分"类"的基础上,再按照同类别工作的其他特征差异分为不同的"级别"。其基本操作程序是:

① 确定工作类别的数目。一般企业包括 5 到 15 种工作类别。

② 为各种工作类别中的各个级别进行定义。

③ 将各种工作依确定的级别标准,定位在合适工作类别的合适级别上。

工作分类法也具有简单明了、灵活性较高的特点,比较适合大公司的管理人员和专业技术人员应用。其缺点是,它的类别和级别划分主要基于假设工作因素与工作价值之间存在着一种稳定关系,带有主观判断性,有时会产生不公平感。

(3) 要素计点法。要素计点法的主要工作原理是:第一,在工作分析的基础上,把工作的一些关键要素归为同一类别;第二,将各类要素分解为不同的评价要素;第三,按照事先设计出来的结构量表对每种工作要素进行等级估值(确定点数);第四,将各要素值求和,取得一个特定工作的总点数,即总价值;第五,按照总点数确定企业各岗位的等级和等级结构。根据需要可以选择 500 点计点法,或 600 点、1000 点计点法。具体操作步骤见表 7-1 所示。

表 7-1 评定要素等级划分与点数配置

类别	细分因素	级数	等级 1	等级 2	等级 3	等级 4	等级 5	点数	权重
工作责任	1.风险控制	5	20	40	60	80	100	400	40
	2.指导监督	5	20	40	60	80	100		
	3.内外协调	5	20	40	60	80	100		
	4.工作决策	5	20	40	60	80	100		
知识技能	1.学历	5	15	30	45	60	75	300	30
	2.业务熟练程度	5	15	30	45	60	75		
	3.技能水平	5	15	30	45	60	75		
	4.工作能力	5	15	30	45	60	75		
努力程度	1.工作压力	5	10	20	30	40	50	200	20
	2.体力支出	5	10	20	30	40	50		
	3.创新开拓	5	10	20	30	40	50		
	4.质量工期保证	5	10	20	30	40	50		
工作环境	1.工作时间	5	5	10	15	20	25	100	10
	2.危险性	5	5	10	15	20	25		
	3.工作地点	5	5	10	15	20	25		
	4.舒适程度	5	5	10	15	20	25		
合计								1000	100

评分人：

- 选择同类评价因素，可以按照岗位特征和要求分为三类：工作责任、工作环境和个人特征；也可以分为四类：工作责任、知识技能（个人条件）、努力程度和工作环境。权数总和为100%，上述四个要素类别分别赋予40%、30%、20%和10%的权重。
- 将每类要素分解为不同的评价要素。例如，知识技能可以分为学历、业务熟练程度、技能水平和工作能力四个评价要素，各占8.5%的权数。
- 将每个评定因素按照标准差异分成相应等级，一般为4～6个等级，并对每个等级的内涵进行定义。最低等级要素的点数乘以等级即得到该等级要素的点数值。
- 将所有的等级的要素反映在一张结构量表上，并按等级差异大小分别赋予相应的点数，将各点数相加，得出特定工作的总点数。

- 按照工作等级,设定每一个等级的点数及其分布(见表7-2所示)。

表7-2 岗位等级的要素分布

等级	点数	等级	点数
1	300点以下	5	551～600点
2	301～450点	6	601～650点
3	451～500点	7	651～700点
4	501～550点	8	701点以上

要素计点法的设计比较复杂,一旦设计出来以后,应用十分方便,尤其是对规模大、岗位多、工作性质相对稳定的企业,在薪资确定上,具有一定的优越性。

3. 岗位薪资等级的确定

岗位等级确定之后,即确定相应的薪资等级。企业要按照岗位的重要性及其价值划分薪资等级,每一个等级中包含价值相同的若干种工作。如果不考虑员工个人之间在工作绩效和资历方面的差异,按照工作的相对价值,同一个薪资级别内的各种工作都应该得到相同的薪资,这就是以岗定薪的基本内涵。薪资等级的设置通常包括以下内容:

(1) 设置薪资级别的数目。一个企业要设置多少个薪资等级,主要考虑薪资管理上的便利和各种工作之间价值差异大小两个因素。视企业需要,可以设置几个到十几个薪资等级。

(2) 确定合理的薪资等级范围。在确定薪资等级的过程中,还需要设计合理的薪资级别的范围,即在一个薪资级别内最低报酬和最高报酬之间的差距的大小。一般来说,在工作评价中定价越低的工作,其薪资级别的范围就应该越小;在工作评价中定价越高的工作,其薪资级别的范围越大。每一个薪资等级的中点所代表的薪资水平应该是一个经验丰富的员工在其工作达到规定的标准时应该得到的工资率。

如果各个档次的薪资幅度大到一定的程度,相邻的两个薪资档次之间可存在一定的重叠,即一个薪资级别的最高水平通常高于与它相邻的较高薪资级别的最低水平。

(3) 确定最高等级工资与最低等级工资的绝对额和倍数差。为了增大员工之间的工资差异,可以将薪资等级之间的差距拉大,或者缩小差距。目前的薪资管理不主张在基本薪资中员工间的收入差距过大,而差距主要体现在浮动薪资中。

4. 制定工资曲线

划分薪资等级之后,就要利用工资曲线来确定和调整每个等级的工资率。工资曲线是确定企业工资结构和等级工资的一种方法,它反映了企业的每个工作岗位的当前工资率同相对工作价值或工资等级之间的关系。与传统的薪资等级确定方法的不同之处在于,工资曲线法既考虑了市场工资率的变动,又考虑了企业的工资目标和工资结构,如图7-2 所示。

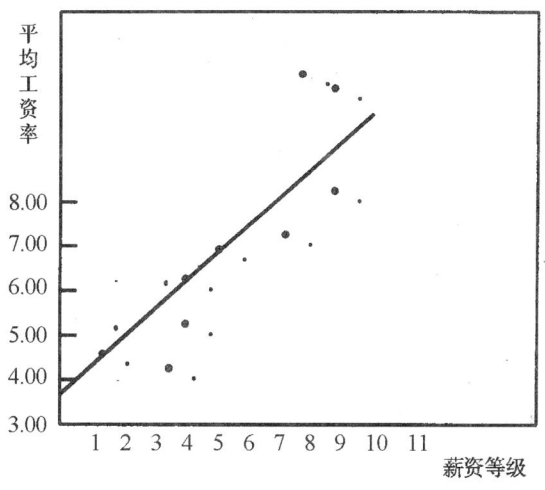

图 7-2 工资曲线

在工资曲线图中,纵轴表示现行的市场平均工资率,横轴是根据工作的相对价值确定的薪资等级。利用工资曲线来确定工资率需要经过三个步骤完成:

(1) 依据市场调查和岗位相对价值确定每个薪资等级的平均工资,即工资率。工资率应该是该工资等级中各个工作岗位的平均工资。

(2) 把每个等级的工资率标在工资曲线上。

(3) 确定企业各工作岗位的薪资水平。

工资曲线绘制完成之后,我们可以发现,并非所有的工资率都落在工资曲线上,一些岗位的工资率可能偏离工资曲线。这就意味着现实工资率与企业的目标工资率之间存在着偏差,需要作进一步的调整。

5. 对工资率进行微调

对工资率进行微调的目的有两个,一是设计企业薪资序列和薪资结构;二是调整工资率偏差。

(1) 设计工资率序列,即在每一薪资等级基础上再设计岗位或职务的工资率,工资等级与特定职位的工资率共同决定员工的薪资标准,从而建立企业的薪资结构。

(2) 修正薪资偏差,是指通过一定技术修正当前的薪资水平与目标薪资水平之间的偏差。这种偏差意味着同企业内部其他岗位相比,该职位的工资率偏高或偏低,而这种偏离状况实质上反映了该职位的报酬与其工作价值不符,没有体现报酬的内部公平性原则。

对于薪资水平低于目标薪资水平的工作和员工,应采取措施提高其薪资水平。对于薪资水平高于目标薪资的员工,可以采用几种办法使员工的薪资与所从事工作的相对价值相互匹配:其一,提升或调动该员工到合适的职位,增大工作负荷,使之与现行的工资水平匹配;其二,将该职位的薪资水平冻结,直至全体职位的薪资水平普遍提高;其三,延期提升,或降低其薪资水平。

第三节　企业薪资政策

一、企业薪资政策的任务

企业薪资政策的任务可以概括为三个:其一,增强企业薪资的外部竞争力;其二,增强企业的内部激励;其三,引导企业薪资管理的方向。具体而言,一项薪资政策所要关注的问题是与其他企业的同等工作相比,本企业应该支付什么样的薪资,才可以在劳动力市场上更具有竞争力?报酬收入如何在员工之间分配?什么样的分配方式可以最大限度地调动员工的积极性?什么样的报酬结构更适应企业对人力资源开发管理的需要?因此,企业的薪资政策可以分为对外薪资政策和对内薪资政策。对外的薪资政策侧重企业的薪资水平,对内的薪资政策主要调整付薪结构和付薪方式。

二、报酬公平的实现途径

在企业薪资管理中,报酬公平的实现通过四个途径:

第一,外部公平(External Equity)。所谓外部公平是与其他企业类似工作的报酬相比,员工认为他在本企业所获得的劳动报酬是公平合理的。这种外部公平可以通过两种形式比较,一是如果员工在其他企业从事过同样的工作,与他的原工作报酬相比;二是通过相关的报酬信息得知。外部公平是企业吸引和留住员工的一个重要因素。

第二,内部公平(Internal Equity)。内部公平主要是指员工的劳动报酬相对于他所从事的工作而言,是否体现了按劳付酬的原则。工作评价是衡量内部公平的重要依据。

第三,团队公平(Team Equity)。许多岗位和绩效的评定,不是以员工个体为单位的,而是以团队为单位的。因此,内部公平还体现在不同的团队之间。维护团队之间公平的措施是建立科学和严格的集体绩效评估体系,按照团队内部公平的原则进行成员间的报酬分配。

第四,员工公平(Employee Equity)。员工公平是指同一企业的员工之间是否体现了同工同酬的原则,有没有基于种族、民族、性别、年龄以及其他非经济因素的报酬歧视现象。

避免员工报酬不公的主要途径,是建立科学的薪资体系和绩效评估体系,以及企业内部相应的付薪、提升和晋升制度。

如果员工认为他的报酬不公平,尤其是在同一企业或同一职场(Working Place)内因分配不公造成部分员工报酬过低的现象,这将极大地挫伤员工的积极性。外部不公平容易引起员工流失,因为一些员工可能流入其他收入高的企业;而内部不公平则最有可能导致工作绩效的下降或者其他消极表现。例如,对上司或同事不满、破坏团结和人际关系、情绪恶化,以至其他不良行为的发生。

三、外部薪资政策

外部薪资政策制定的目标是加大企业的竞争力。在激烈的市场竞争中,人才的竞争是关键,而依靠高薪吸引人才是企业普遍实施的战略之一。对企业而言,没有薪资优势,无法吸引高质量的人才,还会导致已获得人才的流失;而如果工资率过高,又会面临加大成本预算、价格上涨、延期支付等问题。因此,选择什么样的工资率和工资支付方式,是企业外部薪资政策关注的焦点。

企业外部薪资政策主要是处理企业与外部市场的关系。薪资政策的制定,反映了企业决策层是否将薪资作为提高外部竞争力的一个有效手段。在制定工资水平时,可以不把工资作为一种人工成本投入,而作为一种对人力资源,乃至企业的战略投资。由此决定了有三种薪资水平的对策模式:

(1) 领先对策,即在同行业或同地区市场上保持优势工资水平;

(2) 中等对策,即在同行业或同地区市场上保持中等工资水平;

(3) 滞后对策,即在同行业或同地区市场上保持较低工资水平。

至于企业选择哪一种薪资政策模式,视企业的性质和现状而决定。

四、内部薪资政策

企业内部薪资政策的重点是如何增加薪资效率和激励员工。概括而言,就是处理好企业内部的公平与效率的关系。付给员工的报酬是企业成本的主要组成部分,在总投入一定的情况下,人工成本的降低,意味着收益的增加,这是不言而喻的事。但是一味地降低人工成本,并不一定能够为企业带来更大的效益,因为人力资源是一种特殊的企业资源,它的内在价值外在于对企业的贡献之上。要实现这一点,就要设法将企业的经营目标通过薪资管理,落实在员工的行为上。

企业内部薪资政策有两项任务:其一,促进企业薪资结构的合理性。具体而言,就是使企业的薪资等级、级差以及薪资在岗位和职务之间的分布趋于合理,体现公平付薪的原则。其二,促进员工薪资结构的有效性。即使各薪资要素之间的配置有效,体现了按照贡献大小支付劳动报酬的原则,组织能否留住和激励员工,很大程度上是通过企业内部的报酬机制和报酬结构实现的。合理而公平的薪资结构,是报酬机制的核心,也是企业制定薪资政策的基准线。

第四节 企业薪资制度与管理实务

企业薪资制度是企业依据国家法律和政策,配合企业发展需要而制定和实施的与薪资决定和薪资分配有关的一系列准则、标准、规定和方法的总和。它主要包括工资等级标准、工资水平、工资形式、工资调整以及工资发放和工资基金管理等各项标准和规定。

一、企业薪资的计量形式

薪资的计量形式是指计量员工劳动贡献,确定劳动报酬的标准和方式。计时工资和计件工资是工资的两种最基本的计量形式,其他工资制度都是它们的转化和组合形式。

1. 计时工资制

计时工资制是按照单位时间计算劳动报酬的一种工资计量制度。它的构成要素为:

① 劳动计量与报酬支付的时间单位。工资标准是技术标准与时间单位的综合,也称"单位时间的工资标准"。常用的计量单位有:小时、日、月以及周和年等。

② 劳动计量与报酬支付的技术标准。劳动之间存在着简易、职责和繁重程度的差别,对不同质的劳动,需要制定不同的测量标准。例如,技术等级标准、岗位等级标准、职务等级标准以及劳动强度标准等。

③ 确定有效劳动时间。计时工资不是按照自然时间,而是按照实际有效劳动时间计算,即与劳动成果(数量和质量)直接相关的劳动时

间。

计时工资可按不同单位时间分为小时工资、日工资、月工资和周工资等。计时工资具有测量要素稳定,标准固定统一,易于管理,有利于员工收入的相对稳定,受劳动对象和劳动条件差异的影响小,以及对员工出勤率有较强的制约作用等特点。因此,它适用于岗位责任明确,等级和工资标准规范,劳动成果不便于直接通过个人技能和努力程度反映的工作。

2. 计件工资制

计件工资是根据劳动成果数量计发的劳动报酬。它的构成要素包括:单位时间的工资标准,即按月、日或小时计量的工资标准;单位时间的劳动定额或工作量标准,劳动定额由产量和工时两种指标决定;计件单价是指某一单位产品或工作量的工资额,可分为个人计件单价和集体计件单价。

与计时工资相比,计件工资的主要特点是:将劳动报酬和劳动成果直接联系在一起,能够直接和准确地反映劳动者实际付出的劳动量,以及不同劳动者之间的劳动成果。因为它可以使劳动成果的计算和分配程序简化,透明度高,易于管理,从而有刺激员工从物质利益上关心自己的劳动成果,提高工作效率和工作质量的作用。

计件工资比较适合具有以下性质和特点的工作:产品的数量和质量直接与劳动者的技能、劳动熟练程度及努力程度相联系;能够单独计算产品数量,检验产品质量和反映员工劳动成果,生产的直接目的是增加产品数量的工作;持续、稳定,大批量产品生产的工作;管理完善、操作规范,有健全的产品数量统计、质量检验、劳动定额考核制度的工作。

二、岗位(职务)等级工资制

岗位等级工资制与职务等级工资制相似,都是等级工资制的不同形式,区别在于前者主要适合企业员工,后者针对行政管理和专业技术人员。等级工资制直接与岗位和职务的等级挂钩,是根据岗位和职务对任职人员在知识、技能和体力等方面的要求,以及劳动环境因素所确定的报酬决定和分配制度。

1. 分配原则

"只对工作(职务、岗位)不对人"是岗位等级工资制的一个核心原则。具体为：

(1) 岗位工资的确定以工作的复杂和繁重程度、职责大小、精确程度以及劳动条件等客观因素为依据。

(2) 岗位等级之间的差别决定了工资级别之间的差距。

(3) 员工根据岗位任职情况获得相应等级的工资收入。

2. 主要类别

岗位等级工资制的类别有一岗一薪制、一岗多薪制和复合岗薪制等。

(1) 一岗一薪制。一岗一薪是指一个岗位或职务只有一个工资标准。它强调了不同岗位和职务之间的工资差别，同岗同薪，异岗异薪；增薪的渠道只能是职位变动和岗位提升，其标准互不交叉，提职才能增薪。任职者只要达到岗位要求，就可以取得标准工资；岗位变动，工资随之变动。

(2) 一岗数薪制。一岗数薪制，即在一个岗位或职务内设置几个工资标准，一职数薪，同岗可不同薪，其标准互不交叉，不升职亦可增薪。与一岗一薪制相比，一岗数薪制可以反映岗位和职务内部员工的报酬差别。一岗数薪制比较适合生产专业和自动化程度高，同一岗位职务技能要求差别不大，但需要反映员工绩效差别变动的工作。

(3) 复合岗(职)薪制。复合岗(职)薪制，即在每一个岗位和职务内设若干个工资标准，但不同岗位职务的工资标准有部分等级交叉。其特点是一职数薪，同职可不同薪，不同职亦可同薪，不升职亦可增薪。

三、技能等级工资制与技能激励工资

传统的技能等级工资制是按照员工的知识和技能等级确定工资等级的一种薪资制度。与岗位和职务等级制所不同的是，它是按照员工所具有的知识水平和技能程度来划分技能等级，依据技能等级确定薪资等级。现代技能工资制是企业为了激励员工更好地掌握本岗位或相关岗位的技能，而采取的一种报酬激励机制，为了便于区分，后者可称为

技能激励工资。

1. 技能等级工资的标准要素

技能等级标准的确定依据四项内容:教育背景、专业知识、工作技能和工作实例。教育背景主要是指员工接受正规教育的程度;在专业知识方面,有时受教育程度不能完全反映员工的专业知识水平,因为岗位有特定的要求,员工的技能还要通过对专业知识的掌握程度来反映,也就是所谓的"应知",即员工为了完成某一等级的工作所应具备的专业理论知识,如对工艺过程、材料性能、机器结构与性能的了解等;工作技能是指员工为胜任某一等级工作所应具备的技术能力与工作经验,如程序设计、工艺管理、设备操作、检查维修等;工作实例是指员工的工作综合能力,一般是根据岗位对"应知"和"应会"等能力的要求,制定出各技术等级对应的能力要求,通过对典型工作项目或操作实例的检验,测定员工的综合技能,根据技能确定技术等级和工资标准。

2. 技能等级工资标准的确定

技能等级工资标准的确定步骤和计算方法为(参见表7-3):

(1)进行工作评价,即根据劳动的复杂、繁重和精确程度,以及岗位对员工的技能要求划分等级。

(2)确定最高等级与最低等级工资的倍数、工资等级级差及工资等级表。

(3)结合员工的个人技能背景,纳入相应的工资等级。

表 7-3 技能等级工资表

工资等级	1	2	3	4	5	6	7
等级系数	1.000	1.15	1.323	1.521	1.749	2.011	2.313
级差%	—	15.0	15.0	15.0	15.0	15.0	15.0
工资标准	1000	1150	1323	1521	1749	2011	2313

表 7-3 是根据八级标准模拟的技能等级工资表,采用等比级差的工资标准确定,假定一级工资标准为1000元,其他各级计算公式为:

$$B_n = B_1 \cdot a_n$$

或

某一等级工资标准 = 最低等级标准 × 等级系数

3. 技能激励工资的特点

技能激励工资是一种能力工资,英文为 Pay－for knowledge 和 Skill based pay。这种薪资体制的设立是为了适应新形势下企业对技能员工的需求,通过薪资机制体现员工的技能差别,奖励员工学习新的与工作相关的技能。因此,它带有奖励工资的性质。近年来,该项目在美国兴起,主要是为了孕育员工的个人创新能力。目前,在发达国家的许多企业中,都极力推崇以技能为基础的薪资计划,以满足技术竞争的需要。将近一半以上的"财富 500 强"的企业,在部分员工中实施这一薪资计划。例如,通用电气公司(GE)、联邦快递等都实施技能工资制度。知识工资和技能工资是有所区别的,前者主要针对管理人员、专业技术人员以及业务人员等;后者主要针对蓝领工人,即体力劳动者。

无论是基于知识还是技能的工资,都是为了激励员工学习和掌握更多的知识和技能。与成就工资不同的不是奖励员工的以往绩效,而是奖励员工的潜在贡献。有些理论认为,技能工资是与能力工资(Competency — based pay) 相配合的。

技能工资所激励的技术包括相似或横向的技术(Horizontal Knowledge)和纵向技术(Vertical Skill)。例如,如何更好地发挥团队工作,如何实现工作的程序化管理,如何进行质量控制以及技术深化(Depth of Skills)。技能工资的实施主要是为了适合企业两个方面的发展目标:其一是增加竞争优势,其二是增加技术创新能力,以适应全球化竞争的需要。

但是,技能工资体系也有其内在的弊端。例如,技能工资增加了劳动力成本,因为技能工资的直接效应是刺激员工提高技能,而技能的提高并不一定导致员工绩效的提高,有可能促成短期内工资成本的上升;若岗位对新技能没有需求的话,可能导致知识浪费或同工不同酬现象的产生。

四、年功序列工资制与年功工资

年功工资制是一种简单而传统的工资制度。它主要依照时间因素计发工资,往往与终生雇佣制相关联。其基本特点是工龄、企龄、学历、工作经历等因素在薪资中起着决定性作用。在一般情况下,员工的年龄越大,企业工龄越长,资历越深,工资越高。

1. 年功工资的计算

年功工资中的年功因素有两种计算方法,一种方法是以日历年为单位,工龄每增加一年,工资增加一个单位。例如,一年工龄为10元,则10年的工龄工资为100元。另一种方法是将工龄分为若干时期段,同一工龄段的年功工资相同。例如,1~5年的年功工资为100元,6~10年的年功工资为200元,11~15年的300元,等等。

2. 年功工资的主要特点

年功工资与年功序列工资制是两个不同的概念,前者是在工资决定因素中,考虑了员工在企业的工作经历,因此,在工资结构中,加入工龄工资。后者是指一种以资历为基础的工资制度,它具有以下特点:

(1) 工龄是工资收入差别和增长的主要因素。为了增加收入,员工必须长期在一个企业中工作。因此,年功序列工资制刺激员工为本企业服务,阻止员工特别是工作经历长的老员工离开企业。它的优点是增加员工对企业的依赖性和安全感,避免失业风险。

(2) 工资不是根据行业或产业竞争决定,而是由企业决定。除去工龄因素之外,企业对岗位和技能的需要是年功序列工资制考虑的另一个主要因素。

(3) 年功序列工资中的基本工资是其他工资因素的基础和起点,而年功因素又是基本工资的核心。因此,起点工资低,工资等级差别大。

(4) 实施年功序列工资的企业普遍实行定期增薪制度,一般是员工随着工龄的增长,每年固定增加一次工资。

年功序列工资制的最大缺陷是缺乏激励,容易造成员工工资与劳动质量和数量的脱节现象,由于起点工资低,工资差别大,不利于工资激励功能的发挥。

3. 日本的年功序列工资制

年功序列工资制起源于二战后的西方企业,它在20世纪50年代的日本广为流行。

年工序列工资制在日本最初实施时,效益比较显著,对一些企业的经济效益起到了积极的促进作用。甚至有观点认为,第二次世界大战之后,年功序列工资制、企业内合作和终身雇佣制成为日本经济在20年内高速发展的三个主要原因。随着社会的进步和经济的发展,年功序列工资制的弊端日益显露,主要是工资收入不能充分反映员工的实际工作能力和工作绩效,也不能充分反映职务或岗位特点,员工之间缺乏竞争。除了制度本身的缺陷之外,进入70年代以来,日本企业劳动力年龄结构老化,老年职工迅速增加,导致推行年功序列工资制度的企业工资成本急剧增加,企业负担加重。因此,近年来,日本许多企业也开始对年功序列工资制实行全面改革。其主要作法是,一方面提高职务工资和能力工资在基本工资中的比例;另一方面削弱年功因素,把无限期凭年功提薪改为一定年龄内凭年功提薪,也就是把单一的年功工资制改变为多元的结构工资制。

五、奖金制度与绩效工资

奖金制度有两个基本特征:其一,按照员工对企业贡献支付报酬;其二,薪资支付量随员工业绩变动。因此,奖金在薪资管理系统中占有非常重要的地位。

1. 奖金的特点

奖金是按照超额劳动或者超常业绩的数量和质量支付给员工的劳动报酬。劳动者在创造了超过正常劳动定额以外的劳动成果之后,企业以物质形式给予补偿,其中,以货币形式给予的补偿就是奖金。货币和非货币奖励形式统称为物质奖励。与基本薪资相比,奖金具有灵活性、激励性、及时性等特征,是其他薪资方式所不能比拟的。但也容易诱发员工绩效的短期性,驱使员工只为了增加个人报酬而努力,在一些员工过分对奖金追求的同时,有可能发生一些伤害企业、同事和团队的行为。

2. 奖金管理要点

在企业奖金的管理中,应注意以下几个环节:

(1)奖励条件。奖励条件是指特定奖项所要求的超额劳动的数量和质量标准。在奖金管理中注意要与劳动者的超额劳动紧密结合,实行多超多奖、少超少奖、不超不奖的奖励原则;对不同性质的超额劳动采用不同的评价指标和奖励方式,准确反映各类员工所创造的超额劳动的价值,做到公平合理、明确具体、便于计量等;将奖励的重点放在与企业效益有关的生产环节和工作岗位。科学化、数量化和规范化的工作评估体系是奖励工作的基础。

(2) 奖励项目。根据奖励条件可以具体划分奖励项目。刺激员工超额劳动的奖励项目,如通过测评产品数量、产品质量、销售、利润等指标决定奖金分配;约束员工节约成本,减少消耗的奖励项目,如根据原材料消耗、劳动纪律、操作规程、客户投诉等指标的测量决定奖金分配;体现部门性质的奖励条件和奖励指标,如生产部门主要以产量和质量以及原材料消耗等作为奖励条件,销售部门主要以销售量和销售收入作为奖励重点,服务部门主要以上岗情况和服务质量作为奖励依据。

(3) 计奖周期与计奖单位。计奖周期是指对超额劳动进行核算和支付的时间单位。计奖周期应视奖励指标的性质和工作需要而确定。例如,为持续而有规律的生产和工作设置的产量奖、质量奖等,可以采取月、季等时间单位;与经济效益和社会效益有关的奖励,可以采取年终奖的形式;对紧急的、临时性的贡献,则采取一次性的奖励方式。

计奖单位是指按不同劳动特点划分的独立考核并计发奖金的部门和组织,有三种主要类型:独立计奖单位、参照计奖单位、平均计奖单位。

(4) 奖金标准。奖金标准的确定有两个作用:其一,规定奖金提取的额度;其二,规定奖金分配的各种比例关系。在奖金标准的确定中,要注意奖金与标准工资,以及与总收入的比例。按照一般的工资结构和工资职能原理,基本工资的比重应超过奖励工资,这种比例关系是由二者的不同性质和作用决定的。

3. 绩效工资

绩效工资(Pay — Related Performance,PRP)方案是近年来西方比较流行的一种员工工资管理计划,被称为"与绩效相关的收入",或"绩效报酬"、"绩效工资"等。PRP 方案是企业激励计划(Incentive

Plans)的一个组成部分。在企业中,实施绩效工资多以薪资方案,或薪资计划的形式推出。

绩效工资方案是一套有机的薪资管理体系。业绩是一个综合的指标,不仅包括员工生产的产品数量和质量,还包括员工的其他贡献。换言之,业绩指标是根据企业对员工的绩效期望而设立的业绩指标体系。企业根据员工的贡献也可设计多种回报形式,基本工资、浮动工资、货币工资、非货币工资、短期激励、长期激励等,都可以包括在业绩薪资计划之中。绩效薪资不是单纯的薪资要素,也不是简单的工资管理制度,而是一套薪资管理与绩效激励的方案。它与企业战略目标、企业绩效目标、员工的特征紧密地结合起来,根据企业需要设计,有组织、有目的进行统筹计划和实施。

绩效工资必须与企业有效的绩效评估制度和评估结果相联系。因此,员工绩效工资的确定取决于两个基本因素:其一,绩效评定等级,高绩效高工资,低绩效低工资;其二,个人在工资浮动范围中的位置,即个人的实际工资与市场工资之间的比率。

绩效工资存在一些方式和制度上的缺陷。例如,注重对个人绩效差异的评定,这种差异被认为是个人能力和努力程度上的差异;绩效信息的主要收集者是直接监督者,即主管;信息反馈不是非常及时,一般是在正式绩效评估阶段才会显示;反馈的渠道基本上是单向的,即评估者向被评估者的反馈。

第五节　企业福利管理

一、企业福利的构成

对企业员工而言,福利包括两部分:一部分是政府通过立法形式,要求企业必须提供给员工的福利,称之为法定福利;另外一部分是企业提供给本企业员工的福利,称之为企业福利。企业福利还可分为两种形式,一种是由企业兴办的各种集体福利;另一种是企业为员工及其家庭所提供的实物和服务等福利。

狭义的员工福利又称职业福利或劳动福利,它是企业为满足劳动者的生活需要,在工资收入之外,向员工本人及其家属提供的货币、实物及其他服务。员工福利也被称之为福利性报酬,或柔性津贴、隐含收入等,这表明福利管理也是企业人力资源管理和员工报酬管理的一个有机组成部分。福利的薪资性质决定了企业员工的福利构成。

二、类别与内容

企业员工福利分为集体福利和个人福利两种基本形式,内容有所不同。

1. 集体福利

集体福利是企业举办或者通过社会服务机构举办的供员工集体享用的福利性设施和服务,它是主要的员工福利形式。例如,住宅、集体生活设施和服务、带薪休假、免费旅游等。

2. 个人福利

员工个人福利是指由员工福利基金开支的主要以货币形式直接支付给员工个人的福利补贴,是员工福利的非主要形式。其内容包括:两地分居的员工享受探亲假期、工资补贴和旅费补贴;上下班交通费补贴;冬季生活取暖补贴;生活困难补助;生活消费品价格补贴、婚丧假和年休假工资等。

三、企业福利项目的设计与管理

企业自行规定和提供的福利和服务在许多企业中统称为福利性薪资,这些福利待遇具有间接性收入的性质,因此它是货币薪资的一种补充形式。企业员工的福利项目呈现多样化的趋势,主要有以下几种类型:

1. 健康保险计划

企业之所以致力于制定健康保险计划,主要基于三个原因:其一,企业健康福利的成本不断上升,企业需要寻找新的途径控制医疗成本,统筹员工的医疗费开支的宏观背景。其二，企业逐步认识到员工身体和心理健康是人力资源开发管理的一个重要方面，特别是以往企业健康保健的重点是在员工的生理疾病治疗上，不注重心理和精神健康方面的保健。随着人们对心理健康的重视，企业的投入也在增加。其三，近年来，酗酒、吸毒、艾滋病等成为发达国家严重的社会问题，也极大地影响了企业的效率和形象，迫使企业对有这些不良行为的员工进行生理和心理方面的治疗。

健康保险项目的实施方式多样。一般来讲，为了提高健康保健项目的实施效益，都采取企业和员工共同投资、共同受益的管理方式。但是在投入比例上，效益好、福利待遇高的企业可能投入的多一些；反之，员工投入多一些。一些企业将健康福利计划作为吸引人才的一种手段和对员工的一种承诺。企业在兴办保健福利项目的同时，通过一些措施严格控制保健福利的开支。例如，兴办员工合作医疗，弥补健康保险的不足；通过其他的福利计划诱导员工降低对健康保险的兴趣；通过增大企业对门诊费用的支付比重，降低员工的住院比例等。

2. 年金计划

年金计划即为企业养老金计划。传统的年金计划只是为那些在企业服务多年后退休的老员工设立的，以便在他们工作到一定的年限退休之后，可以按月从企业得到养老金。目前，企业的年金计划主要分为三个层次，一是国家法定的养老金；二是企业为员工制定的养老金计划，也称企业补充养老保险计划；三是员工个人参加的商业性养老保险项目。在三部分的年金计划中，企业都有管理和协助管理的职责，而且还可以将三者结合在一起，起到功能互补的作用，成为企业留住和激励员工的有效手段。

与企业关系密切的是企业补充性养老保险计划。它的基本特点是将各种养老保障方式有机组合在一起，相互补充，以实现国家总体老年经济保障目标。企业补充养老保险是由企业主办的一种商业保险形式。主要标志是它采取基金制的管理，而保险基金的管理和运作要走向市场化和社会化，进入资本市场，这是与基本保险的主要区别之一。企业补充养老保险采取基金管理的方式，由企业委托专门的经营机构从事基金运营,使其以投资形式进入资本市场。这样可以有效避免行政管理的种种弊端,减少管理成本,为投保人带来较丰厚的利润。

补充养老金的来源有的是雇主一方缴纳,有的是雇主和雇员双方缴纳,但企业是主要的出资人。保险金的运营与企业的效益直接相关。从性质上讲,补充养老金是职工未来收入的一部分,但是企业能否为职工提供未来养老保险,取决于企业当前的经济效益和未来的预期效益。

3. 住房计划

住房计划是许多企业激励和留住员工,特别是青年和新迁入员工的重要手段。许多企业制定和实施了住房计划。例如,目前我国的大部分外资和合资企业都实施了员工住房计划,82%的企业建立了住房公积金,其他解决员工住房的途径依次为:住房货币化;企业自建或购买商品房;按房管部门的成本价售给员工,员工享有部分产权;企业按期发放一定数额的住房补贴,不解决住房;企业自建或购买商品房产权属于企业,无偿或低租给员工居住,员工离开时要求退还等。[①]

4. 教育培训计划

近些年来,随着企业对人才培养和使用的重视,企业纷纷加大对员工培训费用的投入。许多企业为员工设计了与员工职业开发相对应的培训计划,并采取多种手段激励员工进行知识和技能的更新。员工教育培训计划具有多重性质,可以改变企业福利中单纯提供生活服务的功能,很好地将企业福利与企业人力资源开发战略结合起来。另外,还可以迎合员工个人对自我高层次开发的需求,很好地将企业开发与员工自我开发结合起来。

此外,带薪休假计划、为子女和家庭提供各种服务的福利计划和方案等项目仍然在许多企业中实施,方式更加多样化。近年来,许多企业推行一种灵活的福利计划,俗称"自助餐"式的福利计划。该项计划的提出,主要针对传统的企业福利计划只考虑一些员工的家庭的其他成员,如配偶、孩子或老人。为了满足员工家庭生活的需要,提供统一的生活

---

① 北京西三角人事技术研究所:《北京外商投资企业薪酬调查》,1999年,北京外资企业服务有限公司。

服务和物质支持,如养老计划、保健计划、带薪休假、子女照料等。计划提倡者认为该计划的实施可以协调这些矛盾,满足员工多样化的需求;同时,有助于克服传统福利计划中利益享受不均的弊端。

参考资料

1. 李新建:《企业雇员薪酬福利》,经济管理出版社,1999年。
2. 谢晋宇、吴国存、李新建:《现代企业人力资源开发管理创新》,经济管理出版社,2000年。
3. 甘华鸣主编:《人力资源组织和人事》,中国国际广播出版社,1999年。
4. 余凯成、程文文、陈维正:《人力资源管理》,大连理工大学出版社,1999年。

思考题

1. 为什么激励是企业薪资的一种主要职能?
2. 企业薪资水平的决定主要取决于企业外部和内部的哪些因素?
3. 企业薪资结构是如何确定的?
4. 基本薪资制度有几种?其作用与特点是什么?
5. 企业福利的主要形式与功能是什么?

第八章

员工安全健康管理

本章学习要点

- 了解安全健康在企业中的作用,掌握安全健康管理的特点,熟悉其在当代的发展特征。
- 明确企业安全健康法制化管理的意义,将安全健康管理纳入法制化、制度化的轨道。
- 了解影响企业安全的各种因素,掌握安全事故防范的技术,熟悉企业安全管理流程。
- 了解员工健康管理的内涵、特征,预防职业病和心理疾病的发生,确保企业员工的生理和心理健康。

第一节 员工安全健康管理的作用与特点

一、安全健康管理的作用

1. 安全健康管理是企业人力资源管理的一个重要环节

在近20年内,伴随着企业人事管理向人力资源管理的转变,从管理理论到实践,安全健康管理都进入了一个新的阶段,它更加紧密地与企业战略、人本管理以及全球经济一体化紧密联系在一起。

2. 安全健康投资是企业一项重要的人力资本投资

安全健康投资是企业最重要的人力资本投资。企业加大对员工的安全健康投资,可以降低企业支付的事故损失费,更好地提高员工的工作绩效,防止员工出现身体和心理问题,提高出勤率,降低员工的流动率、旷工率和医疗费用,更好地开发员工的工作潜能。因此,安全健康投资给企业带来的收益是双向的,即减少事故成本,增大开发效益。

为了吸引人才,许多企业纷纷推出了高薪水、高福利的人才政策,其中,安全健康的工作环境,也是一项重要的福利待遇。如果频繁和灾难性的事故是将人才拒之门外的最大障碍,那么企业作出安全健康工作环境的承诺,无疑会加大对人才的吸引力。

3. 安全健康管理是现代人本管理的体现

加强安全健康管理是对传统管理模式的挑战。传统的管理模式有两个明显的特征:一是将事故发生的原因更多地归于员工个人,归于员工的粗心大意,不按操作规程办事;二是在管理模式上,具有较强的被动应付、事后补偿的性质。许多企业对安全健康进行管理,不是出于企业的内在需求,而是为了应付法律和政策的约束。在日常管理中,企业对事故的发生抱有侥幸心理,一旦事故发生之后,采取经济补偿的方式进行应付。这种管理方式从本质上讲,没有把员工作为企业最重要的资源,没有将安全健康管理提升到人本管理的高度。

二、安全健康管理的特点

与其他人力资源管理环节相比,员工安全健康管理有以下几个特点:

1. 安全健康问题的普遍性与易被忽视性

在现代社会,几乎每一个行业,每一项工作,都对从业人员存在着各种各样、或多或少的职业伤害。安全健康问题之所以具有普遍性质,有这样几个原因:

(1) 事故发生的不确定性或偶然性。任何企业的生产和经营都存在一定的事故风险,而要对事故进行防范,则需要经常细致地进行管理和各项投入。在日常工作和生活中,不防范的企业和个人可能不会发生事故,而防范了的企业却往往躲避不了事故风险,所以事故发生的这种偶然性质,促使许多人产生"听天由命"的宿命论意识。

(2) 科学技术的先进性掩盖了其对人类的负面作用。人们总是被新科学、新技术和新工艺所具有的经济价值所迷惑:经营者认为它可以为企业带来巨大的收益;操作人员认为它可以大大降低劳动强度,提高劳动效率;消费者认为它可以更好地满足物质和精神需求。而它对安全健康所起的负面影响,却很少有人注意到。所以人们在使用一种新技术的时候,往往忽视了对其危害性的防范。

(3) 激烈的市场竞争助长经营者追逐利润,忽视管理的短期行为。长期以来,一种关于安全健康管理的传统理念一直统治着企业管理界,即安全健康管理需要企业经营者进行各种形式的物力、财力和人力方面的投入,而如果事故不发生的话,这些投入就成为一种没有回报的投资。因此,一个经常的现象是,企业肯花大钱买技术、市场或者人才,却在安全与健康投资上犹豫不决。这种管理决策显然影响了企业安全健康管理的力度,成为一种应付性的例行公事。

2. 安全事故的严重性及损失的间接性

任何安全事故都可以造成直接和间接损失两种形式。例如,伤亡事故的直接损失包括工资、医疗费用、补偿保障费用等;间接损失包括设备和材料损失、工时损失以及间接的人工伤害等。一般而言,间接损失要大于直接损失。例如,美国1967年国家安全理事会计算的全年工伤事故的直接损失为32亿美元,间接损失为73亿美元。实际上,统计的数额被大大低估了,许多间接损失如对那些永久性、半永久性丧失工作能力的受害者的连续性补偿,对受害者家属的损失补偿并未计算在内。许多管理者往往只计算事故的直接经济损失,看重的是实际支付的赔偿费与管理成本之比,对事故的间接损失和企业应承担的社会责任,则采取忽视、回避的态度。因此,应该从更宽泛的视角来理解安全管理的社会意义与超经济性价值。

3. 安全健康事故的可避免性

尽管一些事故的发生具有很大的偶然性,但是任何安全事故和健康伤害都可以最大限度地避免。因为许多事故的发生是有规律的,只要客观地分析、认识事故发生的可能性,制定严格的管理制度,就可以有效地预防事故的发生。

工伤事故发生的原因不外三种:一是员工失误,二是设备不充分,三是程序不充分。根据国外一些机构的调查表明,在事故发生的原因上,由操作失误引起的占50%,设备问题引起的占28%,程序不当引起的仅占22%。[①]一些严重影响员工健康的职业病,可以通过严格的防范措施杜绝。因此,预防事故和损失的最好办法是加强安全健康管理,严格遵守以预防为主的管理方针。

三、当代企业安全健康管理的发展特征

20世纪90年代以后,企业进入了战略性的人力资源开发与管理阶段,决策层更加深刻地认识到安全健康管理的战略地位和重要作用,并在管理理念、方式和行为上有以下创新:

1. 把人力资源作为一种战略性的资源进行开发和管理

所谓战略性资源应体现两个基本特征:其一,保证企业可以有效地获得和使用这些资源。将安全健康管理纳入人力资源管理的各个环节

[①] (美)劳伦斯·S.克雷曼:《人力资源管理:获取竞争优势的工具》,孙非等译,机械工业出版社,1999年,第341页。

之中,通过安全健康管理,加大对应聘者的吸引力,提高员工的出勤率和工作绩效,降低事故发生率和人工成本等。其二,保证企业可以永续地开发和利用这些资源。把安全健康管理上升到企业战略的高度,通过对安全健康管理的开发,挖掘人才潜能,增加企业的凝聚力,为企业战略目标的实现提供可靠的人才基础。因此,许多企业的安全健康管理已经不局限于事故防范、职业病治疗和员工医疗费管理等传统的工作内容,而是侧重在如何更好地获取、使用、开发和激励人力资源的这一根本目标上。

2. 更加重视安全健康问题的产生根源,尤其是事故的"企业外化"问题

所谓"企业外化"包括三层涵义:其一,事故越来越多地发生在企业之外。例如,据美国劳动统计局的统计,1995年交通事故已经占到工伤死亡事件的21%。其二,事故越来越多地发生在工作时间之外。其三,事故越来越多地由企业外部因素引发。[①] 因此,在对事故原因的分析上,已经超越了单一企业的概念,扩展到产业、区域、国家,乃至全球角度;产业安全管理的范围也不局限在特定的工作场所,而是包括工作地和工作时间之外;对员工健康概念内涵的理解更具有革命的性质,它不是仅指员工的生理健康,而是包括健康的心理和社会交往能力。一些以往没有考虑的与工作有关的疾患,也被列入新职业病名单之中。这些表明,企业对员工的安全健康负有和承担了更大的责任。

3. 更加理性地对待安全健康事故所造成的危害

安全健康的"公众化",以及产业安全与环境保护之间的关系等问题,越来越成为社会关注的焦点。许多研究表明,安全健康不是单纯的经济问题,也不仅与当事人和发生事故的企业相关,它关系到对生命和对人的价值的理解,也表明了一个企业,一个民族的文明进步程度。在全球经济一体化的今天,安全健康管理更具有了超国界、跨文化管理的意义。

---

① 谢晋宇、李新建、翁涛:《企业雇员的安全与健康管理》,经济管理出版社,2000年,第447页。

4. 产业安全健康管理的专业化问题

随着现代科学技术的发展和应用,传统管理人才已经不适应现代管理的需要,对安全健康管理人员的专业化要求越来越高。因为每一个新技术和工艺的应用,都隐含着对新的安全健康防范技术的需求,管理者必须掌握相关的化学、环境科学、防辐射学以及人体工程学等多领域的专业知识和技术,才能适应这种需求。因此,企业更加重视对专业管理人员的知识开发和技能培训,并作为企业安全健康管理创新的基础。

第二节 安全健康的法制化与制度化管理

一、安全健康的法制化管理

安全健康不可能完全依靠企业行为实现,一方面,企业运行需要一定的外部环境,特别是政府和法律的保护;另一方面,企业作为生产经营单位,在利益驱使下,也不排除有某些危害企业员工安全健康的行为,或者忽视对员工安全健康的管理。因此,在"市场失效"和"企业失效"的情况下,需要有一种外在的强制力量,约束、监督和促进企业重视员工安全健康管理。国家立法和政府监督则是将企业的安全健康管理纳入法制化管理轨道的两支最强大的力量。

1. 劳动安全健康立法

劳动安全健康的法律保护形式是劳动安全健康(卫生)立法,简称劳动保护法。它是指在生产过程中产生的,同劳动者的安全健康有关的各种法律规范的总和。劳动保护法是由一个多层次、多项法律法规组成的法律体系。

(1)劳动法。劳动法通常设立专门的条款,对劳动保护提出基本的原则和要求。具体包括劳动就业和劳动力管理、劳动合同、工作时间、休息时间及休假制度、劳动报酬、劳动安全与卫生、女工和未成年工特殊保护、员工社会保险和生活福利、员工技术培训、工会和民主管理制度、劳动争议、劳动法监督和检查制度等多项内容。

（2）劳动保护法规。劳动保护法规是就劳动保护问题进行集中的、综合性的法律规定,是劳动保护体系的核心和基本法律准则。劳动保护法规包括两大项内容:一是通过制定和实施一些法律规定,调整生产过程中与安全健康有关的人与自然之间的关系;二是包含通过监督安全生产责任制、安全健康教育、安全健康监察以及伤亡事故的调查处理和职业病诊断治疗等项规定的实施,来调整企业安全健康管理中人与人之间的关系。

（3）劳动卫生（健康）法规和员工安全健康法规是专项的法律规定,它分为两大领域和两个类别。其中,劳动卫生（健康）法规是对与企业生产经营活动相关的一切领域的安全健康行为进行规范,员工安全健康法规是对直接生产过程中,与员工安全健康有关的行为的规范。类别中的一类是企业安全;另一类是员工健康,分别以法令、条例、规程、决议、命令、规定或指示等规范性文件的形式颁布。

（4）劳动安全技术规程和劳动卫生技术规程,是从技术角度为员工安全提供法律保障。在劳动安全技术规程中,一种是特殊性的规程,针对行业、企业和设备的性质制定的具体的、可操作的安全技术规程;另一种是一般性的规程,即对所有企业和生产单位通用的安全技术规程,主要包括工厂安全技术规程、建筑安装工程技术安全规程、矿山安全技术规程三大技术规程。

劳动卫生技术规程是指防止和消除职业病、急性中毒及慢性职业伤害的技术规则,旨在保护劳动者健康的法律规定,主要包括企业生产卫生、医疗预防、员工健康检查等技术和组织管理规则。

2. 劳动安全卫生标准

劳动安全卫生标准,是指国家为消除、限制或预防劳动过程中的危险和有害因素,保护劳动者安全健康,保障生产正常运行而制定的统一标准和实施规则。与其他劳动安全卫生法律、法规和制度相比,它具有技术性强、标准统一、规范化和操作性强等特点。

各国都非常重视劳动安全卫生标准的建设和实施。例如,美国的劳动安全卫生标准(OSHA)"颁布了数万项有关企业安全与员工健康的标准,包括安全防火、人身安全保护设施、电力安全、基本家务及机器保护。每个标准详细阐释了允许暴露限制、监控要求、遵守的方法、人身保护设备、卫生设施、培训及记录保存等"。[①] 同时,法律还专门颁布了"危害沟通标准",又称《员工知情权利法》,赋予员工知晓他们在工作中处理有害物质的权利。美国在知情标准中共列出了1000余种被法律认定的有害物质。根据知情法律,企业对这些有害物质的保存和处理必须承担以下责任:第一,提供一个储存有害物质的系统;第二,给存放该物质的容器贴上标签;第三,为员工提供必要的信息和培训。

目前,我国劳动安全卫生标准有400多项,相关标准有300多项,主要分为:劳动安全卫生管理标准,生产设备、生产工具安全卫生标准,生产工艺安全卫生标准,防护用品标准等几大类别;同时,又分为国家标准、行业标准(部颁标准)和地方标准三个级别。国家标准主要由劳动部或卫生部组织制定,归口管理,国家技术监督局发布实施。强制性国家标准的代号为GB,推荐性国家标准的代号为GB/T。劳动安全卫生行业(部)标准主要由劳动部或卫生部组织制定并发布实施,国家技术监督局备案。行业(部)标准的代号为LD,强制性行业(部)标准的代号为LD,推荐性行业(部)标准的代号为LD/T。

3. 国家劳动安全卫生监察制度

国家劳动安全卫生监察制度是指经国家法律、法规授权,在特定行政管理部门设立的监察机构,以国家的名义,并运用国家的权力对企业、事业和有关机关履行劳动保护职责和执行劳动保护法规、政策情况实行监督的执法机构。国家劳动安全监察制度的实质是,政府依据国家法律,运用行政权力对企业的劳动安全健康工作进行强制性监督,监察部门是国家授权劳动行政机关设置的劳动保护执法机构,它的设置原则、领导体制、职责权限、监察人员的任免等都是由国家法律规范所确定的,不受部门隶属关系的限制。国家劳动安全健康监察机构在履行监

---

① (美)劳伦斯·S.克雷曼:《人力资源管理:获取竞争优势的工具》,孙非等译,机械工业出版社,1999年,第338页。

察职责时,具有法律的强制性,它与被监察对象之间构成行政执法机构与法人之间的行政法律关系。它向法律和政府负责,不受部门、行业和企业的约束,处于企业和劳动者之间的第三者位置,具有执行职责的公正性。同时,安全健康技术监察机构有权代表国家对有关工程、设备和生产作业行使安全技术鉴定、监测、考核和发证等职责。

二、企业安全健康的制度化管理

从企业微观管理的角度讲,企业安全健康的管理制度主要有:

1. 安全健康管理责任制度

安全生产责任制度是指企业以正式制度的形式,规定各级领导、职能科室人员、工程技术人员和生产工人在劳动过程中所应承担的安全责任的一种管理制度。具体包括以下几方面:

(1)雇主或企业法定代表人是企业安全健康生产的第一责任者,对本企业的安全生产负全面责任。

(2)总工程师负责企业安全健康技术领导责任,各职能部门、生产组织负责人在各自分管的工作范围内对安全健康技术负有直接责任。

(3)劳动者必须严格遵守劳动安全卫生规程和安全操作规程,有权拒绝执行管理者违章指挥、强令冒险作业行为,对有害生命安全和健康的行为,有权提出批评、检举和控告。

2. 安全卫生技术管理制度

安全卫生技术管理制度是指企业为了改善劳动条件,防止和消除伤亡事故与职业病而规定的技术措施和管理方式。具体包括:

(1)企业编制生产、技术、财务计划时,必须包括安全技术措施计划。

(2)企业物资、技术供应计划必须列入安全技术措施所需的设备、材料计划。

(3)每项安全卫生措施计划都应该确定实现的期限和负责人。

(4)劳动安全卫生措施必须符合国家标准。

3. 劳动安全卫生设施"三同时"制度

所谓"三同时"制度,是指企业新建、改建、扩建工程的劳动安全卫生设施必须与主体工程同时设计施工、投入生产和使用,行业管理部门、建设单位、设计单位、施工单位以及各级劳动行政管理部门也应同时履行各自的职责和义务。

4. 劳动安全卫生培训制度

劳动安全卫生培训制度是指对企业员工进行劳动安全卫生的法律法规、基本知识、操作技术、管理规则的培训制度。除了要对企业全体员工进行经常性的培训之外,还包括对新招工人的培训制度,对特殊工种员工的培训和资格认证制度,对从事新岗位、新工种员工的培训制度,对各级行政和技术管理人员的培训制度等。

5. 劳动安全卫生检查制度

劳动安全卫生检查制度是指企业管理工作的检查和监督制度。除了经常性检查外,还包括各种形式的定期检查、抽查和特殊情况下的监督监察。

6. 劳动防护用品管理制度

劳动防护用品管理制度是指对劳动防护用品的发放和使用管理制度。企业必须为劳动者免费提供符合国家标准的劳动防护用品,并对从事有职业危害作业的劳动者进行定期健康检查。

7. 伤亡事故和职业病报告制度

伤亡事故和职业病统计报告制度,是对劳动者在劳动过程中发生的伤亡事故和职业病进行报告、登记、调查、处理、统计和分析的制度。

三、企业安全健康管理方案

企业安全健康管理方案是指在一定的政策指导下,为实现某一特定的企业管理目标,而采取的有计划、有组织的管理行为。安全健康方案就是企业为实现安全健康管理目标而实施的行动计划和措施。从目前一些现代企业的管理实践看,比较有影响的安全健康管理方案有:

1. 企业安全健康管理氛围的营造方案。设计这一方案的宗旨是唤起整个企业,特别是企业最高领导层对安全健康问题的重视。氛围的营造可以通过多种方式:

(1) 开展各种形式的安全健康教育,如宣讲政策、法规、安全健康标准,组织以安全健康为主体的讨论会、文艺演出会、知识竞赛等,让领导和员工树立安全健康意识。

(2) 结合技能训练、质量监督、生产作业分析等进行专业技术和防范能力培训,让员工真正了解事故的类型、场所、原因,掌握防范伤害的方法和技能等。

(3) 将企业安全健康管理纳入员工管理之中。例如,将员工的安全健康行为纳入业绩考核中,与劳动报酬、福利待遇、提职晋升和工作奖励结合在一起。对严重违规的员工重罚,对贡献突出的员工重奖。

2. 员工参与管理促进方案。员工参与企业安全健康管理是国际劳工组织提倡的基本原则和主要工作方针,这已经获得了大多数成员国的认可。从根本上讲,员工是企业生产和经营的主体,他们在生产第一线,对工作环境和工作条件最了解,对可能发生的危害和事故有切身体会,制定安全健康法律、法规的宗旨,也是为了员工的安全健康。参与方式可以多样,例如让员工代表进入管理机构,参与各项调查、事故分析及防范措施的制定实施等。其中,在国外一些企业中推广的工作场所安全健康改进小组,是比较普遍的员工参与管理的形式。这种方案的实施不仅体现了员工自我管理的原则,而且对促进员工的安全健康意识,降低管理成本,提高管理水平都有积极的作用。

此外,为了提高员工的劳动积极性和身心健康,许多企业还实施了优化劳动环境,提高员工满意度,改善员工心理健康状态等方案,其目的都是通过现代科学技术和先进的管理方式,改善各种劳动环境因素,使之适合于劳动者的生理和心理健康,保证劳动者可以健康、舒适、愉悦和高效率地工作。

第三节　企业安全管理

一、企业安全管理的涵义

企业安全管理包括两层涵义：其一，避免安全事故，保障企业生产和经营活动的正常进行；其二，保障员工生命安全和身心健康，为员工创造一个良好的工作环境。

影响企业安全管理的因素很多，包括企业外部和内部两个方面。这些因素都从不同的角度，以不同的方式影响着企业的安全管理。一般来说，影响企业安全的决定因素是企业内部因素，主要有：

（1）企业目标与管理政策。传统的安全管理理念认为，安全问题固然重要，但企业所能承担的责任是依法办事，制定规则，组织培训。能否避免安全事故，在很大程度上取决于员工是否能够安全操作和很好地保护自己，因为事故产生的主要原因是"粗心工人"所致，而不是工作条件和管理制度的不完善。换言之，事故的主要责任者在员工一方，而不是雇主一方。这种观点的最大危害在于推卸了管理者应尽的职责，忽视了企业安全管理的重要性。将安全管理列入企业决策者的工作日程，并不意味着企业最高管理者必须亲自从事具体的管理工作，而是要将安全管理成为企业管理系统的一个有机组成部分，并融入企业每位成员的意识和行为之中。其中，最高管理层对安全管理的态度和倾向是最为关键的因素。

（2）劳动条件。劳动条件是企业从事生产和经营的基础。对雇主来说，劳动条件是生产成本的组成部分；对员工来说，它决定着职业生活的质量；从人力资源管理的角度看，它关系到企业对人力资源获取、使用和开发的每个环节。因此，劳动条件的质量决定着对劳动者的吸引或者排斥程度。

劳动条件包括劳动的物质环境、劳动速度和劳动者的心理环境等方面。劳动的物质环境是指工作场所的采光、照明、通风、清洁、卫生设备和舒适程度。劳动速度是指在一定的劳动强度下,员工从事某项具体工作的频率,它与劳动强度相关。即使强度不大的工作,操作频率过快,也会使员工体力消耗大、精神紧张,易引发安全事故。劳动者的心理环境是指影响员工工作的心情或情绪的一些环境因素,例如管理者的管理方式、规章制度、人际关系以及工作性质对员工心理和情绪的影响等,这些因素都会从不同的角度,以各种形式影响员工的职业安全。

(3)劳动时间。劳动时间是指员工持续从事某项工作的时间长度。一般分为日工作时间、周工作时间或月工作时间等。过长的工作时间,加之过大的工作强度和恶劣的劳动环境,使得工人常年处于一种疲惫不堪的状态,安全事故频繁发生。因此,劳动法对劳动时间有严格的规定,超时工作或者不合理的加班加点,都是不合法的。工作时间的安排必须符合员工的生理规律和生活习惯,只有这样,才能使员工的身体和心理保持一种最佳状态,防止安全事故的发生。

(4)员工素质和个人特征。员工的工作素质与安全之间的关系,包括专业技术水平、工作年限、工作态度、工作单调性、以及年龄、性别等,这些因素都会在不同方面和条件下对企业安全产生影响。

二、安全管理的准则与政策

安全管理行为主要是在企业内部进行的。按照传统的管理角色分工,直接的管理主体是企业负责安全管理的职能部门及各级管理者,被管理者是从事各项生产与经营活动的员工。在现代管理体系中,安全管理是企业管理体系的一个组成部分,所有的企业管理者都应承担管理的职责;企业员工也不是被动的被管理者,而应是主动的参与者。企业决策者、管理者和员工在安全管理中有不同的分工,承担着不同的职责。

1. 企业安全管理的准则

企业安全管理的准则即劳动保护工作的方针与原则,主要有:

(1)"安全第一,预防为主"的原则。在企业的一切生产经营活动中,员工的人身安全必须放在首位。当生产与安全发生矛盾时,要优先保护劳动者的人身安全,企业应该采取一切有效措施消除事故隐患。安全与预防的关系是,"安全"是目的,"预防"是手段。

(2) 以管理为核心的原则。促进职业安全、改善工作条件是企业最高管理政策的一个重要组成部分。国家依照法律约束企业管理者的安全健康管理行为,企业管理者也必须通过正式途径,制定和规范企业安全健康管理制度。

(3) 以人为本的原则。安全管理固然是为了企业生产和经营的正常进行,但也是员工劳动权益的基本体现。企业必须依法尊重和保护劳动者的安全,劳动者有权获得安全的劳动条件和劳动环境,也有权参与企业的安全管理。

2. 企业安全管理的政策与目标

基于不同的外部环境和内部条件,企业可以选择不同的安全管理政策和目标,包括确定管理的方针、原则,协调安全管理与其他管理任务之间的关系,处理劳资纠纷,约束和激励员工的安全行为,等等。管理政策的具体化,就是对一些管理措施、管理手段和管理项目的制定与实施。任何一个企业,无论规模大小、性质如何,都有自己的政策目标。

企业管理目标的确定一般通过两种方式,一种是针对企业现存的问题,提出解决的策略和步骤,如降低事故发生率,减轻员工的职业伤害,降低职业病发病率等。另一种是为了提高安全水平而制定的管理目标,包括一些量化的和定性的管理目标,一般有工作条件和工作环境管理目标、专业培训目标以及企业安全管理投入目标等。

三、企业安全管理流程

从系统管理的角度来看,可以将安全管理纳入两个流程,一个是企业生产和经营管理流程,另一个是企业人力资源管理流程。如何将员工安全管理纳入企业人力资源管理运作之中,是一个较新的研究课题。一个基本的思路是,将安全要素融入人力资源管理的各个环节和每个阶段,使之成为一个有机的整体。

1. 工作分析阶段的安全管理

在工作分析中加入安全分析,有助于确定员工安全的影响因素,并采取有效的预防措施,降低事故风险。例如,矿工、X射线技工及有毒有害作业人员,都是在有危险的条件下工作,需要在工作分析时结合各自特点进行职业伤害分析。

安全分析包括不安全的行为和不安全的条件两项,分析结果要以书面形式表示。行为说明书的一个重要作用是为员工的安全培训提供基础。条件说明书要依据日常的工作观察和对已发生伤亡事故的调查总结作出,内容一般包括:类别、日期、地点、状况与后果、改进建议和纠正日期等。

2. 制定员工安全计划

安全计划则是人力资源计划不可缺少的一部分。人力资源管理者将企业总体计划转变为人力资源计划的同时,不可忽视安全管理计划。安全计划的制定大致分为三个阶段:

(1) 分析问题,提出规划阶段。结合企业长期发展战略(5年～10年以上),分析影响企业员工安全的内部和外部因素,制定与企业总体计划相一致的安全管理计划。

(2) 预测需求阶段。按照企业发展所需要的各类资源状况和中长期规划,进行安全管理的成本效益预测。例如,预测某一项目中安全投入—产出比,员工安全资源配置状况等。

(3) 方案制定阶段。配合企业的短期计划(如年度、月度计划)制定员工安全管理的具体实施方案,包括员工培训、安全考核以及招聘安全测评等。

3. 对招聘、录用员工进行安全分析

企业如果招录到有劣迹的员工,在生产中马虎大意,敷衍了事,那么可能会给企业带来灾难。因此,招录工作是决定安全保障的关键。在招录过程之中,从寻找招录对象开始,到对应聘者进行筛选、录用,每一步都应按照安全计划,以寻找到适合企业安全生产的员工为宗旨。

4. 员工安全培训

对员工进行安全培训是保障员工安全的重要环节。许多事故的发生就是因为没有对员工进行严格的培训而造成的。职业安全培训有不同的层次,可分为基础培训、进修培训、高级培训和补充培训等。培训对象包括高层领导、安全健康专职管理人员、一线经理以及全体员工。

5. 绩效考核中的安全考核

在绩效考核中需要引入安全行为考核的内容,即员工安全绩效考核,主要对员工和各级管理者的安全行为进行评价。对管理者主要评价其是否完成了安全管理职责,对一般员工则主要评价其是否有不安全的行为,或者因个人行为导致了伤亡事故和财产损失等。

第四节　员工健康管理

一、员工健康管理的性质及其影响因素

1. 员工健康是生理健康与心理健康的统一

世界卫生组织(WHO)对健康有明确的定义,它包括两层涵义:首先,健康不是没有生病,或者对体弱多病者的排除,而是指一个人在身体、精神以及社会活动方面都具备完全良好的状态。其次,健康包括身体(生理)健康和精神(心理)健康两个方面。但是,因为身体健康和心理健康在发生原因和防范措施上有所不同,人们总是自觉或不自觉地偏重于前者,忽略后者。实际上,员工的生理和心理健康是密不可分的,许多生理疾病可以由心理因素导致,身体不适也必然影响员工的情绪和精神面貌。因此,应该按照新的健康定义来指导企业员工的健康管理。

2. 职业伤害与员工健康水平的关系

在企业生产和经营活动中有两种职业伤害,一是安全事故造成的伤害,二是有毒有害物质、环境和动作对健康的伤害,两种伤害都会威胁员工的生命和健康。健康伤害也是一种严重的职业伤害,它直接危及到员工的健康和生命安全,减少健康伤害的直接目的是提高健康水平。现代化的大生产在提高生产效率,节省人力,减轻了劳动强度的同时,缩小了生产手段与工作者的关系,加大了物的因素对员工健康伤害和事故发生的风险。特别是与工作密切相关的环境因素,是员工健康的大

敌,它导致大批劳动者受到职业伤害。激烈的市场竞争,紧张的工作节奏,又导致许多企业员工患有不同程度的心理疾病,以及各种形式的"疲劳综合征"。职业病的伤害率虽低于工伤事故,但仍有成千上万的工人由于职业病而致残、伤亡和退出工作岗位。

二、职业病及其防治

对职业病的预防和治疗,目前已引起国际社会和绝大多数国家的重视,许多国家通过立法和行政手段对职业病进行防治,其中一些职业病通过积极地预防和治疗之后,得到有效控制。各国实践充分证明,绝大多数职业病是可以有效预防和杜绝的,其关键在于企业是否对职业病进行严格管理和技术支持。

1. 职业病的内涵与特征

由于发病原因复杂,很难对职业病下明确的定义。简单地讲,职业病就是指劳动者在职业活动中因接触职业性危害因素所引起的疾病,或者说是由于职业伤害而引发的疾病。但该定义也不是绝对的,许多疾病也可能在工作以外的同种情况下染上,而有些疾病也可能在脱离工作环境很长时间内才发病。

各国一般都通过法律形式界定职业病的内涵及其种类。因此,人们通常所指的职业病即法定职业病。法定职业病是指各个国家根据其社会制度、经济条件和诊断技术水平,以法规形式规定的职业病。不同国家有不同的法定职业病名单。凡被诊断为法定职业病者,根据劳动能力鉴定结果及有关规定,可以享受国家和企业规定的劳动保险待遇。

"职业病"的发病有两个比较明显的特征,一是在较长时间内逐渐形成,属于缓发性伤残;二是多数表现为较长时间的体内器官生理功能的损伤(如矽肺、放射性疾病等),痊愈的可能性很小,属于不可逆性损伤。从管理和防治的角度看,职业病还具有其他特征:

第一,病因明确。职业病是在生产过程中接触到有毒有害物质,或者处于带有职业伤害的环境时,才有发病的可能。如职业性苯中毒是劳动者在生产活动中接触苯引起的,尘肺是劳动者在工作中吸入过量的粉尘引起。

第二,疾病发生与劳动条件密切相关。职业病的发生与生产环境中有害因素的数量、作业时间、劳动强度及个人防护等因素密切相关。如急性中毒的发生,多由短期内大量吸入毒物引起;慢性职业中毒则多由长期吸入少量的毒物而引起。

第三,群体发病。在同一生产条件下接触某一种有害因素,常有多人同时或先后发生同一种疾病的情况,如煤矿井下工人,无论是同一矿或不同矿,只要井下煤尘浓度超过国家规定标准,个人防护又不符合要求,皆可出现煤工矽肺。

第四,临床表现有一定特征。许多生产性有害因素对机体的危害有一定特征,如急性一氧化硫中毒,表现为血液碳氧血红蛋白形成,导致缺氧征象;急性有机磷农药中毒,表现为胆碱酯酶抑制,出现胆碱能神经兴奋的症状和体征;矽肺表现为以肺间质纤维化为特征的胸部X线改变等。

第五,可预防性。职业病的病因明确,管理者能采取有效的预防措施,防止疾病发生。这些措施包括工艺改革、生产过程自动化、密闭化、加强通风及个人防护措施等。

2. 法定职业病的种类

依照1987年我国卫生部、劳动人事部、财政部及全国总工会等联合规定的《职业病范围和职业病患者处理办法的规定》,其中修订的职业病名单,包括职业中毒、尘肺、物理因素职业病、职业性传染病、职业性皮肤病、职业性肿瘤和其他职业病等9类,共102种疾病被列为法定职业病。

3. 职业性损伤

目前国外对职业病认定有范围扩展的趋势,一些病症虽然不是直接由有害物质引起,但与劳动条件和职业性质有密切关系的病症,多属于职业性损伤,也被列为法定职业病。例如,美国由工作引起的精神忧郁也算职业病,也可享受工伤事故补偿。一些因长期进行计算机键盘操作而引起手臂肌肉和组织损伤者,称之为重复性运动失调(Repetitive Motion Disorder),这是目前发达国家发病率相当高、损失严重的一种职业病。重复性运动失调主要发生在员工的颈部、背部、臂部、手腕、肘关节等部位。最常见的是腕关节综合征,病因主要是过度使用手臂,或长期用臂和手关节重复一种动作所导致,该病可导致腕部的根神经萎缩,使触摸辨别温度能力和指部力量丧失。腰部劳损也是一种常见的职业病,主要发生在护理、卡车驾驶员、重机械操作制造业、服装加工业和保卫、打字等工作中。

4. 职业病的预防和治疗

职业病的病因明确,只要措施得当就可以得到有效预防。严格执法和履行有关职业安全的规定,为员工提供健康的劳动环境,进行安全技术训练等都是必要的防范措施。此外,还包括一些特殊的保护措施:

(1) 健康体检制度。对从事有职业性伤害的员工,要严格执行健康体检制度,发现职业病应及时治疗。检查的目的是了解受检者的健康状态,明确有无从事有害作业的禁忌症。另外,受检查者的基础健康资料,可作为对从事有害作业者进行健康监护的原始依据,一旦患病后还可作为职业病评定的参考资料。

(2) 从事有害作业后的健康检查制度。通过检查及时发现职业危害对作业人员健康的早期影响,把检查出的高危人群作为重点监护对象,发现新的职业禁忌症者应及时调离,对职业病患者要及时治疗和处理。

(3) 职业病治疗。对职业病的确定,必须到有诊断权的职业病防治机构进行检查诊断。凡被确诊患职业病的员工,由职业病防治机构发给"职业病诊断证明"。患者应调离有害作业岗位和环境,安排治疗或疗养。患者在进行劳动鉴定后,可享受国家规定的工伤保险待遇或职业病待遇。对于一些因工作性质和操作特征引起的职业性损伤,企业一般采取个人健身计划、改善工作条件、调整工作时间,以及增加休息间隔等多种形式进行治疗和防范。

(4) 对职业病患者进行劳动能力鉴定。对职业病患者进行劳动能力鉴定的意义在于,根据患者的健康状况安排工作、疗养或提供劳动保险。

四、心理健康管理与心理疾病防治

心理健康管理的内容主要包括两大项,一是排除或缓解压力源;二是防止心理性疾病和精神障碍性疾病的发生。消除因压力产生负面影响的最有效的办法是排除、缓解压力源,或者增强对压力的承受能力,即从客观和主观两个方面寻找解决途径。

员工的心理性疾患有多种表现形式,如心理危机、抑郁症以及一些心理障碍等。这些大都是由于遇到一些突然的、重大的生活遭遇,或者过度的工作压力而出现的心理失衡状态。这些心理性疾患虽然未达到精神疾病程度,但在现实中,也给社会、企业及家庭带来极大的危害。

防治心理疾病最有效的办法是消除紧张情绪,增强员工的自信心,帮助他们进行"人格塑造",设计企业发展和员工开发方案是有效途径。实践证明,许多工作方案和工作技巧都可以有效地阻止或缓解紧张的工作压力。对一个组织来说,应该首先设计一个科学的员工管理方案,这一方案虽然不是专门用来克服员工紧张情绪的,但是它的有效运行,也会对缓解员工的紧张情绪,创造一个良好的心态起到很大的作用。

第五节 员工不健康行为防范

在国外的企业健康管理中,对员工不健康行为的防范日益受到关注,它主要包括控制酒精和毒品的滥用,工作场所吸烟以及工作场所的性骚扰控制等。实际上,对这些行为的约束与管理,已超出健康管理的范围,但是因为有上述行为的员工不仅危害了自身的健康,而且也伤害了与之共同工作的他人的安全、健康和利益,因此对这些行为的防范,在很大程度上,也属于职业道德和员工权益保护范围。

一、控制酒精和毒品滥用

饮酒过度会使精神紧张,加大发生事故的风险,破坏身体健康,甚至导致个人职业生涯的毁灭。毒品主要是指一些非法药品，如大麻和可卡因等。与酗酒和吸烟相比，毒品对员工健康的危害性更大，给企业造成了不可估量的损失。所以毒品和酒精一样，成为西方企业健康管理的一项主要内容。

二、工作场所的吸烟问题

工作场所吸烟的问题是目前一些国外企业最有争议的健康障碍问题之一。企业禁烟行动不像禁毒一样，它在实施中会遇到一些阻力，而且戒烟从本质上讲是一种个人行为，所以公司在公共场所的禁止吸烟一般采用比较灵活的手段。例如，吸烟者和不吸烟者可以分开组成工作小组，可以设立专门的吸烟区，还可开办戒烟培训班，对戒烟者给予精神鼓励和物质奖励，以逐步建立一个无烟的工作环境。

三、艾滋病预防

目前，许多企业对艾滋病的防治和宣传并没有引起高度重视，只有相当少的一部分企业制定了正规政策来管理艾滋病。按照西方的法律，一旦企业员工感染了艾滋病毒，只要不发病，企业就不能非法解雇受感染者，可是其他员工拒绝与之合作，这必然给企业造成工作损失。因此，企业对艾滋病防范的最有效手段就是对员工进行教育，告诉他们艾滋病毒传播和预防的原理。国外许多企业通过各种形式的培训已经取得了一定的效果，如研讨班、宣传品、录像带、健康展览等。

四、防范工作场所暴力和性骚扰

工作场所的暴力行为，包括殴打、严重伤害、强奸和性骚扰。这些暴力行为给员工带来了生命和健康威胁，也给企业带来了巨大的经济损失。研究表明，许多企业因对暴力行为没有足够的防范措施而导致暴力事件，在一些西方国家呈上升趋势。对此，一些国家的法律规定，杜绝工作场所的暴力行为是企业应尽的责任和义务，并使用法律手段督促雇主采取有力的防范行为，规定雇主有义务阻止工作场所的暴力行为，保证员工的安全。

性骚扰是一个广义的概念,它包括不受欢迎的性殷勤、口头或身体的性行为等。性骚扰不单指男性对女性的骚扰,也包括女性对男性的骚扰。工作场所的性骚扰有特定的涵义,它特指在工作岗位上,被骚扰者对性骚扰行为的态度所带来的职业影响。例如,如果屈从或拒绝这种行为,就会给被骚扰者在录用、就业环境、工作业绩、升职或加薪等方面带来影响。

参考资料

1. 谢晋宇、李新建、翁涛:《企业雇员的安全与健康管理》,经济管理出版社,1999年。
2. 陈全:《劳动安全卫生》,法律出版社,1998年。
3. H. R. Kavianian, C. A. Wentz, *Occupational and Environmental Safety Engineering and Management*, Van Nostrand Reinhold, 1990.
4. Health and Safety Executive. *The Cost of Accidents at Work*, London HMSO, 1993.

思考题

1. 当前员工安全健康管理的新特点是什么?
2. 企业安全健康法制化管理的意义与作用。
3. 如何做到企业安全管理与人力资源管理其他环节的有机结合?
4. 员工健康管理的主要内容是什么?

第九章

员工的流动管理

本章学习要点

- 了解员工流动的类型、原因和条件,员工在国家、产业、地区和企业间流动的特征与规律。
- 了解企业内部劳动力市场的运作,分析员工自愿流出的原因。
- 了解员工流动的市场机制、计划机制,分析其积极与消极影响。
- 了解员工流动的四种模式,分析流动模式选择与管理的战略意义。

当今的国际竞争环境越来越具有动态性特征,随着市场和技术的迅速变化,企业的人力资源流动日益频繁。管理人力资源的流入、流出和其在组织内的流动,已经成为企业人力资源管理的一项越来越重要的任务。

企业的成长也会增加对人力资源的需求,因此要求通过招聘、开发和提升有能力的经理和技术专家,以不断扩大公司的人力资源库存。同时,企业也会越来越多地面临人力资源需求减少的局面,要求通过解雇、提前退休、裁员、人员精简等多种手段管理员工的流出。而对那些有价值的员工,公司又需要千方百计地保留他们,即减少他们可能发生的流动。因此,对员工流动的管理不仅越来越重要了,而且变得越来越复杂了。

一个组织为了对环境的变化作出反应,就应该对员工流动进行正确的管理,以使员工的流动能够与企业的战略决策相匹配。当企业需要人力资源的时候,企业应该能够通过人力资源的流入或人力资源的内部流动来满足需要。对企业而言,没有恰当的经理人员和熟练工人,都会造成战略性的失败。而当企业发展不需要过多的人力资源的时候,也应当能够通过人力资源的流出来消除富余。对公司来说,富余的人力资源的成本是高昂的,并且能潜在地损害员工的福利感觉。

对员工流动的管理能够保证企业需要的才能的可获得性,对于吸引、保留和开发自己所需的人员的能力有重要意义。员工流动的管理应该被当成一种投资来对待,如果员工流动得到正确管理的话,能为组织创造一股长期的利润流。

第一节 员工流动的内涵及种类

员工流动与劳动力流动之间存在着密切关系。按照流动的性质与特点,劳动力的流动可以分为不同的类别。首先,按照流动类型可以分为劳动力的地理流动、劳动力的职业流动和劳动力的社会流动等。其次，按照流动范围，可以将人力资源分为国际和国内两种，而在国内流动中，又可分为企业外部流动和企业内部流动两种。再次，按照流动的意愿，则可以将劳动力流动分为自愿流动和非自愿流动。此外，在企业层次的流动，则可以分为流入、流出和内部流动三种形式。最后，按照员工流动的社会方向，可以将员工流动分为垂直流动和水平流动两种。水平流动指的是没有直接发生社会地位变化的流动，这样的流动可以是企业之间、部门之间、行业之间、地区之间和国家之间的流动。社会的垂直流动则是指员工在企业内层级位置发生的变化，员工可能向上运动，社会地位上升，即晋升；也可能向下运动，社会地位下降，即降职。

一、国家之间的劳动力流动

在资本市场和交通通讯系统还远远没有真正达到全球化规模之前，国家和国家之间就普遍存在人力资源流动了。国际劳工组织的报告说，在1980年，有1970万至2179万劳动力在世界范围进行经济性流动(International Labour Office，1987)。从20世纪80年代以后，所有的证据都显示这一人力资源流在扩展。劳动力个人在其出生国之外进行劳动力配置既有经济原因，也有非经济原因。经济原因包括劳动力在流入国更高的收入和更多的发展机会，非经济的原因包括劳动力逃避政治迫害和家庭团圆。

二、国家内部劳动力的流动

国家内部劳动力的流动既包括劳动力在国家内部不同产业、行业和部门之间的流动，也包括在不同地区之间的流动。劳动力在不同行业和部门之间的流动，主要是由于产业结构变动而引发的。劳动者从一个部门向另外一个部门流动，也是很重要的劳动力流动潮，如从纺织部门向化工部门流动、从煤炭部门向钢铁部门流动等。

1. 劳动力在不同产业之间的流动

劳动力在产业部门之间的流动大致经历这样的过程：伴随工业化的进程，最先是劳动力从农业向工业部门的流动；而当工业化基本完成的时候，劳动力开始从第二产业向第三产业流动，也会发生从第一产业向第三产业的跨梯度流动,同时,伴随大量的在产业内部不同行业之间的流动。

劳动力从农业向工业的流动是由农业对劳动力的排斥和工业对劳动力的吸引两方面的作用造成的。在工业化的过程中,一方面,由于工业产量的扩大,新的行业不断出现,工业的发展对劳动力的需求越来越大;另一方面,农业生产方式改进,机械化程度不断提高,使农业劳动生产率提高,对劳动力的需求增长缓慢,进而进入下降阶段。工业对劳动力需求的增长不仅能为劳动者提供比较高的收入,而且能够提供比较多的就业机会,农业部门则相反。在这两个因素的共同作用下,就形成了劳动力从农业向工业的流动。

劳动力从农业向工业的流动,意味着农业劳动力与农业生产方式联系的中断,同时意味着他们生活方式的改变。在早期发展的市场经济国家,与工业化同步进行的劳动力从农业向工业的流动,既保证了工业部门对劳动力的需求,又使农业剩余劳动力被及时吸纳,从而保证了对社会劳动力资源的充分利用,减少了劳动力资源的浪费。

劳动力在第二产业和第三产业之间的流动以及在相同产业中不同行业和部门之间的流动,从微观来看,是劳动力选择职业及雇主选择员工的结果,从宏观上来看,是经济结构调整的结果。一般来说,处于上升时期的产业部门(或行业),对劳动力的需求上升,在这些产业和行业中工作的劳动力收入比较高,劳动力流入多于流出,表现为就职率高而自愿辞职率低;而处于下降时期的产业(或行业),对劳动力的需求下降,在这些产业和行业工作的劳动力收入比较低,因而劳动力流出率高于流入率,表现为就职率低而离职率高。

2. 劳动力在地区之间的流动

劳动力在国家内部不同地区之间的流动,是影响最大的劳动力流动。劳动力跨地区的流动是将地方劳动力市场紧密联系在一起,形成完整统一的全国性劳动力市场的纽带。通过劳动力的地区流动,劳动力市场自动实现在地区之间的配置。如果把经济发展水平不同的地区分为经济发达地区、经济不发达地区和界于两者之间的过渡地区,那么,劳动力的流动既有由经济不发达地区向相对发达地区的流动(如我国经济改革过程中从内地向沿海地区的流动),又有从发达地区向不发达地区的流动(如我国西部大开发过程中,人才从沿海向西部的流动)。这两种相反方向的流动既可能在一定时期以一种为主,也可能在一定时期同时存在。

劳动力在地区之间流动的最重要的表现形式是从乡村向城市的流动,这种流动常常也是和劳动力在产业之间的流动同时进行的,是劳动力从发达地区向不发达地区流动的一种表现。从乡村向城市的流动过程,常常也是劳动者从传统的农业向第二和第三产业流动的过程。但是,也有反常的现象,例如在我国"大跃进"时期发生的知识青年"上山下乡"就属于此。

一般来说,在交通和通讯不太发达的过去,影响劳动力在地区间流动的最重要的因素是距离。距离的长短与劳动力的流动数量呈反比,距离越短,流动数量就越大,距离越长,流动数量就越少,这主要是由于距离会增加劳动者流动的成本。而在当今,经济收入的差异成为劳动力流动最重要的决定因素。其他的因素还包括家庭团圆、入学、退伍、退休等。劳动力跨地区流动的目的是为了改善地位和收入。为此,劳动力需要在流入地和流出地之间进行收入和地位机会的比较。劳动力总倾向于向收入高或者就业机会多的地区流动。就业机会的差异可以在更大的程度上说明劳动力由经济发达地区向经济不发达地区(但是其经济发展速度比较快)的流动。

3. 企业内部劳动力市场

内部劳动力市场(Internal Labour Markets,ILMs)是发生人力资源流动的另外一种形式。内部劳动力市场的特征是:发生在大中型企业;从外部进入组织的入口很有限(一般仅仅局限于低层职位);通过职业生涯的阶梯系统地向上运动;薪酬随着职位而上升,要求员工具有更多的技能;在晋升和裁减时以年功或绩效为标准;通过内部晋升来填补空缺。这些特征都最终限制了人力资源从外部劳动力市场流入企业,而促进人力资源流在内部沿着事先假定的晋升路线流动。

在一个大型企业中还可以存在多重内部劳动力市场,如在临时员工、核心员工、低薪员工以及高薪员工中都分别存在一个市场。在不同的内部劳动力市场之间要进行跨越也是很困难的。内部劳动力市场不仅可以增强就业的安全性,也刺激企业进行更多的在企业内特殊有用技能的培训,并增加员工学习的机会。

企业内部流动又可分为在分公司内部的流动和在联合公司的下属公司之间的流动。现在由于多国经营的公司越来越多,公司内部的流动也在向国际化方向发展。

4. 劳动力在不同职业间的流动

劳动力在不同职业之间的流动,是劳动力选择职业的结果。这种选择,有两种情况,一是劳动者由潜在的职业选择进入现实选择时形成的流动。在正式进入劳动力市场之前,劳动者已经部分地作出了职业选择,并为此进行了人力资本的投资,但是这还只是潜在的职业选择。当劳动力进入市场后,职业选择就由潜在变成现实。由于市场上职业需求的限制,以及职业准备与现实需求之间脱节,劳动力的现实职业选择与原来的选择往往不一致。因此,部分劳动者会通过流动来实现原来的职业选择,另一部分劳动力则会调整原来的想法,适应现实的选择。二是由职业的再选择而引起的流动。某一职业更高的职业报酬、更好的发展前途、更优越的社会地位和职业声望会使那些具有一定工作经历和良好自身条件的劳动者重新选择自己的职业。当劳动者的选择愿望与劳动力市场的外部条件吻合的时候,这种流动就可能成为现实。

劳动力在职业之间的流动受下列因素的影响:

(1) 劳动力类型对职业流动的影响。一般而言,从事农业和矿业的劳动者的流动率最高,其次是销售人员、办事人员和操作工人的流动率,而专业技术人员、管理人员的流动率比较低,农场主的流动率最低。劳动力的职业流动与劳动力的人力资本投资所形成的专业优势及原职业状况有关。原来的职业收入比较高、就业稳定性、社会地位比较高的劳动力的流动性低于那些原来职业收入比较低、就业稳定性、社会地位和工作环境都比较差的劳动力。

(2) 年龄与职业流动。具体表现为职业流动率随着年龄的增长而逐渐降低。这是因为流动成本随着年龄的上升而上升,而晋升机会则随着年龄的上升而减少。

(3) 流动层次差异。劳动力流动可以按照职业的等级差别分为向上流动、向下流动和水平流动。自愿性的职业流动常常是出于利益动机而进行的选择,多属于向上流动,决策不谨慎而没有实现向上流动的例子也比较多。非自愿性流动尽管也追求高收益,但有许多属水平流动,甚至是向下流动。

5. 员工的社会流动

在社会分层中,总是有的人上升,有的人下降,这一现象被称为社会流动。许多社会流动是在组织中实现的。社会流动受到各种因素的影响,这些因素大致可以分为两类,一类是流动主体所处的社会环境,一类是流动主体自身的特征。

对于社会环境的影响,我们在前面已经有所论述。关于流动主体自身的特征,主要包括员工的流动欲望、流动能力、教育水平、家庭出身等具有社会意义的属性。流动主体的年龄、性别、种族等也影响员工在特定的社会中流动的可能性。对社会流动的考察,有时间和水准两个分析层次,时间方面分析的是员工一生实现的流动和员工与上代和下代比较的代际流动;水准方面分析的是在社会层次上的垂直流动。

一般来说,由于向上流动能带来人们在收入、名声和权力方面的好处,向上流动总是人们所希望并努力追求的,但向上流动的条件要有符合比较高地位所要求的才能和技术。向下流动一般出于无奈。

6. 员工流出的类别分析

对企业员工流出最一般的定义是:"一个从企业领取货币性报酬的人中断作为企业成员的关系的过程。"该定义还需要进一步说明,首先,在企业内部的各种流动和岗位转换不在此列。其次,这里指的是员工与企业的雇佣关系的中断,而不涉及企业中非员工的流动(如自愿人员、见习学生)。

员工流出按照员工与企业之间隶属关系来划分,一种是员工与企业彻底脱离工资关系,或者说是员工与企业脱离任何法律承认的契约关系的过程;还有一种是指员工虽然未与企业解除契约关系,但客观上已构成离开企业的事实的行为过程,这种流失在我国目前的国有企业中十分突出。

按员工流出企业的意愿来划分,员工流出分为自愿流出(如辞职、停薪留职、第二职业等)、非自愿流出(如解雇、开除和结构性裁员等)和自然流出(如退休、伤残、死亡等)。具体情况如图9-1所示。

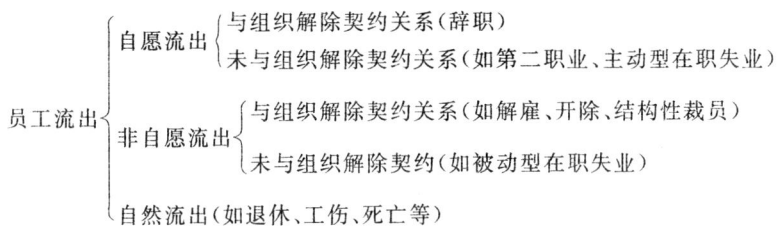

图 9-1 员工流出分类一览表

在对员工流出的分析中,由于自然流失纯属自然或意外因素所至,其影响因素具有偶然性,一直不是研究者关注的重点。由制度因素、管理因素、个体决策因素或经济因素等导致的主动或被动的员工流出才是人们关注的重点领域。自愿流出不论对社会、企业还是流出者个人来说都是至关重要的,它不仅是个人动机或行为的具体体现,而且通过个人的动机或行为过程间接地反映出企业内部或外部诸因素对其个人行为过程所产生的影响,并反过来对社会、企业及个人带来一定的后果。

在企业人力资源管理中,人们把注意力大多集中在对自愿流出的研究上。由于自愿流出对企业所带来的特殊的经济损失,研究者又常常将这种流出称为员工流失(Employee Turnover)。其实,被迫流出虽然对企业近期的影响和后果不十分明显,但从长远看,不论对个人、企业及社会都会产生影响,对此,我们不能忽略。值得注意的是,通常人们在谈论员工流失时,往往只想到企业人力资源的损失或流失,片面地将员工流失看作是弊大于利的,这种看法有失偏颇。其实,任何一种非自然因素导致的流失,不论对流动者个人、企业及社会都有其积极和消极两方面的后果。

第二节 员工流动的条件和自愿流动的原因

一、员工充分流动的条件

劳动力流动需要有一系列保证条件的支持,如果没有这些条件的支持,要实现员工在企业内和企业之间的流动是不可能的。

第一,劳动力具有个人所有权。劳动者对自身的劳动力有自由支配的权利,可以在使用与不使用、自己使用或转让、使用或转让的时间、地点等方面进行选择,而不受非经济因素的制约。

第二,社会上存在一种就业压力,社会并不向劳动者提供就业保障,这种压力促使劳动力流动。

第三,不同的职业之间存在各种各样的差异。这些差异会使劳动者根据自身的条件去选择对其来说综合效益最大的工作岗位,劳动者或者会追求经济效益的最大化,或者会追求工作所提供的满足感,或者会看重工作的社会地位。

第四,社会分工的发展使劳动者的劳动能力专业化,社会对劳动力的需求也专门化。因此,劳动力的流动选择在一定程度上受需求条件的制约,其中劳动者自身具备的技能和专业知识是很重要的。

上述四个方面是从社会角度保障劳动力充分流动的条件。如果其中一个或几个条件受到限制,劳动力的流动程度就会降低。但只有这四个条件还不足以说明劳动力的流动。在同样条件下,劳动力流动的频率除了劳动力个人的偏好(有些人喜欢经常变换工作来寻找新鲜感)之外,还与一个劳动者所从事的专业和他所具备的专业技能的特点有关:

第一,劳动者具有的专业特长。一般来说,具有一定专业特长的劳动者的流动率会比不具有专业特长的劳动者的流动率低。一方面,一个岗位对专业特长的要求必然限制不具备这一特长的劳动力流入该岗位;另一方面,劳动者接受专业教育会花费一定的人力资本,因此,一旦劳动者流入某一专业领域,就可能限制他流出该专业领域。

第二,专业及工作技能的适用性。有的专业和技能的适用性强,适用面宽,因此,掌握这些专业知识和技能的劳动者会有比较高的流动性。相反,有的专业和技能只能在很有限的工作岗位上、有限的地方或有限的企业内才有适用性,这就会大大地限制劳动力的流动。

第三,劳动力市场对专业的需求度。如果一个劳动者所具备的专业知识和技能是劳动力市场所稀缺的,那么这个劳动者就会在市场上有选择余地,从而获得比较多的流动机会。相反,如果一个劳动者所具备的专业知识和技能是市场上比较富余的,这个劳动者在市场上就不太可能有较大的选择余地,其流动的机会也就会受到相应的限制。

此外,即使是在市场经济发达的国家,在现实的劳动力市场上,也或多或少地存在着对劳动力流动的限制因素。例如,养老计划、职业许可制度、工会对劳动者既得利益的保护,以及劳动力市场信息系统等因素都是美国劳动力市场对劳动力流动的限制因素。因此,在现实中没有一个劳动力市场是真正完善的和自由流动的。但可以肯定的是,劳动力流动越充分,在满足劳动力个人流动目标的同时,整个社会的劳动力资源配置才能越接近最佳状态。

二、员工流动率的决定因素

员工流动的规模处于流动率为0~100之间。一方面,在社会化大生产的条件下,任何时候都会发生一定数量的劳动力流动,因此劳动力流动率不可能为零。另一方面,社会生产又要求劳动力处于一个稳定状态,因此,总有绝大多数的劳动力处于非流动状态。

什么样的员工流动率才是适度的流动率,似乎很难得出一种普遍适用的结论。一般来说,20%的流动率似乎是一个比较重要的数值,某些企业员工流动率高于20%,而有的企业则低于20%。这取决于不同的经济发展时期和不同国家员工流动的习惯模式。影响员工流动规模的因素有很多,归纳起来,大致有以下几方面:

1. 经济发展水平的差异所带来的收入差异

经济发展水平高的行业、地区和单位,其劳动者的收入水平会比较高,而经济发展水平低的行业、地区和单位,其劳动者的收入水平会比较低,因此,劳动力必然从经济发展水平低的行业、地区和单位向经济发展水平高的行业、地区和单位流动。

2. 政治环境的变化

政治环境是影响劳动力流动的重要因素。在一个国家政治状况发生大的变化的时候,这种变化的影响会压倒许多其他因素的作用,而成为决定性的影响因素。例如,在我国抗日战争时期所发生的大量知识分子向西南地区迁移,在"文化大革命"期间发生的知识青年"上山下乡";在国际上,第二次世界大战中大批知识分子向美国移民,犹太复国主义运动所引发的世界各地犹太人向以色列的移民等,这些都是典型的例子。

3. 自然环境的变化

地理、气候等自然条件的优劣,在很大程度上决定着人们对生存居住点的选择。一般来说,艰苦恶劣的自然环境是人们所讨厌的,而舒适优越的自然环境是人们所喜欢的。因此,劳动者往往从艰苦恶劣的环境向舒适优越的环境流动。

4. 交通和通讯条件

交通和通讯的发达程度影响着与劳动力流动相关信息的传播,影响着劳动力流动距离的长短、流动范围和流动速度,交通和通讯的相关成本也直接构成流动的费用。同时,交通和通讯发达的地区,其经济和文化环境也会比较优越,因此,良好的交通和通讯环境也成为吸引劳动力的重要条件。交通和通讯落后的地区,经济和文化发展水平也相应落后,这些地方对劳动力的"推力"就比"拉力"大。

5. 社会心理传统

不同的社会,不同的国家,不同的时期,在对待劳动力流动方面总是会形成这样那样的流行思潮。如对于中国人来说,"叶落归根"就是一种根深蒂固的传统,这一传统使许多在国外、在家乡外工作的人,在到了一定年龄之后出现返回家乡工作的流动心理。在我国,长期以来中国人传统性格中的"求稳拒变"的因子与改革开放前计划体制下的劳动就业制度一起发挥作用,使劳动力流动率过低,这曾经成为困扰我国劳动力配置效率的重要因素。

三、员工自愿流出的原因

员工自愿流出是指员工由于种种原因离开企业的行为。防止员工流失已经成为当今企业人力资源管理的重要工作之一,在人力资源管理中被称为员工保留(Employee Retention)。了解员工自愿流出的原因很重要。一般来说,员工自愿流动的原因包括:

1. 没有达到基本的收入标准。当工资低于员工所期望的最低收入需要的时候,员工最容易流动。

2. 缺乏竞争性的工资。除了满足基本的收入需求,工资还必须处于较高于地域和行业的竞争水平,否则员工就会流动到能挣得更多收入的企业或地区。

3. 福利不足。随着人类对健康的关注和健康成本的上升,员工越来越关注企业提供的福利。

4. 工作内容缺乏挑战性。员工所从事的职业或职位的性质、劳动的内容不适合他们的需求,特别是当不适合他们的技术和知识水平的时候,就更容易发生流动。

5. 消极的工作环境。工作的物质条件或环境与员工的能力或期望相矛盾。

6. 沟通不畅。企业内的社会小气氛不好,上下级之间、同事之间的沟通渠道不通畅。

7. 缺乏激励。任何员工都需要激励,这可以使员工获得成就感,否则就会思变。

8. 在企业受到了不公平或不公正的对待。

9. 由于健康、教育、家庭团圆等原因而需要员工改变工作。

第三节 员工流动的机制

劳动力的流动是实现劳动力配置和重新配置的最重要的条件和机制。只有通过劳动力流动,才能实现劳动力资源的有效配置。但是,在不同的经济体制下,劳动力流动的方式存在着很大的差异。在竞争的市场经济中,劳动力的流动是劳动力自身选择的结果。通过劳动力的流动,劳动者能够追求到更高的收入,获得更满意的工作,在工作中获得更多的意义。就社会而言,劳动力在产业、地区甚至国家之间的流动则体现了劳动力市场供求双方的自由选择和自由交换;而在计划经济体制下,劳动力的流动并不是劳动者自主选择的结果,实际上,劳动者没有自我选择和决定的权利,他们只是被动地接受着政府的决定。这两种员工流动方式可以被称为"市场性流动"和"计划性流动"(伊志宏,1994)。

一、员工流动的市场性机制

在市场性的流动机制中,社会上存在着保证员工流动的条件,即劳动者具有对劳动的个人使用权;社会上存在着对就业的竞争;不同的职业之间存在各种各样的差异;社会分工的发展使劳动者的劳动能力专业化,社会对劳动力的需求也专门化。

在市场性机制的作用下,劳动力在职业、地区、行业和企业之间流动是本着利益最大化和成本最小化的原则进行的。当然,这里所说的利益和成本可能因人而异,对收入水平不高的劳动者来说,货币性收入是他们考虑的重点,而对于已经有比较高收入的劳动者,他们追求的则可能是非经济性的收益,如工作的稳定性、工作环境的舒适性、工作带来的成就感和社会地位等。因此,不同的劳动者会根据自己的目标来选择,以使流动所付出的成本最小,而使流动的收益最大。

一般来说,收益最大化和成本最小化原则是同时发挥作用的。但是在不同情况下,这两个原则发挥的作用却是不同的。在自愿流动的情况下,利益最大化原则会占主导地位,对更高利益的追求,是劳动力自愿流动的最大动力。当流动是出于被迫时(如员工被解雇),使经济代价和非经济代价最低化就成为劳动者最优先考虑的问题。

在对员工流动决策的研究中,经济学理论最关心的是净经济所得(主要是指工资差别),这是和宏观经济学的分析相关的。只要在不同区域或不同职业间存在这种工资差别的时候,潜在的流动决策者就会对这一差别作出回应。从理论上说潜在的流动者将选择的企业是:他在那儿预期的流动净所得(实际价值而不是名义价值)会达最大的地方。要完整地检验这一理论必须作精确的比较,即比较在原企业和目的企业预期未来净所得作了折扣的价值。这一理论假设流动者在追求实际收入或实际收入与闲暇的最佳组合时,是个效用极限化者。这一理论大部分的篇幅都集中对那些固定或流动的被称为经济机会的概念的说明和衡量上。这些概念包括劳动力参与、失业、人口规模、乡村—城市位置、工资和收入差别、距离等可测量变量,还包括一系列不可测的社会和"心理"变量。从理论上说最后需要的是对这两类变量的总和测量。

上述理论在流动决策中的运用,是由成本—收益模型完成的,将舒尔茨(T. W. Schults)1962年所创立的人力资本理论运用到该模型中的。具体地说,在这个模型中流动被看成是流动者个人的一种人力资本投资行为,它既引致成本,又产生收益。由流动引致的成本可以分为资金成本和社会成本(Financial and Social Costs)。这些成本指标因为是从流动的员工的角度来测量的,比大多数经济发展的总和指标更能说明问题;同样,由流动所产生的收益也可以分为资金收益和社会收益(Financial and Social Benefits)。流动作为一种个人投资只有在这种投资的成本和收益相抵后有一定的净所得时才会作出。因此,对成本和收益的测量是成本—收益模型最主要的工作。

二、员工流动的计划性机制

在计划机制的作用下,劳动力也会在职业、产业、地区和企业之间有一定的流动。但是这种流动性远比市场经济中的劳动力流动低得多。此外,这种流动的其他特征是:(1)流动在很大程度上不是劳动力个人的自主行动,而是国家实施经济计划的直接和间接结果;(2)这种流动是由社会预期收益和社会成本的比较而决定的,劳动力个人的收益和成本对流动的影响很小。在社会收益与成本的比较中,社会秩序、政治目标、经济平衡发展计划等是重要的因素。

三、劳动力流动的积极和消极作用

劳动力的流动发挥着许多积极的作用,具体包括以下几方面:

1. 劳动力的流动保证了经济发展对劳动力的需要。在资本主义经济发展的早期,当工业需求的劳动力主要依靠农村来提供的时候,表现得最为明显。

2. 劳动力的流动是劳动力供求双方自由选择的结果,劳动力供给相对于劳动力需求所进行的调整,使企业内部的劳动力资源得到了最合理的利用。

3. 劳动力在产业、行业和地区之间的流动,使劳动力资源在全国范围内根据产业、地区发展的需要进行配置。从地区来看,经济发展比较快的地区劳动力短缺,因此劳动力呈流入状态;而在经济发展比较慢的地区,劳动力往往剩余,因此劳动力呈流出状态。这样,劳动力就在地区之间实现了资源的合理配置。同样,处于上升阶段的产业和行业部门对劳动力的需求旺盛,而处于下降阶段的产业和行业对劳动力的需求萎缩,劳动力就会实现从下降产业向上升产业的流动。劳动力在产业和行业部门之间的流动使劳动力资源在产业和行业部门之间实现了合理的配置。

4. 劳动力的流动给劳动力市场带来了竞争,从而保证了劳动力市场的活力和效率。受供求调节的劳动力市场必然伴随着竞争,一方面,劳动力供方的竞争使劳动力自身素质提高;另一方面,劳动力需求方的竞争有利于改善劳动力的地位。一个充满竞争和流动的市场,才是一个充满活力的市场。

劳动力流动对社会经济的发展有着积极的作用,但是,劳动力个人与社会也需要为此付出一定的代价,这就是失业。失业是劳动力流动所产生的最严重的副作用。虽然就个人而言,流动并不一定会造成失业，但是从社会来看，失业却总是与一定形式的劳动力流动相联系的。失业既是流动所带来的副作用，同时，又是进一步流动的前提条件。劳动力后备大军的存在，是劳动力连续不断流动的必要条件，这正如商品储备对商品流通的作用是一样的。不过，失业会给劳动者的生活带来困难，大量的失业更会带来许多社会问题。对政府来讲，所要做的是将失业限制在社会可以接受的范围内，同时对失业者的基本生活应该给予保障。

第四节 员工流动模式

一、员工流动的四种模式

在一个组织中，可能存在三种基本的人力资源流动模式，第四种是前三种的混合。这些模式中的每一种对员工的福利、组织的有效性以及公司在社会中的角色都有不同的影响。四种流动的模式类型是：

1. 终生雇佣模式

在这种流动模式中，员工从组织的底层进入组织，然后就一直没有流出组织，终其职业生涯都与组织待在一起。对不同的员工群体，底层的定义可能不同，如蓝领员工进入公司中最下层的职位，MBA 毕业生被雇佣时则直接进入管理的空缺职位。在这种模式中，没有员工会因为经济周期的原因被解雇，员工可能会因为绩效不佳而被要求离开，但依国家和公司的不同而不同。日本企业的员工不会因为绩效不佳被解雇，事实上，他们将会被安置到更不重要的职位上去。惠普、IBM 和其他一些高科技公司也有终生雇佣制。但是，表现不佳者会在分别处理的基础上被解雇。在欧洲，公司被迫在此体系下运营，因为法律规定的解雇成本公司无法接受，尤其是解雇年老的员工。

2. 或上或出模式

在这种模式中，员工从公司的底层进入公司，按预定的轨道在组织中升上去，直到他们达到上层，此时他们会被给予组织的完全的合伙人的地位，通常这有一定的时效。如果在此上升的道路上，任何级别上不能被提升或者不能达到最高级别，通常意味着此人必须离开。该体系在其底层有较高的离职率，在上层则相对稳定。发达国家许多大的会计师公司、法律公司、管理咨询公司以及大学的企业是该类型的例子。

3. 不稳定的进出模式

在这种模式中，员工可能会在组织中的任何一个层次进入，这依赖于组织的需要。在员工的职业生涯中，因为经济周期、表现不佳或与新的管理层不配合等原因，可能在任何层次和时间被要求离开。雇佣合同在一定期限内有效，可以保证雇佣关系在这一时期有一定的稳定性。虽然这种类型的体系不限制在某一产业中，它还是多见于业绩被认为是个人的(而非群体的)以及高度可变(通常由个人不能控制的外部原因引起)的产业中。娱乐业(体育队伍和网络电视)和许多零售组织是该类型的例子。在蓝领劳动力中可以找到这种进出模式。

4. 综合模式

只有很少的公司是完全依照上述一种模式，如日本有的大公司对其核心的员工实施终身雇佣，对临时工和妇女采用不稳定的进出模式；有的公司对最高管理层采用终身雇佣制，对中层和低层的管理人员则采用不稳定的进出模式，而且流动模式还可能随着组织的生命周期改变。在美国，处于日本公司竞争压力之下的公司为了重整旗鼓，已经把最高管理层事实上的终身雇佣制变成了不稳定的进出模式。同样，处于竞争压力之下的许多著名的会计公司，正在逐出其表现差的合伙人，聘用有经验的专家，因此也在向不稳定的进出模式转化。

在许多情况下，组织对模式的选择与其说反映了一系列相关联的管理层的态度和价值观，不如说反映了组织在其中运营的经济环境。如果市场对公司产品的需求正遭受严重的经济波动的影响，公司就更可能采用进出的流动模式；当经济条件变得恶劣的时候，就解雇其员工。反之，在快速增长的产业中，公司可能采取终身雇佣政策，这只是因为它可能从来没有面对过严重的经济滑坡。如果劳动力市场对公司所需的技能有充足的供应,就可能采用不稳定的进出模式,因为该模式允许公司相对便宜地更新其员工。

二、流动模式选择的战略内涵

工作中的一些具体因素塑造着有关雇佣、晋升和解雇员工的一系列管理决策,同时也在塑造着公司经理的理念。随着时间的推移,一个人力资源流动模式就被组织化地固定了下来。如果经理们知道公司将要求他们在某些岗位上必须削减员工,那么,他们就可能对自己雇佣谁,以及如何严格地控制人员的数量更加漠不关心。他们可能有意地搞出额外员工的储备,以作为对最终要发生的裁员的缓冲;反过来,这样的决策又使裁员不可避免。这个过程的问题是,它没有把组织化的流动模式对组织和其员工的关系,以及公司和社会之间关系的影响考虑进去。

为了让公司在选择人力资源流动模式时更有战略性,公司总经理应该在其人力资源专家的支持下仔细地衡量上述这些选择对很广范围内的关键的战略后果的影响,这包括员工的忠诚和能力、组织的适应性和组织文化的影响以及对组织和在其中生存的社会关系的影响。

1. 对员工忠诚的影响

如果员工知道自己在经济衰退时会被随时解雇,他们对自己和组织关系的看法和那些知道自己直到退休都会有工作的员工是很不同的。缺乏安全感的员工可能对自己和组织的关系斤斤计较,只有当其职业生涯的需求被迅速地满足时才决定留下来。期望着自己直到退休都和组织在一起的员工则可能在与组织的关系上有一种更长远的目光。在其职业抱负中,他们可能愿意接受较慢的提升或是临时的降级,而不会降低其忠诚程度。采用或上或出流动模式的公司能够从较年轻的、正寻求提升的员工那里获得高水平的忠诚,但是,在其高级员工中,可能会发生激励不足。这样,有关雇佣安全、提升和降级的不同的流动模式和政策就塑造了其自身,使员工发展出不同的关系来解释他们为什么工作,以及他们为什么要为特定的公司工作。他们工作是为了积攒报酬,如金钱和经验,以便他们可以带到另一个公司,或者他们工作是为了给一个他们要在其中退休的机构作贡献。在个人和组织之间,不同的流动模式创造出了非常不同的"精神契约"。

当然,流动模式并不是自身就可以创造出对组织的高度忠诚。一些流动模式(尤其是不稳定的进出模式和或上或出模式)使员工难以对组织进行长期投入,即使员工对工作、工资和工作条件感到满意,如果他们感觉不到在企业就业的稳定,他们也不会轻易表现出对组织的忠诚。这样一来,采用这些流动模式的企业管理者就更难开发员工的忠诚。

2. 对员工能力的影响

组织的流动模式影响经理如何考虑管理的一般任务,不稳定的进出模式使管理者强调对员工的选择,而不是强调对员工的开发。如果在雇佣和解雇上并没有限制和值得注意的成本,那么,为什么要在开发员工上付出努力呢?另一方面,如果解雇员工费力又费钱,经理们就会仔细考虑这些问题,并且在开发上进行更大的投资。这种开发不但能增加员工的能力,还能改变员工和组织之间的关系。

3. 对组织适应性的影响

流动模式也会影响组织的适应能力。一些美国经理认为,定期的劳动力削减能伐除那些朽木,为用新一代员工重塑组织提供机会。这些经理指出,采用不稳定的进出流动模式的组织可能在员工中有更大程度的多样性。一般来说,多样性有利于创新。新来的人,他们还未被组织所同化,所以能用新的方式来看待老问题,能提出不同的解决方案。许多人都认为,日本的公司没有美国公司那么有创新性,就是因为他们采用的是终身雇佣制。然而,如果公司能有系统地招聘具备不同背景和特质的人才的话,也能在终身雇佣的公司中建立多样性。另一方面,不稳定的进出模式和或上或出模式也可能遇到适应性的问题,因为从低层快速提升的员工没有权力或关系网来启动一项根本性的变革。

4. 对文化的影响

流动模式对企业文化产生影响,因为流动模式决定着员工和组织在一起的时间,决定着员工能否学习和传播一系列公司理念。在不稳定的进出模式中,人员流出率高,以致员工还未被充分地同化就离开了组织。在这样的组织中,也没有足够数量的长期处于组织中的员工来传播企业文化。在终身雇佣制中,发展强有力的文化更容易一些,因为员工有可能认同组织,并且希望被组织同化,并且稳定的高级员工群体能帮助新成员的同化。或上或出模式也能发展出强有力的文化,但是保持文化的重担落在了相对数量较小的高级员工的肩上。

流动模式还能影响一个组织发展出的文化的类型,尤其是在权力如何分配方面。例如,或上或出流动模式可能发展出这样的文化:高级合伙人创造文化并且拥有权力,低级员工则无权,他们依赖高级人员获得最终的晋升。在终身雇佣模式中,员工会比那些留不下来或提不上去的员工有更多的权力。

5. 公司在社会中的角色

不稳定的进出流动模式对公司在社会中的角色的假设与终身雇佣模式是不同的。前者假设员工存在的目的是帮助公司营利,后者假设公司存在的目的是提供稳定的雇佣和对工人有意义的生活。当然,这些假设通常都是隐含的。经理有时会明确地问公司在社会中存在的目的何在。在林肯电气公司的奠基人詹姆斯·林肯以及松下公司的主席松下幸之助的信念中,利润只是一个衡量的方法,公司在社会中有更高的目的——为顾客提供有用的产品或服务,以及为劳动力提供有意义的工作。终身雇佣制适应这样的观念。同样,欧洲关于员工在被解雇时的权利立法反映了那些社会隐藏的信念:公司的目的是提供雇佣,利润不是终点,只是一个方法。另外,美国的经理通常在利润是公司的主要目标的假设下经营。美国公司所采用的员工流动方式存在了这样的理念。

当今日趋激烈的国际竞争环境对公司在社会中的角色和对雇佣的稳定性的影响,很值得讨论。竞争会不会迫使公司和社会重新审视终身雇佣制,从而向美国的模式靠拢?或者,在保持终身雇佣制的同时,公司会找到办法保持适应性吗?在美国占优势的不稳定的进出模式,在新环境中又会发生什么变化?它们能不能被改造得既满足员工的稳定就业的需求,又满足公司对高度忠诚的需求,同时还降低衰退期间的雇佣成本?对所有这些问题,我们现在还很难有答案。

三、战略性的管理流动

管理人力资源流动时,有许多制度和实践必须被整合起来使用。在设计和管理的许多实践中,人力资源管理部门扮演着中心的角色,但是,总经理应该负责设计指导这些制度,确定管理员工流动的理念。没有这种领导,人力资源流动的实践在内部就是不一致的,它们也不能支持公司的战略或文化。

员工流入、员工在内部的流动和员工流出组织的模式影响着每一个员工的就业稳定性和职业发展,影响着员工的能力水平和综合才能,还影响着作为一个整体的社区和社会的福利。总经理的责任是,在决定流动模式,设计将员工、组织和社会都考虑进来的政策和体系上处于一个领导者的地位。在这个意义上,我们说人力资源流动是一个战略决策。图9-2显示了员工流动政策体系和实践与组织、员工和社会发展的关系。

企业人力资源的流动是企业人力资源管理中牵涉精力和时间最多的一项工作。正是由于这一工作的日常事务性,反而使这一工作的重要性被淹没了。

战略性地管理人力资源的流动,使组织的需要和员工的职业抱负相一致。当然,这都必须在社会机构强加的限制内展开,同时不能忘记社会福利,即使是最好的情况,人力资源管理也不会是完美的。对提供给员工的机会,有的人总是会感到不安全,或是不高兴。因此,每个组织都有可观的、表示不满的"噪声"。同样,即使是最佳的人力资源计划过程,也许仍然不能满足公司对所需人员的要求,原因是员工可能并不像期望的那样成长,或者因为经营计划的变化而发生了变化。总之,通过更细致的计划和对特定政策、实践、体系和它们各个之间联系的考察,组织可以避免重大的不连续性,增加员工的满意程度。

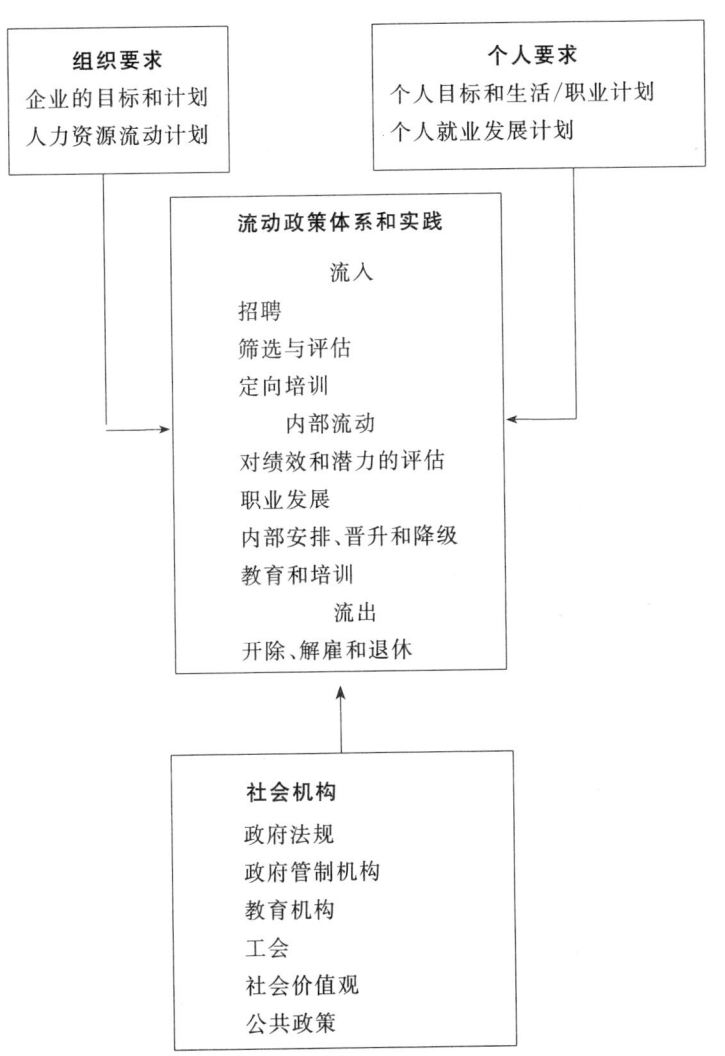

图 9-2 人力资源流动

资料来源：James Walker, *Human Resource Planning*, McGraw Hill, 1980.

参考资料

1. Beer, M., Spector, B., Lawrence, P., Quin Mills, D., and Walton, R., *Managing Human Assets*, New York: Fress Press, 1984.
2. Desler, G., *Human Resource Management*, Prentice Hall International, 1998.
3. Poole, M., and Warner, M., *The IEBM Handbook of Human Resource Management*, International Thomson Business Press, 1998.
4. 陈婴婴:《职业结构与流动》,东方出版社,1995年。
5. 赵耀:《如何做人事主管》,首都经济贸易大学出版社,1998年。
6. 谢晋宇:《企业人力资源的形成——招聘、筛选与录用》,经济管理出版社,1999年。
7. 谢晋宇、王英、张再生:《企业员工流失》,经济管理出版社,1999年。

思考题

1. 为什么管理员工流出在员工流动管理中特别重要?
2. 不同的员工流动模式有什么战略影响?你认为什么模式最适应当今的竞争环境?
3. 如何理解员工流动管理在企业发展战略中的地位?
4. 我国市场经济的改革对员工流动产生了什么影响?

第十章

劳动关系管理

本章学习要点

- 劳动关系是劳动者和劳动力使用者之间的社会经济利益关系。从微观上讲,劳动关系贯穿于企业生产、经营、分配等各个环节;从宏观上讲,它是现代社会中最主要的一种社会经济关系。
- 当代劳动关系的主要理论:邓洛普的劳动关系系统理论与KKM的战略选择理论。
- 集体谈判是市场经济国家处理劳动关系的主要手段和方式,其目的是用来调整和规范劳动关系。
- 劳动争议是劳动关系双方当事人因劳动权利与义务而引起的纠纷。

第一节 劳动关系概述

一、劳动关系的概念

劳动关系是劳动者和劳动力使用者之间的社会经济利益关系。从微观上讲,劳动关系贯穿于企业生产、经营、分配的各个环节;从宏观上看,它是现代工业社会中最主要的一种社会经济关系。在市场经济国家中,劳动关系是影响企业竞争力和国家经济发展与社会稳定的重要因素,正因为如此,市场经济国家的政府对劳动关系相当重视,它们以各种方式,程度不同地介入劳动关系事务,从而使劳动关系问题超出了劳方与资方的范围。

在不同的国家,由于社会制度和文化传统的不同,劳动关系被称为"劳资关系"、"雇佣关系"、"劳使关系"以及"产业关系"等。

"劳资关系"(Labor — Capital Relations)是相对于资本与劳动之间的关系而言的,它反映的是资本所有者与劳动者之间的关系。在资本主义发展初期,这一概念反映的是劳动者与资本家之间的阶级对抗或利益冲突关系;而当前使用这一概念一般不反映阶级对抗关系,只是作为劳动关系的同义词来使用。

"雇佣关系"(Employment Relations)概念与"劳资关系"概念基本相同,主要反映被雇佣者(劳动者)与雇主(资本所有者)之间的社会经济利益关系。

"劳使关系"是在日本和韩国普遍使用的概念,主要为了更准确地说明劳动关系是劳动者与劳动力使用者之间的关系。这一概念的含义与"产业关系"的概念基本相同,都翻译成 Industrial Relations。

"产业关系"(Industrial Relations)是西方市场经济国家中通常使用的概念。产业关系一般是指产业社会领域内,政府、雇主和劳动者(工会)围绕有关劳动问题而发生的相互关系。实际上,产业关系本身是"产业中劳动力和资本之间的关系"的缩略语,也即产业经济中的雇佣关系,其涵盖的中心内容涉及与雇佣相关的所有方面。它不仅包括从社会角度而言的人力资源策略,也包括企业和社会角度而言的劳动关系和集体谈判,同时还包括从企业角度而言的员工管理等。[①]显然,产业关系所涵盖的内容十分广泛,劳动关系只是产业关系的一部分。从这种意义上说,产业关系是广义的劳动关系。尽管产业关系与劳动关系两个概念有差异,但劳动关系毕竟是产业关系的基础、核心和中心内容。

所谓劳动关系管理,是指以促进企业经营活动的正常开展为前提,以缓和和调整劳动关系的冲突为基础,以实现劳动关系的合作为目的的一系列组织性和协调性的活动。劳动关系管理主要包括集体谈判、劳动争议的预防与处理、集体协议的签订及其管理、工会或员工的经营参与等内容。

二、当代劳动关系理论

当代劳动关系理论开始和形成于20世纪40年代。韦布夫妇(Webbs)和康芒斯(J. R. Commons)之后,很多学者开始研究劳动关系问题。到40年代中期,劳动关系的概念、方法和理论渐趋成熟。到了50年代末,形成了较完整的劳动关系理论体系。最初综合劳动关系理论的学者是邓洛普(J. T. Dunlop),他在《产业关系系统》(*Industrial Relations Systems*)一书中构建了较完整的劳动关系的分析框架。到80年代中期,美国麻省理工学院的科汉(Thomas A. Kochan)、卡茨(Harry C. Katz)、麦卡锡(Robert B. Mckersie)提出"战略选择理论",从而使劳动关系研究进入新的发展阶段。

1. 劳动关系系统理论

分析劳动关系的最传统的理论模型是邓洛普提出的劳动关系系统理论。1958年,邓洛普在自己的《产业关系系统》一书中,构建了较完整的劳动关系的分析框架,用来解释影响劳动关系系统的多种因素及其

[①] M. H. Sandver, Labor Relations: Process and Outcomes, Boston: Little, Brown and Company, 1987, P. 21.

相互影响。

邓洛普指出,劳动关系系统在它发展的每个阶段都包括特定的行为主体,特定的环境,涉及整个劳动关系系统的意识形态,以及管理工作场所和工作团体中的规则,如图10-1所示。在劳动关系系统中,行为主体、环境以及思想意识是构成劳动关系系统的基本要素,而规则是受这些要素的影响所形成和变化的劳动关系系统的产出。

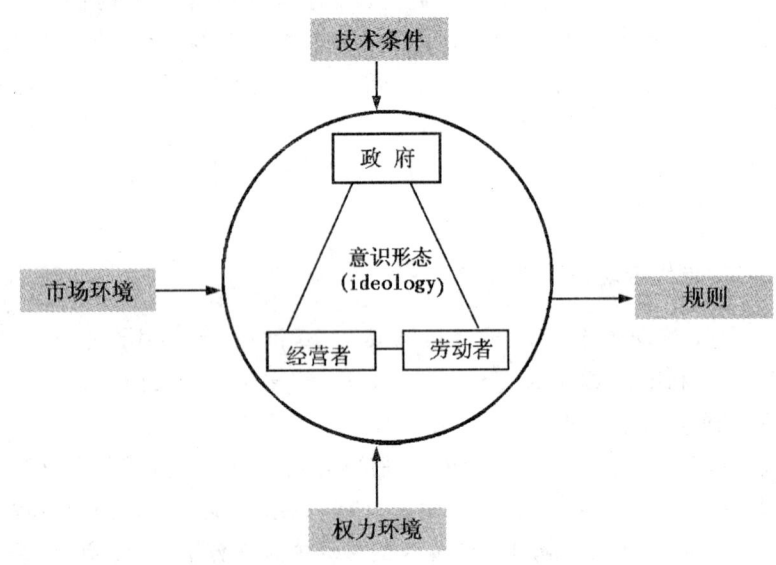

图10-1 邓洛普的劳动关系分析框架

资料来源:J. T. Dunlop(1958)

(1)行为主体(Actors),包括劳动者和他们的组织、管理者和他们的组织以及制定和执行劳动关系政策的政府。

(2)环境(Environment),包括工作场所和工作团体的技术条件、行为主体面对的市场和预算制约以及行为主体的权利关系和地位。

(3)意识形态(ideology),是在劳动关系系统中行为主体共有的决定每一个行为主体角色和地位的主导思想观念,它作为行为主体所持有的一整套观念和信条,使系统相互连接成为一体。要想使劳动关系系统能够保持适当的运转，就必须保证劳动关系的三方行为主体在某种程度上享有一种共同的意识形态，并且接受其他方所扮演的角色。

（4）规则（rules），在邓洛普看来，每个劳动关系系统都会产生一套复杂的管理工厂和劳动者的规则。这些规则在不同的体系中可以有许多形式，如协议、章程、命令、法令、规定、奖励、政策、实践与习惯。

邓洛普劳动关系分析框架的中心任务是用来解释，为什么某些规则被建立起来，以及为什么这些规则需要随着劳动关系系统中某个要素的变化而变化。邓洛普将约束行为主体规则的制定和建立过程看作是劳动关系研究的中心。

虽然，邓洛普的"劳动关系系统理论"为劳动关系的研究提供了一个有用的分析框架，但也受到了一些批判，主要表现在以下方面：

（1）劳动关系系统理论是静态的，而非动态的，它忽视了劳动关系运作中的行为因素。

（2）劳动关系系统理论描述了劳动关系系统中的相互作用，但忽视了个人在其中所起的作用。

（3）在解释劳动关系的差异时，劳动关系系统理论强调正式关系，而不重视非正式关系。

（4）劳动关系系统理论承认意识形态的共同点，却不认可其不同点和多样性。

（5）邓洛普的理论体系关注点过于狭窄，仅仅关注规则的制定。

（6）邓洛普的理论体系并没有给我们提供任何客观的、可以定量研究的东西。

2. 战略选择理论

1986年，美国麻省理工学院的科汉（Thomas A. Kochan）、卡茨（Harry C. Katz）、麦卡锡（Robert B. Mckersie）在他们合著的《美国劳动关系变革》（*Transformation of American Industrial Relations*）一书中，提出了"战略选择"理论，并以此来分析美国劳动关系变化的特点，如图10-2所示。他们认为，邓洛普的劳动关系系统理论是静态的，虽然它规定了劳动关系行为主体的作用，但说明劳动关系的动态性时缺乏说服力。因而，他们关注外部环境的变化与劳动关系行为主体对环境变化的对应,在劳动关系模型中追加了"战略选择"这一动态要素,并指出劳动关系的变化是环境压力与组织对应战略的产物,劳动者、经营者以及政府等劳动关系行为主体的选择和判断对劳动关系系统的方向和结构有很大的影响。

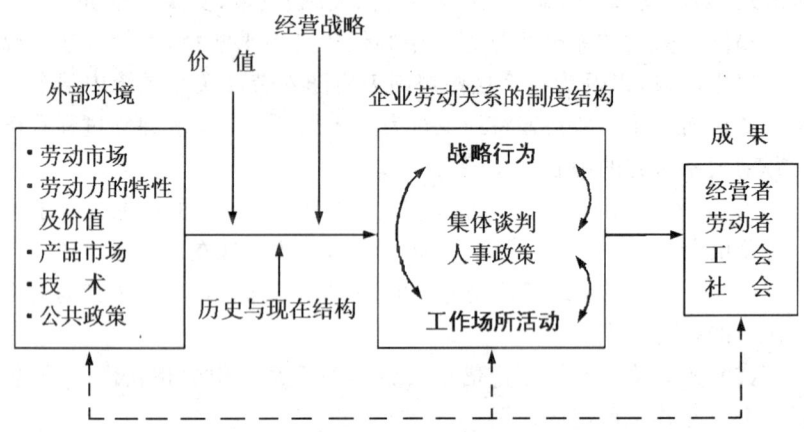

图 10-2 战略选择理论的基本框架

资料来源:Thomas A. Kochan,Harry C. Katz and Robert B. Mckersie(1994).

科汉、卡茨、麦卡锡的"战略选择"理论把劳动关系行为主体的活动分为决定战略决策的最高层面(Long－Term Strategy and Policy Making)、决定集体谈判及人事政策的中间层面(Collective Bargaining and Personnel Policy)、直接影响员工及监督者个人的最底层面或工作场所层面(Workplace and Individual/Organization Relationships)等三个水准,并指出在不同水准的劳动关系活动中各行为主体所要决定的内容以及各自的战略选择,如表10-1所示。在某种程度上"战略选择"理论是对邓洛普提出的劳动关系系统理论的拓展和延伸。邓洛普劳动关系系统理论的一个重要假定是劳动关系的行为主体(雇主、工会和政府)存在着共同的思维方式,科汉认为这一假定已不再适用于美国现实,随着工会势力的弱化,管理战略这一因素日渐重要。

表 10-1 劳动关系活动的三个水准

水准	经营者	工会	政府
长期战略及 政策决定	经营战略 投资战略 人力资源战略	政治战略 代表战略 组织战略	宏观经济及 社会政治
集体谈判及 人事政策	人事政策 交涉战略	集体谈判战略	劳动法与劳动行政
工作场所及 个人/组织关系	监督的形态 员工参与 工作设计及组织	契约管理 员工参与 工作设计及组织	劳动标准 员工参与 个人权利

资料来源:Thomas A. Kochan,Harry C. Katz and Robert B. Mckersie(1994)。

第二节 集体谈判

一、集体谈判的概述

1. 集体谈判的定义

集体谈判是市场经济国家处理劳动关系的主要手段和方式,其目的是调整和规范劳动关系,并使劳动关系趋于缓和与稳定。关于集体谈判的定义,国内外有许多不同的表述,但并没有形成一个明确且被普遍认同的看法。1981年国际劳工组织(ILO)颁布了《关于促进集体谈判的公约》(第154号),该公约就集体谈判的特征及内容作了概括的表述,即集体谈判是单个雇主、雇主群体或组织同单个或若干工人组织之间签订有关劳动条件和其他劳动问题的各项协议的过程。

"谈判"也叫"交涉",它往往是特指双方围绕某一事项,经交涉而达成一致协议的过程。"集体"一词是特指以工会或工人团体为一方与以用人单位或用人单位团体为一方的群体。

我国的《劳动法》第三十三条规定:"企业职工一方与企业可以就劳

动报酬、工作时间、休息休假、劳动安全卫生、保险福利等事项,签订集体合同。""集体合同由工会代表职工与企业签订"。根据这一规定,可以这样认为,集体谈判是工会或职工代表与企业或企业团体就劳动问题进行交涉的一种方式。

一般情况下,企业集体谈判的结果就是企业集体合同的签订。这就是说,集体谈判和集体合同是一件事情的两个阶段,一个问题的两个方面,集体谈判是集体合同的前提和准备,集体合同是集体谈判的结果和结论。集体谈判也可能破裂,但大多数场合会成功,因为成功对谈判双方都有利,破裂对双方都不利。从因果关系上说,先有集体谈判,然后才能签订集体合同。没有集体谈判,就没有集体合同的签订;没有集体合同的签订,集体谈判就是不成功的,或者说,集体谈判就没有达到应有的目的。集体谈判和集体合同两者之间是不可分的。

2. 集体谈判的主体

集体谈判的双方主体是雇主和工会。雇主一方可以是单个雇主,也可以是雇主组织或团体。劳动者一方可以是工会或工人代表。

(1) 工会组织。工会组织类型多种多样,有企业工会、行业工会、产业工会、地方工会以及全国性的工会联合会。集体谈判与工会组织结构有着密切的联系。每个国家的工会组织类型虽不是单一的,但都会以某种类型的组织结构占据主导地位,那么这个国家的集体谈判结构就会以占据主导地位的工会组织结构为主。例如,以企业工会结构为主,国家的集体谈判就以企业级为主;以行业工会或产业工会结构为主,国家的集体谈判就以行业或产业级为主;以全国性工会联合会为主,国家的集体谈判就以国家级为主。

不论哪种类型的工会要想参加集体谈判必须具备以下条件:第一,依法成立,即得到法律的确认;第二,组织上具有独立性,能真正代表和维护工人利益;第三,能够参与谈判和签订与实施协议,并有能力承担相应的法律责任。

工会在集体谈判中能否发挥应有的作用,除了与自身的组织结构、法律保障的程度及自身的能力等因素有关外,工会组织率也是影响工会能否在集体谈判中发挥作用的一个因素。因为工会的组织率客观上反映了工会作为工人利益代表的广泛程度,因而直接影响了工会在集体谈判中的力量对比。

（2）雇主。在西方市场经济国家的集体谈判中,雇主为谈判的另一方。这一方代表可以是单个雇主,也可以是雇主指定的某些经营者作为其代表,也可以是雇主组织或团体。

在以企业级谈判为主的国家,雇主一方的代表多为单个雇主或雇主指定的经营者。在以产业级或行业级谈判为主的国家,雇主一方的代表是雇主组织。这些雇主组织在集体谈判中所起的作用如下:第一,雇主也有共同的利益,为了抵御工会的力量,雇主自愿地联合起来,甚至在工业冲突中,雇主以牺牲个人利益为代价来换取雇主群体的利益不受损害;第二,通过雇主组织的社会影响和作用,争取政府和法律部门对雇主的支持,并利用公共舆论媒体向社会大众传播雇主的看法和主张;第三,提供专门化服务,如提供法律咨询、数据收集整理、专业人员培训等;第四,为集体谈判提供服务,如对工会的集体谈判建议进行分析,为雇主制定谈判战略,对现行集体合同条款作解释,在发生工业冲突时对雇主的行动进行指导等。

3. 集体谈判的目的

劳动关系行为主体中劳动者和管理者是各自独立的双方主体,因此,必须在相互平等的基础上处理彼此之间的利益关系。但实际上,劳动者始终处于弱者的地位,他们的权利仍然得不到很好的保障。为了争得与管理者在地位上的平等,劳动者需要依靠工会或工人代表,即依靠团体的力量来获得有利于劳动者的条件。有时,管理者也需要依靠自己的团体或组织与工会进行交涉。因此,企业集体谈判实际上就是工会组织与企业管理者或团体就有关劳动条件等问题而进行的交涉活动。由此可以看出,集体谈判的目的在于:

（1）就劳动者角度而言,是为了争得与管理者地位上的平等,实现劳动条件和生活条件的改善,争得必要的待遇和合法权益。

（2）就管理者角度而言,是为了缓解和解决与劳动者之间在劳动条件等方面存在的分歧,保障企业生产和经营活动的正常进行。

（3）就企业而言,是为了发展良好的劳动关系,这是集体谈判的根本目的之所在。在进行集体谈判时,工会与企业就双方的经济利益问题进行协商和交涉,并在协商和交涉的基础上力求达成一个双方都能接受的协议或合同。一旦签订了企业集体合同,劳动关系的双方主体都要无条件遵守和履行。显然,集体谈判对于稳定劳动关系,有着非常重要的作用。

4. 集体谈判的内容

集体谈判的内容是相当广泛的,它包括工资、工作时间、休息休假、劳动安全卫生、保险福利等内容。在这些问题中,工资问题是集体谈判中最主要的问题。工资对企业和劳动者都很重要,对企业来说,工资是成本的重要组成部分;而对劳动者来说,工资是收入的主要来源。因此,企业和劳动者都非常关注工资问题。在西方国家,集体谈判主要是围绕工资问题,有些国家的劳资双方先对工资问题进行单独谈判并签订协议,称为工资协议,对于其他的劳动问题再单独谈判并签订协议。从某种意义上说,劳动关系的稳定主要取决于工资协议。

在集体谈判中,仅次于工资问题的是工时。对于西方各国工会组织来说,缩短工时始终是它的奋斗目标之一,并且也是工人运动所围绕的一个焦点。随着科学技术和社会生产力以及工人运动的发展,工人每周劳动的工时逐渐缩短。第二次世界大战后,西方各国普遍实现了 40 小时工作周并在劳动立法方面给予明确规定。由于工会运动的压力,缩短工时(低于 40 小时工作周)的趋势仍在加强。例如,在德国五金工会同资方进行多次谈判后,德国的五金工人于 1995 年实现了 35 小时工作周;在 1994 年,德国大众汽车公司实现了 4 天 28 小时工作周制度。

劳动者的休息休假问题也是一个较为重要的劳动关系问题,因此,这一问题也是集体谈判中的另一个重要内容。休息休假的集体谈判一般包括两个方面的内容,即休息休假时间问题和休息休假时间工作的补偿问题。随着战后西方各国经济的高速增长及人民生活水平的大幅度提高,西方各国已普遍实现了带薪年休假制度。但带薪年休假时间的长短在各国并不一样。虽然国际劳工组织要求工人在一年中至少要保证有 3 周的假期薪金支付,但有的国家为 1 周,有的国家则超过 3 周,达 5 周~6 周。劳资双方有时还谈判国家法定假期和公共节日期间的薪金支付问题,有时也要谈判确定在休假期间继续工作的雇员的薪金支付标准。

工作场所的劳动安全卫生问题一直是工业化国家集体谈判所关注的又一个重要问题。这一问题也经常成为劳动纠纷的焦点。一般来讲,各国工会对该问题比较重视,在谈判中工会或工人代表要求雇主采取切实的改善措施,来防止工人在劳动过程中的意外事故的发生,或者是保护工人抵御和防范职业病的侵害。工会也通过集体谈判的方式向企业提出建议,对工人进行生产安全和劳动卫生知识方面的培训。

在市场经济国家,保险福利问题是一个十分重要的问题。各国政府把保险福利政策作为稳定社会的一个重要手段,使它起"稳定剂"和"减震器"的作用。同时,它也是协调劳动关系的一个重要手段。因此,保险福利问题一直也是集体谈判的重要内容。保险福利谈判的主要内容包括保险与福利的范围、保险与福利的标准、保险金的筹集方式以及各种具体的保险和福利的特点与标准等问题。

以上五个方面的集体谈判内容并不是截然分开、相互独立的,通常情况下,各种类型和不同内容的集体谈判是相互包含、共同依存的,同一集体谈判往往以一种内容为主,兼顾其他内容,如以工资为主的集体谈判,也经常包含对工时问题、休息休假问题、劳动安全卫生问题、保险福利问题甚至工作生活质量问题等的磋商。

二、集体谈判理论

1. 希克斯(Hicks,J.R)的理论

英国牛津大学的希克斯教授提出了谈判过程的模型。他认为,由于集体谈判的破裂而发生劳动者罢工时,随着罢工期间的持续,雇主愿意提供的"提议工资"(Offering Wages)和工会所要求的"要求工资"(Asking Wages)就不同。也就是说,劳资双方所能接受的工资水平是罢工期间的函数。[①]

图10-3是希克斯的理论模型。图中的 W_0 是罢工开始之前企业愿

---

① Hicks,J.R.,The Theory of Wages,2nd ed,St,Martin's Press,1966.

意支付的工资率。随着罢工时间的持续,企业的损失会越来越大,为了减少损失,企业将愿意增加工资。因此,企业的让步曲线(Employer's Concession Curve EC)是一个向右上方倾斜的曲线。另外,W_2是罢工初期工会所要求的工资率。罢工初期工会会员的态度比较强硬,要求高的工资率。但是,随着罢工时间的持续,工会会员的损失也增加,为了减少损失,工会会员将改变强硬的态度,愿意降低工资要求。因此,工会的抵抗曲线(Union's Resistance Curve UR)是一个向右下方倾斜的曲线。

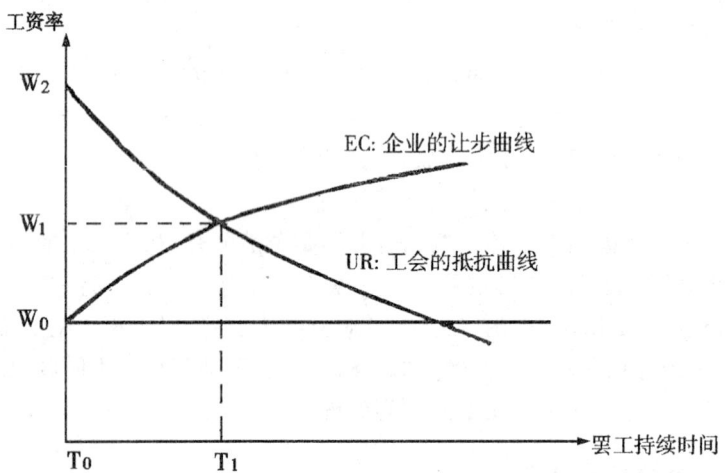

图 10-3　希克斯集体谈判模型

资料来源:Hicks,J.R,1966.

　　随着罢工的持续,工会的要求降低,企业还价提高,直至在罢工期间的T_1点企业的让步曲线和工会的抵抗曲线相交,在这一点上劳资双方达成协议。双方同意的工资增长为W_1,罢工可以结束。如果工会要求高于W_1的工资率,企业可能会拒绝工会的要求;如果工会接受低于W_1的工资率,可能会引起工会内部的不满。在对企业让步曲线的信息不确定的情况下,工会只能先要求高的工资率,然后,在谈判过程中根据企业的让步情况来调整工资率。对希克斯的集体谈判理论也有否定的评价,有些学者认为希克斯的集体谈判理论过于忽视了谈判过程的不确定性。

2. Cartter — Chamberlin 的理论

Chamberlin,N.W. 用交涉力(Bargaining Power)的概念试图说明通过集体谈判达成工资等协议的过程。他认为,谈判双方的交涉力的大小决定交涉结果(如工资水平等),如果谈判双方的任何一方在谈判过程中把影响交涉力的因素改变为有利于自己的条件时,它的交涉力会大于对方,可以获得有利于自己的谈判结果。[1]集体谈判过程中,一方的交涉力就是对方接受他所提出的条件时发生的费用与拒绝条件时发生的费用之间的比率。Cartter,A.M 的集体谈判理论基本上与Chamberlin 的集体谈判理论相同,只是使用的概念不同。他认为,谈判一方的交涉态度(Bargaining Attitude)就等于对方接受他所提出的条件的费用与拒绝这一条件的费用之间的比率。[2]可以看出,Cartter 只是用交涉态度的概念替代了交涉力的概念。

$$\frac{\text{工会的交涉力}}{\text{(企业的交涉态度)}} = \frac{\text{企业拒绝工会所提出的条件的费用}}{\text{企业接受工会所提出的条件的费用}}$$

$$\frac{\text{企业的交涉力}}{\text{(工会的交涉态度)}} = \frac{\text{工会拒绝企业所提出的条件的费用}}{\text{工会接受企业所提出的条件的费用}}$$

这一理论认为,谈判双方在各个不同的谈判阶段考虑各自的交涉态度,也就是说他们考虑接受对方条件的费用与拒绝对方条件的费用到底如何。在谈判过程中双方认为自己的交涉态度大于或等于 1 时,接受对方的条件并结束谈判。如果交涉态度小于 1,谈判双方会拒绝对方所提出的条件,谈判将破裂,并出现罢工和关闭工厂等极端行为。

3. Mabry 的理论

Mabry,B.D. 用契约领域模型说明集体谈判的过程。他认为,劳资双方进行集体谈判时,双方最终实际能够接受的条件和双方所表明的条件之间存在差异,在谈判过程中任何一方都不愿透露自己实际要接受的条件。因此,双方都努力探索对方最终实际能够接受的条件,而且

---

[1] Chenberlin,N.W. *Collective Bargaining*,McGraw—Hill,1951.
[2] Carter,A.M. *Theory of Wages and Employment*,Irwin,1959.

在谈判过程中迫使对方改变原来的接收条件①。

图 10-4 是 Mabry 的契约领域模型。在图中，U_I 代表谈判初期工会所提出的条件，U_R 代表工会最终愿意接受的条件，M_I 代表谈判初期企业所提出的条件，M_R 代表企业最终愿意接受的条件。

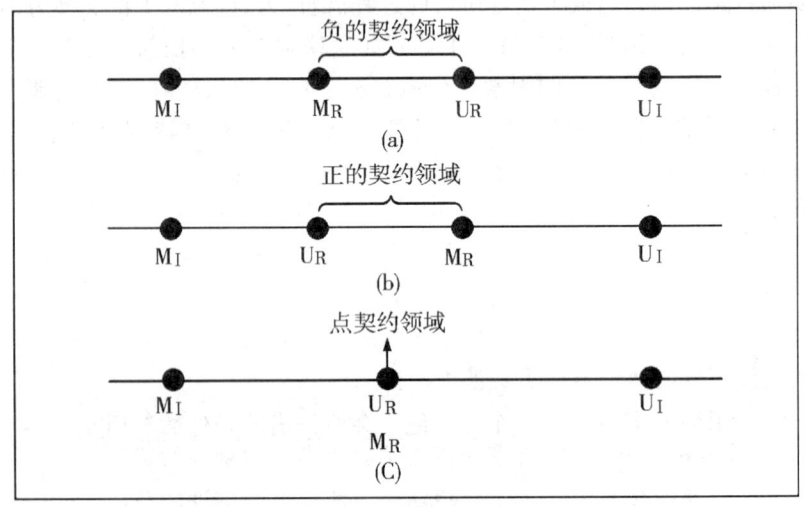

图 10-4　契约领域模型

资料来源：Mabry, B. D., 1965.

如果工会最终愿意接受的条件大于企业最终愿意接受的条件（即 $U_R > M_R$），就存在负的契约领域（Negative Contract Zone）。这时，集体谈判可能会破裂。相反，如果企业最终愿意接受的条件大于工会实际所要求的条件时（即 $M_R > U_R$），就存在正的契约领域（Positive Contract Zone）。在正的契约领域内，集体谈判成功的可能性很大。另一种情况是工会和企业最终实际能够接受的条件恰好相等（即 $U_R = M_R$），这时我们称它为点契约领域（Point Contract Zone）。在这种情况下，如果双方了解对方的接收条件，双方立即能够达成协议，谈判就会成功。

在正的契约领域或点契约领域，虽然对方最终实际能够接受的条

---

① Mabry, B. D. "The Pure Theory of Bargaining", *Industrial and Relations Review*, July 1965.

件比自己实际能够接受的条件宽或相同,但在谈判过程中双方不了解对方实际能够接受的条件,因此,谈判过程也可能会比较艰难。

三、集体谈判结构

所谓集体谈判结构是指在集体谈判过程中工会和企业相互作用的范围。也就是说,集体谈判结构是工会和企业以什么样的组织形态,代表哪个集团的利益,跟谁进行谈判的谈判方式问题。一个国家的集体谈判结构受产业结构、劳动市场结构、工会的组织形态、雇主或雇主团体的性质与交涉态度以及政府的劳动政策等多种因素的影响,随着这些影响因素的变化,集体谈判结构也会发生变化。不同国家或同一个国家的不同发展时期影响集体谈判结构的因素各不相同,因此,集体谈判结构具有复杂性和多样性。

集体谈判结构还可以表现出谈判的集中或分散的程度以及进行谈判的不同级别。从谈判的集中与分散的程度来说,西欧国家的集体谈判结构倾向于集中,北美国家的集体谈判倾向于分散。工会主张集中,因为集中有利于工会争取较好的劳动条件,但雇主或经营者主张分散,因为分散有利于企业争取更大的活动余地。从集体谈判的级别来说,谈判可以建立在企业级别上,也可以建立在行业级别上;可以建立在地方一级上,也可以建立在全国范围内;可以建立在单个级别上,也可以建立在多个级别上等。

在市场经济国家中一般存在多种级别的工会,如全国性工会、产业工会、行业工会、地方工会、企业工会等。另外,一个雇主可以拥有一个或多个企业。这使集体谈判结构具有多样性。集体谈判的结构可分为两大类,一类是工会与一个雇主进行谈判的形态,另一类是工会与若干个(两个以上)雇主进行谈判的形态。在两大类型的谈判结构中可以划分以下六种具体谈判类型:

(1) 一个企业面对一个工会;(2)一个企业面对多个工会;(3)多个企业面对一个工会;(4)多个企业面对多个工会;(5)多个雇主面对一个工会;(6)多个雇主面对多个工会。其中,最普遍的类形是一个企业面对一个工会的谈判。在一个集体谈判中,若有多个企业和多个工会参与,情况可能会变得复杂。然而,即使只有一个企业和一个工会进行谈判,谈判的结果也很难预料。

集体谈判结构还可以分为以下几种类型:

(1) 企业级谈判。在一个企业中,工会和企业进行谈判的形态。这是企业工会较发达的国家或地区常用的一种谈判结构。这一种谈判结构的优点是在谈判过程中较正确地反映企业的经营状况和企业劳动条件的特殊性。

(2) 统一谈判。具有两个以上企业工会的产业、地方以及行业等工会组织同与此相对应的雇主组织或团体进行谈判的形态。在美国、英国等西欧国家普遍采取统一谈判的形态。

(3) 对角线谈判。产业工会与个别企业的工会进行谈判的形态,是一种企业谈判与统一谈判的折衷形态。虽然已经成立产业工会,但尚未成立相应的雇主团体或组织时,一般采取对角线谈判的形态。

(4) 集团谈判。多数工会与多数雇主超出企业的范围,形成各自的集团进行谈判的形态。它是一种变形的统一谈判形态。

(5) 典型谈判。在进行产业谈判、行业谈判以及地区性谈判之前,先选择代表性的企业进行谈判,然后,各有关企业根据代表性企业的谈判过程和谈判结果进行集体谈判的形态。

四、集体谈判的过程

集体谈判是工会和企业围绕工资、工时、劳动条件等事项,经交涉而达成一致协议的过程。一般情况下,在集体谈判初期,双方所提出的条件不一致(参见图10-5)。这时,双方通过反复协商,并逐渐调整各自所能接受的条件等方式达成谈判协议。但是,不能说任何谈判都会成功。有时候,双方通过反复协商也达不到一致的意见,使得谈判处于僵持阶段。僵持通常是由于一方的要求大大超过对方所能接受的条件造成的。有时僵持局面可以通过第三方(诸如调停人或仲裁人等公正的人)来打破。如果第三方不能打破僵局,双方可能采取罢工或关闭工厂等极端的方法,从而向对方施加压力。无论是工会组织的罢工,还是企业采取的关闭工厂的措施,都会造成双方的损失。罢工或关闭工厂的持续时间越长,双方的损失越大。这不仅给谈判双方带来损失,而且影响社会经济的稳定发展。通常,罢工或关闭工厂持续一定时间后,双方重新回到谈判席上。如果双方自己不能解决问题,那么由政府介入,以解决问题。

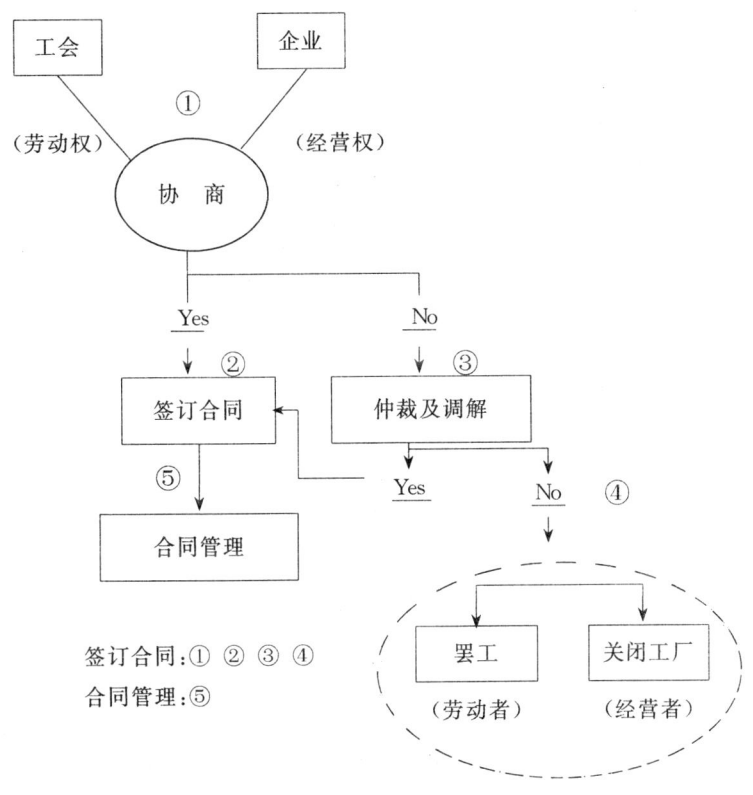

图 10-5 集体谈判过程

第三节 劳动争议

一、劳动争议概述

1. 劳动争议的定义

劳动争议（Labor Dispute）是一个历史的范畴,就其本质而言,劳动争议是劳动关系内在利益差别与矛盾冲突的外在表现。它最早产生于西方国家,是市场经济的产物,伴随着社会化大生产存在,凡是有劳动关系的地方,就会有劳动争议的发生。

那么,什么是劳动争议?西方各市场经济国家为了制定解决劳动争议程序的立法或签订集体协议,首先要给劳动争议下定义,但各国对劳动争议的定义有所不同。

美国《国家劳工关系法》中对劳动争议的定义是:劳动争议一词包括所有关于就业关系的使用和条件,或关于人们的社团或代表在谈判、确定、保持、改变或寻求就业关系和条件的安排中发生的纠纷。

韩国的《劳动争议调整法》对劳动争议的定义是:劳动关系当事人在工资、工作时间、福利、解雇及其他待遇和其他任何雇佣条件方面因不同意见而发生的纠纷。

日本的有关法律规定:"劳动纠纷系指劳动关系当事人之间因关于劳动关系的主张不一致而发生的对抗行为或可能发生的对抗行为。"它把劳动争议与对抗行为联系起来,把它视为现实的或可能的对抗行为。

我国通常使用的劳动争议的定义为:劳动争议是指劳动关系双方当事人因劳动的权利与义务而引起的纠纷。从这个意义上讲,劳动者与用人单位之间、劳动者之间、用人单位之间,因为劳动问题所引起的争议,都可以叫劳动争议。

2. 劳动争议的特点

劳动争议与一般的民事纠纷或民事争议有明显的区别。劳动争议具体有以下特点：

（1）劳动争议产生的前提是一定的。劳动争议的产生必须以一定的劳动法律关系的存在为前提，只有在当事人之间建立劳动关系的基础上，才能产生劳动争议。

（2）有特定的争议当事人。劳动争议是发生在劳动关系双方当事人之间的一种纠纷。劳动关系的双方当事人是劳动者与企业，劳动者与企业之间通过劳动合同建立劳动关系，他们及其代表才有可能成为企业劳动争议的双方当事人。只有发生在劳动关系双方主体之间的争议才是劳动争议。否则，即使争议是围绕企业劳动问题展开的，也不属于劳动争议。

（3）有特定的争议内容。劳动争议的内容包括很多方面的问题，但这些问题都是劳动关系双方当事人围绕经济利益而发生的有关劳动权利和劳动义务方面的问题。也就是说，只有围绕经济利益而发生的有关劳动权利和劳动义务问题的争议，才是劳动争议。凡是在劳动权利和劳动义务范围之外的争议，都不属于劳动争议。

（4）有特定的争议手段。争议手段是指争议当事人坚持自己主张和要求的外在表达和斗争方式。劳动争议的主要手段不仅包括劳动者的怠工、抵制以及雇主的黑名单、排工等方式，也包括劳动关系双方主体经常使用的抱怨、旷工、工作周转、限制产量、工业意外事故以及工业破坏活动等方法，这些便构成了劳动争议特定的手段。

3. 劳动争议的种类

从世界各国劳动争议的概况分析，劳动争议可以分为两类：一类是因为适用劳动法规和劳动合同所规定的条件而发生的争议。这类争议因涉及的是法律问题，所以有些国家叫法律争议；又因为这类争议多为涉及劳动者个人利益，也有些国家叫个别争议；这类争议的显著特征是对既存权利的争议，所以有的国家叫权利争议。

另一类是因为制定或变更劳动条件而产生的争议。因为这类争议通常是多数劳动者参加，所以有些国家又叫它集体争议；又因为这种争议是为团体的利益而发生的争议，有的国家又叫它利益争议；还因为它是为确定将来劳动条件发生的争议，又叫将来争议。

劳动争议分类的意义在于：在一些国家里，因为争议的种类不同，而设置不同的解决争议的机构，采用不同的程序。目前，我国将劳动争议分为两类：个别劳动争议和集体劳动争议。个别劳动争议是指职工一方不足法定的集体争议人数，争议标的不同并由职工直接提出申诉的劳动争议；集体劳动争议是指职工一方当事人在三人以上，并有共同理由的劳动争议。

二、劳动争议的处理

1. 劳动争议处理的目的

《中华人民共和国企业劳动争议处理条例》第一条明确规定："为了妥善处理企业劳动争议，保障企业和职工的合法权益，维护正常的生产经营秩序，发展良好的劳动关系，促进改革开放的顺利发展，制定本条例。"这就规定了处理劳动争议的目的。

（1）妥善处理企业劳动争议，保障企业和劳动者的合法权益。这是劳动争议处理的直接目的。只有发展与完善劳动争议处理制度，将解决劳动争议纳入法制化轨道，才能妥善处理劳动争议，使企业和劳动者的合法权益得到切实保护。

（2）维护正常的生产经营秩序，发展良好的劳动关系，是制定劳动争议处理制度和法律的目的。劳动争议，特别是集体劳动争议，处理不好就会引发停工、罢工，影响经济发展和社会安定。因此，事先预防和事后公正处理劳动纠纷具有重要意义。这需要建立解决纠纷的相应机构，通过法定程序解决纠纷，使劳动关系在协调、稳定、有序的轨道上发展，以促进劳动关系双方的合作与共同发展。

2. 劳动争议的处理机构

（1）劳动争议调解委员会。根据《企业劳动争议处理条例》第七条的规定，企业可以设立劳动争议调解委员会，负责调解本企业发生的劳动争议。调解委员会由职工代表、企业代表以及企业工会代表来组成。职工代表由职工代表大会或职工大会推举产生，企业代表由总经理指定，企业工会代表由企业工会委员会指定。调解委员会组成人员的人数由职工代表大会提出并与总经理协商确定，企业代表的人数不得超过调解委员会成员总数的1/3。

调解委员会主任由企业工会代表担任。调解委员会的办事机构设在企业工会委员会。办事机构负责调解委员会的日常工作,主要是接受劳动争议当事人的调解申请,做好调解的登记、档案管理和统计分析工作等。没有建立工会的企业,调解委员会的设立及其组成由职工代表和企业代表协商决定。

(2) 劳动争议仲裁委员会。根据《企业劳动争议处理条例》第十二条规定：县、市、市辖区应当设立劳动争议仲裁委员会。劳动争议仲裁机构主要包括仲裁委员会、仲裁委员会办事机构以及仲裁庭。仲裁委员会是国家授权,依法独立处理劳动争议的专门机构。仲裁委员会由劳动行政主管部门的代表、同级工会的代表以及政府指定的经济综合管理部门的代表组成。仲裁委员会主任由劳动行政主管部门的负责人担任。劳动行政主管部门的劳动争议处理机构为仲裁委员会的办事机构,负责处理仲裁委员会的日常事务。

3. 劳动争议处理的程序

(1) 调解(Mediation)。调解是由争议双方或法律指定的第三者介入争议,以帮助双方共同达成协议为目的,为其提供劝说和解的过程。与调解概念紧密相关的另一个概念是调停,有的国家又称斡旋(Conciliation),是由劳资争议处理机构选派的调停员或调停委员会在争议当事人之间进行斡旋,可以提出解决争议的具体建议。调解和调停的主要区别是协助人员的介入程度不同。在调解的情况下,调解员通常只帮助争议双方就争议问题达成妥协,促使双方达成一致协议,调解员并不提出解决争议的方案。而调停员进行调停时,重点不是帮助双方通过协商达成协议,而主要是审理争议问题并提出解决争议的建议。

调解可以分为自愿调解与强制调解两种。所谓自愿还是强制,并不是指调解的结果,而是指发生争议时,争议双方是否被迫在采取别的行动(如罢工、关闭工厂、提交仲裁机构或法院等)之前,诉诸于调解。

(2) 仲裁(Arbitration)。仲裁是指劳动争议仲裁机构依法对争议双方当事人的争议案件进行居中公断的执法行为,其中包括对案件的依法审理和对争议的调解、裁决等一系列活动或行为。

与调解相比,企业劳动争议的仲裁具有这样一些明显的特点:第一,仲裁申请可由任何一方当事人提出,而不必由双方当事人共同提出,或不必在双方当事人合意的情况下由一方当事人提出。第二,仲裁机构的仲裁调解或仲裁裁决依法生效后具有强制执行的法律效力,当事人必须执行。第三,仲裁机构在调解不成的情况下,必须作出最终裁决。

仲裁又可分为自愿性仲裁与强制性仲裁。自愿性同样是强制性的。在一些国家,当劳动争议可能对国家经济产生一定影响时,政府就会强行介入。事实上,不少国家实行的是自愿与强制相结合的制度。法律有规定,当双方当事人一致同意申请仲裁时,或一方当事人依照集体协议申请仲裁时,便可以开始仲裁程序。同时,对某些重大争议,政府当局则可保留其强行交付仲裁的权利。

参考资料

1. 郭庆松:《企业劳动关系管理》,南开大学出版社,2000年。
2. 杨体仁、祁光华:《劳动与人力资源管理总览》,中国人民大学出版社,1999年。
3. 李孝秀、崔勋:《中国的劳动关系 — 为韩国在华投资企业战略选择的分析》,韩国劳动研究院,1998年。
4. 丹尼尔·奎因·米尔斯著,李丽林等译:《劳工关系》,机械工业出版社,2000年。
5. 关怀:《劳动法》,中国人民大学出版社,2001年。
6. Dunlop, T. *Industrial Relations Systems* (1958), revised edition, Havard Business School Press, 1993.
7. Kochan, T. A., Kaze, H. C., and Mckersie, R. B., *The Transformation of American Industrial Relations* (1986), 2nd ed, ILR Pres, 1994.

思考题

1. 什么是劳动关系？试述劳动关系系统理论与战略选择理论，并指出它们之间的差异。
2. 简述集体谈判的内容。比较说明希克斯的集体谈判理论和契约领域模型。
3. 什么是集体谈判结构？简述集体谈判结构的不同类型。
4. 什么是劳动争议？简述劳动争议的特点与种类。

第十一章

国际人力资源管理

本章学习要点

- 了解国际人力资源管理的国际环境、形成特征,以及与国内企业管理相比的主要特点。
- 了解国际经理人员的不同来源,对国际经理的选择、管理与激励。
- 了解外派人员的培训与开发系统:跨文化培训的必要性、主要内容与基本方法。
- 了解外派人员的三种主要薪酬体系,比较其主要特点,报酬激励手段的运用,以及外派人员激励中的津贴形式。

第一节 国际人力资源管理及其特征

国际人力资源管理是从事跨国经营的国际企业的人力资源管理。由于企业国际经营所面临的特殊环境不同于国内经营企业的环境,因此,国际人力资源管理有别于国内经营企业的一般人力资源管理。

一、国际人力资源管理的界定

国际人力资源管理是随着企业经营的国际化而导致的企业人力资源管理的国际化,虽然国际化并没有改变人力资源管理的基本功能、常规管理程序和活动,但是随着企业经营的国际化和全球化,其人力资源管理的所有活动都会变得更加复杂化。

国外学者 Morgan 提出了一个国际人力资源管理的模型(见图 11-1)。

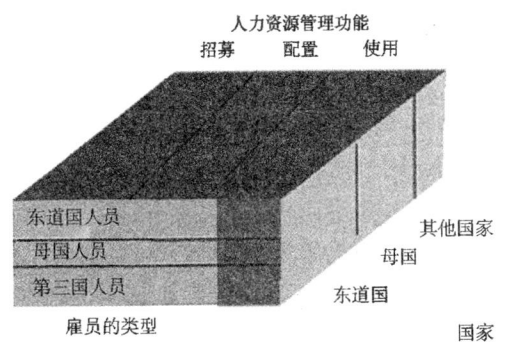

图 11-1 国际人力资源管理的模型

资料来源:Peter J. Douling and Randall S. Schuler,"*International dimensions of human resource management*",Boston:PWS—Kent Publishing,1990,p.15.

根据图 11-1 所示，Morgan 将国际人力资源管理定义为国家类型、管理环节和雇员类型三个方面的相互作用，每个方面都与人力资源的招募、配置和使用有关。国际人力资源管理的复杂性主要来自两种因素，一是跨国组织涉及不同的国家，其雇员队伍包括不同国籍的雇员组合，而来自不同国家的雇员有着不同的宗教、文化、教育、价值观等，因而决定了国际人力资源管理具有明显的跨文化管理的性质；二是跨国公司必须调整人力资源管理政策以适应公司经营所在国的国家文化、商业文化和社会制度的要求。

二、国际人力资源管理的特征

相对于国内企业的人力资源管理，国际人力资源管理的复杂性和特征体现为：

1. 更多的功能与活动

在国际经营中，人力资源部门必须担负许多在国内环境中所不担负的职能。例如，要负责外派人员的国际迁移与培训，安排赴任前的培训，提供移民和与旅行相关的详细资料，提供有关住房、购物、医疗保险、娱乐和子女就学等方面的信息，以及相关的管理服务、语言翻译服务和国际税收方面的问题。

2. 具备国际观念和全球眼光

由于国际人力资源管理的对象是由多种国籍的雇员所构成的群体，涉及众多的国家、民族、文化等，所以从事国际人力资源管理就需要具备国际观念与全球眼光。无论在外派人员的培训与开发方面，还是在确定国际雇员薪酬政策上，都必须基于更为广泛的全球观念，否则，就难以建立和管理一支由来自不同国家雇员所组成的和谐高效的国际员工队伍。

3. 更多地涉及雇员的个人生活

国际人力资源管理在很大程度上涉及雇员的个人生活以及配偶与家庭。例如，要保证外派人员的国外住房安排、医疗保险以及提供各种薪酬福利、国际旅费等，许多跨国公司还设有国际人事服务机构来协调上述服务的管理。

4. 工作重点不断变化

随着跨国公司国际经营的发展,其雇员组合也会随之变化。例如,随着对外派人员需求的下降和训练有素的东道国人员的供给增加,跨国公司将以往用于诸如外派人员税收、调动及导向等领域的资源更多地用于东道国人员的选择、培训以及开发等活动。随着跨国公司经营国际化水平的提高,公司尽管在战略层次仍大量使用外派人员,但从经营角度出发将越来越多地依靠东道国人员。因此,国际人力资源管理的重点也转向东道国人员。

5. 更大的风险

一般来讲,国际人力资源管理的风险大于国内企业的一般人力资源管理,国际人力资源管理的失败会导致国际经营更大的损失。例如,国际经营中外派任职的失败会给公司带来较大的损失。据国外学者估计,平均每项外派失败的直接成本(薪资、培训费、旅行与迁移支出)大约为国内薪资加迁移费用的3倍。此外,外派的失败还会给公司带来诸如丧失市场份额和损害海外顾客关系等巨大的间接成本。

6. 受到更多的外部因素的影响

国际人力资源管理的主要外部影响因素包括所在经营国政府的类型、经济状况以及各东道国可接受的商业惯例等。这在不同类型的国家也不相同。例如,从发达国家看,劳动的成本较高,更富有组织性,政府在诸如劳动关系、纳税和健康与安全等方面有较为严格的要求,这在很大程度上限制了跨国公司国际人力资源管理的余地,但必须学会与东道国政府、工会、消费者组织和其他利益团体打交道。在发展中国家,劳动成本较低,缺乏组织性,政府的规定较少且不完善,国际人力资源经理必需花费更多的时间学习和理解当地的经营方式。

第二节 国际雇员的来源与选择

国际人力资源管理涉及不同类型的雇员,主要包括母国员工、东道国员工和第三国员工,他们构成跨国公司国际经营的三种雇员来源。

一、国际经理人员的来源

1. 母国员工

母国员工是指来自于母公司所在国家的员工,主要是管理人员、技术专家以及分公司和子公司的高层管理者。

母国员工在国外子公司或分公司的经营中占据十分重要的地位。母国员工在母公司中有着丰富的工作经验,能将母公司的意图注入子公司或分公司经营管理中,并将母公司的技术和经验传授给本地的员工,从而确保下属公司的经营符合母公司高层的意图。

(1) 外派母国员工的优势主要体现在以下方面:

① 具备东道国或第三国员工所不具备的技术或管理技能。

② 熟悉公司的政策、目标、程序和公司文化,从而能够保证分支机构与母公司在管理哲学与政策上的一致。

③ 有利于母公司与分支机构管理人员之间的沟通。

④ 保持母公司在国外的形象。

⑤ 在东道国当地出现不同的民族、宗教等团体之间关系紧张时,母国员工是避免冲突的最优选择。

⑥ 培养员工的全球意识,提高他们对不同环境的适应能力和工作能力,有利于其个人职业生涯的发展和公司的组织开发。

⑦ 为母国员工重新调整工作导向提供了机会。

(2) 外派母国员工对公司经营也存在一些不利的方面。具体表现为:

① 母国员工的国际派遣费用高昂,外派失败会给公司造成巨大的损失。

② 母国员工在与当地雇员及其他群体(如政府、供应商顾客等)进行有效沟通方面存在着较大的困难。

③ 外派将限制东道国人员的职业发展,面临"天花板"效应,打击东道国雇员的积极性。

④ 过多使用母国人员而保持的公司形象可能会在东道国受到抵

制,还会引起东道国相关组织(政府、工会等)的不满。

2. 东道国员工

东道国员工指的是那些在海外子公司工作的当地员工。

(1) 使用东道国员工的优势具体表现在以下方面:

① 东道国员工熟悉当地的语言、文化、商业环境,从而能与雇员、东道国政府、工会、当地供应商、客户进行有效的交流。

② 成本明显低于母国员工。

③ 有利于塑造当地形象。

④ 有助于与当地政府、工会等组织建立良好的关系。

(2) 使用东道国员工也有一些不利之处,具体表现在以下几方面:

① 合格而有经验的当地人员不易找到,人员培训成本很高。

② 由于东道国人员与母国人员在语言、文化背景等方面的差异,造成双方交流与沟通的困难。

③ 东道国员工甚至不了解或不赞同母公司的目标、计划、文化等,给母公司与分支机构之间的协调与控制造成困难。

④ 可能存在东道国员工对祖国和公司在双重忠诚上的潜在冲突。

3. 第三国员工

第三国员工是指母国和东道国之外的第三国员工。例如,一位瑞士籍公司经理工作在一家加拿大跨国公司在日本东京的子公司,该经理就是典型的第三国员工。

(1) 使用第三国员工的优点有:

① 成本一般低于使用母国员工,而且由于第三国通常具备有关东道国的丰富知识,因而比母国员工能更好地适应当地环境,有效地工作。

② 第三国员工可以兼备母国员工和东道国员工特有的优势。

③ 有助于公司塑造真正的国际形象。

(2) 使用第三国员工也存在着一些不利的方面,突出表现在:

① 员工可能存在与东道国员工和母国员工之间沟通上的双重困难。

② 第三国员工的成本依然高于东道国员工。

③ 可能会被东道国员工视为"外国人",而受到东道国员工的抵制。

4. 外派人员

外派人员是指被派往其母国之外的其他国家工作的人员,前面提及的母国员工和第三国员工都属于外派人员。

总体上看,使用外派人员具有多方面的优势,许多跨国公司利用外派人员开拓和管理国外子公司,提高国外子公司的技术与管理水平。而且,外派人员在国外任职还可以了解国外的竞争者,帮助高层管理者获得在不同文化和不同市场从事外派工作所获得的技能,国际管理经验通常是管理人员驶入"快车道"的前提条件。

但是,随着多国公司越来越多地开发当地人员管理其海外子公司,外派人员的数量在下降。尽管出于个人与组织开发的目的,外派人员的数量可能会增加,但一般来说,跨国公司在国际经营的早期阶段更倾向使用外派的母国人员来管理与发展其国际子公司,在成熟阶段则会减少外派人员的数量。

二、影响跨国公司使用不同国籍人员的因素

跨国公司对不同来源人员的选择受其国际人力资源管理导向的影响,而国际人力资源管理又与公司的特征(如发展阶段、产品特征、公司结构、公司战略等)有关。此外,东道国状况、外派成本等其他一些因素也影响到外派人员的运用。

1. 公司人力资源管理导向

一般来说,跨国公司国际人力资源管理的导向或态度可以区分为三大类:即民族中心导向、多中心导向和全球导向,这些态度和导向直接影响跨国公司对不同来源人员的使用或选择。

(1) 民族中心导向的跨国公司倾向于在分支机构的中高级职位上使用母国人员,人事管理在很大程度上集中于对母国外派人员的招聘、选拔、培训和报酬。东道国人员一般在分支机构只占据低层管理职位,几乎没有机会在公司总部工作。

(2) 多中心导向的跨国公司则认为,各国在政治、经济、文化等各

方面存在的差异,所以在国外经营最好由当地人员来管理。公司倾向于各分支机构由当地人员进行管理,减少经营性外派人员的使用,当地人员通常占据了分支机构的中高级职位,但他们的职业发展仅限于分支机构内,被排除在母公司之外。

(3) 全球导向的跨国公司倾向在世界范围内选拔和配置人才,而不考虑人员来源方面的国别差异。公司分支机构之间、母公司与分支机构之间的人员流动十分频繁,对不同国籍的人员也不存在职业发展的"天花板"。

由此可见,跨国公司的民族中心导向和全球导向都涉及到大量的外派人员的运用,而多中心导向会引起外派人员的减少。

2. 跨国公司国际化的阶段

公司所处的国际化阶段也在很大程度上决定着对不同来源人员的使用状况。一般来说,在国外子公司经营的早期阶段,公司使用外派人员的数量较大,主要是为了实现生产与管理技术的转让和对公司产品国外营销实施更好的控制。随着公司当地管理人员、销售人员和技术人员吸收了这些先进知识,并具备了有效营销公司产品的能力,外派人员的数量就开始减少。随着当地子公司的经营在更大的程度上被纳入全球经营框架,外派人员的数量还会再一次增加。因为公司全球化水平的提高,更需要具有国际经营经验的国际管理人员来增强其世界范围的竞争优势。在该阶段,这些国际管理人员可能会来自任何国家,而不限于母国。

3. 母国文化因素

母国的文化直接影响到母公司选择国际人力资源管理导向的偏好。如日本公司倾向于采取民族中心导向,更多地利用外派人员管理国外的经营活动,其主要原因可能是懂得日语和日本式工作管理方式的外国人很少,或因为日本民族较为排外;而美国公司倾向于多中心导向,愿意利用当地人员;欧洲公司倾向处于上述两个国家之间。

4. 国外分支机构所处的阶段

与组织生命周期模型相似,海外分支机构处于什么发展时期,也直接影响母公司对其的人力资源管理政策。对于新建立的国外分支机构,跨国公司通常利用熟悉母公司文化、战略和经营目标的母国人员管理；随着东道国员工技术与管理水平的提高，对母公司文化的不断熟悉，跨国公司开始减少外派人员的使用，增加对当地人员的依赖。国外学者的研究还表明，当跨国公司在关闭国外分支机构之前，通常也会利用母国人员代替东道国人员。一般来说，在国外经营分支机构发展的早期和晚期以及出现大量亏损时，跨国公司通常会较依赖母国人员。

5. 东道国的情况

东道国政府通常希望跨国公司尽可能地雇佣当地人并存在管理当地化的强烈愿望，这些相关的政策或立法也会影响母公司的人力资源政策。为了培养当地管理人才，许多发展中国家要求跨国公司培训和使用当地人员，实现管理人员本土化。许多发达国家也要求外国跨国公司在使用母国人员而不是东道国人员时给出合理的解释。跨国公司过多地使用外派人员有时可能会与东道国的愿望或政策及立法相冲突，造成与政府的关系紧张，损害公司的形象。

此外，东道国人员在职业发展方面受到的限制以及在选拔、考核、报酬和晋升等方面面临的双重标准，也会打击东道国人员的积极性，使东道国人员产生抵触和对立情绪。合格的东道国员工来源是否充足往往是跨国公司人事政策的一个重要决定因素。跨国公司常常因为东道国缺少懂技术和管理的人员而使用外派人员，随着东道国人员管理和技术技能的提高，出于弥补当地管理和技术不足目的而使用的外派人员也会减少。东道国与母国的文化距离也会影响外派人员的运用。东道国与母国间的文化差异大，跨国公司就会尽量少使用外派人员而尽可能雇佣熟悉当地文化的东道国员工。

6. 外派人员的成本

为了保证外派的成功，跨国公司通常要向外派人员及其家庭提供培训、安置及和各种支持性服务。外派人员的收入也常是国内收入的3～4倍，在某些地区甚至更高。因此，高昂的成本是跨国公司在使用外派人员时必须考虑的因素。而且，有时外派人员的工作效率较低，失败率很高，这会给跨国公司带来更大的成本损失。

第三节 外派人员的培训开发

一、外派人员培训开发的必要性

外派人员培训开发的必要性可由外派人员的失败引发。外派人员的失败通常被定义为外派人员不能在国外有效地工作从而导致雇佣关系的终结或任期结束前被提前招回国内。目前,从外派人员的总体情况看,存在着很高的失败率。根据国外学者的一项调查,1965年~1978年的外派人失败率在25%~40%,而且这个数字在发展中国家高达70%。其中,对外派人员缺乏外派前培训是导致外派人员高失败率的重要原因之一。有调查表明,美国跨国公司中有70%的外派人员以及90%的外派人员家属在派往国外前没有受过任何培训,或者受过为期非常短的培训。绝大部分培训只是提供些简单的环境介绍和语言培训,或者集中于技术能力和其他与工作有关的技能培训,而且,80%的培训不包括外派人员的配偶。导致目前跨国公司忽视海外任职培训准备的主要原因如下:

1. 公司不重视培训,认为没有作用。许多经理人员认为跨国经营管理知识只能通过实践才能学习,如商务旅行和海外任职。因此,企业高级经理人员通常很少对跨文化培训提供支持。

2. 外派人员选拔和外派之间的时间非常短,没有充足的时间让外派人员在海外任职前进行有深度的培训。

3. 绝大部分海外任职的暂时性导致培训没有预算支出保证。

4. 外派人员成功地进行文化调整的特征还不明确,难以设计适当的培训项目。

5. 人们长期以来认为技术能力是海外任职的重要成功因素,而相对忽视有关的人际关系技能和文化沟通能力,因此造成在培训中缺乏对人际关系技能和文化沟通能力的培训。

对外派人员及其家庭进行适当的外派前的培训,是提高外派成功率的一条重要途径。例如,对壳牌石油公司的研究表明,在没有向派往沙特阿拉伯的外派人员提供培训的情况下,壳牌公司经受了高达60%的早退率,经过三天的培训后,早退率就下降到5%,经过六天的培训后,早退率进一步下降到1.5%。由此可见,外派前培训能显著地降低外派失败率。根据一项对美国、欧洲和日本公司的调查,只有32%的美国公司有正式的外派前培训计划,而日本和欧洲公司的这个比率高达57%和69%。广泛而周到的培训正是欧洲和日本公司外派失败率比美国公司低的重要原因。

二、外派人员培训开发的一般过程

为了提高外派人员任职培训的质量,采取贯穿培训开发、实施和评估各环节的系统方法是十分重要的。

1. 培训需求确认与方案设计

在外派人员的培训工作流程中,重要的是对培训需求的确认与分析以及培训方案设计。为了提高外派人员培训与开发的有效性,首先需要对外派人员的任职要求有一个很好的了解,进而分析外派人员培训的要求。

分析培训需求的目的在于区分和描述雇员现在绩效水平与期望绩效水平之间的差异。适当的培训要求分析三个相互联系的内容:组织分析、工作任务分析和个体分析。组织分析研究那些有可能引发潜在培训要求的组织变量,比如希望所有的经理人员都一致拥护的组织文化。工作分析用行为语言描述一项被执行的工作,划分完成工作需要的各种任务。任务分析则是收集那些高效完成不同任务所需要的各项技能。个体分析是在任务分析后搞清技能要求的基础上,分析员工把上述技能运用得如何,包括任务接受者是否有事先经验,哪些技能是他的强项、哪些是弱项。在培训要求分析过程中,必须在个体水平上为每个参加培训的人员建立个人资料档案。

工作任务分析是在两个层次上进行。在一般层次上,每位外派人员需要的技能必须得到确认和分析,并转换成该职业群体中所有外派人员的潜在培训要求。在更具体的层次上,特定环境变量对完成特定任务的跨国经理人员的影响必须予以考虑,因为这有助于识别具体的技能以及具体的培训要求。

图11-2列示了外派人员培训要求确认与分析过程中需要进行考虑的各种变量。分析外派人员培训需求是一个十分复杂的过程,其中许多变量都在发挥作用。但是,如果培训工作流程中这一阶段得以细心实施,流程中其他步骤则能够建立在坚实的基础上并相对容易实施。

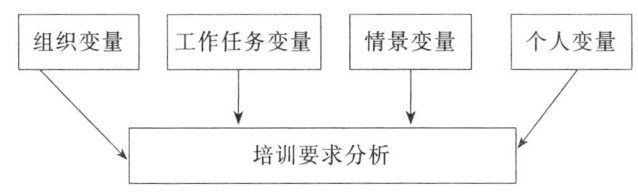

图11-2 影响外派人员培训要求的各种变量

结合工作任务分析,可以推断哪些任务是所有外派人员必须履行的,找出他们需要具备的一般技能。许多环境变量可能影响某个具体任务,如派驻国的具体经济和政治环境。为了确保外派人员在这些具体环境变量的作用下发挥正常,他们需要获得具体的成功完成外派任务所必需的技能。

2. 培训目标与任务

在上述工作的基础上,再将培训需求转化成培训目标和任务。培训目标是对一个相当概括的目的的表述,而培训任务则是一个非常具体的描述,包括培训阶段完成后学员应该能够去做什么,在什么样的条件下达到什么样的标准。

概括来说,跨文化培训是为提高外派人员及其家属在海外任职成功的可能性。决定外派成功的标志一般有三个,即个人调节适应程度、职业效率程度和人际协调效率。如果外派人员对海外的工作与生活条件感到满意,那么他就具有了个人调节适应能力。如果外派人员能以积极进取的态度完成海外任职中的日常工作、任务并履行职责,那么他就具有较高的职业效率。同样,如果他有兴趣并且有能力去和派驻国的当地文化相互沟通,那么他就有高效率的人际协调能力。因此,跨文化培训的目的是为培训对象提供知识、技能和态度等方面的训练,使他们获得上述的调节适应能力,并最终取得良好的效果。对于那些需要学习的具体的知识技能和态度取决于接受培训的群体或个人的培训要求,这必须从培训要求分析中推断出来。

一旦培训需求被确认并转化成具体的培训目标,我们就知道通过培训应该获得什么。但我们还不知道的是如何达到这些培训目标,这个问题的解决将在培训设计阶段完成,在这个阶段将决定达成特定目标所需的具体教学内容、运用的教学方法和媒体,以及教学资料以什么样的顺序提供给学员,即涉及培训方法的选择。

三、跨文化培训的内容

跨国公司的外派前培训可以分为标准化培训和有针对性培训两大类。标准化培训是一般性的,它可以用于世界各地的培训。该培训具有全球普遍适用性,主要包括使外派人员掌握如何进行沟通、激励或领导的培训以及有关国际经营业务知识的培训,以提高外派人员的管理能力、技术能力、业务知识等。有针对性培训也即我们经常所说的跨文化培训,这是与外派的具体国家相联系的培训。

跨文化培训对于外派人员及其家庭适应海外新环境十分重要。它使外派人员及其家庭对未来的生活能有一个合理的预期。跨文化培训需要根据特定的雇员家庭、公司和任职国家的情况分别制定,并由专业人员来实施。跨文化培训一般需要一天或五天,如果有语言培训的话,时间会更长。跨文化培训一般与文化理论结合在一起进行,并讨论国内与国外的文化差异。跨文化培训的内容一般包括以下方面:

(1) 语言培训。学习东道国的语言有利于外派人员了解当地文化并与当地人进行交往,发展与当地组织的良好关系,有利于对竞争者进行监视,有助于发展与当地雇员的关系并提高管理效率。

(2) 学习任职所在国的历史、宗教信仰、政治结构、时事等方面的基础知识,理解该国文化的价值观和信念。

(3) 评价本国文化如何影响雇员的是非判断、好坏观念、举止、价值观、服装和风俗,使他们认识到人是社会的人,都会戴着有色眼镜去看待周围的世界。评价文化对雇员的影响程度是确定雇员适应能力的重要前提。

(4)一旦雇员明白了本国文化如何塑造他的性格和世界观,就开始学习其他外国文化。在此阶段,跨文化培训着重讲解本国和外国的文化差异是如何形成的。

(5)根据本国文化特征开发一个雇员个人文化特征资料,在每一个特征上标出雇员的个人位置。因此,在新的文化特征下,雇员就知道应该如何去有效地适应新的文化环境。

(6)调整行为。改变自己的性格十分困难,但学会如何改变自己的行为去适应新的文化环境却相对容易一些,这也是培训的一项主要内容。

(7)设计特殊情况下的特殊培训项目。例如,地区经理或雇员夫妇追求事业发展,那么就需要为他们设计特殊培训,以帮助他们实现自己的目标。

(8)日常生活培训。日常生活培训的目的是帮助外派人员及其家庭学会应付东道国的日常生活,主要包括对东道国地理、气候、住房、学校、交通、饮食、购物等日常生活方面信息的介绍。

对不同类型的外派人员,培训内容应有不同的侧重,表11-1列出了美国、欧洲和日本公司在培训不同类型的外派人员时所侧重的培训内容。

表11-1　不同类型外派人员的培训计划　　单位:%

培训计划	首席执行官			部门领导			问题解决者			一般人员		
	美国	欧洲	日本	美国	欧洲	日本	美国	欧洲	日本	美国	欧洲	日本
环境简介	52	57	67	54	52	57	44	38	52	31	38	67
文化导向	42	55	14	41	52	14	31	31	19	24	28	24
文化学习者	10	21	14	10	17	14	7	10	14	9	14	19
语言培训	60	76	52	59	72	57	36	41	52	24	48	76
敏感性培训	3	3	0	1	3	0	1	3	5	0	3	5
实地经验	6	28	14	6	24	10	4	3	10	1	7	24

资料来源:Richard M. Hodgetts, Fred Luthans, *International Management* Mcgraw-Hill,1991,P.268,Table8-3。

四、跨文化培训的方法

对外派人员的跨文化培训在刚开始时一般都采取纯粹认识性、知识性、教学性的方法。直到19世纪60年代，最频繁使用的培训策略是讲解型的培训指导。到了60年代末期，随着人文主义思潮进入跨文化培训，敏感性训练等培训方法非常受欢迎，它们强调如何学会学习。随后，跨文化培训逐渐成熟并整合了这两个阶段中培训方法的精华。因此，当前的跨文化培训融汇了知识型培训和经验型培训方法。主要有：

（1）角色扮演。学员按照培训人员的要求想象自己处于某一特定环境，随后扮演模拟角色，每个角色扮演完毕后将立即给予评价反馈。

（2）案例研究。这种方法强调学员的情景和问题分析能力，要求学员决定可能的一套解决案例问题的行动并写出书面报告。

（3）教学游戏。其本质在于做游戏自身的竞争性和对现实生活的一个简化的模拟。早期的教学游戏通常关注发展基本的商业技能，而近期的教学游戏则还注重人际关系和沟通技能。

（4）文化吸收。它是利用一种计算机程序来提高学员从其他文化的观念出发处理某一情景的能力。其隐含思想是，人们能够学会对不同文化环境作出恰当的归因。为达到这一目标，文化吸收培训关注关键问题和关键差异，并汇总到重大事件中，这些事件描述了来自两个不同文化的个体间的相互作用，并附上四种对它们行为的合理的归因。但是，从当地文化观点出发，只有一个答案是正确的，学员必须在四个答案中选择一个，然后将结果反馈给学员。

（5）报告讲座。口头的、单向的知识传递。

（6）教练辅导。这里知识的传递不是绝对的单向，老师和学员同时参与到学习进程中。

（7）阅读作业。教师指定相关问题的阅读材料，由学员自学。

（8）视听演示。这类演示用来传播那些无法完全由口头讲授、阅读材料传递的信息。

(9) T型小组。学员从习惯性的角色中解脱出来,通过开发新的通常无法预料的角色来进入一个故事情节。这些行为改变随后由同组其他成员进行研究。

(10) 训练与练习。这是一种非常紧张的培训方法,培训过程中练习和反馈频繁地交替进行,使得不希望出现的行为没有机会得以发展。这种方法经常用于语言培训。

(11) 示范。这种方法的基本假设是,学员通过观察示范人员演示期望的行为并在模仿中得到强化,就可以直接将这种示范行为内化到自己的行为中去。示范可以在工作岗位上直接展示,同事或管理人员在有报酬的条件下展示期望的行为。

(12) 实地考察。对任职地国家所做的事先参观访问。

(13) 会见有经验的外派人员。通过非正式的会议交流使学员学到有价值的信息和经验。

(14) 教练。根据学员的表现为其提供反馈,目标是为了提高学员素质。善于教练的管理人员示范正确的行为,提出具体的富有挑战性的任务目标并向学员提供经常和及时的反馈。

(15) 工作轮换。学员按照约定的期限在不同的工作职位上或商业领域内工作。这种培训的独特优势是培养学员从组织整体结构的角度出发形成对自己特定角色的认识。

培训方法的选择需要考虑很多的因素。例如,外派人员特定的技能,可能需要通过特殊培训方法获得;又如,尽管外派人员在赴任前通过训练掌握了一些基本的语言对话技能,但是思想和行为的基本熟练还需要更多时间和更复杂的培训方法。因此,必须提倡个性化培训和适应特殊环境需求的培训。

第四节 外派人员的薪酬管理

跨国公司为其外派人员提供适当的薪酬福利是调动雇员积极性的

关键,也是决定跨国公司国际竞争力的重要因素。由于外派人员的特殊性,因此相对于国内人力资源管理的薪酬体系,外派人员的薪酬管理具有不同的特点,也更加复杂。

一、外派人员薪酬管理的目标与复杂性

同国内的报酬政策一样,国际报酬政策也是公司实现某些目标的一种手段。一般来讲,跨国公司有效的国际报酬政策应努力达到如下目标:

(1) 吸引并留住符合海外任职条件的雇员;

(2) 使雇员能十分便利地在母公司与子公司之间或者子公司与子公司之间进行调动;

(3) 使国内外各子公司的报酬制度有一个稳定、公平的关系;

(4) 要使本公司的报酬制度相对于其主要竞争对手有较强的竞争力;

(5) 尽可能减少公司的成本。

在跨国公司的整体国际报酬计划目标下,通常还要制定外派人员薪酬计划的具体目标。例如,对离开母国到海外任职进行奖励,维持一定的生活标准,考虑外派人员的职业生涯发展的需要及雇员家庭的需要,以及有利于雇员在海外任职期满后返回母国。要达到这些目标,公司往往需要在经理人员底薪的基础上额外支付一笔高额的费用以使其接受海外任职。

外派人员的薪酬管理比母国国内的薪酬管理复杂得多。其中包括制定外派人员的薪酬与福利,管理来自不同国家的雇员,了解不同国家的薪酬福利制度与水平,以及考虑多国的货币、汇率、通货膨胀率、税收体系及不同的生活标准与费用等。

二、外派人员的薪酬体系

跨国公司对外派人员基本薪酬的管理,一般实施三种薪酬体系,即母国标准报酬体系、东道国标准报酬体系以及混合报酬体系。

1. 母国标准报酬体系

对母国外派人员采用最为广泛的报酬体系是母国标准报酬体系。其目的在于保持外派人员报酬相对国内同事的一致性，同时对海外任职所产生的额外费用给予补偿。

母国标准报酬体系是通过资产负债表来实施的。出发点是外派人员现有的报酬水平（或称基本报酬），包括工资、福利以及其他货币或非货币的报酬，并在此基础上附加调整项目和激励项目。其中，调整项目旨在保持外派人员在国外仍具有国内时的购买力，补偿外派人员因国外任职而带来的额外支出。调整项目一般包括生活费用调整、住房调整、税收调整和福利调整。而激励项目则是为使雇员乐于接受海外任职而给予的奖励或津贴，主要包括海外任职津贴、艰苦条件津贴等。

资产负债表法的第一步是确定外派人员的基本报酬，比较复杂的是底薪水平的确定。底薪是指在雇员总体报酬中确定奖金和福利等其他报酬项目的基准，是对外派人员进行奖励和调整的基础。如海外任职津贴、生活费用津贴、住房津贴与税收等许多津贴都直接与底薪相挂钩，按底薪的一定百分比来计算。

一般来说，外派人员底薪的确定主要采用母国、东道国、地区或国际工资标准。地区或国际性工资标准。一般为大跨国公司所采用。所谓地区标准，是指许多跨国公司按照地理或文化、语言将世界划分为许多区域，如欧盟、拉美、东南亚、非洲等，在同一地理区或文化区内实施基本相同的工资标准。而国际性工资则是指对担任同等职务或具有同等技能水平的国际性流动雇员实行相同的工资标准。

外派人员底薪的确定还与外派的时间、任职区位以及公司的性质有关。如果受委派人到海外任职的时间相对较短，或者任职国家工资相对较低，那么使用母国标准可能比较合适，而如果是到高工资国家任职，则往往以东道国工资水平为基准。如果海外委派时间长，并且外派人员需要经常在各国之间流动，那么可能选择地区标准或国际性标准。此外，在确定底薪时一般采用"就高不就低"的原则，当跨国公司来自高工资国家时，其母国人员的工资往往依据母国的标准，而在高工资国家任职的外派人员往往实行东道国的工资标准。

对第三国人员而言，他们以往确定的底薪参照其母国标准，但随着第三国人员在国际上的不断流动,母国标准似乎越来越不切实际。新的趋势是将他们的底薪按照东道国标准或地区标准来界定。

资产负债表法的优点是拉平了外派人员在母国与东道国之间的购买力上的差异,从而有利于雇员的国际流动,同时也有利于他们在国外任职期满后返回母国。其缺点在于因为员工来源国的不同,而导致同一子公司同一职别的母国人员与第三国人员之间、第三国人员相互之间以及母国人员、第三国人员与东道国员工之间在薪酬上存在巨大的差异,特别是母国外派人员的薪酬通常要比东道国员工高出许多。这将引起薪酬水平低的雇员不满,进而影响团队合作。

目前,有些跨国公司正在试行"一次总付"报酬方法,公司每年或定期给雇员支付一笔总的款项,由雇员自行决定如何在房屋以及商品和服务项目上进行分配。目的在于控制成本,减少逐项计算各种津贴的麻烦,同时也考虑到了许多雇员对资产负债表的抱怨。

2. 东道国标准报酬体系

东道国标准报酬体系,又称工资本土化或当地流行工资率,就是参照当地人员的标准来确定外派人员薪酬。这样可以避免高工资东道国的职员薪酬明显高于外派经理人员的情况。该报酬体系一般只适用于低工资国家向高工资国家的流动。

实施东道国标准体系需要两个前提条件:(1)公司要熟悉东道国的市场行情,了解从事相应工作的当地人员的收入水平及其购买力。(2)有一个严格的工作评价体系,对雇员将要承担的工作进行评价,从而确定相应的报酬水平。如果这两个前提条件存在的话,那么外派人员的报酬只要简单参照当地同等职位人员的报酬水平即可。东道国标准体系所针对的只是一般工资水平,与母国标准体系一样,公司同样要考虑如下两个问题:(1)是否对雇员到海外任职给予奖励,因为各国生活水准存在着很大的差异,尤其是低工资国家往往伴随着所谓的"艰苦条件",并且外派人员同样面临着孤独、工作时间长、压力大等问题。(2)是否要补偿或者在多大程度上补偿外派人员在他国生活方面的额外支出。例如,外派人员往往需要支付较高的住房费用和非东道国人员必须支付的一些福利项目。

目前,跨国公司对常驻外派人员越来越多地实施东道国标准报酬体系。此外,由于他们基本上已经适应当地的生活方式、购物习惯,并且熟悉当地的市场行情,出于减少公司成本的考虑,适当减少他们的各类津贴也是必要的。

东道国标准报酬体系同样适用于母国人员和第三国人员,其优点是在同一子公司工作的不同来源国的雇员实现了同工同酬,消除了因来源国不同而产生的薪酬差异,从而有利于团队工作。此外,该报酬体系有助于外派人员积极融入当地文化。其缺点在于外派人员事先很难了解东道国工资水平的实际购买力及其对生活水准的影响。此外,一旦外派人员被派往高工资国家而工资提高时,他们就不愿意再被召回母国任职,进而影响雇员的流动。

3. 混合报酬体系

为了弥补上述两种体系的不足,许多跨国公司引进了混合报酬体系,将母国标准体系与东道国标准体系的部分特征相结合。这种报酬方法主要针对的是在国际上不断流动的国际性骨干队伍,特别是公司的一些高级管理人员。

混合体系最简单的形式就是将所有外派人员(无论其来源国如何)都视为来自同一个国家。例如,将所有的外派人员都按照美国人员对待,从而依据美国的标准支付报酬。按照这种方法,母国工资水平最高的外派人员的工资往往被当作支付报酬的标准。这种方法一般适用于总部位于高工资国家的跨国公司。

混合体系在国际上运用的范围目前还不是很广泛,它主要针对的是国际流动骨干人员,通过资产负债表所做的一些调整适当拉平了不同国别外派人员的报酬差异,有利于国际骨干队伍的流动和发展。但它与当地工资水平没有关联,从而造成外派人员和当地人员薪酬的差异,也会对团队工作产生一些不利影响。

三、外派人员的薪酬调整项目

如上所述,跨国公司为使雇员在经济上不会因海外任职而蒙受损失,一般要对外派人员的收入在确定底薪的基础上进行一些均等化调整。

1. 生活费用津贴

生活费用就是用于食物、服装、家具、娱乐、交通以及私人保健、医疗保健等项目上的支出。提供生活费用津贴的目的在于,保证外派人员在国外任职期间能够维持原有的可自由支配收入的水平,也就是维持原有的购买力。总的说来,如果东道国生活费用高于母国,则需要对外派人员支付生活费用津贴,其额度按海外商品与服务差异确定。相反,如果东道国生活费用低于母国,一般情况下并不减少外派人员的薪水。

此外,外派人员初到其他国家,因不适应陌生的生活环境也会带来额外的生活成本。例如,语言不通、环境不熟、不知何处购物等,从而在购买同样的商品时比当地人支付更高的价格。许多发展中东道国的生活费用指数低于外派人员母国,但外派人员仍可能付出高于母国的商品服务支出,从而同样需要公司提供生活费用津贴。

过去,外派人员所获得的这部分津贴往往偏高。随着时间的推移,外派人员已逐渐熟悉当地生活习惯以及消费模式,为了减少成本,同时使外派人员更好地融入当地生活,跨国公司将生活费用津贴与海外任职时间相联系,采取逐步减少生活费用津贴的方法。

2. 住房津贴

提供住房津贴的目的是为了使雇员能维持母国原有的住房水准。住房津贴通常是按照母国与东道国的住房成本(假定的或实际的成本)的差别来计算,也有的公司采取提供住房或固定住房津贴的方法。对于外派人员的原有住房,在其销售和出租方面,几乎所有的跨国公司都提供一定的资金援助和保护。例如,支付出让和出租管理费,销售补贴或提供出租保护和产权保护等。

3. 税负调节

如果外派人员的总税负超过原来在母国的纳税负担,跨国公司一般通过税负调节给予补偿。实行税负调节的方法有两种,即税收均等化与税收保护。

实行税收均等化的公司首先从外派人员的收入中扣除其母国税

负,然后公司为其支付在东道国的所有税收。这种方法使得外派人员在各国的税收达到均等。而在实行税收保护政策的公司,外派人员只需支付其在母国的税负部分,差额则由雇主承担。实际上,若外国税负高于母国税负,超出部分由雇主支付,而如果外国税负低于母国税负,多余部分往往由雇员获得。

实行税负调节需要考虑的重要内容是税负调节所涉及的收入项目,即哪部分收入可以享受税负调节。对许多公司而言,外派人员需要承担底薪和奖金部分的税赋,而奖励性津贴和调整性津贴则由公司免税提供给他们。

四、外派人员的激励项目

要想使外派人员接受到海外任职的任务,仅使雇员维持原有的购买力是不够的,还要考虑伴随着文化不适应产生的孤独感、冗长的工作时间、孩子就学困难,以及与家庭成员分离、配偶失业以及生活质量下降等问题。为了激发雇员的积极性,许多公司对外派人员给予激励,以使他们获得经济上的补偿,从而愉快地到海外任职。如果所提供的激励太多,无疑给公司带来了高昂的成本,再加上现代通讯和交通技术的发展以及人们对外派观念的转变,有经验的跨国公司已经注意控制这方面成本。但是,目前给外派人员提供激励项目仍然是大部分公司的习惯做法。这种激励项目不单在母国标准报酬体系下才有,它也同样适用于东道国标准报酬体系和混合报酬体系。一般说来,激励项目主要采取多种津贴形式:

1. 海外任职津贴

海外任职津贴是最普遍的一项激励项目,它是指一些跨国公司为鼓励雇员到国外任职而提供的经济补偿。海外任职奖金的标准一般取决于外派人员职务高低、派往国家的类别、派往时间的长短、家属是否陪同、回国度假的机会多少、愿意去该国的人数等,其数额一般为底薪的一定百分比。过去一般为25%,而现在这一比例常常为15%。

2. 艰苦条件津贴

所谓"条件艰苦",包括如下情况:不熟悉或不舒适的气候;健康危险,诸如疾病流行、卫生设施缺乏、医疗技术及设备落后等;地理隔绝,特别是指通讯与交通条件十分不便的地区;恶劣的社会政治环境(意即安全得不到保证的"危险岗位"),诸如政局动荡、内战、街头暴力、偷盗、绑架与抢劫风险;食品匮乏;文化、娱乐与社交设施缺乏等。

3. 子女教育津贴

跨国公司往往付给外派人员一定的子女教育津贴或者承担其子女学费、语言学习费用、报名费、书本文具费、交通费、膳宿费或校服费,以及子女在其父母工作所在地以外的国家上学、度假的旅行费用。

4. 迁居和调适津贴

跨国公司通常要支付外派人员全家搬迁到东道国以及任职期满返回母国的费用,包括全家旅费和家庭用品的搬运费等。迁居津贴还包括国内物品储藏费、家庭用具及汽车购买(或销售)补贴,外派人员在找到正式住房前的临时住宿费用以及其他与迁居有关的费用。一些跨国公司还向外派人员及其家属支付一定的调适费,如语言学习费用等。

5. 探亲与旅游津贴

大部分公司每年至少为外派人员及其家庭回家探亲提供一次往返机票,但探亲期间食宿费用往往由外派人员自理。如果外派人员不回母国探亲而在东道国度假,那么公司往往给予其旅游津贴。

另外,在考虑外派人员的货币报酬时,还必须考虑支付报酬时货币种类的选择与组合问题。为了减少由于汇率波动而导致的问题,并使外派人员归国后能以母国货币进行储蓄,许多跨国公司都把外派人员的货币报酬分为两部分,一部分以东道国货币支付,其余的以母国货币支付(借记在指定的账户上)。以东道国货币支付的部分大致等于雇员原来在母国用于消费的收入,再加上生活费津贴、住房津贴、子女教育津贴和雇员在东道国交纳的税款,而奖金等通常用母国货币支付。

参考资料

1. Dennis R. Briscoe, "International human resource management", Prentice—Hall 1995.

2. Peter J. Douling and Randall S. Schuler, "International dimensions of human resource management", Boston: PWS – Kent Publishing, 1990.

3. Jan Selmer (Ed.), Expatriate Management. "Mew ideas for International Business" Quorus Books 1995.

4. Anne – Wi l harzing and Joris Van Ruysseveldt (Ed.) "International Human Resource Management: an Integrated Approach", SAGE Publications Ltd. 1995.

5. Helen Deresky, International Management: Managing Across Borders and Cultures. Harper Collins College Poblishers, 1994.

思考题

1. 什么是国际人力资源管理？国际人力资源管理不同于一般人力资源管理的特征有哪些？

2. 不同的国际经理人员来源的利弊各有哪些？哪些因素影响经理来源的选择？

3. 外派人员的跨文化培训内容包括哪些？有哪些跨文化培训方法可供选择？

4. 外派人员的薪酬体系主要有哪几种？分别是什么？影响外派人员薪酬体系选择的主要因素是什么？

5. 为什么要对外派人员给于激励？外派人员激励中的津贴主要包括哪些？

开发篇

第十二章

企业人力资源开发概述

本章学习要点

- 鉴于开发主体不同,人力资源开发有宏观开发与微观开发之分。
- 狭义的人力资源开发内容包括:挖掘潜能;提高智能;提高思想素质;调动积极性,改进行为绩效。广义开发内容,除上述四方面之外,尚有合理配置与使用人力资源。
- 企业人力资源开发应当遵循普遍性、重点性、个性化,注重心理开发、计划性、持续性等原则。
- 企业人力资源开发主体与客体存在相互依存、互相作用的辩证统一关系,二者在实际开发活动中会发生角色转换。

第一节 人力资源开发的涵义与内容

一、人力资源开发的涵义

人力资源开发,是20世纪六七十年代以来广泛盛行于西方的流行用语和实践活动。这是伴随人力资源在现代化经济增长和企业发展中的重要地位和作用愈益显现而发生的。鉴于人力资源开发主体不同,有宏观开发与微观开发之分。所谓宏观人力资源开发,是指国家和部门通过有计划的投资,利用教育、培训一系列有效形式,采取得力措施,促进和诱使社会成员,特别是其中的社会经济活动人口(劳动力资源)的体能、智力、知识和技能的形成、提高与发展,并使其潜在能力现实化的过程,提高社会成员的素质和行为绩效,促进社会生产力的不断发展。

微观人力资源开发,是指公司或企业作为一个独立的经济实体、法人,进行有计划的人力资本投资,采取一系列教育、培训、开发的有效形式,挖掘员工智力潜能,训练、提高其智力、知识和技能水平,培养其企业优秀价值观,充分调动和发挥员工积极性、自觉性和创造性的全面过程或活动,以促进员工发展,改进行为绩效,保证企业生产经营战略的实施和各项经济与非经济目标的实现。一般谈人力资源开发,大多是就微观而言的。理解人力资源开发,需要把握如下涵义:

第一,人力资源开发,首先要确定开发主体(谁进行开发)和开发客体(对谁进行开发,即开发对象)。开发主体,有国家、部门、社会团体、行业、企业、个人等。开发客体,为主体所辖空间范围内的人力资源全体。

第二,人力资源开发的实质是挖掘人力资源内在潜能,提高人力资源的劳动能力,充分启发、调动人力资源劳动的积极性、自觉性、创造性。

第三,人力资源开发不是静止的现象或事物,而是主体作用于客体,将主体目标和任务同客体的个人需要和职业抱负融为一体的管理活动,是一个动态运行过程。

第四,人力资源开发,不是单一的简单过程或活动,其中既有同类别人力资源开发,又有不同类别人力资源开发;既有横向层面上同级别人力资源开发,又有纵向不同级别人力资源开发;既有挖掘潜能的开发,又有提高劳动能力的开发;既有体能的开发,又有智能的开发;既有智力、知识、技能的开发,又有思想理念、价值取向的开发;它既是人力资源管理部门的本职工作任务,又是其他管理部门及整个组织应担当的工作。因此,从开发内容、客体对象到开发任务,均表明人力资源开发是多项过程或活动纵横交错有机联系和交织在一起的,构成一个立体交叉的开发系统。

第五,人力资源开发的目的是满足个人需要,促进个人发展,改进行为绩效,实现开发主体的各项经济的与非经济的目标。

二、人力资源开发内容

人力资源开发的内容主要包括以下几个方面:

第一,由于不同组织代表不同人力资源群体的利益,不同组织有各自相异的宗旨、目标、职责和任务,故人力资源开发的内容不尽相同。这从如下几个国际组织的主张清晰可见。

国际劳工组织站在劳工立场上,强调人力资源开发主要针对发展技术职业教育和就业培训,以增强自谋职业的能力,清除可以避免的结构性失业。

联合国科教文组织以培养、教育人的成长和促进作用的发挥为己任,确定人力资源开发是针对人的能力与潜能的开发。

联合国经社理事会则从有利于整个经济社会发展的方面来确定人力资源开发内容。它认为,从广义看,所有的经济和社会发展过程都具有人力资源开发特征,透过人力资源外表,可集中看到主要相关方面和开发过程中优先发展的方向,即就业和劳动力开发、科学与技术开发、生活素质开发等三个主要范畴。

第二,若抛开人力资源开发主体的组织特质,立足于主体直接作用于客体的运行过程来思考,人力资源开发内容包括两项:能力开发和精神开发。能力开发,即体能与智能(智力、知识、技能)的开发,此为人力资源所具有的实际能力,是其作为资源的基础、实体。精神开发,即对人力资源的政治观念、职业道德、敬业精神、合作意识、企业本位意识和归属意识等的培养、教育与开发。

美国的罗伯特·L.马希斯和约翰·H.杰克逊强调人力资源开发主要是能力开发。他们认为,人力资源开发的作用是给员工增添超过他们目前工作需要的各种能力。能力开发是企业为提高员工承担各种任务之能力所进行的努力,它既有利于企业,又有利于员工个人。企业只有拥有各种经历丰富和高强能力的员工和管理者,才能增强竞争力和适应竞争环境变化的能力。同时,通过开发,员工个人的职业生涯目标将逐渐变得更加明确,职务也得以步步升迁。

第三,从企业发展对人力资源的需求出发,人力资源开发包括数量开发、质量开发和结构开发。

数量开发,企业通过招聘、引进、调配、使用、培训教育等开发形式,满足企业对人力资源、人才资源数量上的需求。

质量开发,主要通过教育培训等各种有效形式,满足企业对人力资源质量的需求。

结构开发,通过教育培训对企业现有人力资源进行结构性开发,以满足企业对各类人员数量、能力、素质的需求。结构开发有三种类型:①管理型开发。这是针对企业管理人员现状,实施系统化、规范化的基础管理理论教育。②操作型开发。这是对企业直接从事生产的员工或者一线操作员工,进行现代知识、操作技能的教育培训。③未来型开发。这是以超前意识,对目前尚未实行,但发展趋势必然要实行的现代化管理、新工艺、新设备、新材料、就技术等方面人才的教育、培养与开发。

第四,从企业人力资源开发与管理的职能或工作角度来看,人力资源开发包括教育培训开发、职业生涯开发、激励开发和组织开发等项内容的工作。

第五,从人力资源开发理论体系的学术研究角度来看,将人力资源开发的基本内容确定为:心理开发、生理开发、伦理开发、智力开发、技能开发和环境开发。

心理开发是针对劳动者的需求和动机,调动劳动者的积极性、主动性,增强劳动动力。

生理开发主要以保护人力资源为目的,按照人体生理规律,科学、适当地安排劳动时间、劳动量、劳动条件及正确合理的劳动姿势。

伦理开发是唤起劳动者的职业伦理道德和精神,激发其无穷的精神力量。

智力开发主要开发劳动者的创造力,培养其创造性意识和创造性思维,发现创造性人才,激发创造冲动。正如罗曼·罗兰所言:"一切生命的意义就在于此——在于创造的刺激。"

技能开发是通过职业教育,不断提高劳动者技术素质。

环境开发主要是改善劳动者的社会环境,协调劳动过程中的人际关系,不断增强团体组织的凝聚力,使劳动者在和谐、友爱的气氛中心情舒畅地劳动。

我们认为,确定人力资源开发内容,应当立足于主体直接作用于客体的运行过程,从人力资源开发实质内涵考察,给出人力资源开发的内容较为适宜。据此,人力资源开发有狭义内容和广义内容。

狭义人力资源开发内容包括4个方面:

(1) 启发、调动、挖掘人力资源已经具有的体能和智能。

(2) 在原有的劳动能力的基础上,进一步培养、训练、提高人力资源的体能,特别是其智能。

(3) 培养、训练、提高人力资源的思想素质水平。思想素质,是人力资源作为能动的生产要素、经济资源,推动生产资料所具有的思想意识、品德。例如,工作责任心、事业心、敬业精神、创新精神、协作精神、劳动态度、职业道德、价值取向等。

(4) 充分启发、调动人力资源的工作积极性、自觉性和创造性,改进行为绩效。人力资源所具备的能力再大,若不发挥出来,不能产生行为绩效,于个人和企业均无益。

一般情况下,人力资源开发内容是就狭义而言的。其中,第(1)项内容是挖掘人力资源潜在能力的过程;第(2)、(3)项是训练、提高人力资源的能力和素质的过程,即给人力资源增添超过他们目前工作需要的各种能力;第(4)项则是促使人力资源全部能力充分释放并获取行为绩效的过程。4项开发内容缺一不可,相辅相成,构成一个完整的人力资源开发体系。

除狭义的人力资源开发内容之外,有些情况下,特指广义内容的开发。广义人力资源开发内容包含:

第一,上述第(1)、(2)、(3)、(4)项内容;

第二,尚有第(5)项内容,即合理配置、使用、调配人力资源,根据每个人的才能、个人特质,将之置于相应的、恰当的工作岗位上,做到"人尽其才,才尽其用"。

第二节 企业人力资源开发的必要性与原则

一、企业人力资源开发的必要性

1. 企业人力资源开发的必要性由人力资源自身的特点所决定

人力资源与其他物质资源相比,具有很强的时效性。凝结于劳动者体内的人力资本存量,随着时间的流逝,有降低以至消失的可能。这一方面是由于劳动者到一定年龄劳动能力衰退;另一方面,由于技术进步、知识更新、工艺改进、产业变迁等因素作用,使已有人力资本存量发生"无形磨损"。人力资源具有时效性这一特点,要求企业不仅必须及时地合理使用现有人力资源,而且必须对其进行不断的开发,以使人力资源在自身人力资本存量和结构上,与企业的技术进步、企业的革新改造和持续发展的需求相适应。

人力资源是能动的资源要素,不仅能动地支配、使用物质生产要素,进行预期的物质资料生产,而且在生产过程中,主动地进行自我能力的调度与支配。据美国哈佛大学詹姆斯教授对按时计酬工人进行的调查表明,在一般情况下,工人只发挥20%～30%的能力,如果受到充分激励开发,其能力可发挥80%～90%。因此,人力资源能力的释放和发挥，与人力资源开发深度、广度呈正相关关系。

2. 企业人力资源开发是对宏观层面上企业外环境的一种反应

企业作为一个独立经营的法人实体，其生产经营活动总是在一定的客观环境中进行。这些环境因素影响着企业的生存与发展。因此，企业应力求对客观环境及其变化作出反应，并针对各种影响因素采取相应的策略。于此之中，人力资源开发首当其冲。因为企业面对客观环境，必须有思想敏锐、高瞻远瞩、能洞察局势和环境的管理者，必须有创新意识和能力应对环境变化的科学技术人员和技术工人。这些人才资源可以取自劳动力市场。但是，在生产高度专业化的今天，社会供给的人才资源在知识、技术结构等方面不可能完全与企业的微观需求相一致。企业必须依据自身实际需求，有目的、有针对性地进行人力资源开发，必须依赖于教育培训、绩效考评、职业生涯开发、团队组织、企业文化构建、激励机制等诸多开发措施，发现、培养、造就企业应对现时代的人才资源。

3. 企业人力资源开发是适应技术进步需要的必然措施

技术进步不仅是现代经济持续、高效增长的重要因素，也是企业为增强生命力和求得长远发展的重要手段。技术进步无论对宏观经济，还是对微观经济，都会产生足以改变企业行为模式的影响。技术进步使企业人力资源供给和需求两方面均发生了变化。

技术进步对人力资源供给带来如下变化：一是劳动力现有的知识、技术发生"无形磨损"，劳动者已具有的本领无用或用处减少；二是面临瞬息万变的技术进步，劳动者的知识、技能不得不经常更新；三是对劳动力素质的要求日趋提高，质量重于数量。技术进步使得企业已有人力资源的一部分，不再适应新的技术水平、新的生产工艺和操作程序。与此同时，技术进步使企业产生了对人力资源新的需求，即企业需要掌握最先进技术和生产工艺的人力资源。而企业所需要的适应技术进步的人力资源，难以从社会人力资源总供给中寻求，因为劳动力市场上同时存在不符合需求的劳动力供应过剩和符合需求的劳动力供应不足两种情况，即供需结构失调。在这种情况下，企业必须自主进行人力资本投资，开展教育培训开发，提高企业员工的适应能力、应变能力和创新能力,弥补企业所需要的人力资源数量和质量缺口。

4. 企业人力资源开发是适应国内市场竞争,使企业获得持续发展的必然要求

现代市场经济条件下,随着科学技术突飞猛进和知识信息的迅猛发展,企业之间的竞争日益加剧。当今科技信息时代,经济的竞争,实质是人才的竞争。人才资源是企业实力之所在,是企业活力、动力之所在。因此,加大企业人力资本投资力度,全面开发人力资源,是企业竞争制胜、获得持续发展的法宝。

5. 企业人力资源开发是企业国际化过程的必备条件

当今世界是一个开放的世界,经济在向全球化、一体化方向发展。作为一国经济细胞或微观基础的企业,在国家经济开放和发展过程中不可能不面向国际市场,也不可能不受到外来资金、技术、设备、产品,乃至经营管理等多方面的冲击和影响。企业的国际化过程,也就是企业在国际市场上取得必要的资金、技术、管理经验、知识信息,并向国际市场提供高新质量产品和服务的竞争过程。中国在不久的将来就要加入世贸组织,入世必将加速我国企业国际化进程,企业面临新的挑战和竞争,同时也是发展的机遇。在开放经济条件下,在企业之间的竞争趋于全球化之时,企业竞争力不再仅仅决定于资本的雄厚,更决定于一个企业综合实力和科学技术水平,归根到底,决定于企业间高质量人力资源的竞争,决定于人才的竞争。因此,企业国际化,必须有一支素质优良的人力资源队伍。这支人才队伍的培养与造就,是万万离不开企业人力资源开发的。

二、企业人力资源开发的原则

1. 普遍性、全员性原则

企业人力资源开发对象是企业的全体成员,这一原则的实施,将普遍提高企业人力资源整体素质水平,最大限度、最广泛地调动员工的积极性、主动性、智慧、潜能,使之充分释放与发挥。

2. 重点性原则

虽然企业人力资源开发是全员性的,但是,这并不意味企业对管理

层、专业技术人员和服务操作层,对每一位企业成员,进行均等的人力资本投资。在全员性、普遍性基础上,还要突出重点和特殊性。企业中的管理者、专业技术人员和技术工人,通常为重点开发对象,对其进行人力资本投资的力度较普通操作员工相对要大得多。

3. 个性化原则

现代企业的经营理念和指导思想是以人为本,企业是为人的需要而存在,为人的需要而生产的。因此,作为企业生命的员工,其个人利益及个人发展的需要,必然进入企业经营管理的视野,成为现代企业目标之一。现代企业人力资源管理不同于传统企业劳动人事管理,不是把员工视为高度同质的个体,而是视员工为不同质的个体,注重员工的个性和个体发展。人力资源开发,特别是教育培训开发和职业生涯开发,直接关系和决定着员工个体发展水平,其开发过程也就是员工个体发展过程。因此,人力资源开发必须针对每个人不同的具体情况,因人而异;必须基于个人发展需求的差别,尤其是职业需求和职业生涯发展路径的差别,尊重每一员工的意见和要求,实施个性化的开发管理。这样,人力资源开发方能取得显著成效,达到开发之目的。

4. 注重心理开发原则

在现代企业人力资源开发中,必须引入行为科学和心理学,对人力资源由开发"力的资源"走向开发"心的资源"。这一原则的运用是当代企业人力资源开发的创新点。

在以物质资本扩张为依托的经济发展时期,劳动力作为被利用的客体要素,企业劳动人事管理总是想方设法要工人付出最多的脑力和体力,视企业雇员为纯粹的"力的资源"。二战之后,人力资源作为生产的主体要素成为现代经济增长的拉动力量。于是,开发员工智力潜能成为现代企业人力资源管理的极重要的任务。但是,实践表明,把人力资源作为主体进行开发,远比作为客体被支配和利用要复杂得多。这是因为劳动能力存于人体中,它与人体具有不可剥离性,而人是有思想、有意识、有情感、有生命的活的资源要素。所以,对员工能力的开发非组织单方面的行为。员工个体既是开发对象,又是开发主体,其个人的特征、能力、性格、气质、价值观,对人及客观事物的感受、态度、工作满意度等,均是影响员工开发水平的因素。如果个人、组织有高含量的知识、技能,却不能得以充分发挥和运用,那么,个人或组织也不会成功。因此,在依赖于智力因素的同时,还必须靠非智力因素支持。例如,人际间的和谐,得到关心、爱护和帮助,受到尊重,个人价值得以实现,个人需求得以满足等。这些虽然不是直接提高智能的因素,但却是影响智能提高的因素,甚至是决定性因素。所以,当今人力资源开发,一方面积极进行人力资本投资,直接开发员工智能;另一方面,进行"心的资源"的开发,在开发管理中,尊重人、理解人,针对员工心理、行为和企业中人的关系,进行有针对性的科学管理。这样,企业人力资源开发管理方会卓有成效。

5. 计划性原则

首先,根据企业战略和总目标,确定企业具体工作计划。其次,依据企业工作发展计划,来确定企业对人力资源(数量、质量、结构)的需求;同时,对企业员工进行测评,掌握现有员工数量、质量水平和构成情况。最后,将测评结果同企业经营计划对人力资源需求的预测值进行分析比较,找出差距,据此拟定人力资源开发计划。坚持计划性原则,可以有力地克服或防止开发的盲目性、低效性,乃至无效性,使开发工作有的放矢,达到人力资源开发的高效性;同时,也是实现企业人力资源计划、企业工作计划和企业战略目标的有效保证。

6. 持续性原则

这一原则,首先缘于人力资源的无限创造力。随着经济的发展和社会的进步,人力资源的劳动能力不断增强、发展和提高,劳动者蕴含了无限的创造力和能力开发空间。因此,具有对其不断开发的必要性与可能性。

其次,人力资源非同于物质资源。当员工的工作积极性、自觉性、创造性被启发、调动之后,并不是保持到永远,留存于数十年的整个职业工作生命周期。在其漫长的工作期间,有时会因为个人职业追求、个人价值未能如愿实现,个人生活遇到挫折,一时间疾患在身等,导致员工的积极性、主动性、创造性受到挫伤与影响,这时就需要重新调动,时时关注,再次开发。

再者,现今是知识爆炸、科学技术迅猛发展的时代,是世界范围内的竞争空前加剧的时代。随着科学技术日新月异的变化,信息技术迅速发展,信息沟通与传递迅速而准确,信息内容丰富,新产品层出不穷。例如,美国每年有一万多种新产品问世,产品生产和销售竞争非常激烈、复杂,竞争淘汰率高。闻名于世的美国旧金山硅谷,每年新建不少企业,但真正存在下来的仅有20%,80%的企业在竞争中淘汰。面对此情此景,企业必须进行知识和技术创新,以及设备、产品的更新换代和新产品的制造,进行经营管理的创新,跟上时代前进的步伐。这样,企业才有出路,才可以立足,才可能获得持续发展。因此,不断开发、培养、造就适应时代要求,掌握最新技术,具有现代创新管理理念和管理技能的高质量人力资源,是时代的必然要求,也是时代发展赋予的任务。

第三节 企业人力资源开发主体系统和客体系统

一、企业人力资源开发主体系统

企业人力资源开发行为是多层面主体的综合行为,开发主体通常为多个,按一定形式组成有机的整体,构成企业人力资源开发的主体系统。

企业传统的人力资源开发主体系统如图12-1所示。

开发主体一是企业组织,二是企业员工。企业员工作为主体,是自我开发,它与企业开发相互作用、互相关联。与此同时,它又作为开发客体,接受企业发出的开发行为。

在传统的人力资源开发主体系统中,企业系主导作用的开发主体。它由处于不同职权地位、担负不同管理职能的人员相互组合成为五个开发子系统:预测子系统、决策子系统、执行子系统、控制子系统和参谋子系统。

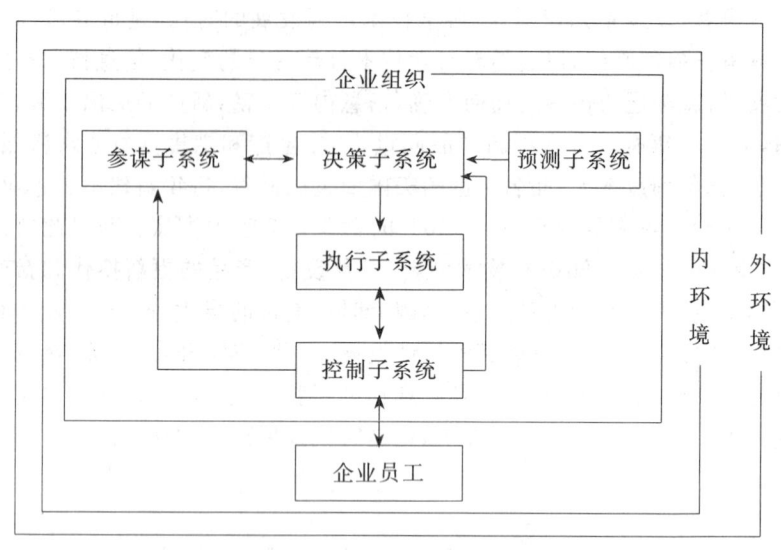

图 12-1 企业传统的人力资源开发主体系统

预测子系统，主要职能是收集企业内部和外部信息与工作环境信息，通过对信息的处理、分析，了解企业现有人力资源素质状况，预测企业对人力资源开发的需求，为决策子系统提供决策依据或基础。

决策子系统是企业人力资源开发主体系统的核心，由负有决策责任的企业领导者组成。其主要职能是根据企业内部和外部综合环境，在预测子系统预测的基础上，制定企业人力资源开发目标，制定开发的规划。

执行子系统是决策方案的执行者，制定具体的人力资源开发计划，组织贯彻实施，并进行指挥、协调。

控制子系统，对企业人力资源开发实行监督、评估，并将问题及时反馈给执行子系统、参谋子系统直至决策子系统，以便及时调整、修正，保证开发目标的实现。

参谋子系统一般由专家组成，通过与决策子系统互动，向决策系统提供新思想、新理论和新方法，或者根据控制子系统的反馈，及时向决策子系统提供修正、调整意见。

20世纪90年代初期,团队已成为企业组织活动的最流行形式。在以团队为组织结构基础的现代新型企业中,人力资源开发主体为企业决策层、工作团队和员工个体,三个层次的主体构成现代企业创新的人力资源开发主体系统,如图12-2所示。

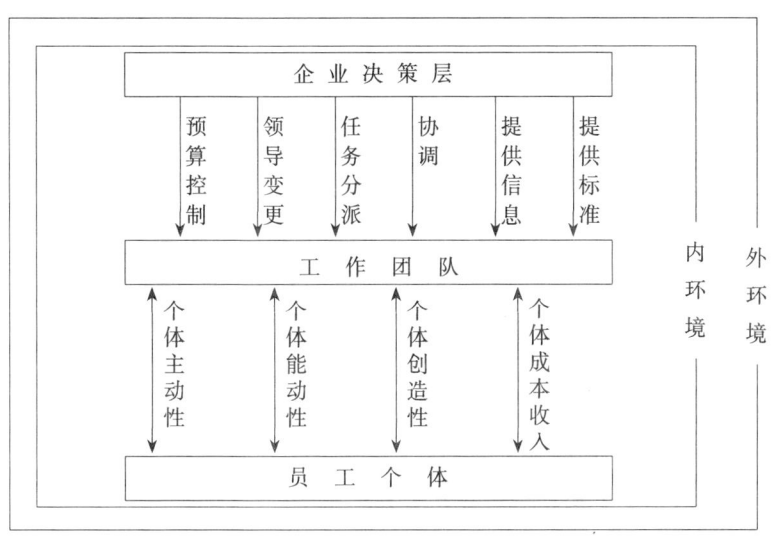

图12-2 企业创新的人力资源开发主体系统

在这一开发主体系统中,团队是一个相对独立的自主工作单位,是人力资源开发的核心,承担重要的开发职责。例如,根据自身所处内外环境和工作任务的性质与特征,预测本团队人力资源开发需求,制定开发目标和计划,并执行或委托企业内部或外部专门机构执行人力资源开发计划,同时担负人力资源开发评估任务。团队面向的开发对象为本团队全体成员。但是,团队内每个成员个体非完全被动的开发客体,他们同时是自我开发主体,通过发挥自身的主动性、能动性、创造性,通过承担部分开发,提高自身的知识、技能,来影响工作团队及整个企业的人力资源开发活动。

在以团队为基础的企业内,企业决策层依然肩负人力资源开发重任,主要是通过对团队的预算控制、变更领导、任务分派、协调、提供信息和标准等6个方面的工作,领导、控制、协调、帮助、影响团队人力资源开发。

企业创新的开发主体系统呈现出自己的特征:①开发的决策权由企业领导层下放团队,企业决策层实际成为人力资源开发的参谋系统。②开发的适应性强。团队是以任务为导向构建的。关于任务的性质、难点、复杂程度,任务所达成果目标与国内外的比较,任务所必需的知识、技术水平和技能等,团队有全面、细致而深刻的了解。因此,团队作出的人力资源开发计划、实施方案,采取的途径、方法针对性强,能准确适应工作任务的实际需要。③开发的针对性强。团队对员工的思想素质、知识技能水平、实际工作能力,乃至性格等个人特质甚为了解,可以针对每一员工具体情况,根据工作任务需要,有的放矢地实施开发。④开发效益高。一方面,这是上述第②和第③特征的必然结果;另一方面,在创新的企业人力资源开发主体系统中,企业开发、团队开发、员工自我开发融为一体,开发目标协调一致,开发利益共享,充分启发、调动各方面进行人力资源开发的积极性,必然达到高效开发。

二、企业人力资源开发客体系统

(一)企业人力资源开发客体系统构成

企业人力资源开发客体,是指企业人力资源开发主体所辖范围内,进入开发主体活动领域,并接受开发主体的管理、协调与组织的企业员工。企业人力资源开发客体总是以系统的方式存在。人力资源开发客体系统由处于企业不同层级、执行不同职能的员工组成,包括高层领导者、管理人员(各职能部门主管和一般管理者)、研究开发人员、工程技术人员、技术工人、生产工人、服务工人等。将其分类归总,基本上为4个子系统:领导决策层子系统、管理人员子系统、专业技术人员子系统和操作工人子系统。这4个子系统构成企业人力资源开发客体总系统。

(二)企业人力资源开发客体的特征

在企业人力资源开发活动或开发运行过程中,开发客体呈现出自己的运作特征。

1. 从属性

企业人力资源开发客体从属于其开发主体。首先,客体的开发目的或开发目标服从于主体开发宗旨或开发目标。其次,客体接受企业人力资源开发主体所发出的开发行为,接受主体的控制、组织、协调等开发管理活动。再者,客体的开发程度、开发受益水平,受主体的开发投入及主体开发管理水平的制约,在许多情况下,甚至由其决定。

2. 能动性

企业人力资源开发客体,是有思想、有意识的企业中的人,尽管对于开发主体具有从属性,但是,在实际开发运行中,仍表现出能动性特征。一方面,开发客体的社会关系、思想行为、个人特质,所拥有的知识、技能和态度等,相对于开发主体而言,是客观存在,不以主体意志为转移。另一方面,尽管主体作用于客体的开发活动和开发投入是相同的,但是,由于每一开发客体有各自特有的社会历史背景、心智模式、智力和知识技能水平,有各自不同的开发目标、追求与态度,因此,会产生不同的开发效果。企业员工也是开发主体,具有自我学习、自我强化、自我开发、自我发展的强烈内在要求和能动性,企业主体的开发工作正是通过客体的这一能动性来进行的。

3. 动态性

此为开发客体的显著特征。首先,动态性表现于客体在企业中的地位和担负的职能是动态的。企业根据自身发展的需要和适应环境的变化,可能重新进行工作设计和调整,某些员工的地位与执行的职能会随之发生变化。其次,开发客体的素质和能力呈逐步提高和发展之势。这一方面缘于作为开发客体的企业员工的经历日益丰富,其自我学习、自我开发、自我发展意识强烈;另一方面,随着科学技术突飞猛进和知识、信息的发展,以及激烈的竞争形势,对企业的生存和持续发展提出了严峻的挑战,这既给开发主体以压力,又是主客体人力资源开发运行的强大推动力,促动企业人力资源素质和能力提高至新水平。再者,开发客体在不断变化。企业不可避免地存在已有员工的流出和新员工的进入,常言说得好"流水不腐,户枢不蠹",此乃企业保持活力之所在。

4. 扩散性

扩散性是开发主体作用于开发客体,在客体身上产生的具有影响力和扩散性的开发效果。其产生于三个方面:一是单个客体的扩散性。例如,企业对其成员张某着力进行教育培训,它既增强其工作能力,又充分调动起其工作的积极性、主动性、创造性,张某高度敬业,取得突出业绩,继而调配至自己所追求的适宜的工作岗位。这是个体开发的成功典型,必然对其他开发客体产生积极影响和带动示范作用。二是开发客体子系统的扩散性。例如,专业技术人员经过继续教育,了解和掌握最新、最先进的科学知识和技术,并进行新产品研制、技术革新实践,这必然带动、影响和促进操作工人学习新知识、新技术,掌握新技能,以获取新产品研制和技术革新的成功。三是企业开发客体总系统的扩散性。如果企业人力资源整体知识技能水平提高,其组织开发必将提升至新水平。例如,构建优秀企业文化和学习型组织,必然会在同行业乃至全国产生积极影响。海尔集团"真诚到永远"的企业信念、企业文化,在全国起到了很好的典型引路的作用。

三、企业人力资源开发活动中的主体与客体关系

企业人力资源开发主体与客体,是组成企业人力资源开发系统实体结构的两级。在企业人力资源开发系统运作的过程中,开发主体与客体存在着客观内在关系。

(一)主体与客体相互依存、互相作用

企业人力资源开发主体与开发客体的内在联系是通过企业组织这一形式而发生的。

1. 企业组织是企业人力资源开发主体与客体的对立统一体

脱离了某特定企业组织,无所谓人力资源开发主体与客体。企业组织把企业人力资源开发系统的各种要素合理地安置于不同的层级结构中,确定他们的各种职位、职责和职权,建立起人力资源开发活动的规范。这样,一部分人由于拥有某种职位和权力而代理企业组织扮演人力资源开发主体的角色。但是,企业人力资源开发活动的效果,尚与开发客体内心对主体活动的认同程度有关。只有企业人力资源开发主体科

学地制定开发决策和具体计划,并且开发的内容和方式被开发客体完全接受时,开发活动方能取得较好的效果。这种开发的主观性与其被接受的客观性之间的联系,就是企业人力资源开发主体与开发客体相互联系的一个重要方面。

2. 企业组织是企业人力资源开发主体与客体的功能耦合体

所谓功能耦合,这里指的是企业人力资源开发主体与客体相互作用,彼此影响,依据二者自身的特性与规律,在功能与行为上使之有机地结合于企业人力资源活动中,在整体上产生企业人力资源开发的各种职能。企业人力资源开发主体与客体,具有各自的属性、特征,根据企业人力资源开发活动的需要,把二者组织并结合起来之时,必须遵循一定规律。例如,企业作为人力资源开发主体,在制定人力资源开发决策时,要约束纯粹的自我中心意识,应充分考虑开发客体的实际需要和发展需要,再结合环境因素和主体自身需要,科学合理地制定人力资源开发决策。企业员工,作为企业人力资源开发客体,在一定程度上应交出个人行为的控制权,放弃部分对人力资源开发的需求,使个人行为和需求非个性化,从而使个人与组织在人力资源开发内容和方式上达成共识。

3. 企业组织是企业人力资源开发主体与客体共同目标的结合体

企业必须有一个统一的人力资源开发目标。这种目标固然由开发主体的决策决定,但它必须为开发客体所理解和接受,并与每一客体的目标尽量吻合。企业中每个员工有自己的职业生涯计划,鉴于这种计划是内在的、个性化的、主观的,故员工对企业人力资源开发的需求也是内在的、个性化和主观的。但是,对员工而言,企业人力资源开发目标却是外在的、非个性化的和客观的。这样,企业人力资源开发目标与个人目标不可避免地存在着矛盾。企业人力资源开发主体必须通过组织手段来协调,使二者充分统一,形成以企业组织为代表的开发主、客体拥有共同目标的结合体。

(二)企业人力资源开发主体与客体的转换

企业人力资源开发主体与客体的转换,乃为角色的变更。角色,是组织赋予个人的一定地位、权利、义务和行为的规范体系。简言之,角色就是社会或组织对一个人行为的要求。企业中的每个员工都有多方面的社会关系,必须遵循多种行为规范,扮演多重社会角色,这就不可避免地经常发生角色的转化或变换。企业人力资源开发主体和客体分别为不同的开发角色,在实际的开发活动中,也会发生角色转换,通常有以下两种情况。

情况之一:在不同工作场景,相对于不同的企业成员,扮演相异的开发角色,发生开发主体角色与客体角色的转换。例如,一个工作团队的领导者,当他对其下属的团队成员进行人力资源开发决策时,他扮演的是开发主体角色,其下属成员则为他的开发对象,即开发客体。但是,当企业决策层对本企业内工作团队领导者进行人力资源开发时,该工作团队领导者在这一开发活动中则扮演开发客体的角色。

情况之二:企业人力资源开发主、客体角色的自我转换。作为企业人力资源开发主体的管理者,为了确立自己的主体地位,提高自己扮演开发主体角色的能力,必须将自己作为认识、评价、改造、开发的对象,亦即将自己作为人力资源开发客体。只有如此,才能不断地持续学习和进步,才能获得主体所必须具备的素质、特征、本质属性,从而真正成为主体,担当起主体角色。作为企业人力资源开发客体的员工,为了积极参与和配合开发主体的角色行为,必须对"自我"有所约束和管理。这种人力资源开发客体在开发活动中对其"自我"所进行的约束、开发、管理意识和行为,又使其成为自我开发管理的主体。这样,开发客体又自觉地扮演了主体角色。

参考资料

1. 陈远敦、陈全明:《人力资源开发与管理》,中国统计出版社,1996年。

2. 吴文武、牛越生、赖辉:《中国人力资源开发系统论》,中国建材工业出版社,1996年。

3. 张文贤、晏姚:《人力资源开发与管理》,上海人民出版社,1996年。

4. 吴国存:《企业人力资本投资》,经济管理出版社,1999年。

5. [美]斯蒂芬·P.罗宾斯:《组织行为学》,中国人民大学出版社,Prentice Hall 出版公司,1997年。

思考题

1. 何谓人力资源开发？怎样认识人力资源开发的内容？
2. 为什么要进行企业人力资源开发？
3. 举例说明应当以什么原则进行企业人力资源开发。
4. 试析企业人力资源开发主体系统。

第十三章

组织开发

本章学习要点

- 组织扁平化是对传统金字塔型组织结构的变革与创新。
- 团队不同于群体,其有五大构成要素。现代企业应积极建设团队,发扬团队精神。
- 学习型组织标志着新管理时代的开始;进行五项修炼,塑造学习型组织。
- 企业文化与企业人力资源开发管理的内在必然联系。

第一节 组织的扁平化

组织总是依一定结构而建立,然而,组织结构又非一劳永逸,新的环境将导致新的组织结构的出现。现代企业组织的扁平化,是对传统金字塔型组织结构的变革与创新。

一、金字塔型组织结构的弊端

企业组织结构是指在共同实现企业目标的过程中,连接企业成员和企业内部各个职能机构、部门的方式以及这种方式所构成的形态。组织结构往往表现为一个纵横交错的网络,其中纵向层次约定了组织成员或机构之间的隶属关系和领导关系,横向部门形成了同一个层次上的不同单位或部门之间的协作关系。

早在20世纪20年代,古典管理理论的创始人之一,德国著名管理学家马克斯·韦伯建构起所谓理想的行政组织体系理论。在生产力发展的客观要求下,在韦伯行政组织体系理论的倡导下,经由管理学家亨利·法约尔的亲自设计,20世纪初,一种按等级层次而构建的所谓"金字塔"型企业组织结构得以确立。其最初以直线组织结构模式出现,以后又产生了直线职能制组织结构、事业部制组织结构和矩阵式组织结构等。

金字塔型组织结构,在其形成期适应了当时生产力发展水平的要求,成为工业文明的一种象征。但是,20世纪末知识经济的来临,引发了更为激烈的市场竞争和诸多方面迅速而深刻的变化,巨大而僵硬的金字塔等级结构的弱点、不适应性及其弊端日益显现出来。

(1) 严格的上下级关系,多层的职级排列,层级过多(有的企业多达20多层级),机构臃肿。

(2) 领导有职有权,高高在上,容易滋生官僚作风。

(3) 工作职务稳定性高,但每个成员及各职能部门只关心自己分内的事情,容易产生"事不关己,高高挂起"的心理,形不成团队合力,不清楚自己本岗位与企业整体目标的关联。

(4) 岗位权责明确,但过于僵硬,而且由于过于注重分割个体的责、权、利,势必扼杀人力资源潜在的创造力,以及个体之和大于整体的团队合力及凝聚力,与生产日益集约化、产出链条化、协作跨国化和日渐增大的社会化大生产方式格格不入。

传统组织结构固有的弱点,在现代经济增长和企业发展中,导致如下问题的产生:

(1) 管理环节多,延迟多,效率流失。

(2) 信息传递迟缓,信号失真度大。

(3) 上下级沟通联络距离远,易出问题,关系脆弱,官僚主义产生。

(4) 对市场反映速度慢,应变能力差,削弱企业竞争力。

(5) 组织僵化,缺乏创新机制,相互协调配合差,把人的积极性、主动性和创造性束缚于等级森严的"金字塔"中。

(6) 当企业发展到世界级公司时,可能会出现权力过分集中、官僚主义盛行、机构臃肿、信息不畅、决策缓慢的"巨人综合征"。

二、组织扁平化的特征与优势

1. 组织扁平化的涵义与特征

组织扁平化是在知识经济来临,新经济形态已见端倪,企业所处的内部、外部环境发生重大变化,并且劳动者素质日益提高,企业员工的整体成熟度不断提升的条件下,应运而生的一种新型企业组织结构。组织扁平化是相对应于传统的金字塔型组织结构而言的,是对传统组织结构的变革与创新。

所谓组织扁平化,是指以信息作为主轴和中心结构,把中间管理幅度加宽,职能加以扩展,将原来管理层次压缩或减少,允许内部组合多样化,旨在调动各层级管理人员、作业人员的主动性和创造性,对环境反应敏捷,使决策迅速的一种柔性、简洁、灵活的企业组织模式。

相对于传统组织结构,组织扁平化呈现出自有特征:

(1) 组织结构层级少、简洁化。这是组织扁平化的最显著特征。美国许多大公司将组织层级削减1/3或更多。例如,美国微软公司创建者比尔·盖茨强调:"微软公司天生就是一个信息时代的公司。我们的目标就是在我和公司中任何人之间不得超过6个以上的管理层次。"联邦运通公司在公司董事长、总裁与公司一般员工之间一共只有5个层次。

(2) 组织扁平化以信息为主轴和中心。在信息时代,及时获取信息和科学地运用信息,是企业成功的关键性因素。正如许多成功的企业家们所言:"新的权力来源不是少数人手里的金钱,而是多数人手中的信息。"组织扁平化是以层级减少,从而有利于获取信息、有效传递和运用为中心所进行的组织结构改革。

(3) 中间层管理幅度(每个管理者负责管理的下属数量)增大,并承担了信息传递职能。组织扁平化层级数量减少是伴随中间管理层的宽幅管理而发生的。在扁平化组织结构中,中间管理层并不是权力的层次,其信息传递职能突出,充当了信息双向传递的传播器。

(4) 决策权向组织机构下层移动,赋予基层单位(如团队)以充分自主权,并对产生的结果负有责任。与之相联系,使更多员工对共同参与组织工作具有了可能的机会和条件。

2. 组织扁平化的优势作用

组织扁平化的上述特征,使之具有了传统多层级组织结构不可比拟的优势。

(1) 组织扁平化使企业因信息反馈和决策的中间环节减少而变得畅快,不仅缩短了企业高层决策与企业基层操作人员的行政距离,并且能对市场变化作出灵敏、快捷的反应。

(2) 组织扁平化促进了既分工又合作的平等互助式团队成长机制,员工的积极性、创造力有用武之地,员工的绩效能力显现及时,不容易被掩盖,并使其潜能得到充分发挥和运用。

(3) 组织扁平化极大地冲破了传统层级组织结构中员工参与程度低,对组织发展漠不关心的氛围。员工希望在部门和管理层次之间流动成为可能,授权赋能成为现实。这不仅使员工因此获得多方面的知识、技能并能够日益成熟起来,而且使企业成功的机会大大增加。

(4) 组织扁平化标志着企业管理人员比传统层级组织结构更富创

造力,更具协调能力和组织能力。

(5) 组织扁平化使企业控制人、财、物、信息四大要素的能力进一步增强,避免了因多级管理造成四大要素的配置不当和失控。

第二节　团队与团队建设

在以知识为基础的高科技经济发展的时代,需要在更大的范围内,有更多的融于群体中的人才的通力合作,方能在竞争中取胜。当今时代,协作能力已经成为衡量个人能力最重要的指标之一。

一、团队涵义及其要素构成

1. 团队的涵义

所谓团队,即指以任务为导向,由具有不同知识和技能并充任不同角色的个人组成,有共同目标,相互依存,相互影响,密切合作,追求集体成功,对实现任务目标负有责任和作出贡献的人的工作集合体。"团队"一词,体现的是团结、合作、贡献和共同目标等精神象征。值得注意的是,团队与普通工作群体不同。

(1) 群体是因为日常工作而走到一起并进行正常交往的一群人,没有专项任务为向导,没有明确的共同目标;而团队则以专项任务为导向,其成员是为共同目标而奋斗的志同道合之人。

(2) 工作群体需要有同样地位或相似地位的人组成,否则无益于凝聚力形成和工作效率的提高;在团队中,成员地位差异不重要,重要的在于每个人都要为团队事业的成功作出贡献。

(3) 群体成员可以友好交往,一般不存在事业合作关系,群体成员的技能是随机的或不相同的,他们之间的工作在很大程度上可以替换;而团队成员的知识、技能是互补的,团队成员间必须积极合作,互相依存,相互影响,以实现共同目标。

(4) 群体强调信息共享,责任个体化,没有一种团体工作意识,没有追求集体成功、为其作贡献的意识;而团队的责任可能是个体的,也可能是共同的,它强调集体绩效。

(5) 工作群体的作用是中性(有时是消极)的,而团队的作用往往是积极的。

(6) 群体规范是长期通过习惯力量形成并施加于成员的,它与人们从事的工作任务很少或几乎没有任何关系;而团队规范则以任务为中心,使社会交往、信念、构想及行为能确保团队出色完成任务。换言之,团队规范是其成员在完成任务过程中自觉确立和遵守的。

2. 团队要素构成

团队不同于一般工作群体,它有自身的构成要素,否则不成其为团队。

(1) 任务与目标。

团队是以某专项任务为导向而建立的,有其特定的任务和目标。例如,一个新产品开发团队,它包括 2 名研发人员、3 名技术人员和 2 名技术工人,其中一名技术人员兼作团队领导人。该团队工作目标是为企业创造一种具有市场竞争力的新产品。团队的任务为研究发明新产品,制造出新产品,进行新产品性能试验和市场试销,建立新产品制造的工艺流程等。值得注意的是,在总的工作目标和任务之下,尚有不同阶段的具体目标和工作任务。

(2) 团队内部角色。

① 团队由具有不同业务知识和技能的个人组成。这是因为团队为担当某项任务而组建,特定任务的完成往往需要具有不同知识、技能的人,如前述新产品开发团队,既需要有先进科学知识的研究开发人员,又需要懂技术,能将科研成果转化为生产力的专业技术人员,还需要新产品制造工人。这些人员之间在专业知识和技能上必须是互补的。

② 团队由具有不同组织地位、担当不同角色的个人组成。在团队中,不同人承担相异的任务,每个人担负的角色和所处的位置不相同。正因如此,这才保证了团队得以顺利完成任务。

(3) 团队凝聚力。

首先，凝聚力是团队生存与发展的必要条件。一个具有凝聚力的团队，能够容忍其成员之间的许多差异存在，尤其是业务知识和技能的差异；承认、容忍团队成员具有不同的个人理念。团队的要旨在于将拥有不同技术和个人理念的人结合在一起，成为容纳各种不同观点和专业知识的熔炉，并鼓励其成员发挥自我特色和创意。

其次，一个有凝聚力的团队，是有统一感的团队。除了共同的目标、任务之外，统一感来自团队成员的互相依存、团结合作的亲密关系，自整个团队共同合作中形成的共识，以及每个人争作贡献，追求集体的成功；来自团队成员共有的信息和个人利益与团队利益的融合。

再者，交流是团队形成凝聚力的最重要因素。团队成员间要彼此知晓各自的工作，在团队中不存在等级障碍，每个人对团队都是极为重要的，个人的成绩既是对团队的贡献，也是团队的荣光，大家分享成就带来的自豪感，也分担失败带来的忧虑及最后期限对完成工作的焦虑。团队成员间的交流，实质是团队成员间情感的交流和交融，这一切无疑有助于形成和保持一种对团队的归属感。

（4）团队规范

团队规范即团队成员必须遵守的行为准则。常言道"没有规矩不成方圆"，没有团队规范，亦无团队存在。团队规范突出的特征在于特别倾向于以任务为核心，团队所倡导的社会交往、信念、构想、行为等准则必须能确保团队出色完成任务。以任务为核心的团队规范，必定鼓励高效、全面的工作行为，摒弃、制裁降低效率和质量的行为。

（5）高效的领导者

高效的领导者是团体中的重要构成要素。他是团队统一计划，统一行动，团结合作，顺利完成团队任务，实现团队目标的可靠组织保证。团队高效领导者的特征：①他不是高高在上、凌驾于团队之上的权势者，而是融入团队集体中，建立起信任和威望的指挥者、战斗者。②决策不是一人说了算，而是依靠团队成员，启发、调动、辅导、支持团队成员共商大事，集中集体智慧明智决策。③善于激发团队成员团结合作，建立团队认同感。④注重开发团队每一成员的才能，充分利用成员间的差异，高效率完成团队任务。⑤以团队文化、共同的价值取向和个人魅力,增强团队凝聚力、战斗力。⑥不守旧,具有超前意识,不断创新。

二、团队的特征与类别

1. 团队的特征。作为一支高效的团队,它具有以下 8 个基本特征:

(1) 明确的共同目标和共同远景。团队成员清楚地了解并认同所要达到的共同目标和共同远景,并愿为其实现奉献自己的心力与体力。

(2) 高素质的成员。团队成员具备实现共同目标所需要的专业知识、基本技能和任职能力,具有勇担责任、先公后私、不断进取的高素质和好品质。

(3) 相互间信任,默契合作。每个人对团队内其他人的品行和能力都确信不疑,善于相互合作、相互学习,有很好的人际关系交往能力。

(4) 享受权利与承担义务。团队成员理所当然地享有满足个人需要、获得尊重、追求成就、实现个人成长的权利。对于团队决议,团队成员有尽力执行的义务,全体队员对整个团队的成败共同负责。

(5) 良好的沟通。团队内具有开放、坦诚的沟通气氛,成员间拥有畅通的信息交流,共享资源。

(6) 胜任的领导。团队领导者在知识、智力、能力,尤其是思想素质上要特别突出,以身作则,身先士卒。高效团队的领导者往往扮演的是教练或后盾的角色,对团队提供指导和支持,而不是试图去控制下属。

(7) 内部与外部的支持。团队能获得组织在物质与精神上的全力支持,这既包括内部合理的基础结构,也包括外部给予必要的资源条件,如提供学习的机会,适当的环境氛围等。

(8) 谈判的技能。高效团队内部成员间的角色是经常发生变化的,这就要求团队成员具有充分的谈判技能、知识和能力胜任新角色。

2. 团队的类别。从不同角度进行划分,团队有多种类型。

(1) 按自主权、任务划分的团队类型。美国管理学家斯蒂芬·罗宾斯根据团队成员的来源、自主权的大小以及团队存在的目的不同,将团队分为问题解决型团队、自我管理型团队和跨功能型团队三种类型。

① 问题解决型团队(Problem—solving Team)。团队成员往往就如何改进工作程序、方法等问题交换看法,并就如何提高效率、产品质量等问题提供建议。但是,它对调动员工参与决策过程的积极性方面略显不足。

② 自我管理型团队(Self—managed Team)。这是一种真正独立自主的团队,它们不仅探讨问题怎么解决的方法,并且亲自执行解决问题的方案,并对工作承担全部责任。

③ 跨功能型团队(Cross—functional Team)。这种团队由来自同一等级、不同工作领域的员工组成,能够使组织内(甚至组织之间)的员工交流信息,激发新观点,解决面临问题,协调完成复杂项目。①

(2)按具体作用、目的划分的团队类型。不同的团队担负着相异的任务与目标,如果按照任务、目标划分,团队可分为工作型团队、整合型团队和促进型团队三种类型。②

① 工作型团队。这是为完成组织的工作任务而组建的团队。企业的新产品开发团队、销售团队、服务团队、产品生产团队等均属此类型。其特征是存续时间较长,相对较稳固。

② 整合型团队。为了使组织内部不同部分或不同方面的工作相互协调、形成整体战斗力而构建的团队,即为整合型团队。它通常要整合两个或两个以上的工作型团队的工作,为其提供工作指导,协调相互间的工作,解决相互间的矛盾冲突。如果说工作型团队是分工的需要,那么,整合型团队更多地体现合作的需要。整合型团队既有临时性的,也有长久性的;同时,还有层次上的差别。

③ 促进型团队。促进型团队是为提高组织完成基本工作的能力和效率而构建的团队。品质提升团队、工艺重构团队、成本降低团队、企业再造团队等均系促进型团队之实例。提高工作能力和效率也是上述两类型团队的重要任务,但是,促进型团队常常通过重新设计组织的基本

---

① 陈忠卫:"团队管理理论述评",《经济学动态》,1999年,第8期,第64页。
② 贾砚林、颜寒松等著:《团队精神》,上海财经大学出版社,1999年。

工作方式、改进基本工作方法,来促进企业工作能力和效率的提高。促进型团队多为临时性的团队。

(3) 实践中的应用团队类型。在企业管理实践中,应用团队类型颇多,经常应用的团队有如下几种主要类型。

① 决策团队。其主要任务是洞察组织面临的重大问题和机会,发展出组织的哲学、政策、方向和目标,作出组织诸多重大问题的决策等。

② 品质管理团队。此类团队在当今企业管理中很流行。其成员来自不同领域,大家以团队形式一起来解决品质、生产力或服务的问题。管理层一般很少干预,但会负起执行责任。

③ 特殊任务团队。为执行某项特殊任务,组建临时性解决难题团队。其成员一般来自几种不同的工作领域,大家业务知识、技能互补,协调工作,攻克难关,共同完成特殊任务。

④ 部门内团队。该团队只限于部门内部组建团队,其成员只包括部门员工。该团队目的在于拓展管理者和一般员工的责任范围,增进其工作才能,提高部门的工作绩效。

⑤ 跨部门团队。该团队吸收不同部门的员工,组建成横跨2个或2个以上部门的团队,以监督、改善和完善跨越不同部门的作业程序,提高整体工作效率。

⑥ 自我督导团队。在某个特定工作单位里,由自我督导团队成员合作处理日常业务,各自为整个工作流程负责任。自我督导团队通常进行半自治的运作,负责在一定时间、一定成本下,提供符合数量要求的高质量的产品和服务。

(4) 按工作性质和活动内容划分的团队类型。

① 生产或服务团队。生产或服务团队是指工作按部就班,参与保持生产或服务的稳定活动,通常由专职员工组成。空中飞行团队、服务团队、直接参与制造业或采矿业的生产线上的装配团队、生产团队、维修团队等均属此类型团队。

② 行动/磋商团队。由拥有较高技能的个人组成,成员共同参与专门的活动,完成某专项任务,但每个人的作用明确。医疗团队、运动团队、军事战斗团队、音乐小组(团队)等均属此类型团队。

③ 计划与发展团队。这类团队一般由技术十分娴熟的科技或专业人员组成，其成员一般在团队内部组织自己的工作，往往有相当程度的自主权。生产发展团队、科研团队、计划团队等为此类型团队。

④ 建议与参与团队。这是为组织提供有关构想、建议和决策并通过一些提议的团队。其工作范围比较狭窄，成员在组织内部还有其他任务，通常并没有多少自主权。专家顾问团队、质量控制小组、雇员参与小组等均属此类型团队。

三、团队精神

1. 团队精神的涵义

团队精神是指团队成员为了团队的利益与目标而相互协作，尽心尽力作奉献的意愿与作风。团队精神是现代企业精神的重要组成部分，是促进企业凝聚力、竞争力不断增强的精神动力。它主要包含以下内容：

(1) 在团队与其成员之间的关系方面，团队精神表现为团队成员对团队的强烈归属感与一体感。团队成员强烈地感受到自己是团队的一员，由衷地把自己的前途和团队的命运维系在一起。他们认同团队的目标，认同团队的组织原则，团队利益优先，个人服从团队。

(2) 在团队成员之间的关系上，团队精神表现为相互协作、互为尊重信任。

(3) 在团队成员对团队的工作态度上，团队精神表现为团队成员爱岗敬业精神。

(4) 在团队和团队成员间的价值观上，团队精神表现为团队及成员间享有共有的价值理念、价值判断标准。

需要注意的是，团队精神是一个相对概念。在现实当中，从深度上讲，团队精神有程度上的差别；从广度上讲，一个团队内，真正具有团队精神的成员数量会有差别，或者少数人具有，或者多数人乃至全体成员都具有。此外，团队有大有小，团队精神也有大小之别。通常来讲，大团队精神优于小团队精神，高位级的团队利益优先，往往是处理团队精神范围问题时的一个重要原则。

2. 团队精神的生命力

团队精神的实质是一种精神动力,即精神力量。这种精神力量通过过硬的工作作风、共有的价值理念、一致的行动、共同的信仰、标准的行为规范而凝聚起来的一种合力、众力。团队精神的生命力具体反映在以下几方面:

(1) 团队精神通过培养、塑造,可以生成、成长。如享誉全球的美国通用公司的"利用每一个人的智慧",中国海尔的"真诚到永远"的星级服务文化,都是通过有意识地培养、锤炼形成的团队精神。

(2) 团队精神通过激励机制可以发扬光大。激励机制要考虑个人因素和诱导因素的集合,并要结合团队目标体系和行为规范要求,这样有利于团队精神的发扬光大。

(3) 团队精神通过培训教育,可以传播和继承。如遍布全球的麦当劳服务培训,使美国麦当劳服务文化根深叶茂。

(4) 团队精神通过行为人这一载体,生生不息,永续不断。

团队精神需要众人的竭诚扶持、呵护、养育、培植。培养团队精神,重点有以下几个方面:

(1) 增强团队凝聚力。增强团队凝聚力的关键是使团队形成一种有利于团结的团队行为,抑制不利于团结的团队行为。

(2) 鼓励团队成员全身心投入团队的工作。鼓励他们在团队工作中开发潜能,实现自我价值;在团队工作中事业有成,升华自我价值。

(3) 建立良好的沟通和协调机制,营造浓厚的民主气氛。

(4) 建立科学的管理制度,使团队成员的行为在制度化、规范化的基础上形成过硬的工作作风,塑造共有的价值理念。

四、团队建设

1. 团队建设的基本内容

团队建设的基本内容有以下几方面:

(1) 不断明确切实可行的团队目标,以此凝聚人心、鼓舞斗志。目标是把人们凝聚在一起的重要基础,也是团队区别于群体的重要标志。为此,要做好:

① 目标要设计得科学、合理,导向明确,切实可行。根据权变原则,适时调整、充实、提升目标的内涵,以凝集人心。

② 把团队经营目标、战略思路、经营理念,融入每个员工的头脑之中,成为员工的共识。

③ 对目标进行分解,使每一部门、每一成员都知道自己所应承担的责任,把个体与整体目标融为一体。

(2) 推行民主开放式的团队领导模式。团队领导是团队的核心。在信息化、网络化、经济知识化的环境条件下,团队领导要由那些思维敏捷、人品良好、勤奋好学、业务能力强、善于合作的人才来担当。高效团队的领导往往扮演的是教师、教练、朋友的角色。成功的团队建设很重要的一条经验是:由监督型领导、参与型领导向民主开放式的团队型领导转变,如图 13-1 所示。

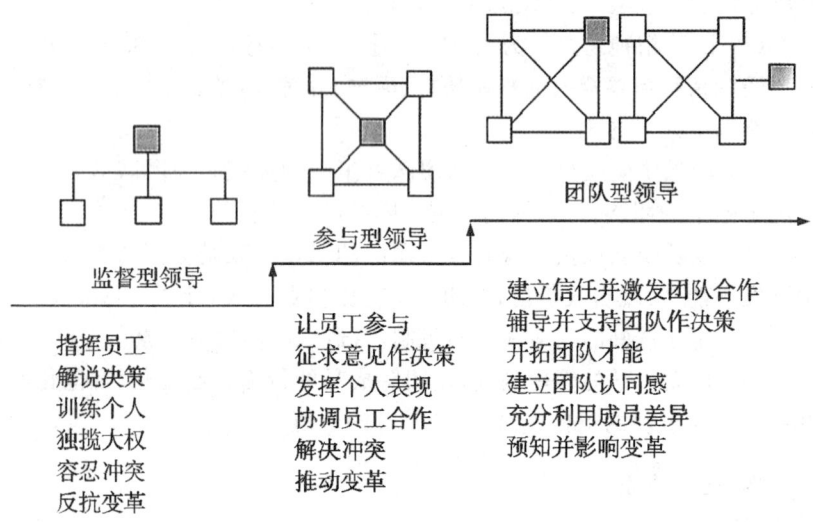

图 13-1 监督型领导、参与型领导与团队型领导

资料来源:约翰·詹格等著,谭家瑜译,《卓越领导:组织专业团队,引爆企业变革》,远流出版社(台湾省),1995 年,第 25 页,第 39 页。

(3) 制定并施行一套为达到目标而设置的控制系统。该控制系统的核心是适当地、科学地分权与授权,该控制系统的着力点有助于自我管理型团队的生长、发展。

控制系统由下列部分构成：缜密的工作程序的设计与实施，组织和团队之间以及团队成员之间责权利的合理配置，团队所承担的任务与相应的权力保证，可用资源、信息沟通等支持措施以及相应的制度建设等。以上控制系统的设置与实施有助于自我管理型团队自主地处理日常业务，自行地对工作承担全部责任，亲自执行解决问题的方案，以及评估整个团队的工作表现及工作流程的绩效。

（4）创建一种支持团队建设的开放性组织文化。团队赖以运行的组织文化是团队工作能力和整体素质得以发挥的一个关键因素。高效率团队的一个突出特点是充满创新精神。

（5）持久有效地实施团队培训教育。团队建设中最核心的问题是引导、督促团队成员学会学习，持久而有效地进行培训教育，这是在团队建设中最有价值的投资。

2．团队建设的生命周期

团队建设一般要经过组建期、激荡期、规范期、执行期和休整期五个阶段。[①]

（1）组建期。组建团队有两种情况：一是原本不存在任何形式的实体，完全为新组建；二是团队的实体原本存在，但它是传统的群体，必须完成向自治、民主、高效的团队转变。

组建团队，主要完成两个方面的工作：

① 形成团队内部结构框架。其框架包括团队的任务、目标、角色构成、规模、行为准则等，分五步构建：

第一步，确定是否需要组建团队；

第二步，确定团队任务及其长期、短期具体目标；

第三步，根据任务和目标，确定团队角色构成和规模；

第四步，根据角色构成与规模，挑选团队人员，并进行各自角色分配，明确其权利、义务、责任等；

第五步，确立团队运行的初步行为准则和规范。

---

① 贾砚林、颜寒松：《团队精神》，上海财经大学出版社，1999年。

② 建立团队与外部的初步联系。主要包括:第一,建立起团队与组织其他工作集体和职能部门的相互联系;第二,确定团队权限,如自由处置权限、需向上级报告审批的事项、资源使用权、信息接触权等;第三,建立对团队的绩效考评、激励约束制度;第四,争取对团队的支持,包括高层领导支持,专家指导,技术、物资、经费、精神诸方面的支持;第五,建立团队与组织外部的联系与协调关系,如建立与企业顾客、企业协作者的联系,努力与社会制度和文化取得协调等。

(2) 激荡期。此期又称之为矛盾冲突期。在团队组建期内,人们有某种兴趣和新鲜感,在完全了解情势之前,表现得谨慎、不轻易投入。但是,经过组建阶段后,隐藏的问题逐渐暴露,矛盾冲突不可避免。首先表现于成员与成员之间由于立场、观念、方法、行为等方面的差异而产生各种冲突。其次,团队成员与环境之间的冲突。例如,成员对团队采用的信息技术系统或新的制作技术不熟悉,成员对团队内部的制度体系不适应,成员或整个团队与组织其他部门之间的关系尚未理顺,团队与社会制度和文化之间的关系不协调等。最后,新旧观念和行为之间的差距甚大,习惯了传统组织观念行为的成员一下子不适应团队的新观念、行为规范要求。

需要指出的是,团队建设初始阶段,矛盾冲突在所难免,这是团队成长的必经阶段,产生冲突不一定是坏事,它促成潜在问题的暴露,促使成员间加深了解、互相帮助和提高,也促使团队有效决策和提升绩效。在这时,领导和成员应积极促进冲突解决,理智对待矛盾,在冲突与合作中寻求理想的平衡。同时,团队尽快建立和完善制度、规范,建立与协调团队与各方面的关系,尽最大努力,缩短激荡期。

(3) 规范期。经过一段时间的激荡,出现新的变化。首先,团队成员会逐渐冷静下来,开始接受不同观点,努力谋求一致,彼此相互理解、关心和友爱,把注意力转移到团队任务和目标上,关心彼此间的合作与团队的发展。其次,团队成员逐渐适应和熟悉新的技术系统和新制度,学会并建立标准的操作方法和工作规范,不断促成新制度完善,与其他部门的关系网络逐渐建立、完善和正常化,团队也学会如何应对社会舆论与文化。此外,在新旧观念的交锋中,新观念逐渐占据上风,逐渐为成员所接受,这标志着企业团队建设由激荡期步入规范期。

在规范期,团队建设的主要内容或主要任务是:

① 形成适当的团队规范,使其本身内容合乎情理,为团队成员所接受。

② 鼓励个性发挥,提高成员责任感与权利。

③ 创造条件,营造成员间互相协作、互相帮助、关心集体、努力奉献的氛围,鼓励个人为团队成长及目标实现尽职尽责。

④ 塑造强有力的团队文化,形成共同的价值观,增强团队的凝聚力,培养成员的认同感、归属感和一体感。

(4) 执行期。这是运用团队完成任务的阶段。企业高层领导团队建设的主要任务为:

① 提高组织绩效是目的,建设团队是手段。

② 团队有多种类别,要掌握不同类型团队在不同场合、不同任务目标下的恰当运用。

③ 深入了解团队,有利于正确指导和恰当使用不同类型的团队。

(5) 休整期。伴随任务的完成,团队进入休整期,呈现两种可能:休止、整顿。

休止即任务完成,团队解散。团队建设的主要工作是:开总结表彰会、告别会,对团队成员的绩效进行评估。

整顿即完成工作任务,暂时休整,准备进入下一个工作周期。整顿的主要工作内容:

① 优化团队规范,找出规范的差距,制定包括信息交流、责任、反馈、奖励、招收新成员等内容的系统改革方案,并对改革措施跟踪评价,作必要调整。

② 团队为接受新任务或适应新环境而开展学习或进行创新。

③ 进行团队成员的调整和更替,培养新成员。

④ 将团队形式和团队成功经验在组织内推广。

第三节　学习型组织的开发

一、学习型组织产生的意义

"学习型组织"(Metanoia)的提法始见于20世纪80年代末期,其中以美国麻省理工大学斯隆管理学院教授彼得·圣吉(Petey Senge)1990年出版的《第五项修炼》一书最具影响。之后,以彼得·圣吉教授为代表,连续出版了一系列有关学习型组织的文献资料,学习型组织的建立犹如雨后春笋,在全球范围内掀起了一股新的浪潮。

学习型组织在企业的出现,是企业界管理理论与实践相结合的硕果。这一硕果带来"管理的新契机",[①] 标志着一个新的管理时代的开始。学习型组织是"一扇重新看世界的窗",它"再造组织的无限生机",成为"全球管理新趋势"。[②] 具体而言,学习型组织至少在以下几个方面对于管理理论与实践具有重要意义:

1. 开创了管理理论的新视角。学习型组织从学习的角度,以学习的方法和手段,改造、训练并提升企业员工乃至企业整体的学习能力,帮助人们重建一种新的看问题的方式,从习惯于看外界、看环境、看别人,改变为看自己、看存在于内部的智障,寻找到克服智障的可能。这是企业惟一的持续的竞争优势。

2. 提升了企业管理对象的新价值涵义。企业兴旺靠人才,人才培养靠教育、靠学习,企业把员工当作最重要的资产加以开发,而不是当作成本加以削减。

3. 开掘了企业管理的新境界。人的素质的提高依赖于不间断的学习,组织素质的提升也在于组织不间断的学习,在于组织学习的能力。

---

① (美)彼得·圣吉著:《第五项修炼——学习型组织的艺术与实务》,上海三联书店,1996年,第3页。
② 同①,序。

学习型组织恰恰反映了学习对于组织竞争力和组织未来发展的重要性。学习可以帮助组织实现超越,可以有效地提升组织的整体素质,这是当今企业管理追求的新境界。

4. 塑造了企业内部人际间的新关系。管理者与被管理者站在同一条起跑线上,共同为自己所确立的共同远景而同心协力奋斗。

5. 开拓了企业管理的新领域。知识管理就是企业对其所拥有的知识资源进行管理的过程,而如何识别、获取、开发、分解、储存、传递知识,从而使每个员工最大限度地贡献出其积累的知识的同时,也能享用他人的知识,实现知识共享是知识管理的目标。①

知识管理的实质,就是为企业实现显性知识与隐性知识共享提供新的途径和有形的载体。学习型组织中的团队学习,特别强调组织的学习,突出三大要素:信息反馈、组织深度汇谈、成员共享。这为企业传播知识、收获知识的成功和效果、有效地实施知识管理,开创了新天地。

总之,学习型组织的出现,使企业管理实实在在地建立在"以人为本"的基础上,并把人性的假设提升到新的高度——激发人的生命潜能,进而提升人生价值,达到"自我实现的人"。这是一个新的管理时代最具革命性的本质特征,这也正是知识经济和新经济时代到来的内在支撑要素。

二、学习型组织的涵义与特征

1. 学习型组织的涵义

"五项修炼"理论的创立者彼得·圣吉认为,所谓学习型组织,在其中,大家得以不断突破自己的能力上限,创造真心向往的结果,培养全新、前瞻而开阔的思考方式,全力实现共同的抱负,以及不断一起学习和研究如何共同学习。②

我国台湾中山大学教授杨硕英认为彼得·圣吉所希望建立的学习

---

① 李丽君:"适应知识经济实施知识管理",《国外经济管理》,1999年,第3期,第17页。
② (美)彼得·圣吉等著,齐若兰译:《第五项修炼Ⅱ实践篇》(上),延边大学出版社,1998年,第60页。

型组织是一种不同凡响、更适合人性的组织模式,由真正的学习中体悟工作的意义,追求心灵的成长与自我的实现,并与周遭的世界产生一体感。①

综上所述,所谓学习型组织就是大家通过不断的共同学习,不断突破自己的能力上限,创造真心向往的结果,培养个体和团队创新、前瞻和开放的思考方式,全力实现共有的新抱负。学习型组织的涵义中蕴涵着五大要素:

① 拥有终生学习的理念。它重在形成组织中的成员终生学习的习惯,这时,学习型组织便基本形成。

② 有效具体的学习途径、措施及机制。其可行途径:读书会、专题讲座、讨论与对话、技能交换、心得交流等。在具体措施和机制方面能善用效果回馈与鼓励先进、运用跟踪方法引进知识等行动,激发成员的学习热情。

③ 工作学习化,激发个体生命潜能并提升人生价值。学习型组织强调组织是一个学习的实体,重在激发人的潜能,提升个体人生价值。

④ 形成良好的学习氛围与组织文化。在学习的过程中,增进成员间的交流,促进"人—人"、"人—组织"间建立深厚的共享文化,进而形成良好互动的学习氛围与组织文化。

⑤ 具有实现共同目标的持续学习力。学习工作化使组织创新发展有了持续的学习动力,并且重在提升其应变能力和适应能力。

2. 学习型组织的特征

学习型组织不同于一般企业组织,呈现出自有特征:

(1) 学习型组织学习的知识是可付诸实施的知识。学习型组织所指的学习,不仅是吸收知识和获取信息,还包括心灵的根本转变或运作。因此,学习型组织的真谛在于,通过学习,领悟生命的真义,活出生命的意义。

(2) 学习型组织的学习是学习与工作不可分离的学习。首先反映在工作学习化,即要把工作的过程看成学习的过程。提倡把工作中的反

---

① (美)彼得·圣吉等著:《第五项修炼Ⅱ实践篇》,天下文化出版公司,1995年。

思、自我批评和信息交流作为这种学习过程的好形式。其次反映在学习工作化,即要把学习与工作一样对待,从制度安排上提出要求,进行规划、检查、考核,把学习作为员工的责任与义务贯彻实施,强调边学边干,学中干,干中学。企业既是作业场所,也是学习场所。企业更像是大学。

(3)学习型组织是一种"组织的学习"、"团队的学习"。学习型组织强调组织学习,善于交叉运用真诚交谈与讨论,以实现信息反馈、组织反思、成员共享。团队学习是学习型组织惯用的学习形式。团队学习是提高团队成员互相配合、整体搭配与实现共同目标的能力的学习活动及其过程。实践证明,团队确实能够共同学习,团队的集体智慧高于个人智慧之和。

(4)学习型组织内员工与企业的关系是盟约关系。契约与盟约是不同的,"契约只是关系的一小部分,一个完整的关系需要一项盟约。盟约关系建立在对价值、目标、重大议题,以及管理过程的共同誓约上面。盟约关系应该是和谐、优美与均衡的"。学习型组织内,员工与企业非契约关系,而是盟约关系,对员工而言,企业不再是"他们的公司",而是"我们的公司"。①

(5)学习型组织领导者充任教师、教练、设计师和仆人的角色。学习型组织的领导者不是发号施令的指挥者,首先是学习型组织的设计者、构建者;其次是教师,教练员工增进工作学习能力;同时,又是仆人,对组织及其员工的学习负责。正如彼得·圣吉所言:"在学习型组织之中,领导者是设计师,是仆人和教师。他们负责建立一种组织,能够让其他人不断了解复杂性,理清远景和改善共同心智模式的能力,也就是领导者要对组织的学习负责。"②

(6)学习型组织成功与否的衡量标准是学习。学习型组织是一个实体,其成功与否的标志是:企业的学习和应变能力、学习速度和学习质量。一言以蔽之,企业学习能力、学习景况,这是当今企业效益的源

---

① (美)彼得·圣吉著,郭进隆译,杨硕英审校:《第五项修炼》,上海三联书店,1996年,第239~240页。
② 同①,第393页。

泉,是企业生存、发展的内在动力和持续前进的保证。所以,衡量现代企业的真正实力及发展前景,根本在于学习。

三、学习型组织的塑造——五项修炼

尽管我们生活在知识经济社会中,每个人都不断地在学中干,在干中学,但要促使自己的企业真正走向学习型组织却不十分容易。对此彼得·圣吉教授提出了组织学习的五项修炼。[①]

第一项修炼:自我超越(Personal Mastery)。它被认为是"学习型组织的精神基础"。精熟"自我超越"的人,能够不断实现他们内心深处最想实现的愿望,能不断扩展他们创造生命中真正心之所向的能力,不断创造和超越,是一种真正的终身"学习"。自我超越是个人成长的学习修炼。只有通过个人学习,组织才能学习。从个人追求不断学习为起点,形成学习型组织的精神。

第二项修炼:改善心智模式(Improving Mental Models)。心智模式是深植于人们心灵的各种图像、假设和故事。心智模式决定了人们对世界的看法和认识。这项修炼的核心任务,就是帮助人们知晓从思想方法、思维方式上,如何改变旧思维模式,创造出更适合我们的新的心智模式。

在管理的许多决策模式中,决定什么可以做或不可以做,也常是一种根深蒂固的心智模式。对一个组织来说,其心智模式是整体的心智模式,就像其智力水平是整体的智力水平一样,这种由成员的特性汇总形成的组织总体特性的联系特征是类似的。所以心智模式对于个人和组织,提高学习能力和智力水平的作用都具有重大影响。改善心智模式的修炼就是要学习如何将我们的心智模式摊开,并加以检视和改善,进而改变心中对周围世界如何运作的既有认知。否则,人们将变得僵化,无法适应环境的变化。[②] 改善心智模式,可以提高组织的应变能力。这是第二项修炼的主要作用。

[①] (美)彼得·圣吉著,郭进隆译:《第五项修炼——学习型组织的艺术与实务》,上海三联书店,1996年,第163～313页。

[②] 张玉利等编著:《重新设计组织》,天津人民出版社,1997年,第204页。

第三项修炼:建立共同愿景(Building Sharednvision)。"建立共同愿景的策略环绕着一个永不止息的流程,组织中的人们借着这个流程,说出他们共同的故事,这些故事围绕着他们的愿景、目的、价值,说明了他们的工作为什么重要,以及他们的工作和广大世界的关系"。① 共同愿景会唤起人们的希望,会改变成员与组织的关系,会使互不信任的人在一起工作,会激发起奋进的勇气。建立共同愿景对于组织价值观的形成,特别是对于组织凝聚力的强化具有重大影响;同时,这一修炼显然是组织目标形成和组织成员目标认同的必要前提。

第四项修炼:团队学习(Team Learning)。团队学习是发展团队成员整体搭配与实现共同目标能力的过程。"我们用'整体搭配',而不是用'同意或一致'的概念,来掌握团队学习的真髓。也就是说,由于团队成员了解彼此的感觉和想法,因此能藉着完善的协调和一体的感觉,以能发挥综效的新方式,提升团队思考和行动的能力"。② 团队学习主要表现为一种学习的组织方式。例如,以建立学习制度和共享机制为保证,开展团队学习,开展深入交谈,营造团队学习气氛,培养员工共同思考能力等。作为一项修炼,其重要作用在于使得组织成员之间达成"完善的协调和一体的感觉",它可以强化组织的思考和行动能力,也包括组织的学习能力和应变能力。

第五项修炼:系统思考(Systems Thinking)。系统思考是上述各项修炼的基石,是把握整体的一项修炼,是最重要的一项修炼。它是一个架构,能让我们辨别相互关联而非单一的事件,了解渐渐变化的形态而非瞬间即逝的一幕。系统思考,一是防止单个思考,注意整体思考;二是防止静止思考,注意动态思考;三是防止表面思考,注意本质思考。总之,通过学习修炼,形成一种能综观全局、整体思考的能力。

对于塑造学习型组织而言,五项修炼缺一不可,它们是相互作用、互相影响、有机关联的整体。

---

① (美)彼得·圣吉等著,齐若兰译:《第五项修炼——Ⅱ实践篇》(下),延边大学出版社,1998年,第486页。
② (美)彼得·圣吉等著,齐若兰译:《第五项修炼—Ⅱ实践篇》(下),延边大学出版社,1998年,第576页。

第四节　企业文化

建立一个新经济条件下的现代学习型企业,首先要建立一个新的价值体系。我们把这个价值体系统称为企业文化。企业文化注重员工价值观念的调整和工作态度的改进、升华,是人力资源开发与管理的有效途径和载体。

一、企业文化的内涵与特征

1. 企业文化内涵

企业文化(Corporate Cultures)一词,是20世纪70年代末、80年代初美国学者提出的,旋即盛行于西方。现代意义上的企业文化有广义和狭义之分。就广义而言,企业文化是指在一定社会文化背景影响下,企业长期生产经营实践所形成和创造的物质文化和精神文化的总和。表现为三个层次的内容:

(1) 企业物质文化层次。这是由企业经营者与员工创造的产品和各种物质设施等构成的器物文化。如,企业环境、企业器物(企业产品、企业生产资料)、企业标识等,它是一种以物质为形态的表层企业文化。

(2) 企业行为文化层次。这是企业人只在生产经营、人际关系中产生的活动文化。如,企业目标、企业制度、企业民主、企业行为准则和伦理道德规范、群体思维方式和态度、企业人际关系等,它是以人的行为为形态的中层企业文化。

(3) 企业精神文化层次。这是企业在生产经营活动中形成的企业精神意识和价值观念。如,企业哲学、企业价值观、企业精神等,它是一种以意识为形态的深层次企业文化,此乃企业文化的核心,表层和中层企业文化受深层核心文化所决定。

从狭义而言,企业文化主要是一种观念形态的,以企业的价值体系为基础的,与企业哲学和企业管理行为相联系的精神文化。换言之,所谓企业文化,是指企业在长期发展过程中形成的,并为企业员工所共有的价值观念、思想作风和行为规范,是具有企业个性的信念和行为方式。具体分析,它包括的特定内容是:①工作群体在共同使用的行为规范、共同参加的仪式和教育活动中所形成的共有的价值观和是非标准;②其中起核心作用的反映企业最本质的主导价值观,如海尔集团的"真诚到永远";③企业对员工和客户政策的哲学基础,如"利他经营"、"双赢"等,是企业经营哲学的最集中反映;④企业中的竞争规则,新老员工必须领悟这些规则以便顺利地被企业接纳;⑤企业员工之间以及与外部人员之间思想交流、沟通方式和企业的精神氛围、风气、情调等。

2. 企业文化的特征

(1) 精神性特征。企业文化更主要是一种价值和信念结合的抽象的观念形态,犹如声音是看不见的,但可以听到,所以企业文化必须借助某种可以表达的形态、形式深植到企业各成员的心目之中。例如,集体组织仪式、英雄人物的事迹昭示、象征性标识及口号、终身学习培训等潜移默化的教育,从观念、意识的转变入手,形成良好的思维习惯,逐渐升华为正确的价值观、世界观。

(2) 群体性特征。企业文化是一种组织内的共同性文化或团队文化,它需要经过长期的沟通、融合,建立共识的价值观,才能塑造形成。从某种意义上说,该团队思想和精神的沟通与协调就是企业文化,就是将个体文化整合为团队共有的精神文化。

(3) 继承性特征。企业文化同样具有相对的继承性,即使企业内部其成员不断更新流动,该企业文化也会深植于企业物质文化、行为文化和精神文化的各个方面,得以延续和保持。现有企业文化总是企业在以往成功及失败的成长过程中积淀下来的独特的经验心得、行为准则以及整个企业员工的素质。

(4) 学习传播性特征。企业文化通过学习培训,可以习得;同时,也易于传播并且具有文化的交叉借鉴性。通过撞击、磨合,企业文化易于融合新的异质文化因素而得以发展,并借助与生产力相适应的各种不同的具体形式在企业内生根、传承,形成不同企业特有的文化。

(5) 人本性特征。企业文化的最本质特征是围绕着企业中的人和服务于社会的人,来开发显性的和隐性的人力资本,从而把对"人"的认识提高到新境界,形成了人本文化。

二、企业文化与人力资源开发与管理

企业文化与人力资源开发与管理有着天然的内在联系。通过或利用优秀企业文化进行人力资源开发与管理,是现代企业发展的必然要求,也是企业人力资源开发与管理的重要方法与手段。

1. 在发挥企业文化各项功能中,促进人力资源的开发与管理

(1) 企业文化的导向功能——激发员工的信念。企业文化,是整个企业的精神支柱和灵魂,尤其是企业的价值观,指示和规定着企业经营的目的、目标,以及企业的一切行为方向和规范。因此,它是企业的导向体系,具有明显的导向功能,一方面,它指示、决定和规范着企业人力资源开发管理的方向、目标、行为准则;另一方面,企业以自己的价值观和崇高目标,指引员工向企业生产和经营的既定目标前进。这种指引性是可行的、有效的,利用价值观和预期目标,推动企业成功,同时也培育了人们对于信念的理解和认可。

(2) 企业文化的激励功能——挖掘员工的成就意识。企业文化的激励功能是指将企业的价值观内化为员工的个人价值追求,同时将员工个人的期望转化为实现企业共同利益的一体化的组织行为。企业文化激励功能就是使人人受到激发,在组织目标中找到实现自我价值的机会和舞台。这种激励功能的有效性,在于它既是针对个人需求动机而进行的个体开发,又是针对团队求发展、共命运而进行的企业人力资源开发。由此可见,企业文化的激励功能本身就是企业人力资源开发,同时它也是企业人力资源开发的一种重要方法或手段。

(3) 企业文化的凝聚功能——增强员工与企业荣辱与共的生存意识。企业文化的凝聚功能是指将企业中个人理想和价值追求融入到企业整体的价值观中。当员工与企业凝聚成一体时,就会产生强大的精神动力,能够激发起员工强烈的归属感和自豪感,使员工的士气保持长盛不衰。企业的凝聚力是企业与员工之间的相互吸引力,因此这是一个使个人目标与企业目标相互协调与融合的过程,在这种过程中要

引导员工形成"企业成功,我才能够成功"的与企业团队共命运的共同体文化。

（4）企业文化的效益功能——提升员工自我表现的价值标准和生命质量。企业文化的效益功能是指企业文化一旦形成,就对企业员工的行为起着规范协调的作用。按照这种规范的行为模式从事工作,减少了工作中大量不必要的冲突与摩擦,降低企业内部的运行成本,每一个员工工作得井然有序,高效精确。企业文化在企业经营业绩中显示的效能是乘积效应。其原因在于文化管理的着眼点是以企业文化"管理"人,以企业文化教育、净化和激励人的灵魂、情感、潜能,是从外在的强制性管理,向启发自我心智改进,达到自我管理的境界。企业文化注重对"人心"的引导和管理,培养人的自觉意识、业绩意识、自我表现的成就意识。在实现人的积极性和管理的科学性相结合的过程中出效益,它的效果更加明显、持久。于此之中,人的价值标准和生命质量得到了提升。

2. 在完善企业文化构成要素中,推进人力资源开发与管理

企业文化构成要素大致有三个层次,即企业的物质文化、行为文化和精神文化。企业文化各个构成要素或者说构成层次的不断完善的过程,就是深化企业人力资源开发与管理的过程。

（1）在完善企业的物质文化的过程中,通过厂容、厂貌、厂风的治理维护,工作环境的优化及良好工作氛围的营造,以及生产中严格质量标准等,推进员工敬业爱岗的责任意识、主人意识的内化过程和修炼过程,员工以生产良好产品,营造良好工作环境来塑造企业的良好形象为己任。

（2）在完善企业行为文化的过程中,促进对企业员工的开发。一是引导员工从企业发展总体上来确定有竞争性、超前性的企业目标,并建立起员工之间彼此联动、相互促进的运行体系。二是坚持凡是企业重大决定,凡是企业出台的规章制度,凡是企业启动的福利项目等都要经过民主程序,促使企业员工在民主参与的管理模式中自尊、自爱、自强,提升参与管理的素质和能力。三是丰富员工的业余文化生活,培养多种兴趣,陶冶员工情操,营造健康、愉悦、向上的思想文化氛围。四是以适应先进生产力发展水平的网络组织结构为基础,建设学习型组织,培养员

工在工作中的理解、信任与合作精神,增进团队人际关系之间的融合度。员工的成长和发展与企业行为文化建设的发展和完善同步迈进。

(3) 在企业精神文化的建设与完善中,开发企业人力资源。这里的关键是企业价值观的建设与发展。企业价值观是企业的灵魂和精神支柱,是凝聚企业内部各种力量于一个共同的目标和方向,并发挥企业员工积极性和主动性的内在动因。

企业往往通过其员工落实体现企业价值观精髓的各项行为规范来实现企业价值观的作用。而企业行为规范及其标准是非明确与否、奖惩是否严明,直接引导员工的行为取向和价值取向的发展,这是企业价值观的外化体现。将企业价值观化为企业员工的自觉的行为规范,一是靠企业一贯提倡什么、反对什么等一系列价值标准及其体系的制定和推行;二是靠企业不断开发和提升人力资源的素质与能力,胜任企业制定、推行的规范和要求。

总之,企业正是通过自己的价值观规范员工的思想、行为,以其共同的价值取向、追逐的目标,将企业员工联系并凝聚在一起。一个没有统一价值观念的企业,必定是思想混乱,犹如一盘散沙的企业。

企业文化构成要素的完善过程,实质上就是一个"人化"的过程,就是推进人力资源开发与管理的过程。企业文化通过人来贯彻实施,人在企业文化熏陶与培育中成长。企业文化是人力资源开发与管理的催化剂和生长载体;人力资源开发与管理的程度和水平,影响着企业文化建设的程度和水平。

三、在塑造企业文化中加强人力资源开发与管理

企业文化是一种管理形态,它体现在特定的各个具体管理环节之中。可以说,企业文化的塑造要通过各种有形和无形的载体或过程,在这些载体与过程中,人力资源得以有效地开发与管理。

1. 强化企业文化培训,促进员工思想观念的调整和工作态度的改进

对企业员工的培训,一般主要解决两个问题,一是提高员工的知识和技能水平;二是改进或转变员工的观念、态度和工作行为,即进行企

业文化培训。而员工思想观念和工作态度的转变似乎比知识技能的提升更重要,也更为困难,因此需要重视和强化。

企业文化培训需要强调的是:首先,这种培训必须符合企业价值观和行为准则,注重员工思想观念的调整和工作态度的改进,通过培训来建立和宣扬企业文化。其次,提供前后连贯一致的企业文化训练,创造整体和谐的文化沟通。

企业文化培训,主要有以下具体内容:

(1) 培养爱岗敬业精神。教育员工在工作岗位上敬业爱岗,专心致志。视勤奋劳作为做人的本分,务必倾注心力,尽职尽责。

(2) 培养星级服务文化意识。现代市场经济是买方市场的经济,企业存在的价值越来越明确地体现为它所能提供的社会服务的价值,社会服务已成为现代企业文化的重要内容。在企业文化塑造中如不能在服务文化上下功夫,企业员工的行为就没有压力和后劲。

(3) 培育企业员工的社会责任意识。这不仅是社会对企业的要求,而且也是企业的一种使命。在这种培训中要进行企业的基本经济责任教育,企业社区责任和社会责任的教育,企业对顾客乃至对员工的责任教育。使员工确立劳动是为个人、为企业,也是为社会作贡献的理念,并积极自觉地落实于行动。

(4) 注重改善员工认知方式和心智模式。一是加强知识学习和培训,充实人们新知识的储存量,改善知识结构,进而改善人的认知方式。二是结合企业实际,安排"心灵提升课程",提升员工的使命感;开展信念力的开发训练,树立成功始于意念;开展团体"深度汇谈",让群体中所有成员自由交流,求同存异,达成共识。三是通过举办"脑力激荡训练",学习掌握创新思维的具体方法,促进认知方式的改善。

2. 在组织结构再塑造中重新设计企业文化,提升员工的道德修养

随着生产力水平的不断发展变化,必然要求生产关系与之相适应。组织的变革,组织结构的重新设计在新经济时代到来之际不可避免。这种变革的趋势主要有:

(1) 组织扁平化:组织变"扁";
(2) 企业减肥:组织变"瘦";

(3) 大企业内部的小企业化经营:组织变"小";

(4) 柔性组织、团队建设:组织变"柔";

(5) 企业网络:组织变得"无边界"。①

随着组织结构的变革和重新构建,作为组织得以维系的价值基础的企业文化必须重新塑造,而信任与合作就是现代企业的文化基础、价值基础。在知识型、智能型的组织群体中,尤其是这样。

通过信任与合作,创造价值,实现利益共享,这既是对员工个人职业道德修养的要求,也是对一个团队和企业组织生存发展的战略要求。学会自强、自立又能与他人愉快地相处,学会在集体中生活、发展、提高,是企业文化塑造中的重要内容。

3. 重视品格养成教育,加强员工的人格管理

企业文化的塑造或者说企业文化的建设,是一个"养成"过程,而不是一个(也不能依赖)自觉的过程。在企业文化的"养成"过程,品格养成教育或者说"品格第一训练"则是十分重要的。

所谓好品格,是一个人无论在任何场合都按最高要求的行为标准做事的内在动机,好品格源自一个人内心深处。好品格是人生和企业发展的基石,无人能超越自己的品格做事。品格不好的人,对人对事常常持错误态度、错误行为,错误的行为必然影响到企业和其他员工的利益,这是个规律。台湾省《管理杂志》调查台湾省100家大企业经营者,问其所要征选的员工要求具有哪些重要特质。其结果是88.4%的大企业回答说要有良好的品德,86.3%以上的大企业回答说要有积极的态度,而专业的智能只占第3位。②

美国培基教育学院在实践中总结出:品格训练好的企业的共同特点是一切品格第一。那么,如何进行品格教育呢?

第一,要依据好品格建立企业文化,通过企业价值观教育,使全体成员都能明确好坏标准,明确对周围人和事的看法和基准。

第二,领导要宣讲,要确认一个好品格的人的基本要求,并且要以

---

① 张玉利等编著:《重新设计组织》,天津人民出版社,1997年,第207页。
② 曾灿灯著:《21世纪成功讲义》,吉林人民出版社,1999年,第27页。

身作则,率先垂范。

第三,一次注重学习一种品格,并要求员工观察他人如何在生活中表现这种品格,便于落实,还要让大家看到品格好坏与企业、家庭和社区的密切关系。

第四,当员工、下属、同事表现出好品格时,及时予以表扬,依据品格作聘任、升迁等的决定。

人格在心理学上是指一个人具有的各种比较重要的和相对稳定的心理特征的总和,它表现了一个由表及里的包括身心在内的真实的个人。而在企业文化塑造中,如何实施人格管理,日本创造了有益的经验。他们在提倡养"人心",铸就人格的管理中,注重人的内在素质、道德、品性的养成教育,并注重把这种养成教育体现在岗位实践中,让"心灵"进入岗位,发自内心的敬业爱岗,让岗位业绩体现个人价值,慰藉心灵,进而提升人的品质和人的生命质量。

企业文化是全体员工衷心认同和共有的企业核心价值理念,它规定了人们的基本思维模式和行为模式,或者说是人们习以为常的东西,是一种不需要思考就能够表现出来的东西,是一旦违背了它就感到不舒服的东西。这实质上就是品格养成教育和人格化管理的厚积薄发和人格之人本的能动反映,而这也正是在企业文化塑造中加强人力资源开发与管理的最佳境界和最终目的。

参考资料

1. 文章代、侯书森主编:《权变管理》,石油大学出版社,1999年。
2. 贾硕林、颜寒松等著:《团队精神》,上海财经大学出版社,1999年。
3. H.威廉斯著:《团队管理》,中信出版社,Pren Tice Hall 出版公司,1999年。
4. (美)彼得·圣吉著,郭进隆译:《第五项修炼——学习型组织的艺术与实务》,上海三联书店,1996年。
5. (美)珍妮特·沃斯、(新西兰)戈登·德莱顿著,顾瑞荣、陈标、许静译:《学习的革命》,上海三联书店,1998年。

6. 胡正荣、黄新民、王宇编著:《企业文化——现代企业之魂》,中国水利水电出版社,1995年。

思考题

1. 试述组织扁平化的必然性。
2. 团队与群体的区别?如何进行团队建设?
3. 如何进行学习型组织的塑造?
4. 列举实例说明如何运用企业文化加强企业人力资源开发与管理。

第十四章
绩效评价与管理

本章学习要点

- 掌握绩效管理的内涵,了解绩效管理的主要特征。
- 明确绩效管理目标和现代绩效管理模型的内在结构与运作机理。
- 绩效管理包括制定绩效计划、实施绩效评价、进行绩效反馈,以及指导绩效改进的全过程。
- 了解各种绩效评价方法及各自的优点与缺陷,学习运用技巧。
- 了解绩效管理改进的思路与途径,提高绩效管理的有效性。

第一节 绩效管理概述

一、绩效管理的含义

1. 绩效的概念和特点

关于绩效的概念,人们有不同的解释和说明,大体包括三个方面的含义:一是工作产出或结果,如销售人员一定时期内完成的销售额,生产工人单位时间的生产量;二是工作行为,如及时上交月度报表,对下属进行培养等;三是与工作相关的员工个性特征或特质,如敬业精神、创新意识和团队合作等。在人力资源管理实践中,还常常把三者或其中的两者(如工作结果与行为)结合起来对绩效进行定义。

概括起来,绩效就是根据企业的业务性质、战略取向、战略目标和工作性质等,对员工的行为、所应完成的工作任务或工作结果所作出的符合一定标准的规定和要求,或者说,绩效就是具有效能性的工作标准。

绩效具有以下特点:

(1) 行为导向作用。这是指根据企业的期望而设立的绩效指标和绩效标准,能够引导员工的行为取向。主要体现在两方面,一是绩效指标的设计,能够反映企业所关注的重要方面,使员工明确努力的方向;二是绩效标准的设定让员工明确应努力的程度。正是因为绩效的这一特点,许多企业常常由于绩效指标和标准设计不当而使绩效评价体系失去应有的作用。

(2) 专属性特征。从企业层次看,绩效与特定企业的文化、价值观、业务性质及战略相联系,不同企业对绩效的定义也不同。例如,对于生产型企业,可能更多强调成本、质量等工作结果;对于服务型企业,可能强调的是员工的行为;对于技术或知识型企业,则更强调创新。从工作层次看,绩效与工作性质紧密相关。如操作工的绩效更多地反映在工作成果上,经理人员的绩效则反映在工作行为方面。

（3）动态性特征。这是指绩效的定义和评定标准随企业的发展阶段、战略目标和人力资源管理任务的变化而变化。

此外,绩效水平受许多因素的影响。它不仅取决于员工个人的技能水平、行为和表现,还受到企业有关政策、激励、领导和管理水平、工作条件等多种因素的影响。

2. 绩效管理的含义

绩效管理是有效管理员工以确保员工的工作行为和产出与组织目标保持一致,进而促进个人与组织共同发展的持续过程。具体而言,包括以下四层含义：

（1）绩效管理是一个持续的管理过程。它不仅仅是一套表格、一年一度的评价以及奖励计划,而是融入员工的日常行动和行为之中,以期改进和提高绩效的持续管理过程。因此,绩效管理不能是游离于组织管理过程之外的活动。

（2）绩效管理是建立共识的过程,即组织和员工都明确要实现的目标以及实现目标的途径。组织首先应把自身的目标与关键的成功因素具体化为工作绩效指标,然后,通过沟通让员工理解工作绩效标准或成功标准是什么,通过什么途径、方式或努力能达到这种标准。这些标准可以是一系列任务、目标或结果,也可以是一系列行为,但必须明确并使员工能够接受,这样员工就明确了努力的方向。这些个人目标的实现最终将促进组织目标的达成。

（3）绩效管理是有效管理员工的方法。绩效管理的焦点是对人的行为管理,是引导个人或团队怎样共同努力、互相支持以达到共同目的。这就使得绩效管理的责任落实到管理人员的身上,他们需要更有效地指导和激励下属,使下属实现绩效目标。

（4）绩效管理的最终目的是最大可能地取得个人和组织的成功。企业领导者通过持续的管理过程,为员工建立清晰的目标,提供支持,不断反馈和沟通,并承认或认可员工的努力,促进个人绩效不断改进和提高,从而确保实现组织业绩。

二、绩效管理的目的

1. 为企业实施战略提供支持

绩效管理的首要目的是把员工的行动与企业的战略目标结合起来，通过员工的行动帮助企业实施战略。为实现这一目的，企业首先要识别和确认成功实施战略的关键因素，根据这些关键成功因素来定义绩效，即明确要取得的成果和执行该战略所必需的员工特性（技能、行为等）；然后，建立绩效衡量和反馈体系，通过该体系，使员工的技能得到最大限度的发挥并展现出最佳的行为表现，产生预期的成果。这需要绩效管理体系具有柔性，能随着战略变化而调整绩效指标和衡量方法，促使员工的行为作出相应的转变。

2. 为人力资源管理决策提供依据

通过绩效管理所获得的信息，特别是绩效评价结果，常常用于人力资源管理的有关决策，如薪资调整、晋升、员工调任或辞退等，通过这些决策来认可个人表现。

3. 为人力资源开发提供信息

通过绩效评价发现员工绩效不足及其原因，然后反馈和沟通，帮助员工认识不足并指导员工改进。同时，在绩效评价和绩效管理的过程中，能够识别培训需要，发现可开发的潜力，进行有针对性的人力资源开发。

三、绩效管理的组织模型

有两种不同的绩效管理理念或管理模式，一种是以技术为导向的模式，另一种是以组织管理为导向的模式。前者侧重绩效评价，注重对绩效评价的各种测量技术和方法的运用，这种模式在实施中常常会忽略一些影响绩效的重要因素。而组织管理模型能反映绩效管理的目的与实质，而不单纯是绩效考核本身和对员工行为的衡量。图 14-1 为一种绩效管理的组织模型。

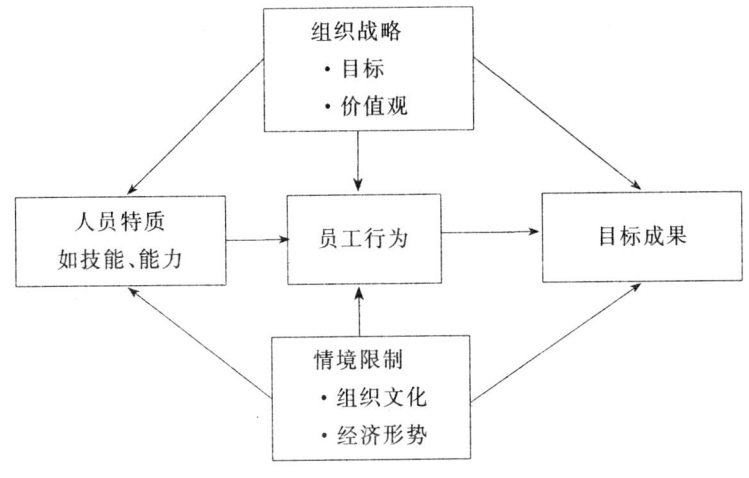

图 14-1 绩效管理的组织模型

资料来源:(美)Raymond A. Noe 等,《人力资源管理:获取竞争优势》(英文影印版),清华大学出版社,Irwin McGraw-Hill,2000 年 10 月,第 277 页。

根据图 14-1,绩效管理的组织模型是由以下要素及其相互关系构成的,其中:

(1) 水平方向的人员特质、员工行为和目标成果三项要素构成绩效的"投入－产出"链。人员特质是指员工的技能、能力等,是绩效的基础。例如,销售人员需要具备的特质是人际交往技能和产品知识。这些特质通过员工的行为转化为目标成果。员工具备了必要的知识、技能、能力以及其他特性,才可能表现出有效的工作行为。目标成果是可衡量的工作产出,是员工或团队行为的结果。

(2) 组织战略。组织战略和目标与绩效管理的结合常常被忽略。部门、团队以及个人的行动需要与组织战略联系起来,才能把战略转化为行动,促进战略目标的实现。这是通过有效的人力资源管理支持企业战略的根本途径。把绩效管理与组织战略结合起来,越来越受到重视,目前越来越多的企业开始采用绩效计划与评价体系(Performance Planning and Evaluation System,PPE)。PPE 的目的是把正式的绩效评价过程与企业战略相结合,首先确定为实现战略所需要的工作绩效的具体类型和标准,然后,对计划期间内个人和团队绩效进行评价,确定实际绩效与绩效计划的差距,并查明绩效差距的原因和弥补差距的措施。绩效管理体系的目标是保证员工的行动支持组织战略的实施。

(3) 限制绩效的情境因素。在绩效管理体系中,总存在某些限制或约束绩效水平的因素。组织文化常常是限制甚至打击员工采取有效行动的障碍因素,如国有企业过去普遍存在的"干多干少一个样,甚至多干可能受惩罚"的思想。在这种消极的组织文化环境中,员工虽然具备必要的技能,但不能表现出期望的行为。有些人没有得到应有的激励来展现恰当的工作行为,因为他们不相信或不知道他们的行为表现能否得到报酬、奖励、晋升等。有些情况下,由于存在个人不可控制的因素,员工已经做了有效的工作努力,但不能实现预期成果。例如,一个优秀的销售员可能无法完成销售目标,因为经济不景气或者处于销售淡季,人们的购买力、购买欲望下降。总之,绩效管理模型应反映出限制绩效的各种因素,包括可控或不可控的因素在内。

四、绩效评价与绩效管理

从绩效评价到绩效管理的转变,反映出传统绩效管理与现代管理理念的差异,是对企业绩效管理的指导原则、管理重心和管理方式的变革。

1. 指导思想的转变

传统绩效评价关注的是对员工绩效的控制,企图通过某些测量手段,找出员工个人绩效与组织期望绩效之间的差距,并从组织单一角度寻找减少这一差距的途径。而现代绩效管理关注的是员工发展与组织发展的整合,通过指导促进个人与组织绩效的改进和提升。

2. 管理重心的转变

传统的绩效评价强调的是事后控制,而现代绩效管理强调的是对员工在组织中活动全过程的控制与行为调节。

3. 经理人员的角色不同

在绩效评价中经理人员是评判员,在现代绩效管理中管理者充当的是教练的角色。

4. 人力资源部门的角色

传统的绩效评价体系中,人力资源部门是主体,负责体系设计和实施,经理人员只是协助、配合人力资源部门完成绩效评价程序;在现代绩效管理中,直线经理人员是主体,他们在体系设计、运行与改进中拥有主导权,人力资源部门提供咨询、服务和专业技术支持。

5. 员工的角色

传统的绩效评价体系往往注重对员工日常行为的控制,但这种非参与式的管理方式往往事与愿违,把员工的行为引导到远离组织目标的方向上;现代绩效管理模式强调的是员工的积极参与,把个人发展与组织发展统一起来。

第二节 绩效管理过程

绩效管理的基本过程,包括制定绩效计划、进行持续沟通、实施绩效评价、提供绩效反馈以及指导绩效改进等五个环节,如图14-2所示。

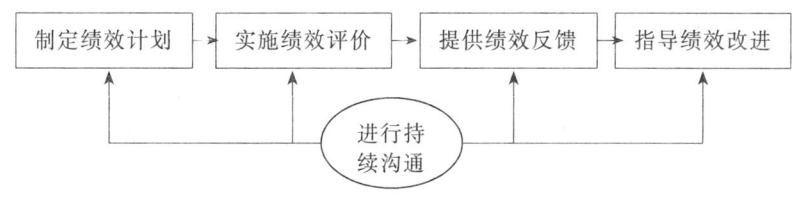

图14-2 绩效管理过程

一、制定绩效计划

制定绩效计划是绩效管理过程的起点,是员工与直接上级或经理就工作职责、工作任务及其有效完成的标准以及员工个人发展确定目标、达成共识的过程。在这个过程中,经理和员工对以下问题进行沟通并确定为书面计划:员工本年度的主要职责和任务,何时完成,判断完成成效的标准,完成工作所需要的权责及其他资源,工作目标、任务的完成对部门乃至企业的影响,经理如何帮助员工实现绩效目标,员工需要学习什么技能,如何沟通以了解工作进展、克服影响工作绩效的障碍和问题,等等。

为避免员工与经理对绩效标准的认识出现偏差,制定绩效计划需要在双方有效沟通的基础上达成一致意见。

绩效计划中绩效标准的确定非常关键,上级必须与员工达成共识。所谓绩效标准是指组织期望员工达到的绩效水平。绩效标准应符合以下要求:

(1)一致性。绩效标准应与组织的战略、目标、文化保持一致。例如,强调顾客服务的企业,绩效标准必须包括评价员工对顾客服务的质量。

(2)有效性。这是指绩效标准应涵盖绩效的所有相关方面,即包含所有与工作绩效相关的信息。在有效性方面常见的两种错误是:标准过窄,即遗漏某些重要的绩效信息;标准过宽,即包含了不相关信息。

(3)可靠性。这是指依据绩效标准可获得一致的评定结果,它分为内在可靠性、重复(新)测量的可靠性。前者是指不同的人根据同一标准对同一位员工的绩效进行评价应得到基本一致的结果,后者是指在不同时间依据同一标准进行重新评价应得出基本一致的结果。

(4)可接受性。这是指标准的使用者能够接受该标准。因此,所有使用绩效标准的人都需要有机会参与标准的制定过程,使绩效标准得到接受和支持。

(5)明晰性。这是指绩效标准具体明确,让员工明确组织对他们的期望以及如何实现这种期望。这样,绩效标准才具有可操作性,也才能达到绩效评价和绩效管理的最终目标。

二、持续沟通

持续沟通是绩效管理的重要环节,也是传统的绩效管理模式与现代模式的本质区别之一。所谓持续沟通包括三个方面:其一,经理或主管应对工作进展情况、潜在的障碍和问题、可能的解决措施等与员工进行全面的交流和沟通,保证员工顺利完成工作任务并达到应有的绩效水平;其二,绩效沟通贯穿整个绩效管理过程,而不只是在某个时点、某个环节上的交换信息,如图 14-2 所示,它承担着联系其他四个环节的桥梁作用;其三,持续沟通应该鼓励员工参与,突出员工自我评价、自我管理的作用。传统的绩效管理认为,如果鼓励员工自我评价,就会助长员工人为夸大个人绩效而有意缩小过失的行为。但是如果建立一种持续沟通、平等交流的机制和环境,会有效地引导员工正确地对待自己的行为表现,并对自己作客观、合理的评价。

总之,持续的沟通为促进员工理解和接受组织目标、阐明工作中潜在的问题、增进员工技能等提供了良好的机会,为员工接受最终评价结果奠定了基础,可以避免绩效评价结果偏离员工自身的期望。

三、实施绩效评价

绩效评价是绩效管理的核心环节,是对员工在一定期间内的工作绩效进行考察和评定,确定员工是否达到预定的绩效标准的管理活动。在企业人力资源管理中,不是单纯地对以往绩效进行评价,而是包括选择评价指标与测量方法、绩效信息收集与分析、选择评价主体与客体,以及绩效评价的结果运用等一系列相关的因素的一套复杂的管理系统。

四、提供绩效反馈

绩效评价结束后,上级或主管应就绩效评价结果与员工进行沟通,使之明确绩效不足或改进方向以及个人特性和优点。绩效反馈是绩效管理的一个重要步骤。

绩效反馈的有效性对绩效管理效果有很大影响,需要三个方面的支持:首先,反馈手段。主要手段是绩效面谈。许多企业还设立"投诉"制度,允许员工在一定期限内对绩效考核结果提出意见,然后组织相关人员对产生异议的评价结果进行复核,以纠正评价中因主观和客观因素造成的偏差,保证评价结果的公平性和公正性。其次,反馈机制。企业必须建立正规的绩效反馈制度,使与员工进行持续的绩效反馈成为管理者的一种制度化的行为。最后,创造一种绩效反馈的环境和氛围。

五、绩效改进指导

绩效评价结果反馈给员工后,如果不进行绩效改进和提高的指导,这种反馈就失去了意义。绩效改进指导也需要贯穿整个绩效管理过程。绩效改进指导包括绩效诊断和辅导两个环节。绩效诊断就是管理者帮助员工识别造成绩效不足的原因或改进提高的机会,帮助员工寻求解决方法的过程;绩效辅导则是帮助员工提高知识和技能,克服绩效障碍以提高绩效。

第三节 绩效评价

一、绩效评价的主要方法

当前企业所使用的绩效评价方法很多,但总体上可分为:比较法、特性法、行为法、结果法。

1. 比较评价法

比较评价法是通过员工之间的相互比较,对员工工作绩效进行评价和排序的方法。它包括三种具体的评价技术。

(1) 等级评价法(Ranking)。等级评价法又称排序法,它是根据总体标准直接对两个及以上员工的绩效进行判断和比较,并排出顺序。

排序法简便易行,花费时间和成本少。但如果被评价的人数较多,做起来就比较困难。而且,在排序的过程中,对最优和最差绩效容易比较和进行排序,而对平均绩效水平的员工之间的差异就难以把握,不易比较。对此,一种简便的替代方法是,首先,选出绩效最优和最差的员工;然后,选择次优和次差的,依次进行下去,直到将所有的员工按绩效水平都排列成序。但如果需要评价的人数太多,显然无法使用这种方法,此时可以选择小组评价法。

(2)小组排序评价法(Paired Comparison Ranking)。小组排序法分两步进行,首先,对小组绩效比较和排序,把被评价者按工作场所、工序、工作性质等分组,以小组为单位进行比较排序;然后,对小组成员的绩效比较和排序,通过这两个步骤,可以大大减少评价次数。

采用小组评价法经常出现的问题是如何进行分组,随之产生的问题是,最差组中的最优绩效员工不一定比最优组中最差员工的绩效差。为了避免这一现象的发生,通常采用多种方法进行多次评价。

(3)强制分布法(Forced Distribution)。强制分布法就是要求评价者将不同绩效水平的员工按百分比归类。例如,规定5%为表现不好的,15%为平均水平的,50%为好的,25%为优秀的。这种整体判断通常建立在对员工相对绩效的主观判断基础上。

强制分布法的优点是避免评价者的感情倾向,即总是给予下属集中的较高或平均水平的评价而不愿意把下属评价过低,造成难以区分不同员工的绩效差异。这种方法的一个主要缺陷是评价者必须按分布规定而不是实际绩效把员工归类,因而总是保证少数人获得高评价,而总有一些员工得到低评价。容易造成员工不满和员工间的不良竞争。

综上所述,各种比较法具有以下优点和缺陷:

比较法的主要优点为:简便快捷,易为使用者接受,特别适用于区分员工绩效差异,从而为提薪或晋级提供依据。因此,它经常被用于差别性奖励时的绩效评价中。

该方法的主要缺点为:与企业战略目标联系不紧密,可靠性和可信性依赖于评价者的主观判断;反馈缺乏具体性,不利于判断员工之间的具体差异,对员工发展没有帮助;在很多场合下,员工不愿意接受评价结果,因为这种结果建立在群体间相互比较的基础上,而不是个人绩效的绝对标准上。

2. 员工特性评价法

员工特性评价法关注的是员工所具有的哪些特性可以满足企业战略需要,这些特性在多大程度上与企业的成功相关联。这种方法首先以员工个人为对象,确定一系列特征,如主动性、领导力、进取心、创新意识等;其次,对这些特征进行评价。常用的评价技术方法有图表评价尺度法、混合标准法等。

(1) 图表评价尺度法(Graphic Rating Scales)。图表评价尺度法是最常使用的评价方法,基本程序是:

首先,设定绩效因素。这里是指与绩效相关的个人特性,如知识、沟通技能、管理技能、工作质量、团队合作、创造性、解决问题的能力,等等。

其次,设计评价尺度。通常采用5点尺度,即优秀、很好、好、正常、差,分别用5、4、3、2、1或者赋予一定分数,如100~90(优)、90~80(很好)、80~70(好)、70~60(正常)、60以下(差),来表示各种绩效水平。

最后,对每项绩效因素根据评价尺度打分或画勾并给出简短评语。每项因素得分之和即为评价结果。

图表评价尺度法比较直观,关键是绩效因素的选择要恰当。

(2) 混合标准法(Mixed Standard Scales)。混合标准法是对图表法的一些改进。基本做法是:

第一,确定要评价的绩效维度。比如,要评价员工的三种特性:主动性、工作智力、与同事关系,分别用1、2、3表示。

第二,对每个绩效维度用三种水平表示:好、一般、差。

第三,对每个维度用具体项目来描述,但打乱顺序排列。如果员工绩效比描述的状态好,打(+),相当(0),差(-)。

第四,设计评分方法,据此给出分数。

混合标准法最初用于员工特性评价,目前更多用在行为评价上。由于评价项目混乱排列,可以减少评价者的极端、怜悯方面的评价错误,但在消除评价者偏见方面效果不佳。

特性评价方法是目前使用最为广泛的绩效评价法,具有很多优点,例如容易设计和使用,具有通用性,适合具有各种岗位和战略目标的组织;如果与工作绩效相关的特性选择准确,可以保证评价结果的可信度,等等。

该方法的缺陷也比较明显,例如,缺乏有效评价、管理绩效的标准;难以准确确定绩效指标与企业战略的一致性;绩效标准模糊,不同评价者可以作出不同理解和解释,影响评价结果的信度;员工如何支持企业目标、如何改进绩效缺乏具体标准;评价者难以说服被评价者认可其绩效评价的等级。

3. 行为评价法

行为评价法是对员工有效完成工作所需要的行为表现作出判断与评价的一种方法。首先运用各种方法界定有效的工作行为,然后评价员工这些行为的表现程度。常用的方法有关键事件法、行为定位(锚定)等级法、行为观察法。

(1)关键事件法(Critical Incidents)。关键事件法是一种比较简单的方法。首先,评价者记录员工在执行工作任务时表现出来的有效行为和无效行为;然后对员工的优缺点、潜力进行评价;最后提出改进意见。

关键事件法的优点是可以立即反馈给员工做得好与不好的地方,而且可以把关键事件与企业战略需要联系起来,对与企业战略相关的、组织所期望的行为进行重点考察。但该方法要求评价者能够长期观察员工的工作行为,需要管理者花费许多时间和精力,许多人可能不愿意或者不可能这么做;同时,关键事件法不便于在员工间比较。

(2)行为定位(锚定)等级法(Behaviorally Anchored Rating Scales,BARS)。行为定位等级法,又称为行为锚定法、行为期望量表法(Behavioral Expectation Scale,BES),它是以关键事件法为基础,用图表评价尺度(标准)进行评价的方法。表 14-1 是行为定位等级法的应用举例。

表 14-1 用行为定位等级法评价工程师的专业能力

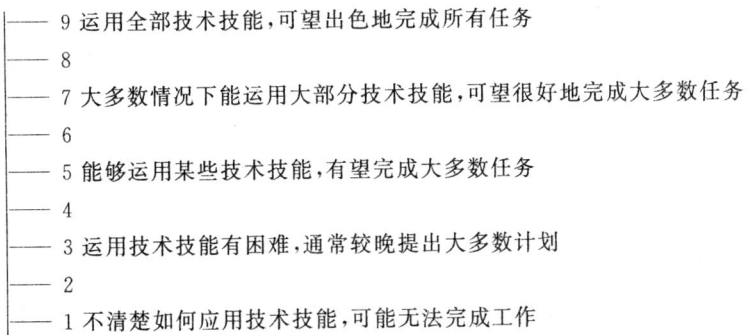

资料来源:John M. Ivancevich,*Human Resource Management*,Seventh Edition,机械工业

出版社,McGraw－Hill,1998年,第277页。

行为定位等级法的开发步骤为:

第一,收集工作中代表有效和无效工作行为(绩效)的关键事件。由了解该工作的主管和工作承担人以及工作分析专家来做。

第二,设计绩效维度。上述人员把关键事件进行归类,分成若干绩效维度。

第三,重新分配关键事件。由另外一个小组把关键事件重新分配到他们认为最合适的上述已界定的绩效维度类别中。若该小组50%～80%的人对某一关键事件的归类与第二步中的归类相近,该事件即可保留下来。

第四,评价关键事件。对关键事件评定,确定他们所代表的绩效水平,通常用7～9点法。

第五,形成最终评价表。每个绩效维度上的关键事件都按绩效水平进行排列,每个关键事件代表一种绩效水平,称为行为锚,每个绩效维度最终通常有6～7个关键事件。

行为定位等级法的优点是,与图表评价尺度法(评定量表法)相比,该方法不是单纯使用数字或描述尺度(如优秀、好、一般等),而是用工作行为的具体例子来反映每种特性的不同绩效水平,这就使评价结果更有说服力。

• 更准确地评价绩效水平。由于行为定位法是由非常了解工作及其要求的人来开发、设计,因此,能比较准确地衡量工作绩效水平。

• 标准清晰。不同尺度代表不同绩效水平,可以清楚地表明绩效层次。

• 容易反馈。用关键事件描述绩效水平,可以清楚地告知被评价者的绩效状况,如果只评价等级,没有具体行为例子,则反馈没有实际意义,可接受性低。

• 能够引导和监控员工行为。行为锚的确定可以使员工明确企业所期望的工作行为,从而明确努力方向。

行为定位等级法的主要缺点是:开发费时、费力;容易误导评价者的信息取向,因为评价者往往只回忆起与行为锚最相符的行为而忽略其他行为。此外,员工可能同时表现出同一绩效维度上的不同行为,使评价者陷入困境。

(3) 行为观察评价法(Behavioral Observation Scales, BOS)。行为观察法是行为定位等级法的变体,它们之间主要有两方面的差别:

第一,行为观察法的评价对象是能反映工作绩效的所有必要的具体行为,而行为定位法对每个绩效维度只用一种行为评价、确定绩效水平。

第二,行为观察法要求评价员工在评价期内所表现出的每个行为的频度,而行为定位法只评价最能反映个人绩效的某个行为。

行为观察法一般用5点尺度对一种特定行为的发生次数进行衡量,其中,5-总是,4-通常,3-有时,2-偶尔,1-很少或没有(见表14-2)。

表14-2 行为观察法的应用

评价指标:克服变革阻力
1. 向下属陈述变革的详细内容 　　从不　1　2　3　4　5　总是
2. 解释变革的必要性 　　从不　1　2　3　4　5　总是
3. 讨论变革对员工的影响 　　从不　1　2　3　4　5　总是
4. 倾听员工的想法 　　从不　1　2　3　4　5　总是
5. 请求员工协助,使变革成功 　　从不　1　2　3　4　5　总是
6. 如有必要,确定再次会谈日期,对员工的考虑予以答复 　　从不　1　2　3　4　5　总是 　　　　　　　　　　　　总计=
低于正常水平　　　正常　　　好　　　优秀　　　突出 　6-10　　　　11-15　　16-20　21-25　26-30

资料来源:Raymond A. Noe, John R. Hollenbeck, Barry Gerhart, Patrick M. Wright, *Human Resource Management-Gaining a Competitive Advantage*, Third Edition,清华大学出版社,Prentice-Hall International, Inc., 1997,第290页。

行为观察法的一个主要缺陷是在评价中要使用大量信息,可能超出评价者所能够记忆和处理的范围。因为要评价许多工作行为,评价者要记住在评价期内每个行为发生的频次,这对一个员工而言已经是很大的负担,何况一个评价者面对的可能有10个或更多的员工。尽管如此,有一项调查表明,在观察法、定位法和图表评价法中,经理和员工都更倾向使用观察法,认为这种方法可以区分绩效水平高低,具有客观性、反馈信息具体、能指出培训需要、易于使用等优点。

行为评价法的优点主要表现在:把企业战略与实施战略所必需的具体行为相联系;为员工提供具体明确的反馈和指导,经理人员把重点集中在影响绩效的关键事件上,便于指导员工,而员工也清楚了解组织的绩效期望。可接受性强,员工和经理共同参与开发评价方法,易于被接受。

其主要的缺点是:必须不断监控和修正所要评价的行为,以保证满足组织的需要;同时,该方法在适用范围上有局限性,只适合一些不太复杂的工作,不适用于比较复杂的工作。

4. 工作结果评价法

工作结果评价方法的焦点集中在一项工作或者工作小组的工作成果上,这些结果应具有客观性和可衡量性。该方法强调在评价过程中应排除主观判断,而工作结果可以充分反映个人对组织业绩的贡献。目标管理法(Management by Objectives,MBO)是一种最具代表性的工作结果评价法。

(1)目标管理法。目标管理法是一种通过设定和实现工作目标进行员工绩效管理的方法和过程。它包括三个步骤:

① 设定目标。把企业战略目标层层分解,直到每个员工,这样,通过员工工作目标的完成,促使组织目标的实现。在目标设定的过程中,员工和主管共同制定绩效目标,并同时确定具体绩效标准以及达成目标的衡量方法。

② 制定实现目标的计划。计划内容包括,为了实现绩效目标,员工及其主管共同识别完成目标过程中可能出现的障碍;寻求员工克服障碍的对策;主管如何为员工提供完成目标的支持等。例如,双方定期会

面讨论目标完成进度,如何及时处理由于组织情况的变化而引起的员工绩效目标的改变等。

③ 绩效评价。在最终的绩效考评时,以预先的计划目标作为评价员工绩效的标准。

目标管理法实施的关键是:目标的设定要具体、客观且有一定难度,管理人员与下属共同制定,在评价期内要监控进展并及时反馈。如果在管理过程中,能够把握这些要点,就可以充分体现目标管理法的许多优点:

其一,有利于监控和引导员工行为,促进员工绩效的提高。

其二,绩效反馈及时、客观,员工能够了解组织对他们的期望,并能有效引导员工为实现组织的重要目标而作出最大努力。

其三,目标具体而有挑战性,员工能得到实现目标的有效反馈,并在完成目标后得到奖励。

其四,员工参与目标制定,感到对工作有控制权;同时,有利于促进上下级沟通。

其五,对员工的绩效评价具有较强客观性,可以减少评价中的偏见。

其六,具有较强的可操作性,实施成本低。

目标管理法的主要缺点是:必须明确对实现目标的具体行为要求,否则不能提供有效指导;容易导致短期行为而损害长期利益;在实现目标过程中可能出现员工无法控制的因素,以及员工之间目标的难以比较等。

(2)对结果法的评价。结果法的优点表现在两方面:一是用客观、量化的指标评价绩效水平,减少主观性,易于为主管和员工接受;二是把工作结果与组织战略和目标联系起来。

结果法的不足表现在:①绩效标准虽具有客观性,但可能受员工无法控制的因素影响而阻碍结果的实现,或者不能涵盖影响工作绩效的所有重要因素;②员工只重视被评价的因素而忽视未被评价但非常重要的因素;③不能提供改进绩效的具体指导。

二、评价主体及其选择

评价主体即评价者,包括直接上级、同事、下属、自我评价、顾客、全方位评价(360度反馈)等。在绩效评价过程中,选择合适的评价主体非常重要,它是保证绩效评价客观、合理、全面、有效的关键。

1. 直接上级评价

直接上级是企业绩效评价中最常使用的评价主体。选择直接上级评价的主要理由是:

(1) 有能力评价下属。直接上级对工作了解,有足够机会观察员工,对员工的工作态度、能力等充分了解。

(2) 有动力评价下属。上级对下属员工的绩效负有直接责任,并有奖惩下属的权力。

(3) 有利于绩效反馈。上级了解工作及员工,提供的反馈与工作绩效相关性高。

直接上级评价的主要缺陷是直接上级有可能对某些工作缺乏有效观察而影响评价效果,由于偏见可能影响评价的客观性和公平性。

2. 同事评价

由同事进行绩效评价被认为是一种比较有效的方式。其理由是:

(1) 从事相同或相近的工作,一般有共同的专业知识,熟悉彼此的工作背景和工作要求。

(2) 接触机会多,互相了解。

(3) 有效避免其他评价者可能产生的主观和成见。

同事评价也有某些不足,例如,碍于情面,不愿意评价对方,特别是私人关系很好时,惟恐因为工作绩效的评价影响已建立起来的良好关系;当评价结果用于加薪、晋级等竞争性目的时,容易造成关系紧张,影响团队合作等。

3. 下属评价

下属评价常常能提供许多有价值的、难以得到的信息,如对经理人员的计划、沟通等管理能力可以提供有说服力的信息。但一般需要采取匿名的形式才能得到较为真实的信息,因为下属往往惧怕得罪上司而不愿意作出真实的评价。

下属评价容易使上级处于困境和不利的地位,如果赋予下属评价上级的权利,可能产生上级不敢严格管理,或者讨好员工的现象。

4. 自我评价

在绩效评价中,单独使用自我评价方式的不多,往往是与其他方法结合在一起使用,比较适合在绩效反馈之前使用。

自我评价的优点是:比上级评价更有建设性;减少对评价结果的排斥;促进自我激励,有利于个人发展和绩效改进。自我评价不足的方面是容易使一些员工隐藏缺点、夸大优点,导致膨胀性评价等问题。

5. 顾客评价

向顾客提供优质服务是企业提高竞争力的一个重要因素,因此在员工的绩效评价中,越来越重视和强调把顾客作为一个重要的评价信息来源。特别是对于酒店、银行等服务性企业来说,其产品就是提供现场即时服务,服务质量至关重要,通过顾客评价可以促进员工重视顾客,提高服务质量,选择由顾客评价员工对这类企业就具有了战略性的意义。

但是顾客评价也可能导致评价成本高,以及被评价者与顾客串谋制造虚假绩效等问题。

6. 360°评价法

360°评价法是近年来人力资源管理常用的一种评价方法,也叫360°反馈法(360° Feedback)或多源评价法(Multi-Source Assessment)。它是指在一个组织中,通过所有了解和熟悉被评价者的人,即由同事、上级、下属、顾客以及其他部门人员作为评价者来评价员工绩效,然后对来自多方位的信息进行综合分析和判断,形成最终评价结果。

360°反馈模式综合运用了心理学、心理统计学、社会学、组织行为学、管理学、人力资源管理理论等多学科的理论和技术,多角度、多来源地对组织及个人绩效作出评价。该模式是对传统模式的挑战。因为传统的绩效评价模式有不可克服的内在缺陷,例如,直接主管法无法消除上级对被评价者的个人偏见;很难客观对待绩效不好的员工,或者存在信息不充分、不真实的情况。而这种评价方式可以提供全面、公正、真实、客观、准确、可信的信息。从个人角度看,通过评价,人们可以了解自己在职业发展中所存在的不足,从而激励个人努力工作,创造更好的业绩。从组织角度看,可以从更多的渠道了解被评价者的绩效信息,对其作出客观的评价。

与其他绩效评价一样,360°评价结果有多种用途,因为信息来源多,使得其评价结果比其他评价方法更准确、可信,可以被广泛应用在奖励、薪酬管理、职务晋升以及个人职业开发等各种管理实践中。

实施360°评价法需要注意以下问题:

第一,要取得领导的支持。人们对评价有一种自然的防御态度,新的评价方法更容易导致许多怀疑和阻力,获得领导的支持,自上而下地推行,容易使评价顺利进行。

第二,要在组织中事先进行充分的信息沟通,使员工认可调查的重要性和优越性,建立相互信任,使评价可以顺利进行。

第三,在绩效评价的实施过程中,尽可能使全体员工都参与其中。

第四,在实施中,确保答卷者的匿名性,以消除评价者(主要是同事和下属)的顾虑,保证结果的客观和真实。

360°评价方式也存有内在的缺陷,主要体现在:实施成本高,收集和处理的信息量大,对评价者还要进行专门的训练等。此外,因为评价信息来自站在不同角度、处于不同职位的所有评价者,可能发生不同评价者之间的意见冲突;同时,如何保证评价的客观性,有效剔除不客观的信息和评价,以及如何将评价信息与个人绩效提升有机结合等,都是比较敏感和重要的问题。

三、绩效反馈技术

评价结束后,应将评价结果反馈给员工,使他们明确自己绩效不足之处以及需要改进的方面。但是,绩效反馈是非常困难的,一方面,经理不愿意指出下属的缺点,担心挫伤他们的积极性,或者反馈方法不当,即严厉指责或批评;另一方面,人们都有自我保护本能,会极力寻找借口为个人辩解。因此,管理者必须学会运用必要的绩效反馈技术与技巧,其中绩效面谈是一种经常使用的、效果非常显著的绩效反馈技术。

1. 绩效面谈的内容

在绩效面谈中,管理者一般与员工就以下问题交换看法:

(1) 对员工的进步进行总体评价;

(2) 绩效评价中遇到的问题;

(3) 就如何改进绩效达成一致意见;

(4) 讨论当前绩效对员工长期职业发展目标的影响;

(5) 确定今后的具体行动计划,以及如何实现短期和长期目标等。

2. 绩效面谈的方式

绩效面谈主要有三种方式:

(1) 说和劝导(Tell and Sell)。这是经理主导的方式,经理人员处于裁决角色,目标是沟通绩效评价结果并劝说下属改进绩效。这种方式假设员工对自己的绩效结果了解不足,并愿意改进。在使用中,员工有可能产生自我防卫、抑制独立判断以及保护面子而屈就某些判断等行为。

(2) 说和听(Tell and Listen)。这种方式鼓励员工表达个人意见,目标是沟通评价结果,消除被评价者的防卫心理。该方式假设如果消除防卫心理,人们愿意改变其行为方式。在实施中,经理需要认真倾听,注重表达感情的技巧,以及善于进行总结。

(3) 解决问题(Problem Solving)。经理以提供帮助为目的,促进员工成长和发展。该方式着眼于帮助员工解决问题,促进个人进步。技巧是倾听和表达思想,运用探索性问题。

3. 应注意的问题

管理者与员工进行面谈时,应注意以下问题:

(1) 鼓励员工积极参与反馈过程;

(2) 集中于解决一些关键性绩效问题;

(3) 采用对事不对人的原则,将绩效反馈的焦点放在员工的工作行为和结果上,而不是员工本身;

(4) 表扬和承认员工的良好表现,尽可能减少批评和责备;

(5) 与员工共同探讨改进计划并约定检查进度的时间。

第四节　绩效管理的改进

一、有效绩效管理的特征

有效的绩效管理具有以下特征：

1. 支持企业战略，体现企业的核心价值观。绩效管理应该达成与企业战略需要的一致性，将绩效管理过程整合到企业战略管理之中。通过绩效指标的设计，反映企业的核心价值观，如重视质量和顾客、注重个人发展；同时，绩效指标围绕对于企业长期发展至关重要的因素设置，可以引导、激发符合企业期望的员工行为。

2. 具有柔性。绩效管理体系能随着企业内外环境的变化而调整，通过绩效指标和标准的再设计迎合企业发展对员工行为的需要。

3. 促进员工和组织的共同发展。绩效管理的目标是促使员工的绩效改进和提升，达到激励员工、开发员工潜能的目的。有效的绩效管理体系能够帮助企业发现员工的不足，采取针对性的措施帮助员工改进和提高绩效。单纯以考核和控制为目的的绩效评价越来越趋向于以开发、激励为主的柔性管理模式。

二、有效绩效管理的原则

1. 客观性。客观性应该体现在绩效管理的各个环节，包括确定绩效管理目标、制定绩效计划和标准、实施绩效评价等。

2. 及时性。绩效管理应体现当时、当地、当事的原则，及时监督、指导、反馈、处理，并将管理贯穿于员工工作行为的全过程。

3. 战略性。绩效管理应该支持公司的使命、远景与价值观，并与之融合成一个整体。

4. 公平性。对员工绩效应进行客观公正的评价，并对评价结果作出必要的反映，否则就是对绩效优秀者的最大的不公平。

5. 公开性。有效的绩效管理是一个弘扬先进,鞭策后进的过程,因此必须在整个绩效管理过程中,都体现公开性的原则,包括标准、措施、步骤、组织、管理、协调、结果及其处理的全面公开。只有公开,才能做到客观和公正,才能对优秀者给予最大激励,同时也能对绩效差者起到改正和提升绩效的示范作用。

三、影响绩效管理有效性的因素

企业绩效管理的有效性受许多因素的影响,可以归结为组织因素、系统因素、执行因素等三个方面。

1. 组织因素

在绩效管理中,常见的与组织管理相关的因素与问题有:

(1) 高层管理者的重视程度。如果没有高层管理者的重视和支持,企业的绩效管理只能流于形式,成为一个定期的填表和交表的过程。

(2) 绩效评价制度的健全程度。许多企业的绩效管理缺乏效力,主要是因为没有规范的和完善的绩效评价和绩效管理制度,管理者没有将其作为一个有效的管理行为。

(3) 各部门的有效配合。在企业中,任何人力资源管理行为没有直线经理的支持,都是难以实施的,绩效管理也是如此。人力资源部门在绩效管理中充当的是制度设计、政策制定、措施保证和技术支持、管理协调等职能,真正的绩效管理者是直线经理。因此,人力资源部门必须与各部门密切配合,满足其需要,并注意发挥直线经理的作用。

(4) 员工的参与作用。绩效管理是调动员工工作积极性的杠杆,其根本目的是对人力资源的开发与管理,因此,没有员工的积极参与、没有员工的认同,不可能达到既定目标。

2. 系统因素

科学的绩效管理系统是绩效管理有效性的保障,在绩效管理系统的设计与操作中,最容易发生问题的是:

(1) 绩效计划的制定。绩效计划是绩效管理的起点,是管理者和员工就计划期内的工作职责、工作任务、完成职责和任务的条件等作出书面或口头的安排和部署。绩效计划在制定中最容易出现的问题是员工和管理者的目标不统一,工作职责和权限分工不明晰,对完成任务的环境条件准备不足,以及管理者和员工之间缺乏有效沟通等。

(2)绩效指标与标准的确定。绩效指标过多或过少、难量化和标准化,以及绩效标准的客观性等问题都直接影响绩效管理的效果。对此,只能尽量通过一些技术和辅助工作进行相对客观和公正的解决。为避免复杂化,绩效指标在确定时一定要注意简单、明了、省时、省力,以满足企业自身需要为原则。

(3)评价方法的选择。绩效评价方法的选择将决定绩效管理的最终效果,但是各种评价方法都有其优点和内在缺陷。评价者要明了各种方法的应用价值和所需条件,尽量避免可能带来的不利影响。

(4)评价系统的其他内外因素。绩效评价系统在运行中,还可能出现如目标单一性或多元性(目标冲突)、企业文化对采用新的绩效评价方法不支持,以及如宏观经济状况、企业经营状况、劳动力市场的供求变化等多种外部环境因素的影响,对此也应该充分考虑。

3. 实施或执行因素

在实施绩效管理,特别是绩效评价的过程中,很多情况下是由于人为因素造成绩效管理失效,即未能有效地达到绩效管理的目的或目标。这主要包括三方面问题:缺乏有效或充分的沟通与指导、评价者的错误、员工的错误。

(1)缺乏有效的沟通与指导。对绩效管理目的、用途、过程、工作指导与帮助、绩效结果的反馈等没有足够的沟通,可能导致对绩效评价结果的认可和接受程度降低,或者对绩效指标和标准的理解产生分歧。

(2)评价者的错误。来自评价者的错误有多种表现形式,主要有评价者之间对评价标准的理解和把握的差异,以及形形色色的评价者自身的主观错误。前者大多属于管理者的水平问题,后面的诸多表现则主要与管理者的素质相关。

① 晕轮错误。即评价者对某个方面的评价常受到对被评价者的整体印象的影响,使评价结果扭曲。

② 趋中错误。评价人无法或不愿对员工作出实质性评价,采取集中取中度评价的现象,造成难以区分员工绩效差异。

③ 极端倾向。对被评价者的行为评价过宽或过严,造成夸大或缩小成绩与错误的现象。

④ 相似性错误。被评价者在某些方面如果与评价者有相似特征,或被评价者与评价者属于同一类型时,往往可以得到较高评价。

⑤ 个人行为偏见。评价者对员工的某些特征存在歧视和偏见,例如,对性别、民族、残疾或者年龄等特征存有歧视心理或歧视行为,由此影响到对被评价者的公正判断。

⑥ 评价者滥用角色。在评价中,也不能避免一些行为不端或滥用职权的评价者操纵评价的现象,这样就会对员工的利益产生直接的伤害,给企业造成恶劣的影响。

(3) 员工的错误。员工由于组织或自身的原因,或者出于个人利益的某些考虑,也会对绩效管理的认知、态度等产生偏差。例如,对绩效管理体系或考核目的不了解,不重视,采取敷衍、漠不关心的态度;临近绩效评价时,刻意作出一些好的表现;员工与评价者对绩效标准的理解产生偏差,使员工不接受评价结果或认为低于个人绩效期望。

四、绩效管理的改进

提高绩效管理的有效性应该从两方面入手:促进影响有效性的积极因素,消除阻碍有效性的消极因素。这些因素都可以归结为对绩效管理的改进。

1. 突出绩效管理系统的观点。绩效管理不是一个孤立的管理行为和管理环节,而是一个综合的管理系统:首先,它是对员工绩效进行综合管理的系统,是企业人力资源开发管理系统的一个有机组成部分;其次,它与组织战略、经营目标和组织管理系统紧密相联。绩效管理的中心目标是挖掘员工的潜力,提升员工的绩效,并通过员工个人目标与企业目标的结合,达到提高企业绩效的目的。因此,只有从绩效管理系统的角度出发,才能提高绩效管理的层次,提高水平,也才能真正实现绩效管理的目标。

2. 明确绩效管理的目标。企业应该通过绩效指标和标准的设置来界定和明晰绩效管理的目标,并使多重目标之间保持相容性;同时,从组织制度、管理机制上,保证实现目标所预期的业绩效果。提倡员工参与目标制定,以及员工与管理者在整个绩效管理过程中的有效沟通,让员工有动力、有意愿接受目标,并且作出绩效目标承诺。

3. 在绩效管理中,要处理好几个重要关系:一是人力资源部门和一线经理的关系;二是被评价者与评价者之间的关系;三是目标与手段的关系,绩效管理只是手段,绩效改进和提升才是目的。

4. 建立系统的绩效评价程序。绩效评价作为绩效管理的核心,应具有系统性。首先,选择恰当的评价主体,确保评价信息来源的可靠性、合理性;其次,确定合适的评价方法及其组合;最后,提供有效的绩效反馈和指导。

参考文献

1. 迈克尔·T. 麦特森、约翰·M. 伊万舍维奇编,李国洁等译:《管理与组织行为经典文选》(第7版),机械工业出版社,2000年。

2. Tracey B. Weiss, Franklin Hartle, *Reengineering Performance Management — Breakthroughs in Achieving Strategy Through People*, St. Lucie Press, 1997.

3. Raymond A. Noe, John R. Hollenbeck, Barry Gerhart, Patrick M. Wright, *Human Resource Management—Gaining a Competitive Advantage*, Third Edition, 清华大学出版社, Prentice—Hall International, Inc., 1997.

4. John M. Ivancevich, *Human Resource Management*, Seventh Edition, 机械工业出版社, McGraw—Hill, 1998.

5. (英)理查德·威廉姆斯著,赵正斌、胡蓉译:《业绩管理》,东北财经大学出版社,1999年。

6. 吕峰:《人力资源管理》,山西经济出版社,1999年。

思考题

1. 企业为什么要进行绩效评价和绩效管理？
2. 什么是绩效管理的组织管理模型？它有什么特征？
3. 绩效管理过程包括哪些主要阶段？
4. 绩效评价有哪些主要方法？它们各自的优点和缺陷是什么？
5. 如何改进和提升绩效管理？

第十五章

企业教育培训开发

本章学习要点

- 企业教育培训具有不同于普通教育的特点,它对于企业竞争取胜和员工的发展意义重大。
- 企业教育培训的组织机构基本为两大类型:纵向式组织机构和横向式组织机构。
- 企业教育培训需求分析在三个层次上进行:组织分析、作业分析、个人分析;所采取方法为必要性、全面性分析方法、绩效差距分析方法。
- 企业教育培训依据不同标准,从不同角度划分,有多种形式,有多个途径。

第一节　企业教育培训的意义和原则

一、企业教育培训的内涵与特征

1. 企业教育培训的实质内涵

企业教育培训，是指企业通过教学实验、宣传、教导和实践等方法，对企业员工所进行的一系列传授知识、技能和进行企业文化教育的活动或过程，旨在促使员工的行为方式在知识、技术、品德等方面有所改进和提高，使员工按照预期标准完成所承担或将要承担的工作任务。

严格地讲，企业教育与企业培训不尽相同。教育，通常是指通过正规、系统的教学、训练等活动，来提高企业员工的文化、思想素质，增进其劳动能力。企业教育的特点，一是教育形式正规、系统、规范；二是时间、计划规定和执行严格；三是较长时间的培育学习；四是目的一般非为应急，多是着眼于未来组织工作要求和组织发展需要。通常企业员工的脱产、半脱产或业余的学历教育、定向专业技能教育、后备领导管理层培训等，均系企业教育之列。培训，是给新员工或现有员工传授其完成本职工作或某项工作所必需的基本知识和技能的过程。培训的特点在于：（1）训练、学习时间是短期的；（2）培训目的使员工具有胜任本职工作或完成某项工作任务所必需的技能；（3）一般要求员工培训之后较快地将习得的技能运用于工作之中，使带给组织的收益马上见效。企业中的新员工培训，培训装配工焊接线路，教会员工操作机器或者使用一台新设备，向新主管讲授如何领导管理的业务工作、如何与员工沟通、如何评价下属等，均系企业培训。事实上，现实中企业教育与培训有时候难以截然区分开，因为二者的根本目的和通常采用的技术方法是相同的，而且从一定意义上讲，培训实质也是教育，教育也可能是一种专门的培训。

2. 企业教育培训的特征

企业教育培训不同于一般社会的学校普通教育,亦有别于机关、团体、事业单位的教育培训,它呈现出自有的特征。

(1)教育培训对象的复杂性。企业教育培训对象为企业全体员工,包括董事长、总经理在内的领导决策层,一般管理者、工程技术人员、普通服务、操作员工等。培训教育的对象数量大、范围广,而且在性别、年龄、阅历、婚姻家庭、性格、文化水平、业务专长、信念、价值观、兴趣,乃至精力、时间等方面存在程度不同的差异。处于企业不同职位的员工及人格特质的差异,决定了他们学习动机的复杂性,从而也表现出相异的学习态度。

(2)针对性、实用性、应用性强。企业教育培训是经过认真的工作分析、绩效考评,根据企业工作需要,并融入个人特质及发展之考虑而开展的。同时,企业所进行的多为有明确目的的专门教育培训。

(3)生产性和盈利性。企业教育培训是企业所进行的人力资本投资,此乃生产性投资。通过人力资本,大大增强企业生产力,产生极大经济效益,为企业获取最大化的利润;同时,员工以其更大的人力资本存量,实现个人收入最大化。

(4)时间的速成性。企业培训教育对象为在岗员工,其接受教育培训从属于企业工作的需要。虽然企业教育培训与企业工作具有目标的一致性,但是在时间上却存矛盾。企业与员工都不能也不可能随意安排和拖延教育培训的时间,一般要求企业每一次教育培训周期宜短、高效速成,以解决好员工学习在时间上的矛盾。

(5)经常性、持续性。企业面对的外部环境是一个变化的世界,现代科学技术和经济发展日新月异。新问题、新情况层出不穷,市场竞争空前激烈。此情此景之下,企业对员工的教育培训绝不能是一次性的,必须经常不断地给员工以新理念、新知识、新技能的教育培训,开展继续教育和终生教育;必须适应新形势、新情况的要求,不断培养和造就时代新人才。否则,企业无法立足和发展。因此,直接关乎企业生存发展、前途命运的企业教育培训,必然呈现出经常性、持续性之特征。

(6)形式的灵活性、多样性。企业教育培训不同于规范的普通教育,其形式多种多样,应根据工作需要和员工个人的特点、条件和需求,灵活选择和运用。在教学方法上亦灵活多样,以达到最佳教育培训效果。

二、企业教育培训的意义

在企业经营管理环境发生重大变化、企业目标多元化的今天,企业教育培训开发具有十分重要的意义和作用。

1. 企业教育培训是企业创新的源泉,是企业迎接知识经济挑战的必要准备

在知识信息时代,创新是企业生产经营管理的主旋律。无论是产品创新、技术创新,还是组织创新、管理创新(含人力资源开发与管理),都是以知识的创新与扩散为基础的,而企业教育培训能够使新知识、新技术、新技能迅速在企业中广为传播,对知识更新敏锐作出反应,使企业内部始终处于一种开放的学习状态之中,不仅直接使员工习得新知识、新技能,而且通过营造积极向上的学习氛围,推进整个企业、全体员工不断学习,不断进步,为企业创新提供科学的基础、依据和具有创新能力的人才。

2. 企业教育培训是促进员工全面发展、调动员工积极性的重要手段

企业员工是作为"复杂人"而存在的,虽然相互间在个人特征、社会背景、心理特质等诸多方面千差万别,但多数员工都渴望不断充实和完善自我,希望将自己的潜能充分挖掘并贡献于企业,贡献于社会。这种自尊和自我价值实现的需要一但得到满足,将会产生深刻而持久的工作动力和积极进取的工作行为。企业教育培训,是满足员工这种需求的良好途径,经过教育培训的员工,其素质和能力得以显著提高,工作动机和工作态度亦极大改善。因此,企业教育培训是调动员工积极性、自觉性、创造性的有效办法;同时,通过企业教育培训促进员工个人全面发展,也正是企业经营管理的目标之一。

3. 企业教育培训是塑造优秀企业文化的有力杠杆

企业管理科学继从经验管理到科学管理的第一次飞跃后,当今正

经历由科学管理到文化管理的第二次飞跃。企业文化是整个企业的精神支柱和灵魂,构建优秀企业文化,实施文化管理,离不开企业教育培训。

4. 教育培训是企业竞争取胜的重要保证

在科技迅猛发展、竞争日炽的当今时代,企业的命运主要取决于如下因素:(1)人才,首先是企业家人才,以及适应时代需求的现代化、应用型、复合型人才;(2)企业人力资本存量,即企业整体的知识、技能在一个较高水平上;(3)企业强烈的学习、创新意识和创新能力;(4)员工的积极性、自觉性、创造性得以最大限度的调动与发挥;(5)优秀企业文化的有力支撑;(6)企业整体具有灵活性、敏锐性、应变性及迅速应对的能力。这些因素的形成与生长,根本依赖于企业教育培训,尽管尚有其他途径,但是,没有企业教育培训,就没有企业的成功与发展,就此意义而言,有效的教育培训是企业立于不败之地的重要保证。

三、企业教育培训的原则

1. 支持组织目标的原则

企业教育培训是企业生产经营的一项重大投资,是企业经营管理战略的有机构成部分。因此,首先教育培训必须服从于组织目标,根据组织目标和企业战略的需要,确定企业教育培训需求、教育培训计划及其实施方案。

其次,以企业教育培训为实现组织目标的重要途径和保证。某一企业,引进先进设备,然而现有员工无人能操作,有三种途径可供选择:一是培训现有员工,提高其技术知识和操作技能;二是另行招聘会操作的员工;三是弃之不用,或者转卖后另择设备。显然,第三个途径使企业遭致损失,一般不可取。第二个途径虽可行,但需花费时间和付出更大成本。第一个途径最现实,满足急需;在员工得到进步与发展同时,增大整个企业人力资本存量,为以后新技术的引进打下基础。因此,这是最佳途径,是组织目标实现的内在保证。

再者,评价企业教育培训,主要看其对组织目标实现所产生的影响和作用。对企业教育培训进行评价,可以从多角度、多方面进行,但是,对组织目标实现所产生的影响作用,乃是评价的主要标准或根本的评价指标。整个教育培训项目要围绕组织目标进行。在培训项目实施的过程中,倘若发现有碍于或不利于组织目标实现,必须及时调整和修正教育培训方案,使人力资本教育投入对组织目标实现产生最大化的产出效益。

2. 战略性、超前性原则

对企业而言,企业教育培训首先是一种投入。一方面,其实质即为一种重要的生产性投资;另一方面,在多数情况下,需要培训对象暂离工作岗位,对工作可能会造成一定影响,此为企业花费的间接成本,亦是一种间接投入。其次,有投入必有产出,企业教育培训产出有两种情况:一是"立竿见影",效果立时显出;另一情况是,培训后数月、一年,甚至几年方见显著效果。面对后一种情况,只顾眼前利益者常会缺乏教育培训的积极性,甚至拒绝投资。实际上,人才培养非一朝一夕而就,企业进行教育培训,造就人才,必须有超前意识,克服狭隘的意识、心态和短视行为,应立足于企业长远发展战略,舍得教育培训投资。正如日本松下公司和精工公司创办人所言:企业中各方面的钱都可以省,惟独研究开发费及教育培训费绝对不能省。

3. 实践性、应用性原则

企业教育培训的实践性、应用性极强,是其根本区别于普通教育之所在。坚持实践性、应用性原则,在内容上要有明显的针对性。教育培训必须依据企业发展之需要,紧密联系企业现实,解决企业发展中的实际问题,本着企业需要什么学什么、干什么学什么、缺什么补什么的原则,确定教育培训内容,讲求实用、实效。此外,企业教育培训必须学以致用,员工所习得的知识、技术、操作技能,不应束之高阁,必须及时、恰当地应用于工作实践,从工作实践的进步与发展上真正体现企业教育培训的宗旨。再者,企业教育培训后的评价仍是企业教育培训的一项重要环节。其关键在于将教育培训的情况,包括经验、教训、问题,及时负责任地总结、评价、反馈给企业教育培训的决策者、管理者,为下次教育培训或者其他教育培训项目达到更好的实践应用效果提供借鉴。

4. 全员教育培训与重点教育培训相结合的原则

有计划、有步骤地实施全员教育培训,是当今科学技术迅猛发展、知识经济来临这一客观形势的必然要求。但是,在实施企业员工无一例外地接受教育培训战略之时,尚需分清轻重缓急、主次先后,制定规划,分时间、分地点、分别进行不同内容、不同形式的教育培训。此外,虽然企业实施全员教育培训,但并不否定重点教育培训对象的存在。企业中的决策层、管理人员、专业技术人员和工作骨干,当为企业教育培训的重点对象。尚需指出,对上述人员进行重点教育培养,也要分轻重缓急,应当优先教育培训企业发展最为关键、最急需的人才。

5. 因人施教的原则

企业教育培训是适应企业发展需要而展开的。鉴于企业经营运行过程甚为复杂、又多变换,不同时期、不同情况下有相异的发展需求和相应的知识、技术要求;鉴于企业岗位繁多,加之企业内外环境多变,每一岗位对知识、技能的具体要求亦随之变化。因此,位于不同工作岗位上的每名员工所具有的相应的知识、技能不同,所缺少的知识、技术、能力也相异。由此,因人施教在所难免。此外,企业员工之间在年龄、性别、职业、工作履历、文化程度、家庭、婚姻、性格、爱好等方面千差万别,能力、素质水平参差不齐,企业教育培训不能统一要求。教育培训必须根据企业发展和岗位需求,针对员工个人,制定每人不同的培训计划,选择不同的培训内容、方式、方法和途径。

6. 收益原则

企业教育培训,是企业所进行的教育投资,既然是投资性质,必然由投资产生收益。所谓收益,就是投资形成后,在预期的回收期限内所得到的与投资有关的资金回流的总和与投入的成本的差额。其差额可以是正,可以是负,也可能是零。企业作为经营性的组织,展开教育培训,进行生产性的人力资本投资,当然必须作成本—收益分析,在教育培训整个运作过程中,对企业而言,不能求得无益甚至负收益效果,必须产出大于投入,而且获取收益最大化,才是企业教育培训的追逐目标。

第二节 企业教育培训的组织机构

教育培训的组织结构基本为两大类型:纵向式组织结构与横向式组织结构。

一、企业教育培训的纵向式组织结构

传统的教育培训组织结构是纵向构建的,这在传统企业中较为普遍。图 15-1 表示一个纵向组织结构的层级和各级采用的教育培训形式。

企业教育培训纵向式结构体现了层层深入、各有侧重的教育培训特点:

第一,从隶属关系上看,企业教育培训中心、车间职工培训领导小组、班组培训小组,是层层隶属的直线关系,从上至下逐级对下一层级的培训工作进行指导、监督和评价。企业教育培训的总体预算、规划和后果评价,由企业教育培训中心掌握。

第二,从组织教育培训对象上看,三个层次从下而上逐渐扩大。班组培训小组所组织的培训对象是本班组的员工,依据各企业不同的管理跨度而有不同的人数,一般在 5 至 20 人之间;车间职工培训领导小组的培训对象为车间各班组的专业技术人员和班组管理人员;企业教育培训中心则面向企业全体员工展开工作。

第三,从培训内容的侧重点上看,三个层次亦有较大差别。在车间和班组层次上,更为侧重技术和技能的培训,尤其是班组培训,往往是为了解决操作中的实际问题,或者为了达到某一岗位的特定要求,而进行的基本功训练和多种技能培训;而企业教育培训中心较为侧重于知识培训和管理技能的训练。

第四,从培训形式上看,三个层次也有不同。班组培训往往采取岗位培训、师带徒的形式;车间职工培训领导小组组织的培训往往采用短

训班形式,不脱产或半脱产进行;企业教育培训中心组织的企业管理进修、各类职工学校培训,往往采取脱产形式。

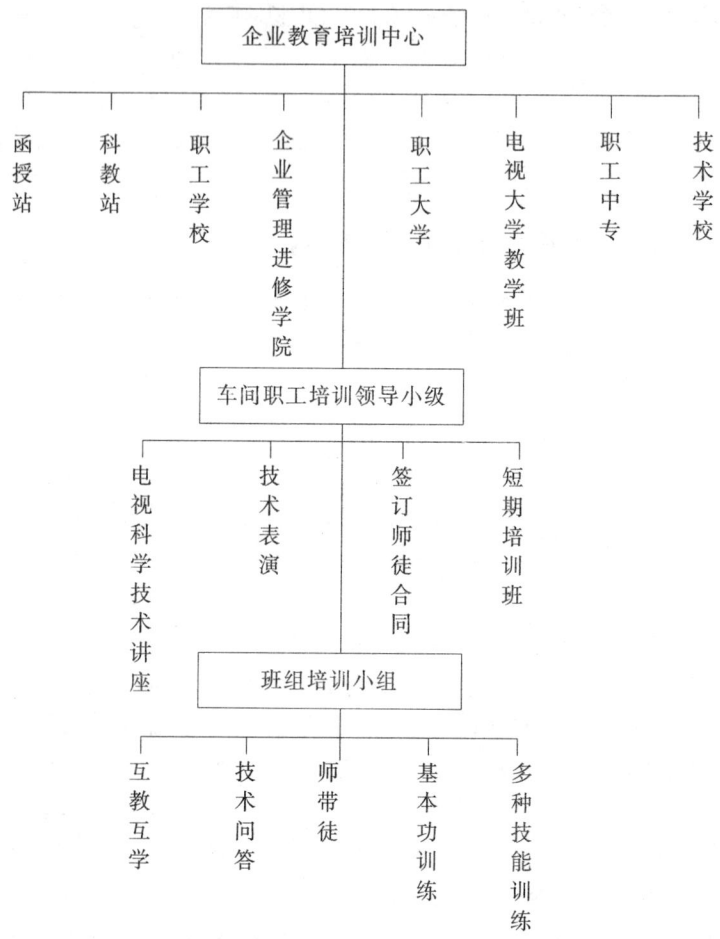

资料来源:张德,《人力资源开发与管理》,清华大学出版社,1995年。

图 15-1 企业教育培训纵向式结构及各层采用的教育培训形式

这样的纵向组织结构,便于集中指挥、统一领导。但是,由于层次较多,信息传递路线长,存在着一定的沟通困难,也较缺乏弹性,甚至可能造成机构臃肿。

二、企业教育培训的横向式组织结构

在一些高新技术企业、现代大企业,并没有纵向层次的复杂培训机构。和企业整体组织结构扁平化趋势相适应,企业教育培训的组织结构也精简而扁平,体现了一种横向式组织结构的特点,这并不是说教育培训变得不重要了,恰恰相反,教育培训地位得到了提高。我们可以称之为"全服务"型教育培训机构,如图15-2所示。

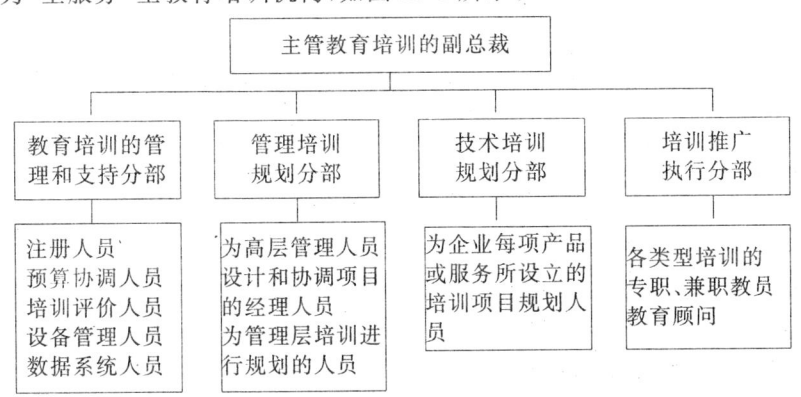

图15-2 企业教育培训的横向式组织结构

整个教育培训组织机构由主管教育培训的副总裁全面负责,下设四个分部,各个分部的职责如下:

(1)教育培训的管理和支持分部。它主要为教育培训做协调和管理工作。这一分部包括注册人员、预算协调人员、设备管理和维护人员、数据和统计人员等。该分部既负责整个企业的员工教育培训档案记录和统计,也要对企业教育培训的经费运用作出预算规划,并对教育培训项目及后果作出评价,还要对教育培训过程中的设备使用进行全面管理和协助,尤其是现代企业中计算机系统的普遍使用,需要由计算机培训专家来支持和保证教育培训的正常运行。任何一个接受培训的员工,都从这个分部注册开始,又被教育培训的管理和支持分部记录培训的结果而结束一次培训。这个分部全程跟踪记录每个员工在本企业中接受教育培训情况,直至员工离开企业为止。

(2)管理培训规划分部。它主要负责企业管理人员培训项目的设计和协调,包括为高层管理人员设计培训项目的经理人员和为各层次各部门经理设计和协调培训项目的人员。这个分部要从培训的管理和支持分部得到记录,根据每一位管理人员的培训历史、现任职务和未来职业生涯的发展规划设计培训项目,并在不同的培训对象之间进行协调。

(3)技术培训规划分部,为企业的每项产品或服务设计相关的培训项目。它包括为生产产品的一线员工而设计的培训项目和为生产"技术"的专业技术人员而设计的培训项目。培训的设计和规划主要围绕产品的设计、生产、营销和服务而展开,其中主要是外界新知识、新技术的渗透。这个分部的工作也有针对性地对不同类型员工进行规划。

(4)培训推广执行分部,是指总部和区域的培训中心。这个分部是把管理培训规划分部和技术培训规划分部所作出的规划与培训项目付诸实施,具体组织各种形式的培训,针对不同培训对象进行不同内容的培训。人员包括教员和教育顾问,是培训队伍中重要的力量。教员既有专职的,又有兼职的,也可以是外聘的,还可由企业内部各部门聘任人员做兼职教员。

横向式教育培训组织结构较有弹性,由于管理层次少,便于横向沟通和协调,它更强调的是一种合作关系。

这一类型组织结构注重对企业教育培训的规划和设计,从而有利于体现企业教育培训与员工个人全面发展结合的战略原则。但是,由于监督系统处于管理和支持分部中,不易从辅助工作中突出出来,在这一点上不如纵向式组织结构中的直线监督更有力。

在企业教育培训组织结构设置上,无法笼统地说孰好孰坏,应当选择适宜于自己企业的类型。但是,无论其教育培训组织结构如何构建,必须注意一些关键环节。例如,应该十分明确企业教育培训的目标,使其纳入企业组织的战略规划;应该围绕更多的任务来组织教育培训,既要注重人的能力,又要注重人的行为效果;培训部门必须明确教育培训与其他人力资源开发管理职能的关系,以便建立一个良好的合作机构,使内部成员自觉地以促进组织目标实现的方式去学习和参与变革;直线经理应该参与企业教育培训的各个环节,如推广、分析与评估等。

第三节 企业教育培训需求分析与目标计划的确定

一、企业教育培训需求分析

企业进行教育培训的计划与决策,是以企业教育培训需求分析为基础的。所谓企业教育培训需求分析,是指在规划和设计每项教育培训活动之前,由企业教育培训部门、主管人员、工作人员等,采用各种方法和技术,对组织战略目标及其内外环境,企业各项工作特性、标准及其所要求的知识技能,对企业员工的知识、技术、个人特质等,进行科学、系统的鉴别与分析,以确定是否需要培训及培训内容的过程或者活动。它既是确定教育培训目标、设计教育培训规划的前提,也是进行教育培训评估的基础,因而成为企业教育培训的首要环节。

1. 三个层次上的教育培训需求分析

企业教育培训所能满足的需求分析表现在三个层次上:组织分析,着重于确定组织范围内的培训需求;作业分析,试图确定培训的内容——员工达到令人满意的工作绩效所必须掌握的东西;个人分析,确定每一个员工完成各项工作任务和职业生涯开发所需要的教育培训。

(1) 组织分析。从总体的角度看,培训需求的分析不能违背组织的目标和战略,否则,尽管在培训项目上投入了大量的时间和金钱,对组织来说却徒劳无益。比如,人们可能会在培训中重复地训练员工已经掌握的技能;培训计划可能会在"修补漏洞"阶段徘徊,受训员工自己会感到轻松、愉快,但却学不到工作急需的技能和知识。

因此,对培训需求的组织分析要围绕组织的目标和战略,从企业发展的角度动态地来衡量。组织的外部环境和内部气氛,如经济技术环境的变化、政府政策的倾向、生产率、事故、主动离职率、士气以及员工工作行为,都提供这方面的信息。在收集分析这些信息的过程中,要使培训过程能引起员工行为向有利于实现组织目标的方向转变,把对培训需求的估计与组织要达到的目标联系起来。

(2)作业分析。首先要结合工作标准,明确达到工作标准特征及其对员工的知识、技能、才干及其他一些特性的要求,从而确定培训的需求;其次,结合组织现有技术资源,了解企业外部的技术、知识所达到的新高度,差距越大,培训的需求越大。前者可以从分析绩效评价、作出问题分析(质量控制、工时报告、顾客反映)等方面获得分析情报,后者则源于对企业内部技术环境和外部技术环境的信息收集。

(3)个人分析。在这一层次上,一方面教育培训需要可以由下面的简单等式来定义:

理想工作绩效—实际工作绩效=教育培训需要

理想的工作绩效,可以作业分析阶段的绩效标准来表示。个人的工作绩效数据、上司给员工的评定、员工工作日志、态度调查、测验等可以提供实际工作绩效的数据。实际绩效与理想绩效之间的差距可以由教育培训来缩小和弥补。另一方面,根据员工的职业生涯发展设计,员工个人为了将来的发展需要作出相应的培训,如多技能培训、拓展知识范围等。

需要指出的是,为了估计教育培训的结果以及将来的教育培训需要,对教育培训需求的分析必须形成一种制度,定期进行。事实上,教育培训部门在需求分析阶段需收集的信息主要包括:①与战略计划有关的组织的信息;②与培训环境有关的信息;③与组织经营运作有关的信息;④与员工有关的信息,如现状和发展的情况等。

2.企业教育培训需求分析方法

教育培训需求分析的具体操作方法包括:必要性分析方法、全面性分析方法、绩效差距分析方法。

(1)必要性分析方法。

所谓必要性分析方法,是指通过分析信息或资料,以确定是否通过培训来解决组织存在问题的方法。

一个企业往往存在不少问题,产生问题的原因可能是多方面的,教育培训不一定是解决问题的最佳方法。因此,需要对本组织进行细致的检查、诊断,以确定是否需要通过教育培训来解决问题。例如,日常出现下述情况:不知怎样有效地工作,且实际工作无效率。假设调查资料表明,人们不能有效地工作是因为他们不具备有效工作所必需的知识、技术和能力,那么这些工作人员就需要培训。倘若为另一种情况:人们知道如何有效地工作,但工作无效率。在此情景下,经理人员希望做得好些,于是决定培训这些人,那么他犯了最大的错误。因为如果人们已经知道怎么做,那么他们就已经具备了必需的知识、技能和能力,无需立即接受培训。问题症结在于组织方面,应诊断组织的技术状况(如厂房、地理位置、设备、金融资产等)、组织的机构状况(如行政机构、定期的使命和目标、规章制度、事业发展体制、评估体制等)、组织的管理状况(如管理理念、生产、技术、人力资源等管理制度与方法、激励机制等)等方面是否出现问题,相应地应通过管理决策、组织变革来解决。

教育培训必要性分析具体的方法与技术,主要有观察法、问卷法、关键人物访谈、文献调查、采访法、小组讨论、测验法、工作样本法等。这些具体方法各有所长,各有其短,可以互相补充,多样采用,以使收集的资料实际、可信、可靠、无误,使教育培训必要性分析科学、准确、切实可行。

(2) 全面性分析方法。

教育培训的全面性分析方法,是指通过对组织及其成员进行全面、系统的调查,以确定理想状况与现有状况之间的差距,从而进一步确定是否需要培训及培训内容的一种方法。它是教育培训需求分析经常采用的一种方法。

如果一个组织从未应用过全面分析方法,那么组织的工作分析必须详细而谨慎地进行,从而保证对组织进行系统、全面的研究。如果组织过去已被系统而全面地分析过,那么重新全面分析是相对简单的过程。需要特别注意的是,由于组及其工作在不断地创新、变革,为教育培训目的而进行的工作分析非一次性的,而是持续的。

采用全面性分析方法进行教育培训需求分析,一般需经过以下主要环节。

① 计划阶段。它包括两部分内容：一是确定工作分析计划的范围和资源；二是任命一个咨询团体。它能够为资料收集设计和后续阶段的反馈提供咨询服务。

② 研究阶段。此阶段主要是研究目标计划，进行认真而详细的工作分析，对每项工作有总体上的描述。

③ 任务或技能目录阶段。一是将工作分解为多项任务，形成一个完全详细的任务目录清单；二是把工作剖析成多项任务，然后形成一个描述任务完成所需的技能目录。

④ 任务或技能分析阶段。前述几个阶段主要集中在全面工作描述方面，尚未分析各个维度的功能。此阶段第一项功能是，评估所有工作任务的重要性；此外，频率（一定时间内从事一项任务的次数）、熟练水平、严重性（何种任务若执行不当、不合理将会产生严重后果）、责任感的强弱程度等维度，均当在该阶段进行分析。

⑤ 规划设计阶段。在前述阶段所进行工作的基础上，评价、选择、规划教育培训对象、时机、方式、途径，以及地点、课程设置等。

⑥ 执行新的或修正的培训规划，这是全面性分析方法的最后一个环节，可以从局部试验开始。局部试验有利于修正和完善原有培训规划，保证培训规划顺利实施。在培训规划的全面执行过程中，要注意规划的组织、协调、控制和评估等环节。

全面性分析方法既鼓励人们应用已有的诸多资料，又提供了许多新的信息资料，对于企业人力资源开发与管理的有效进行产生极大益处。当然，全面性分析方法非十全十美，其耗资多、耗时多；此外，在工作迅速变革时，它不能及时作出反应。

(3) 绩效差距分析方法。

绩效差距分析方法，也称问题分析法，它主要集中于解决问题而不是系统分析，是比全面性分析方法更深刻、更直接的方法。一般来说，应用绩效差距分析方法进行教育培训需求分析时，经过如下环节：

① 发现问题阶段。发现并确认问题，是绩效差距分析方法的起点。问题是理想绩效与实际绩效差距的一个指标，包括生产力问题、士气问题、技术问题、变革与创新的需要等问题。

② 预先分析阶段。通常情况下,这是由培训者进行的直观判断阶段。在这一阶段需作两项决定,一是关于一般方法问题的。倘若发现了系统、复杂的问题,那么就有可能回到全面性分析方法的任务或技能目录阶段。如果问题相对集中、简单、易解决,那么就可以继续应用绩效差距分析方法。二是决定应用何种工具收集资料。例如,获得信息资料的一种出色方式是形成咨询团体、培训委员会和技术委员会。这类团体在清晰地确认问题时很有帮助,在为教育培训需求分析的全过程提供技术咨询和实际建议方面也很有用。

③资料收集阶段。收集资料的方法和技术有多种,可以结合起来运用。经常采用的技术有如下几种:

扫描工具,是收集目标环境问题的一种技术,主要有命名团体、结构性观察、文献调查三种形式。

分析工具,是一种比扫描工具使用范围更窄、更集中的资料收集方式。主要有三种方法和技术:面谈法、问卷法、菜单调查法。

战略资料的收集,主要集中在关于组织变革与改进的关键信息上。随着外环境的变化,组织总是处于不断变革之中,因此要注意收集反映组织变革趋势的有价值信息,洞察组织发展规律,评价企业教育培训需求。

④ 需求分析阶段。这种分析要考察实际个体绩效同工作说明之间的差距,也考察未来的组织需求和工作说明。因此,需求分析分为工作需求、个人需求及组织需求。

⑤ 需求分析结果。上述需求分析,可能有三种结论:①由于发现的问题是不可能再发生的特殊情况的产物,或者发现的问题具有自我改正机制,或者培训规划已据新情况重新调整,于是组织与个体,都不需要任何变化。②对于所发现的问题,解决的最有效方式是通过组织干预(如政策变化),而不是通过培训解决问题。③必须通过新的或者修正的教育培训规划解决问题。

绩效差距分析方法同全面性分析方法相比,有其明显优点。首先,花费资金少、耗费时间短。其次,该方法具有较强适应性,能适应外部环境的变化。再者,绩效差距分析方法在解决某些特殊问题时非常有效,其不足之处在于不能建立一个系统的资料基地。此外,绩效差距分析方法由于没有大规模系统地研究组织及工作的详细内容,也就不能为培训者提供工作分析的详细资料。

3. 企业教育培训的预算和可行性分析

企业教育培训需求分析提供了主观上对教育培训的需求,在客观上,教育培训是否可行则是问题的另一个方面。由于企业人力资本教育投资的特殊性,对其成本估计和预算控制较为容易,但对其收益估算则存在较大的困难。因此,现有的进行可行性分析的技术和方法仍需不断完善。较常用的方法是差量分析法。差量分析是指在充分分析投资与不投资两种备选方案的差量收入、差量成本和差量利润的基础上,从中选择可行方案的方法。它本是一种决策分析方法,但当其是在投资与不投资两个方案间进行比较决策时,则为企业教育培训是否可行提供了依据。

差量分析一般为四个步骤:

① 计算两个方案差量收入;

② 计算两个方案的差量成本;

③ 计算两个方案的差量利润;

④ 比较最优方案,分析方案可行性。

使用差量分析方法,关键在于明确要达到的目标,及该目标达到后预计能够获得的收益,所以在确定报告目标时要尽量具体化,用一定的量化指标来反映。

二、企业教育培训目标和计划的确定

1. 企业教育培训目标的确立

我们这里探讨企业教育培训目标的确立,是指设置每一教育培训项目欲达到的具体目标。确定企业教育培训项目的目标,是强化受训者动机的最有效途径,而动机在培训中起着重要作用——要学,首先必须想学。确定培训项目目标有如下原则:

(1) 培训项目的目标,从一开始就应该明确而具体。对每一个具体目标来说,必须清楚地描述它的理想行为、实现它的条件和判别行为成败的标准。

（2）目标必须足够困难并富于挑战性，以使受训者在实现了目标之后首先感到一种个人心理上的满足。但是，目标也不要难到无法达到的程度。

（3）"完成培训"这一目标，应该有培训过程中的一些子目标做必要的补充，这些子目标包括：培训者的评价、工作样本测验、阶段考察等。

目标确定不仅会明显地影响受训者的动因，同时也会影响培训者的期望。事实上，期望在某种情况下可以转化为自我实现诺言，期望越高，受训者的表现越佳；反之，期望越低，受训者的表现越差。这种自我实现诺言现象被人称之为"皮格马利翁效应"。因此，在具体的教育培训实施进行之前，目标的确定能够使企业教育培训活动得到期望的绩效。

2. 企业教育培训计划确定

有了明确的目标后，尚需将目标具体化、可操作化，这往往通过拟定教育培训计划来实现。企业教育培训实施计划主要内容为：

① 选定合适的教育培训项目与内容；

② 科学合理地设计教育培训课程；

③ 选择适当的教育培训场地与设施；

④ 制定教育培训经费的预算，并筹措到资金；

⑤ 制定适当的教学计划；

⑥ 物色恰当的、有水平的教育培训所必需的教师或指导者；

⑦ 后勤工作，如住宿、饮食等的安排。

值得注意的是，教育培训计划的确定应是教育培训部门、直线经理和员工个人共同完成的。直线经理的参与必不可少，因为他有资格评价员工的工作绩效、态度及辅助设计职业生涯路径。而对自身的技能、知识方面存在差距认识最深刻的还是员工个人。因此，组织作出员工个人年度培训计划，把个人层次上的教育培训需求具体化十分必要。企业教育培训部门在此基础上，综合分析，制定出教育培训计划，再由员工个人在教育培训计划中进行项目选择，这一步骤避免了培训内容"一刀切"，突出了个性化原则。直线经理对员工所选计划进行审核并上报，这一过程中又融入了对工作绩效和群体行为效果考虑,最后由教育培训部门汇总实施。培训计划就这样经过反复考察、分析,最后予以确定。

第四节 企业教育培训的内容、形式与途径

一、企业教育培训内容

1. 技术培训

这是近年来企业教育培训工作中发展最快的一项内容,也是为完成各项工作必须进行的培训。教育培训内容包括计算机技能、生产工艺、使用特殊的系统和设备、执行有关政策和规程,以及阶梯式训练等。其中,有些内容和职业技能培训相重叠。

2. 程序培训

程序培训是技术培训的一种形式,侧重培训程序、规则、法律、政策及工作协调规范等,也称之为行政管理培训。

程序培训最常见的是新员工上岗培训,内容包括员工利益和组织政策、组织文化、组织发展历史、组织的使命等,旨在帮助新员工较快适应环境、融入组织、进入角色。其他较常见的程序培训主题有:特殊人员评价系统、人事程序、招聘、甄选、录用的程序、晋升程序、训练程序、安全程序、电子编码系统、客户训练、机构总览、审计程序、不满申诉程序等。程序培训重在信息和程序运行实践,而非技能的培养。这种培训一般时间较短。

3. 职业技能培训

职业技能培训包括广泛的培训内容。它主要是指与职业相关的专业知识的培训。例如,财务、会计、审计、采购、营销、工程、健康护理、法律、建筑等。此外,各种基本技能的培训和进修,如人际交往技能、压力管理、计算机技能等。

4. 基本技能培训

在企业中,这一培训为两个层次。一是基本技能培训。其内容为听、说、阅读、基本写作、算术、外语等,要求结合自己的实际工作,有针对性地进行应用性学习和补课,故此种培训又称做补救性的基本技能培训。二是高级基本技能培训,如快速阅读、作文(撰写调研报告、技术报告、审计报告、工作总结、备忘录等的训练)、高等数学、公共演讲、外语的听说读写、计算机基本技能等。随着科学技术飞速进步,企业要求员工掌握的基本技能愈益多元化、全面化,技能水平要求愈来愈高,也愈益规范。因此,基本技能的培训愈来愈受到企业的重视。

5. 一般技能培训

一般技能培训,旨在提高员工在本职领域之外的效率和能力。例如,学习能力、与他人合作的能力、适应能力、解决问题的能力等。其主要培训内容为学习技巧、人际关系技巧、谈判、团队协作、认识和解决问题的思路与技巧、创新理念与创造力、目标设定、自尊、顾客关系、基本的管理工具(如流程图、计划评审表、统计程序控制、核对单)等。在相当长的时间里,一般技能培训内容被划在管理培训之中,随着"追求卓越"运动和"质量革命"的兴起,以及新的分权组织模式的引入,它成为重要的一项独立的教育培训内容,推广于一般员工培训之中。

6. 主管技能培训

该培训侧重于主管与下属的关系、直接接触及指挥、协调共同完成工作任务的各种技巧。这些技能对于一线、二线的主管人员至关重要,对于部门经理和机构负责人同样具有十分重要的意义。

主管技能培训的主题通常有:如何评价员工,如何进行选拔录用面谈,如何约束员工,如何使用激励技术、沟通技巧、积极倾听技巧,如何进行团队建设,如何教育培训员工,如何预防不满,如何配备人员,怎样开会等。

7. 总经理和经理能力培训

这种培训侧重于领导、决策、管理、指挥、控制能力的培训。对总经理而言,培训主题包括领导艺术,多级总经理学历课程,如何指导下属并在公司内部不同部门就职,如何完成特殊委派。还包括培养最高层的领导管理技能,如转交管理方式,制定战略决策等。对于经理的培训内容有:决策计划技能,领导艺术,与其他经理的交流技能,劳动关系处理,等等。

8. 组织发展培训

主要包括两方面内容的培训。

一是有关组织变动管理的培训,诸如全面质量管理计划,企业再造工程管理,学习型组织构建,团队建设,客户服务,组织扁平化、网络化等。二是组织结构变动、组织发展所需的人员心理、知识和技能培训。

9. 安全和健康培训

此项培训内容越来越多地涉及处理工作压力,增进心理健康,以及建立健康的生活方式等方面,还包括预防吸毒教育等。

10. 适应经济全球化趋势的培训

此项培训主要为外语、经济一体化战略管理、跨国经营管理、全球化经济意识和理念、跨文化管理、国际企业管理等内容的培训。

二、企业教育培训的形式

1. 按教育培训的客体与其岗位的关系划分

依照教育培训对象与其工作岗位的关系划分为在职培训、脱产培训和半脱产培训。

在职培训。即培训客体不脱离工作岗位而接受教育培训。有两种情况:一是员工在实际工作中得到培训,它比较经济,不需要另外添置场所、设备,有时也不需要专职的教员,而是利用现有的人力、物力来实施教育培训。同时,接受培训的对象不脱离岗位,可以不影响工作。但这种培训形式往往缺乏良好的组织,不太规范。二是员工完全利用业余时间参加培训,不影响正常生产或工作。它可以是为提高专业技术水平而进行培训,也可以是根据个人兴趣爱好或扩充知识面进行自修,还可以为提高个人学历水平而学习、受教育。

脱产教育培训。它是指受训者在一段时间内完全脱离工作岗位,接受专门的教育培训,待教育培训结束后,再继续工作。相对于在职培训而言,它为非在职培训。其方式很多,如委托代培、企业自办培训中心、培训学院及培训班等。由于学员是脱产学习,没有工作压力,时间和精力比较集中,其知识技能水平会提高很快。这种形式的缺点是需资金、设备、专职教师、专门场所,因而成本较高。

半脱产教育培训。教育培训客体每天或每周占用一部分工作时间,用来接受培训。这是一种兼顾学习与工作、费用与质量的行之有效的较好方式。

2. 按教育培训方式划分

依照教育培训方式划分,有正规学校、企业培训中心组织的培训班、技工学校、职工大学、学徒制教育培训、自学等方式。

正规学校包括高等院校、党校、管理干部学院等,承担企业员工的正规培训任务,这种形式花钱较多。

与正规学校相比,企业内培训中心组织的培训班专业性、灵活性强,内容有鲜明的针对性。培训班一般时间不很长,花费不大,易于组织,已被广泛采用,特别适用于专题培训。

技工学校。此为开展员工就业前教育培训的主要场所,由教育系统自办或者企业与学校联办,为企业培养技术工人。"学用对口"是企业对技工学校教育培训的基本要求。

职工大学。它是从员工中培养专门人才的一种高等教育,也是世界性继续教育、终身教育发展的要求,对于提高员工素质、增大企业人力资本存量具有不可忽视的作用。它通常设有电视大学、函授大学和业余大学教育培训机构,广泛采用电视、广播、录像、录音等现代化教学手段,实行分散办学、集中指导、统一考核的社会化办学方式。其缺点是时间较长,且受办学条件的限制,培训的效果难于达到高水平。

学徒制教育培训。这是一种传统的企业教育培训方式。以一个师傅带一个或几个徒弟的方式,在工作中传授操作知识、技能、经验。学徒制培训方式能充分利用企业的技术力量和设备,能密切结合生产实际,适应生产需要,是培养新技术工人的一条重要渠道。

自学是一种自我完善、提高的培训形式。当参加同一项目培训的人数少,不值得办培训班,或员工无法离开岗位时,可选择这种形式。其特点是组织简单、费用最低、行之有效,特别是我国成人自学考试制度实行以来,自学成才的趋势呈增加趋势,企业应当采取具体措施,对于参加自学培训的员工给予积极支持和鼓励。

3. 按教育培训客体的就业阶段划分

按企业员工就业的不同阶段,划分为就业前教育培训、就业后教育培训及转业或再就业教育培训。

就业前教育培训。它包括技工学校的教育培训和新员工上岗前的教育培训。一些国家提出了"先培训、后就业"的政策,许多企业高度重视就业前培训,就是为了提高从业人员的素质和岗位操作能力,缩短新员工熟悉工作的时间,提高劳动生产率,亦为今后理论知识和技能的提高打下基础。

就业后教育培训。企业对员工的教育培训是一个持续不断的过程。一方面,科学技术突飞猛进,要求员工必须掌握新知识、新科技;另一方面,在以人为本的现代企业中,员工全面发展需要对员工不断地进行教育培训,满足其新的需求。企业多种形式的教育培训,基本上或者多数系这种就业后的教育培训。

转业或再就业教育培训。伴随新知识、新科学、新技术、新材料、新能源等的不断涌现,社会生产力水平的不断提高,企业内部的生产结构、技术水平、产品等迅速变化,对员工的职业工作重新配置与调动,以及随之而来的员工的转业培训不可避免,它是企业维护自身发展和员工利益必不可少的措施之一。企业中,尚有些因生理或其他原因暂时离岗的员工,待再就业之时,已不能适应工作。因之,安排好这部分人的再就业培训,便是企业必须重视的问题。

4. 按教育培训直接目的划分

按照教育培训直接目的划分,有知识补充、学历培训和岗位职务培训。

知识补充、学历培训的目的在于使受训者增加文化科学知识,为以后的进一步提高奠定文化基础。

岗位职务培训是以工作的实际需要为出发点,围绕着职位的特点而进行的针对性培训。这种培训旨在传播个人对于行使职位职责、推动工作方面的特别技能,偏重于专门技术知识的灌输。同时,这种培训还用来使人员在担任更高的职务之前,能充分了解和掌握未来职位的职责、权力、知识和技能等。这样在担任较高职务时,就有可能尽快地胜任工作,打开局面。

5. **按教育培训的层次划分**

根据能级能质原则,不同才能之间有质的差别,在能质相同的情况下,能级有高低层次之分。在培训时也应顾及到这一事实,多层次地安排人员培训,将企业教育培训分为初级、中级和高级。初级多侧重于一般性的基本知识和技术方法;中级可适当增加些有关理论课程;高级教育培训则应侧重于学习新理论、新观念、新方法等。一般而言,教育培训的级别愈高,所采用的组织形式则愈趋于小型化、时间短期化。如初级教育培训通常要借助于正规学校、社会办学的方式实现;而中级教育培训多采用数月、半年的培训班形式,受训人多系半脱产参加;高级教育培训则多采用短训班、研讨班,甚至出国考察等培训方式来实现。当然,较长时间脱产进国内高校或到国外进修的方式亦不鲜见。但是,相对而言,尚少。

上述形式多样的教育培训,从根本上讲,均是为了满足企业不同员工的相异需要,为企业的发展目标服务。在实际教育培训运作中,无需只采用某一固定形式,可以灵活多样,多种形式交错运用,相互渗透,互相补充,求得最佳教育培训效果。

三、企业教育培训的途径

当今世界流行的企业教育培训途径主要有如下几种。

1. "双元制"

德国职业教育以"双元制"著称于世。"双元制"又称"双轨制",即指企业的学徒培训与部分时间制职业学校教育相结合,以企业为主;理论与实践相结合,以实践为主。其特点是企业与职业学校共同担负职业教育与培训的任务。企业侧重于传授实际技术知识与技能,以技能培训为主;学校侧重于理论教学,负责向学生传授专业理论知识等文化课。

"双元制"教育培育途径的特色在于,自始至终都以立法的形式将企业与学校联在一起。然而"双元制"模式也有缺陷:一是过早的职教定向分流给人们带来的心理上的不平衡;二是学校、企业各分两地,紧密联系较难充分实现;三是在具体实施中企业实习往往受到一定的干扰和阻力等等。

2. 社会业余教育

社会上的电视大学、函授大学、业余技术学校承担对职工的教育培训。这些学校可以由政府办,由私人办,也可以由社会团体举办。美国职工教育电视讲座,往往由政府、企业或有关大学、协会合办。

3. 企业办大学

企业办大学,是科学技术迅猛发展,世界范围的竞争日炽、亦日趋复杂的背景下,应运而生的现象。"二战"以前,美国可以授予学位的企业学院只有3所,现在已发展到24所,其中可以授予博士学位的有4所。美国兰德公司的博士学位水平很高,可以和伯克利分校、哈佛大学、卡内基梅隆大学中的相同学科的博士水平相媲美。在日本,各大工厂、大企业都投资办学,他们建有自己的技术学院、培训中心。

企业办大学,不仅可以大面积地培训企业员工,而且大幅度地提高企业员工素质,使企业及时适应现代高新技术发展的需要。不过这一途径只适用于实力雄厚的大型企业。

4. 产学合作

各发达国家在加强企业教育培训时,都很注意与高校的联合与协作。美国教育理事会的调查证实,早在1984年就有半数的高校在企业公司里开设课程,著名的贝尔实验室就与麻省理工学院、斯坦福大学等37所高等院校合作,高校为其培养研究生。

产学合作益处颇多,既可以发挥高校科技、人才、信息的优势,也利用了企业基础设施、资金的优势,相互促进,真正做到以产助学,以学兴产。同时,企业可以作为高校科研开发生产基地,产学合作有利于科研成果迅速转化为现实生产力。

5. 国际联合

跨国联合进行教育培训,是新加坡不断寻求人力资本增值的主渠道。如新加坡软件工业学院、日本新加坡技术学院、与法国合办新加坡电子工程学院,与德国合办新加坡生产工程学院和机器人作业训练中心。日本帮助哥斯达黎加实施一项培养高级经理人才的宏伟计划,双方共耗资1200万美元,在阿拉胡埃拉开设经理和技术人员培训中心。跨国联合进行教育培训,不但可以提高企业人力资本的存量,还可以促进国际间技术交流与经贸往来。

6. 驻外培训

为使驻外业务人员适应海外文化,以便有利地进行国际市场开拓,发达国家的大企业都不惜重金竞相开展驻外培训。德国大众公司的驻外培训措施有:①加强国际培训教师人事计划;②德国本部与海外公司交流干部;③发展国际青年交流活动。

大通曼哈顿银行的分支机构遍布世界各地,员工有8万多人。对在国外招聘进入的新雇员,要调回国内进行二年岗前培训,并在会计、信贷等四个主要业务部实习半年,然后再派到其所在国家工作。

7. 企业自我培训

此项教育培训包括企业办职工学校、夜校、各种形式的培训班、技术讲座和学习沙龙、岗位轮换等。岗位轮换方式,有利于企业培养复合型技术和管理人才,提高企业整体工作效率。

8. 互联网络

如今的技术发展,使得教育培训软件进入互联网络成为可能,作为信息高速公路上的一个驿站,它将学习与工作融为一体。

互联网络是企业教育培训的划时代的革新,它不仅将学习与工作同时进行,而且投资成本也会降低,很可能成为未来流行的企业教育培训途径。

参考资料

1. 李中斌主编:《人力资源管理系统》,改革出版社,1999年。
2. 吴国存主编:《企业人力资本投资》,经济管理出版社,1999年。
3. 石金涛主编:《现代人力资源开发与管理》,上海交通大学出版社,1999年。
4. 张志鸿等主编:《现代培训理论与实践》,中国人事出版社,1999年。

思考题

1. 如何认识企业教育培训实质即为企业人力资本投资？
2. 试析企业教育培训的特征。
3. 为何现时代必须大力开展企业教育培训？开展教育培训应遵循什么原则？
4. 如何进行企业教育培训需求分析？
5. 试析企业教育培训的形式、途径，并说明在实践中如何选用教育培训形式和途径。
6. 总结教育培训运行全过程，构建企业教育培训系统的运作模式。

第十六章

职业开发

本章学习要点

- 社会学意义上的职业和经济学意义上的职业,二者涵义不尽相同。
- 职业生涯发展划分为5个阶段:职业准备、进入组织、职业早期、职业中期、职业后期。每个阶段的职业状态和职业发展任务不相同。
- 职业选择理论主要有:帕森斯的职业——人匹配论,霍兰德的人业互择理论,以及佛隆的择业动机理论。

第一节 职业与职业生涯

一、职业的涵义

何谓职业?众说纷纭,人们出于不同的研究目的,着眼于不同侧面,主要从社会学意义和经济学意义上进行了考察。斐阁《社会学小辞典》的定义是:"职业是指在存在社会分工的社会中,人为了作为独立的社会单位存在、谋求自己生计的维持、同时实现社会联系和自我实现而进行的持续的人类活动的方式。"① 日本社会学家尾高邦雄认为:职业是某种一定的社会分工或社会角色的持续的实现,因此职业包括工作、工作的场所和地位。他指出:职业是社会与个人,或整体与个体的结节点,通过这一点的动态相关,形成了人类社会共同生活的基本结构。整体靠个体通过职业活动来实现,个体则通过职业活动对整体的存在和发展作出贡献。② 由英国迈克尔·曼主编的《国际社会学百科全书》指出:职业这一术语最初本是表示从事法律、教会、医疗和军事服务的传统意义上的"自由的职业",现在被认为具有职业的或声称有职业身份的职业群体的数量。"职业乃是作为具有自我利益的职业群体在分工中力图保护和维持其垄断领域而予以运用的工具"。③ 国家通过对某一职业群体的社会承认和对其职业地位的法律有效性的认可,直接界入和成就了职业领域。总括上述诸社会学家的意见,社会学意义上的职业的涵义是:(1)职业首先是一种社会位置,但职业位置不是继承性的,而是获得性的,是个人进入社会生产过程之后获得的。(2)职业是已经成为模式并与专门工作相关的人群关系,它是从事某种相同工作内容的职业群

---

① 陈婴婴:《职业结构与流动》,东方出版社,1995年,第64页。
② 陈婴婴:《职业结构与流动》,东方出版社,1995年,第65页。
③ [英]迈克尔·曼主编:《国际社会学百科全书》,四川人民出版社,1989年,第529页。

体。(3)职业同权力紧密相连。一是拥有垄断权,每一种职业(群体)在社会分工中都有自身的位置和作用,使别人依赖于他们,需要他们,这就在一定程度上拥有了对他人的权力,而且总是要维护这种权力,保持自身的垄断领域;二是经济收益权,任何一职业(群体)凭其被他人所需要、所依赖,获得经济收入。(4)职业是国家授予的。任何一种职业,必定为社会所承认,其存在有法律效应,为国家所授予和认可。

经济学上的职业概念与之不尽相同。阿瑟·萨尔兹撰写的美国社会科学百科全书"职业"条目称:"职业是人们为了获取经常性的收入而从事连续性的特殊活动。"① 日本劳动问题专家保谷六郎认为,职业是有劳动能力的人为了生活所得而发挥个人能力,向社会作贡献而连续从事的活动。国内的学者姚裕群、朱启臻认为,所谓职业,是指人们从事的相对稳定的、有收入的、专门类别的工作。职业是人的社会角色的一个极为重要的方面。潘锦棠认为:"职业是劳动者足够稳定地从事某项有酬工作而获得的劳动角色。"② 另一学者李怀康认为:"'职业'一般是指人们在社会生活中所从事的,以获得劳动报酬作为自己主要生活来源的、在社会分工中具有专门技能的工作。"③ 程社明博士认为:"职业是参与社会分工,利用专门知识、技能为社会创造物质财富、精神财富,获取合理报酬,作为物质生活来源,并满足精神需求的工作。"④

上述有关职业的界定不无道理。我们认为,劳动者相对稳定地担当某一专项具体的社会劳动分工,或者较稳定地从事某类专门的社会工作,从而获得某种劳动角色,并从中获取劳动报酬,那么这种社会工作便成为劳动者的职业。经济学上的职业概念有其特定涵义。

第一,职业即某种精细的、专门的、具体的社会劳动分工。

第二,职业具有社会性。劳动者所从事的每项职业均系他人所必需,职业是劳动者所进行的社会生产劳动或社会工作,所以,职业是社会的职业。

---

① 潘锦棠:《劳动与职业社会学》,红旗出版社,1994年,第118页。
② 潘锦棠:《劳动与职业社会学》,红旗出版社,1994年,第119页。
③ 李怀康:《职业培训》,法律出版社,1996年,第8页。
④ 程社明:《你的职业——职业生涯开发与管理》,改革出版社,1999年,第45页。

第三,职业具有连续性、稳定性。劳动者在一定时间内连续、不间断地从事某种社会工作,或者相对稳定地从事该项工作,才成其为劳动者的职业。

第四,职业具有经济性。劳动者从事某项职业工作,目的之一要从中取得经济收入。没有经济报酬的工作,即使其劳动活动较为稳固,也非职业工作。例如从事自己家庭家务劳动者,便没有职业而言。

第五,职业是劳动者所获得的一种劳动角色。职业根源于社会分工,在社会生产过程中,有诸多工种或岗位,系社会劳动分工体系的一个个环节。这不同工种、岗位或特定环节的职业赋予劳动者以不同的工作内容、不同的职责、不同的声誉和社会地位,以及规范劳动者相应的劳动行为模式,于是劳动者具有了特定的社会标记,每个劳动者获得了工人、农民、医生、记者、教师、企业家、科学家、编辑、邮递员、乘务员、营业员等千万种角色之中的某一专门劳动角色,具有了某种特定社会职业。

二、职业生涯的涵义

关于职业生涯,有狭义与广义之分。一个人从出生到死亡,是其整个人生。人在其一生之中,存在或生活于三个不同的生命周期或空间:生物社会生命周期、家庭生命周期和职业生命周期。它们构成人的总生命空间或周期。最重要的、有决定作用的是职业生命周期,它是人生存和发展的前提条件,而且,从职前教育开始,直到完全退出职业工作止,占据了人生大部分时间。一个人从职业学习伊始,至职业劳动最后结束,整个人生职业工作历程,即为职业生涯。这是从个体工作生命空间意义上的考察。所以,职业生涯限定于直接从事职业工作的这段生命时光,上限起始于任职前的职业学习和培训。对此,我们称之为狭义职业生涯。

广义的职业生涯是从职业能力的获得、职业兴趣的培养、职业选择、就职,直至最后完全退出职业劳动这样一个完整的职业发展过程进行的考察。因此,其上限从0岁人生起点始。

狭义的或广义的职业生涯考察角度不相同,自然有各自的道理。但是,职业生涯有其基本涵义。

第一,职业生涯是劳动者个体的行为经历,而非群体或组织的行为经历。

第二,职业生涯实质是指一个人一生之中的工作任职经历或历程。就此意义讲,狭义的职业生涯更适宜。

第三,职业生涯是个时间概念,意指职业生涯期。狭义的职业生涯期始于最初工作之前的专门的职业学习和训练,终止于完全结束或退出职业工作;就广义而言,由出生之始到完全结束职业工作止。实际的职业生涯期在不同个人之间有长有短,并非一致。

第四,职业生涯是个寓意着具体职业内容的发展概念、动态概念。职业生涯不仅表示职业工作时间的长短,而且内含着职业发展、变更的经历和过程,包括从事何种职业工作、职业发展的阶段、由一种职业向另一种职业的转换等具体内容。

三、职业生涯发展理论

在个人漫长的职业生涯中,尽管每个人具体的职业选择过程、何种职业、职业转换等情况各不相同,但是,由于职业发展常常是伴随着年龄的增长而变化,每个人在不同年龄阶段表现出大致相同的职业特征和职业需求及职业发展任务,故据此而划分的职业生涯发展时期或阶段,一般来讲,适用于每个人。

对于职业生涯的发展过程,一些著名的职业学专家进行过长期研究,基本上有如下几种职业生涯发展理论。

(一)金斯伯格的职业生涯发展理论

美国著名职业指导专家金斯伯格,对职业生涯的发展进行过长期研究,对实践产生过广泛影响。金斯伯格的职业发展论分为幻想期、尝试期和现实期。

1. 幻想期,处于11岁之前的儿童时期。儿童对于他们所看到或接触到的各类职业工作者,如医生、司机、飞行员、警察、军人、演员、售货员等,充满了新奇、好玩之感,幻想着长大后的职业角色。此时期职业需求特点是:单纯凭自己的兴趣爱好,不考虑(一般也不可能考虑)自身的条件、能力水平和社会需要与机遇,完全处于幻想之中。

2. 尝试期,11岁～17岁,这是由儿童向青年过渡的时期。此时期,人的心理和生理均在迅速成长发育和变化,有独立的意识,价值观念形成,知识和能力显著增长与增强,初步懂得社会生产与生活的经验。在职业需求上呈现出的特点是:有职业兴趣,但不仅限于此,更多地和客观地审视自身各方面的条件和能力;开始注意职业角色的社会地位、社会意义,以及社会对该职业的需要。

3. 现实期,17岁以后的青年年龄段。即将步入社会劳动,能够客观地把自己的职业愿望或要求,同自己的主观条件、能力,以及社会现实的职业需要密切联系和协调起来,寻找适合于自己的职业角色。此期已有具体的、现实的职业目标,表现出的最大特点是客观性、现实性、讲求实际。

金斯伯格的职业发展论,事实上是前期职业生涯发展的不同阶段,也就是说,是初就业时人们职业意识或职业追求的变化发展过程。

(二)萨柏的职业生涯发展理论

萨柏是美国另一位有代表性的职业学家。他把人的职业生涯发展划分为5个大的阶段。

1. 成长阶段。0岁～14岁,经历对职业从好奇、幻想到兴趣,到有意识培养职业能力的逐步成长过程。

2. 探索阶段。15岁～24岁,择业、初就业。

3. 建立阶段。由25岁～44岁,为建立稳定职业阶段。经过两个时期:①尝试期(25～30岁),对初就业选定的职业不满意,再选择,变换职业工作;也可能满意初选职业而无变换。②稳定期(31～44岁),最终职业确定,致力于稳定工作。

4. 维持阶段。45岁～64岁,一般达到"功成名就"情景,不再考虑更换职业工作,只力求维持已取得的成就和社会地位。

5. 衰退阶段。人到65岁以上,其健康状况和工作能力逐步衰退,即将退出工作,结束职业生涯。

(三)格林豪斯的职业生涯发展理论

金斯伯格和萨柏是从人生不同年龄段对职业的需求与态度,来划分职业生涯阶段的。格林豪斯与之不同,他研究人生不同年龄段职业发展的主要任务,并以此将职业生涯发展划分为5个阶段。

1. 职业准备。0岁～18岁,主要任务是发展职业想像力,对职业进行评估和选择,接受必需的职业教育。

2. 进入组织。18岁～25岁,主要任务是在获取足量信息基础上,尽量选择一种合适的、较为满意的职业。

3. 职业生涯初期。25岁～40岁,主要任务是学习职业技术,提高工作能力,逐步适应职业工作,适应和融入组织,为未来职业成功作好准备。

4. 职业生涯中期。40岁～55岁,主要任务是对早期职业生涯重新评估,强化或转变自己的职业理想,选定职业,努力工作,有所成就。

5. 职业生涯后期。从55岁直至退休,主要任务是继续保持已有职业成就,维护自尊,准备引退。

除格林豪斯之外,福姆、米勒、诺杰姆和豪尔、斯乔恩等人,均提出过类似的职业发展理论。

(四)施恩的职业生涯发展理论

美国的施恩教授立足于人生不同年龄段面临的问题和职业工作主要任务,将职业生涯分为9个阶段。

1. 成长、幻想、探索阶段。0岁～21岁,主要任务是:①发现自己的需要和兴趣,发现和发展自己的能力和才干,为实际的职业选择打好基础;②学习职业方面的知识,寻找现实的角色模式,获取丰富信息,发现和发展价值观、动机和抱负,作出合理的受教育决策,将幼年的职业幻想变为可操作的现实;③接受教育和培训,在这一阶段所充当的角色是学生、职业工作的后选人、申请者。

2. 进入工作世界。16岁～25岁,首先,进入劳动力市场,谋取第一项工作;其次,个人和雇主达成正式契约,个人成为一个组织的成员。充当的角色是:应聘者、新学员。

3. 基础培训。16岁～25岁,该年龄段的人要担当实习生、新手的角色,也就是说,已经迈进组织的大门。此时的主要任务,一是了解、熟悉组织,接受组织文化,融入工作群体,尽快取得组织成员资格;二是适应工作操作程序。

4. 早期职业的正式成员资格。17岁~30岁,主要任务是:①承担责任,成功地履行第一次工作分配的任务;②发展和展示自己的技能和专长,为提升或进入其他领域的横向职业打基础;③根据自身才干和价值观,根据组织中的机会和约束,重估当初追求的职业,决定是否留在这个组织或职业中,或者在自己的需要、组织约束和机会之间寻求一种更好的配合。

5. 职业中期。年龄一般在25岁以上,主要任务是:①选定一项专业或进入管理部门;②保持技术竞争力,在自己选择的专业或管理领域内继续学习,力争成为一名专家或职业能手;③承担较大责任,确定自己的地位;④开发个人的长期职业计划。

6. 职业中期危险阶段。35岁~45岁,主要任务是:①现实地估价自己的进步、职业抱负及个人前途;②就接受现状或者争取看得见的前途作出具体选择;③建立与他人的良师关系。

7. 职业后期。从40岁以后直到退休,主要任务是:①成为一名良师,学会发挥影响力,指导、指挥别人,对他人承担责任;②扩大、发展、深化技能,或者提高才干,以担负重任;③如果求安稳,就此停滞,则要接受和正视自己影响力和挑战能力的下降。

8. 衰退和离职阶段。一般在40岁之后到退休期间,不同的人在不同的年龄会衰退或离职。这一阶段的主要的职业任务:一是学会接受权力、责任、地位的下降;二是基于竞争力和进取心下降,要学会接受和发展新的角色;三是评估自己的职业生涯,着手退休。

9. 离开组织或职业——退休。在失去工作或组织角色之后,面临两大问题或任务:①保持一种认同感,适应角色、生活方式和生活标准的急剧变化;②保持一种自我价值观,运用自己积累的经验和智慧,以各种资源角色,对他人进行传、帮、带。

需要指出的是,施恩虽然基本依照年龄增长顺序划分职业发展阶段,但并未囿于此,其阶段的划分更多地是依据职业状态、任务、职业行为的重要性。例如,职业中期本是人生职业经历中一个大的阶段,但是,施恩又划出一个职业中期危险阶段,因为35岁~45岁正是关乎一个人职业命运和前途的关键时期。在人生职业后期阶段，衰退和离职是职业生涯的尾声和结束，而且不同的人衰退和离职年龄不相同，因此衰退和离职也突出单列为一个阶段。正是因为施恩教授划分职业周期阶段是依据职业状态和职业行为及发展过程的重要性，又因为每人经历某一职业阶段的年龄有别，所以，他只给出一个大致的年龄跨度，并在职业阶段所示年龄上有所交叉。

上述几位专家、教授关于职业发展的理论和职业生涯阶段的划分，各有千秋。其中，施恩的理论较为丰富，阶段划分依据更为科学、实际。但是阶段划分过繁，不清晰。吸收各家所长，本着科学性、现实性、简明、清晰的原则，我们倾向于职业生涯发展划分为5个阶段，即职业准备、进入组织、职业早期、职业中期、职业后期。每个阶段的职业状态、职业发展任务，以施恩的理论作为主要参考。

第二节 职业选择

一、职业期望与职业选择

在人的职业生涯之中，以至整个人生之中，职业选择是极重要的一个环节，正如哲学家罗素所言："选择职业是人生大事，因为职业决定了一个人的未来……选择职业，就是选择将来的自己。"每个人选择什么职业，是同其职业期望密切相关的。

（一）职业期望的涵义

职业期望，又称职业意向，是劳动者对某项职业的向往，也就是希望自己从事某项职业的态度倾向。例如，有的人希望自己成为医生，有的人向往当企业家，另有人要当工程师，还有人想做教师或法律工作者，等等。由此可见：①职业期望是来自劳动者个体方面的行为；②职业期望是劳动者从事某种职业的一种希望、愿望、心愿和向往；③职业期望不是空想、幻想，而是劳动者的一种主动追求，是劳动者将自身的兴趣、价值观、能力等与社会需要、社会就业机会不断协调,力求实现的个人目标;④职业期望不同于职业声望,职业声望是职业地位的反映,是人们对某种职业的权力、工资、晋升机会、发展前景、工作条件等社会地位资源情况,亦即社会地位高低的主观评价,其涵义完全有别于职业期望,二者不可混淆;同时,二者也有联系,劳动者个体所追求和希望从事的职业,多是社会声望高的职业。

职业期望直接反映着每个人的职业价值观。每种职业各有其特性,不同人对职业特性可能有不同的评价和取向,这就是所谓的职业价值观。萨柏曾经将职业价值观或职业取向概括为 15 种类型:助人、美学、创造、智力刺激、独立、成就感、声望、管理、经济报酬、安全、环境优美、与上级的关系、社交、多样化、生活方式。

(二)职业选择的涵义

职业期望要得以实现,职业选择是第一步。所谓职业选择,是劳动者依照自己的职业期望和兴趣,凭借自身能力挑选职业,使自身能力素质与职业需求特征相符合的过程。对此,需要明确的是:①劳动者是职业选择主体,是择业行为能动的主导方面,各种职业则是被选择的客体。②尽管劳动者是择业主体,但不能随心所欲任意进行选择。一是受到劳动者不能也不可能有从事一切职业的能力与兴趣的限制;二是各项职业由于有各自的劳动对象、劳动手段,有不相同的劳动条件和作业环境,必须受到每种职业对劳动者能力有相应的特定要求的制约。③职业选择是一个过程,一方面是劳动者作为主体主动择业的过程,同时又是职业选择劳动者的过程,它是劳动者与职业岗位互相选择、相互适应的过程。

二、职业选择理论

(一)帕森斯的职业——人匹配论

这是用于职业选择、职业指导的经典性理论。最早由美国波士顿大学教授帕森斯提出。1909 年,帕森斯在其《选择一个职业》著作中,明确阐明职业选择的三个条件:①应清楚地了解自己的态度、能力、兴趣、智谋、局限和其他特征;②应清楚地了解职业选择成功的条件,所需知识,在不同职业工作岗位上所占有的优势、不利、补偿、机会和前途;③上述两个条件的平衡。帕森斯的理论内涵是在清楚认识、了解个人的主观条件和社会职业岗位需求条件基础上,将主客观条件与社会职业岗位(对自己有一定可能性的)相对照,最后选择一种与个人匹配相当的职业。

职业——人匹配,分为两种类型:①因素匹配。例如,所需专门技术和专业知识的职业与掌握该种特殊技能和专业知识的择业者相匹配;脏、累、苦的职业,需要吃苦耐劳、体格健壮的劳动者与之相匹配。②特性匹配。例如,具有敏感、易动感情、不守常规、有独创性、个性强、理想主义等人格特性的人,宜于从事审美性、自我情感表达的艺术创作类型的职业。

帕森斯的职业——人匹配论,这一经典性原则,至今仍然正确、有效,并影响着职业管理学、职业心理学的发展。

(二)霍兰德人业互择理论

约翰·霍兰德是美国约翰·霍普金斯大学心理学教授,美国著名的职业指导专家。他于1959年提出了具有广泛社会影响的人生互择理论。这一理论首先根据劳动者的心理素质和择业倾向,将劳动者划分为6种基本类型,相应地职业也划分为6种类型,如表16-1所示。

表16-1 劳动者类型与职业类型对应表

类型	劳动者	职业
实际型	①愿意使用工具从事操作性工作; ②动手能力强,做事手脚灵活,动作协调; ③不善言辞,不善交际。	主要是指各类工程技术工作、农业工作。通常需要一定体力,需要运用工具或操作机器。 主要职业有:工程师、技术员;机械操作、维修、安装工人,矿工、木工、电工、鞋匠等;司机,测绘员、描图员;农民、牧民、渔民等。

续表

类 型	劳动者	职 业
学者型（调研型）	①抽象思维能力强，求知欲强，肯动脑，善思考，不愿动手； ②喜欢独立的和富有创造性的工作； ③知识渊博，有学识才能，不善于领导他人。	主要是指科学研究和科学实验工作。 主要职业：自然科学和社会科学方面的研究人员、专家；化学、冶金、电子、无线电、电视、飞机等方面的工程师、技术人员；飞机驾驶员、计算机操作员等。
艺术型	①喜欢以各种艺术形式的创作来表现自己的才能，实现自身价值； ②具有特殊艺术才能和个性； ③乐于创造新颖的、与众不同的艺术成果，渴望表现自己的个性。	主要是指各类艺术创作工作。 主要职业：音乐、舞蹈、戏剧等方面的演员、艺术家编导、教师；文学、艺术方面的评论员；广播节目的主持人、编辑、作者；绘画、书法、摄影家；艺术、家具、珠宝、房屋装饰等行业的设计师等。
社会型	①喜欢从事为他人服务和教育他人的工作； ②喜欢参与解决人们共同关心的社会问题，渴望发挥自己的社会作用； ③比较看重社会义务和社会道德。	主要是指各种直接为他人服务的工作，如医疗服务、教育服务、生活服务等。 主要职业：教师、保育员、行政人员；医护人员；衣食住行服务行业的经理、管理人员和服务人员；福利人员等。
事业型（企业型）	①精力充沛、自信、善交际，具有领导才能； ②喜欢竞争，敢冒风险； ③喜爱权力、地位和物质财富。	主要是指那些组织与影响他人共同完成组织目标的工作。 主要职业：经理企业家、政府官员、商人、行业部门和单位的领导者、管理者等。
常规型	①喜欢按计划办事，习惯接受他人指挥和领导，自己不谋求领导职务； ②不喜欢冒险和竞争； ③工作踏实，忠诚可靠，遵守纪律。	主要是指各类与文件档案、图书资料、统计报表之类相关的各类科室工作。 主要职业：会计、出纳、统计人员；打字员；办公室人员；秘书和文书；图书管理员；旅游、外贸职员、保管员、邮递员、审计人员、人事职员等。

霍兰德的职业选择理论,实质在于劳动者与职业的互相适应。霍兰德认为,同一类型的劳动者与职业互相结合,便达到适应状态,其结果是劳动者的才能与积极性会得以很好发挥。依照霍兰德理论,劳动者类型与职业类型相关系数越大,两者适应程度越高;二者相关系数越小,相互适应程序就越低。

(三)佛隆的择业动机理论

霍兰德的人业互择理论告知人们,劳动者进行职业选择要尽量选择与自己类型相一致的职业。但是,同一类型职业,往往有多种职业可供选择。例如,常规型职业中,有会计员、出纳员、统计员,此外,还有文书、秘书、办公室人员等具体职业,劳动者该如何作选择?佛隆的择业动机理论给出了回答。

佛隆(V. H. Vroom)是美国心理学家。1964年,在《工作和激励》一书中,他提出了解释员工行为激发程度的期望理论。期望理论的公式:

$F = V \cdot E$

式中,F为动机强度,是指积极性的激发程度,表明个体为达一定目标而努力的程度;V为效价,是指个体对一定目标重要性的主观评价;E为期望值,是指个体对实现目标可能性大小的估计,亦即目标实现概率。

员工个体行为动机的强度取决于效价大小和期望值的高低。效价越大,期望值越高,员工行为动机越强烈,就是说为达到一定目标,他将付出极大努力。如果效价为零乃至负值,表明目标实现对个人毫无意义。在这种情况下,目标实现的可能性再大,个人也不会产生追逐目标的动机,不会为此付出任何积极性,付出任何的努力。如果目标实现的概率为零,那么无论目标实现意义多么重大,个人同样不会产生追求目标的动机。

佛隆将这一期望理论用来解释个人的职业选择行为,具体化为择业动机理论。该理论的应用,即个人如何进行职业选择,分两步走。

第一步,确定择业动机。用公式表示为:

择业动机=职业效价×职业概率

式中,择业动机表明择业者对目标职业的追求程度,或者对某项职业选择意向的大小。职业效价是指择业者对某项职业价值的评价,取决于:①择业者的职业价值观;②择业者对某项具体职业要素如兴趣、劳动条件、工资、职业声望等的评估。即:职业效价＝职业价值观×职业要素评估。职业概率是指择业者获得某项职业可能性的大小,通常主要决定于4个条件:①某项职业的需求量。在其他条件一定的情况下,职业概率同职业需求量呈正相关。②择业者的竞争能力,即择业者自身工作能力和求职就业能力,竞争力越强,获得职业的可能性越大。③竞争系数是指谋求同一种职业的劳动者人数的多寡。在其他条件一定的情况下,竞争系数越大,职业概率越小。④其他随机因素。因此,职业概率＝职业需求量×竞争能力×竞争系数×随机性。

择业动机公式表明,对择业者来讲,某项职业的效价越高,获取该项职业可能性越大,择业者选择该项职业的意向或者倾向越大;反之,某项职业对择业者而言其效价越低,获取此项职业的可能性越小,择业者选择这项职业的倾向也就越小。

第二步,比较择业动机,确定选择的职业。择业者对其视野内的几种目标职业,进行了价值评估和获取该项职业可能性的评价,在测定几种职业的择业动机基础上,横向进行择业动机比较。择业动机是对职业的全面评估,已经对多种择业影响因素进行了全面考虑与利弊得失的权衡,一般来讲,多以择业动机分值高的职业作为自己的选定结果。

第三节 职业开发

一、职业开发的涵义

所谓职业开发,即为提高企业效益和员工对职业满意程度,组织采用教育培训、设置职业通路等措施,挖掘并提升员工职业工作能力,帮助员工进行恰当的职业选择,促进其职业生涯发展,将企业目标和任务与员工个人需要和职业抱负融为一体的全面过程或活动。这一概念的基本涵义：

第一，职业开发作为企业人力资源开发管理的重要组成部分，是组织发出的行为或活动，从根本上讲，组织是职业开发的主体。

第二，企业员工是职业开发的客体。但是，鉴于员工是职业的物质承担者，且具有能动性、自主性，同时亦为开发主体。企业职业开发，由组织及其成员协同承负之。然而，就职业开发作为企业一项十分重要的管理工作而言，组织居于主导的位置。

第三，职业开发的内容：①员工个人职业工作能力充分调动、发挥和提高；②帮助员工进行恰当的职业选择，促进其职业生涯发展；③组织的职业需求与员工的职业需要相互匹配，互相融合。

第四，组织进行职业开发采取的主要措施：教育培训和设置职业通道。

第五，职业开发的目的：一是实现企业效益最大化；二是实现员工利益需求和职业抱负。

二、员工个人职业开发任务

（一）自我职业能力开发

1. 职业工作能力

事业发展与能力之间，有不容置疑的直接正相关关系。能力，不是抽象的素质，是劳动者从事社会生产劳动、通过其职业工作角色而实现的能力，称之为职业工作能力。它包含有两大方面能力：体能、智能，具体化为六大能力要素：体力、心理、智力、知识、技能、人际交往。职业能力结构见图 16-1。

在实际运作中，根据职业工作需求，对职业工作能力的考察和测定很细，每一能力要素尚有许多丰富的能力内容。值得注意的是，劳动者一旦形成职业工作能力，并非一成不变，随着时间的推移，随着内、外部条件的变化，也会变化的。职业工作能力的变化有三种情况：

（1）强化。通过长期的某种职业工作，积累丰富经验；通过不断学习、培训、受教育，智力、知识、技能、人际交往能力大大提高。

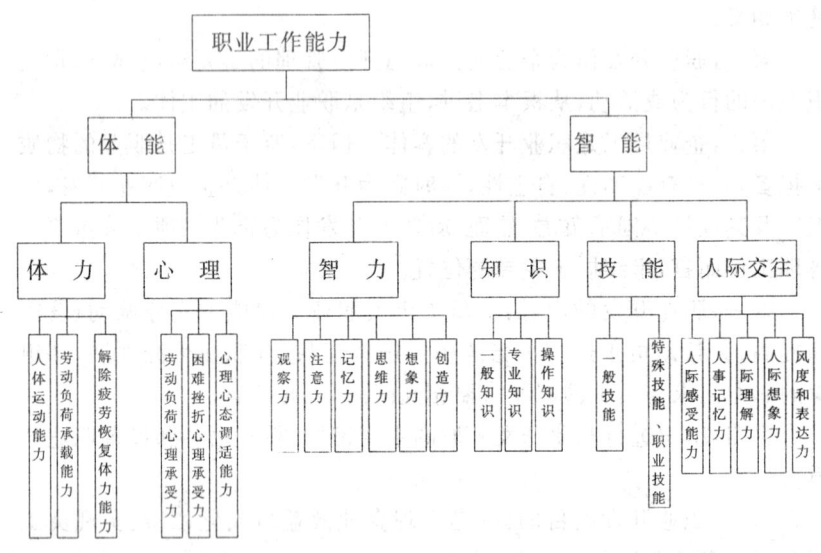

图 16-1 职业能力结构图

(2) 弱化。弱化有绝对弱化和相对弱化之分。绝对弱化,常常由于自身条件变化导致职业工作能力下降,如年龄大了,记忆力减退,身体运动功能(速度、力量、灵敏度)和劳动负荷力衰退。相对弱化是指在劳动者的职业工作能力不变的情况下,由于现代科学技术发展、设备更新、工艺技术复杂化等外在客观条件变更,导致劳动者职业工作能力相对下降,如知识老化、技能过时均系此种弱化。

(3) 转化。即职业工作能力方向发生转移。这种转化多以原职业工作能力为基础,转移至相关联、相近似或相交叉的职业。例如,服装模特或节目主持人转行当电影演员;语文教师成为专业作家或者记者、编辑。完成转化以后,职业工作能力可能出现三种情况:①原有职业工作能力衰退;②原有能力得以维持;③强化、增加新的职业工作能力,形成"一专多能"、"多面手"的更高层次的职业工作能力。

2. 职业工作能力的开发

(1) 不断学习,深化实际职业能力。首先,尽可能提高自己的学历。每个人在进入职业前,一般都具有一定水平的学历,待进入组织或职业之后,千万不要停止对学历的追求,尤其是较低文化水平者更是如此。

其次,采取多种形式,不断自觉加强专业知识和职业技能的学习。在现代科学技术信息时代,新知识、新技术层出不穷,知识更新速度已从百年、数十年、十几年缩减为4～5年,甚至2～3年。面对这一不争的事实,停止学习,意味着原有专业知识和职业技能的丧失。必须积极、主动、自觉地参加各种形式的职业教育、职业技能培训。

再者,丰富工作经验。不要拒绝一切提高自己、丰富发展自己实力的机会,特别是不要拒绝一些复杂工作任务或委以的重任。

（2）抓住机遇,获取新能力。

第一,在关键性的事业变动时,新能力获得特别重要。人的职业生涯中有以下主要的转折点:①中学至大学(教育程度);②大学生至工作(投入的领域);③工作至精通专业(专门化过程);④精通专业至权力(高位);⑤权力至最高限度(停止增长);⑥最高限度至退休(生活形态的选择及衰退)。

在每一个转折点,对个人来讲,既面临新的困难,但又是获得新能力和发展的机会。在大学生至工作的人生关键转折点上,面临着由学生角色向职业工作者角色转换的诸多困难。但是,又是将书本知识运用于实践,向社会学习,在工作岗位上实现自己抱负的必然的发展机会。每一个转折点都代表个人发展的一次挑战,不可忽略或回避。抓住机遇,扩展新能力,迎接挑战,方有前途。

第二,变更职业工作,获得新能力。长期或较长期位于一个职业岗位往往限定从业者,若变换工作岗位,会获取新能力。一般而言,通过各种方式训练、强化、提高自己目前职业能力,相对容易些。但是,如果在这个职业主流之外获取新能力,就要加倍用心、加倍努力了。因此,寻求新途径是必要的。

（3）掌握进行自我能力分析和发展自我的技巧。每个人必须清楚和找准现职业所必要的能力,并且力争表现自己非凡的能力。没有一种能力可以适用于各种职业,也并非所有的能力都同样有助于优异表现。林珊是一位小学数学老师,为了提高自己,她学习了高等数学,但是,这在教学中用不上。事实上,林珊已有的数学知识,对于胜任数学讲授是足够用的。她所缺乏的是启蒙、吸引、鼓励、教导、掌握学生的能力。所以,对于林珊来说,首要任务是集中全力获得这方面的能力,这才是与杰出表现直接相关的事情。

(二) 自我职业开发与发展

能力的开发,是为职业发展奠定基础,准备条件的。如何直接进行自我职业开发与发展呢?

1. 树立自我职业发展的正确态度

目标、信心、自主、创造,是自我职业开发的基本要素,也是推进自我职业发展应持的基本态度。

(1) 目标。职业发展目标,是个人职业生涯的方向和目的地。没有目标,也就是没有个人追求,自我事业发展就没有动力。每个人必须选定个人职业目标,为职业成功奠定基础。

(2) 信心。信心是自我职业发展得以实现的心态保证。信心来自对个人价值的正确判断的评估、自我能力的开发、职业工作经验的积累和个人坚韧不拔的毅力。

(3) 自主。个人职业成长源于自我,而非环境,组织无法开发每个人的全部潜能。长期的职业发展能力,需由个人主动去学习、去获取。而且,个人仅有能力,可能还不足以掌握职业,还必须主动提高自己的成熟度。此外,职业发展的机会至关重要。然而,机会永远是不会找人的,不能被动坐等机会,应当积极主动去找寻发展的机会。

(4) 创造。要自我发展职业,必须有创造意识、创新意识、超前意识,作出别人意想不到的决策和举动。如上面所谈的发展机会,不仅要主动去寻找,而且必须自己去创造。本世纪末,举世受到失业之苦。中国城市也面临着众多劳动者失业和下岗再就业的压力。恰是此情况,对于正在寻求事业发展机会的人,其实是一个决定成败的机遇,可为自己创造发展的空间。他不能被动地期待就业状况迅速好转,而必须获取能力,具有比充分就业时期更富弹性,更具灵活性、创造性、更具竞争能力才行。

2. 创造条件,促进自我职业发展

对于一个组织内的员工来说,自我职业发展一般有三种类型:一是上移,二是侧移,三是移出。无论是哪一种类型的职业发展,都是有条件的,个人职业开发的任务,就是创造条件,促进自己所期望的、适宜自己的那种类型的职业发展。

(1) 上移。职业的上移,即晋升,由低阶职位向更高阶职位发展。这好似登金字塔,低阶职位空间是大量的,越向上,职位越少,顶端职位空间则很小了。所以,上移的发展是需要付出艰辛努力的。上移的关键是忠于企业价值观,要充满信心,以敬业、负责任、勤劳肯干为成功铺路;塑造自己,吻合升迁职位能力之需要;坦诚交际,争取信任和友谊。总之,树立良好形象,做受欢迎之人。

(2) 侧移。这是横向的职业变动。侧移经常在两种情况下发生。一种情况是希望在组织机构中上移的人,为了扩大他们处理高阶职位的经验,常常先侧移几次。例如,某员工为了取得做业务经理的资格和经验,可能发生由会计→生产→销售→人事的几次职业侧移,他熟悉这几项工作业务,了解人事,为其升为业务主管打下很好的基础。职业侧移不能完全依靠组织而被动等待,应随时主动争取。另外一种情况是员工目前负责的工作与个人工作能力或兴趣不符时,会发生侧移。能职不符对个人职业的发展是不利的。一个人必须根据自己的能力、兴趣、特性,找到相应的适合于自己的职业,这本身既是职业的发展,又是事业腾飞的必要条件。

(3) 移出。从一个组织机构退出来,或者调离,乃为职业的移出。移出的原因,或因另外的工作机构在职业及其薪资待遇方面胜于现职;或因原组织机构妨碍个人成长或才能的充分发挥;或因关系不友善,受排挤,受歧视;或因才能出众遭妒嫉,受打击,受压抑等。凡遇上述情况,应当积极、主动、迅速调离原职位。这种外移完全合理,是求得职业顺利发展的开端。

3. 掌握现职开发策略

如果尚未有机会上移或侧移甚至外移的可能,那么就应好好地面对现实,掌握一套开发现职的策略。

(1) 减少职业开发的负面(反面)因素。职业开发的负面因素是指妨碍个人职业期望值的实现与满足,妨碍个人才能充分发挥的因素。在员工现实的职业开发与发展过程中,这种负面因素的影响是难免的。正确的态度在于正视和正确对待阻力,千方百计地克服困难,使阻力变为动力。

(2) 营造职业开发的正面因素。与负面因素相对应,凡是能促使个人职业期望值得以实现,保证个人才能充分发挥和有利于人个成长的因素,都是正面因素。要通过人际交往、团结协作、营建良好的工作软环境、明确组织的任务及其对自己的期望与要求等,主动营造和增加促进自我职业开发的正面因素。

(3) 善于推销自己。只顾埋头做好工作,等待被人认可,是一种危险的事业策略。工作上的业绩,若自己不主动地去表现,去张扬,别人无法予以承认。推销自己,一是掌握自我推销分寸,实事求是,不夸大、不缩小;二是勇于承担显现效果的工作,尽管可能要冒公开失败的风险,要有很大付出,但是,最好还是去做;三是明确自我推销内容,熟练掌握推销技巧,围绕组织的目标、工作任务充分表现个人的能力、业绩和人品。

三、组织的职业开发任务

(一) 确定不同职业生涯阶段的职业开发管理任务

职业生涯分为不同时期或阶段,在各个时期或阶段,员工的职业工作任务、任职状态、职业行为等有所不同,呈现出不同特征。从组织角度讲,就要根据不同职业生涯期的个人职业行为与特征,确定每个阶段具体开发与管理的任务。

1. 职业准备期。个人并未确定一定进入某某企业任职,个人与组织尚不相识。但是,从组织来讲,可以通过办企业的技工学校、职业学校,乃至大学,有目地进行培训,为满足组织的职业需要,招聘员工奠定基础。

2. 进入组织阶段。组织的主要任务是:做好招聘、挑选和配置的工作,组织新员工上岗培训,考察评定新员工,达成一种可行的心理契约,接纳和进一步整合新员工。

3. 早期职业阶段。这是一个新员工和组织之间相互发现的时期。

组织通过试用和新工作的挑战,发现员工的才能,帮助员工确立长期贡献区,或者说帮助员工建立和发展职业锚。

4. 中期职业阶段。个人事业发展基本定型或趋向定型,个人特征表现明显,人生情感复杂化,引发职业生涯中期的危险性。面对这一复杂的人生阶段,组织要特别加强职业开发与管理。一方面,通过各种方式方法,帮助员工解决实际问题,激励他们继续奋进,将危机变为成长的机会,顺利度过中期职业阶段的危险期。另一方面,针对不同人的不同情况,分类指导,为其指示和开通事业发展的通道。

5. 后期职业阶段。员工即将结束职业生涯,此期,组织的任务依然是重要的。一方面,要鼓励、帮助员工继续发挥自己的智慧,帮助他们做新员工的良师益友,传授自己的经验;另一方面,帮助员工作好退休的心理准备和退休后的安排;此外,还要适时做好更员计划和人事调整计划。

(二)有效地进行职业指导

职业指导,是指组织帮助劳动者了解自己的生理和心理特点,提供有关现有职业机会及其职业特点的信息,帮助个人选择和获得最合适的职业。职业指导旨在帮助劳动者选择到适合的、满意的职业岗位。目的达到即为有效的职业指导。职业指导虽是组织方的事情,但不是单方面孤立地开展工作。职业指导要同劳动者的职业选择有机协调、相伴进行。

上述内容可以说是狭义的职业指导。广义的职业指导,如1937年美国职业指导学会所下的定义:"职业指导是协助个人选择职业、准备就业、安置就业,并在职业上获得成功的过程。"显然,广义的职业指导较之狭义而言,在工作过程、工作内容和任务方面有所延伸,延续至劳动者就业于组织之后的过程,要进行追踪指导,主要任务是了解个人就业后的工作及适应情况,进一步协助其在职业上求得发展。

从广义意义上讲,企业组织的职业指导发生于两个环节或场合。

1. 就业前的职业指导。面对就业前的诸多求职者,组织的职业指导主要有如下几方面工作:①广泛宣传本企业的职业需求,向广大求职者提供有关本企业的职业机会、职业特点和职业要求等信息。②了解求职者的个人特质、职业意愿和要求,了解本企业及其职业工作的意向。③根据本企业的职业需求计划,帮助求职者分析是否适宜在本企业工作,寻觅合适人选,按一定程序、要求、规范、原则选聘适宜的员工。④吸收合适人选进入组织,就位于职业岗位。

2. 进入组织后的职业指导。随着科技进步,组织管理工作的改革及组织目标和任务的变更,企业的职业工作岗位会有增有减,有所变动,这必然发生员工职业工作岗位的上移、侧移,以至移出的多种变化和发展。那么,每个员工将朝哪个方向发展,如何发展,这需要组织予以职业指导。其中重要的任务在于:①发布企业职业岗位需求信息;②了解员工的愿望、要求和想法;③帮助员工认识、评估个人特质、能力、兴趣爱好,以及分析和选择自己的适宜职业岗位;④职能匹配的定位。

(三)帮助员工制定和执行职业生涯规划

职业生涯规划,是一个人职业生涯的妥善安排,在这种安排下,个人可以依据各计划要点,在短期内充分发挥自我潜能,并运用环境资源获得各阶段的成功,最终达到既定的目标。

从组织管理角度讲,要帮助员工依据组织需要和个人情况制定现实目标,找出达到目标的手段、措施。其重点是协助员工在个人目标与组织内实际存在的机会之间,达到更好的结合,而且应强调提供心理上的成功。

1. 提供信息。个人开始制定现实的职业目标和计划之前,必须能够得到有关组织职业情况、职业选择和机会的信息。而及时、准确地提供信息,是组织做好职业开发与管理,促进员工职业发展义不容辞的责任。

(1)提供组织有关职业工作分析资料。职务工作分析给出了职业工作的职责、与其他工作的关系、所需要的知识和技能,以及完成该项工作所需的工作条件等。而且,它是工作实际情况的记录,对员工制定个人职业计划来说是必不可少的。

(2)提供组织进行绩效考评的信息。组织应将员工考评情况和结果反馈于本人,帮助员工正确认识自己的长处、优势在哪里?短处、劣势何在?对照职务分析资料,寻找同个人职业目标的差距,明确今后发展方向。这正是个人职业计划的内容。

（3）提供开发每项工作的职业途径资料。这一信息可以从工作说明中开发出来。职业途径信息具有下列功能：①给每个员工展示其工作怎样同其他工作相关联；②给出职业选择；③描述职业改变对教育和经历的要求；④指出其他工作的定位。

2. 拟订目标。在分析影响个人职业生涯规划主、客观因素基础上，确定个人的发展方向或目标，将目标具体化，将目标阶段化，分远程目标、中程和短程目标。

3. 执行计划。首先，将所有可能实现目标的途径全部详细列出；其次，依据个人因素和客观状况，一一评估这些途径的可行性，从中选择出最合适的途径；最后，依阶段目标，拟定执行步骤、执行进度表，付诸实施。

4. 评估与修订。个人规划实施后，随时对规划内容、实施成效、执行方法加以评估，定期检测预定目标达成进度。另一重要工作是当阶段目标达成之时，考虑客观环境是否变化，对以后的规划内容、实施策略进行修正。

（四）为员工设置职业通道

1. 设置员工职业发展通道。职业通道，是员工实现职业理想和获得满意工作，或者达到职业生涯目标的路径。组织中的成员，其职业目标可否实现，个人特质、能力至关重要，这是基础或根本的内在条件。但是，没有外在条件，如组织的需要和机遇，个人职业发展也是不可能的。从此意义上讲，组织设置职业通道是决定性因素。

设置员工职业发展通道，组织首先应当建设主干道；其次，又不拘泥于单条路，可设置多条临近主干道之路。例如，某人很有才华，他的目标是做一名高级主管。当组织考核认同并计划提拔他之后（不需要向本人讲明），就要为之设立通路。即根据本人情况，可以派他去高校学习工商管理专业，此作为对其升迁积累资本的主要通道。或者，可以委以重任，派其轮流在几个职能管理部门任职等，使其在实践工作中锻炼和增长才干，取得管理经验，使其成为达到职业发展目标的辅助职业通道。

2. 为员工疏通职业通道。以上是直接为员工职业发展建设的通道。但是,路虽已开通,在行进之中可能会遇到障碍,扫除路障是组织份内的任务。

员工职业发展的障碍,既来自职业工作自身,又来自家庭,还可能产生于个人生物社会周期的问题。所以,组织必须从员工总生命空间发现问题,解决问题。例如,哈里是位优秀雇员,组织派他执行一项重要的海外任务。但是,他面露难色。是何原因?工作上一帆风顺,本人身体健康,人缘甚好,不存在影响他职业发展的障碍。经过深入了解,原来是由哈里的孩子还小,妻子不同意所致。于是,组织与其配偶直接交换看法,讲明利害关系,帮助安排孩子上全日制学校等。结果,哈里高高兴兴走马上任,这既利于其个人事业进步,又利于组织的发展。

总之,组织为员工发展设置了职业通道之后,还要注意来自各方面的障碍,必须立足于员工总生命空间,寻找障碍源,有针对性地解决问题,排除障碍,以使员工职业发展通道得以畅通。

第四节 职业计划

职业计划是实现职业目标的手段,遵循职业开发的涵义及要求,有个人职业计划和组织职业计划,二者互相呼应,相互匹配,以实现双方的职业需求。

一、个人职业计划

个人职业计划,是员工个人筹划其人生工作过程,或者说设计自己的职业生涯,策划如何度过职业工作生命周期的计划。

(一)制定个人职业计划的原则

1. 实事求是、准确地自我认识和评价是制定个人职业计划的前提。对自己要有四方面清醒的认识:①价值取向、自我确定的人生之路和生活方式;②本人知识、技能水平及工作适应性;③个人特质,主要是素质、性格、爱好、兴趣和专长等;④自己事业中最渴望的和最有价值的追求。准确的自我认识和评估显然是制定个人职业计划的基础。

2. 要切实可行。一方面,个人的职业目标或职业需求,一定要同自己的能力、个人特质及工作适应性相符合,这样,实现职业计划方有可能。另一方面,个人职业目标和获取职业成功之路,要考虑到周围客观环境和条件的允许。这样,实现职业计划方有可能,否则,很可能使个人职业计划落空。

3. 个人职业计划目标与组织目标协调一致。员工是要借助在企业中就业和工作而实现自身职业需求的,其职业计划是在为组织目标而奋斗的过程中得以实现。离开组织目标,便没有个人的职业进步,甚至难以在组织中立足。所以,个人职业计划必须与组织目标相协调,保持一致。为此,员工在制定计划之时,应积极主动地与组织沟通,获得组织的指导与帮助。

4. 在动态变化中制定和修正个人职业计划。员工的职业生涯历经进入组织、职业早期、职业中期和职业后期等不同阶段。员工应当根据不同阶段的职业任务和个人职业特征,制定不同时期或阶段的个人职业目标、要求及其实现途径。计划一经制定,并非一劳永逸,尚需依据客观实际情况及其变化,不断予以调整、修改和完善,使之可行,且行之有效。

(二) 个人职业计划内容

1. 制定个人长期职业目标

就个人而言,职业目标是必须的和首要的内容。每个人一旦有了目标,人生会变得有意义,对于积极向上、务实的员工来说,目标无疑是人生的指针。制定个人长期职业目标的要求:

(1) 长远目标期限不可太长,也不可过短,一般以掌握在10年左右为宜。

(2) 确定长远目标,建立自己的事业和职业需要,必须配合工作环境的需求,能从市场角度探求人生的人,必可得到明晰的目标。

(3) 眼光放远,不要囿于现实和近期,也就是说,放眼未来,预测可能的职业进步。

(4) 寻找自己最渴望和追求的东西,用心去思考和发现自己的长远职业目标。看清自己的欲望，这是个人谋略的重要工具。只有想要什么，才可能有什么。员工的长期职业目标，一靠思考、反思而得来，是员工以自己的价值观、信念、能力、特性与其理想或志向进行分析，把可能性与志向做一新的组合；二靠创见而得来，员工异乎寻常的创意，使之超脱现实思想限制，拓展更广阔的眼界，利于长远目标的确定。

2. 制定短期职业目标

已经选定长期目标，现在需要足够的理智和准确度，把长期目标具体化为一个个的短期目标。短期目标是一种特殊工具，将长期目标具体化、现实化、可操作化，它是结果和行动之间的桥梁。制定个人短期职业目标的要求：

(1) 短期目标必须清楚、明确、现实、可行。

(2) 每一短期目标设输出目标和能力目标。所谓输出目标，即为达长期目标而设定的具体实施目标，是能以标准衡量是否完成的目标。能力目标，则是为达到输出目标所需要的相应能力。输出目标与能力目标是携手并进，互相支持的。

(3) 短期职业目标规范。一个好的个人职业短期目标应当符合下列要求：①目标清晰、明白；②目标要切实可行；③目标对于本人有意义，同时与自我价值和长期目标一致；④顾及企业内外环境，目标要实际；⑤辨别和衡量各短期目标的重要性，依其重要程度和可能实现的时间，排列目标实施顺序；⑥辨认输出目标中隐含的需求能力目标，找出差距，明确增强能力的努力方向；⑦规定目标完成时限，包括起始时间和终结时间；⑧预测目标成功与否、成功的程度；⑨目标简明，不可过多过滥；⑩目标应用明确而适当的语句予以说明。

3. 设定职业目标实现的途径

(1) 增加个人对组织的价值，保住现有工作，为实现个人职业目标奠定基础。一个人只有对组织有用、有价值，才能滞留于该组织内。如果对组织而言，其价值减小，以至丧失，那就不可避免地被迫离开组织。在个人职业计划中，预期在哪里、哪个岗位或哪项工作上能为组织增加价值，而且不是一次性的或几次性的，而是不断地为组织的事业作出贡献，增加对组织的价值。

（2）请求担当更繁重或责任更大的工作，并切实完成好工作任务。一方面，显示和增大对组织的价值；另一方面，向组织表明和证实自己的实际能力，为实现个人职业目标，获得职业成功创造条件。在制定个人计划时，关于承担重任的设计要谨慎行事，一是要身体力行，二是请缨担当的重任，必须有充分把握能够圆满完成甚至出色完成，否则宁肯不请缨。因为一次失败的表现，可能成为职业成功的绊脚石。

（3）预计实现未来目标将需要什么知识和技能，并设计以何种方式来获得这些知识与技能。这是个人职业计划中的核心内容，是职业成功的决定性因素。

（4）培养、提高人际交往能力，搞好人际关系。这里所讲的人际关系，主要指组织内工作中的人际关系，包括与上司的关系，与同事的关系，与下属的关系等。人际关系，是一种工作环境，搞得不好，会成为个人职业成功的障碍因素。个人必须加强人际交往，建立良好的人际关系，为个人职业目标的实现开辟坦途。

（5）如果本组织内职业道路不通，可以走通往其他组织的路。这首先要确定其他组织能否为实现个人职业目标开辟通路。如果职业道路通畅，需要找准到新组织任职所需要的技能、知识、适应性，然后，有针对性地设法获得这些能力。

二、组织职业计划

（一）设定目标内容

设定组织职业计划目标的总原则是：必须有利于实现组织的基本目标，必须有利于员工个人职业计划的实现；此外，组织的职业计划应与员工个人职业计划相互匹配。组织职业计划的目标主要是：

1. 使组织内可用人才得到更快更有效地发展，充分发挥人才在企业发展中的决定性作用。

2. 为组织内员工的职业进步提供可行的职业通路。现今一些优秀的员工并不将传统的升迁视作惟一的职业选择，因为当今企业里可以获得提升的选择机会很少，在这种情况下，组织提供职业计划，以帮助员工确定新的不同职业道路。

3. 针对组织职业需求和个人职业目标，组织应有有相应的教育培训目标，以满足个人发展的需要。为达此目标，可采取多种形式和途径。

4. 调动员工的积极性、自觉性、主动性，增强员工的忠诚度、向心力。组织的职业计划为员工发展提供通路，可以产生很强的凝聚力。凡是个人发展需要得到满足的员工，很愿意留在组织内效力，对于自身的工作和组织会愈发满意，产生强烈的归属意识和企业本位意识，而这正是现代企业充满活力和后劲，获得发展和立于不败之地的根本所在。

（二）制定职业道路计划

组织在了解员工个人职业需求、判明其需求合理性及现实可行性的基础上，根据自身发展之需求，以及组织可能提供的帮助和条件，具体策划、帮助员工个人职业目标实现的途径，制定出各种职业道路计划，如纵向升迁或横向职业流动或转移的计划，内容包括：①沿着各条不同职业道路转移或流动的人数、具体的工种和工作职位；②发生职业流动或转移的原因；③员工职业转移或流动预计发生的时间；④安置去向；⑤具体实施方案与政策、措施。

（三）制定职业发展——教育培训计划

当职业道路计划制定后，与之相配套的职业发展或教育培训计划应当及时出台，否则，职业道路不畅通。

职业发展是一种被组织采用的正式方法，旨在培养、造就具备合适职业资格和经历的人员，以确保组织的需要。因此，职业发展是使一个人既能满足组织的现实需要，又能满足组织未来需要的一切准备活动。教育培训计划的实质是培养组织所需人员的一种职业开发活动。教育培训是其中最重要的开发活动，是职业发展的最重要手段，也是职业发展最重要的项目。

制定员工教育培训计划，首先要明确教育培训目标。由于员工能力不同、职业目标和职业需求不一样，为达到职业目标所走的职业道路各异，故教育培训所达目标不能整齐划一，目标因人而定、因人而异。

其次，确定教育培训内容。企业所进行的教育培训需根据员工的职业需求和职业目标，员工的知识、技能、工作适应性等情况及其职业需求目标之差距，以及组织目标实现的需求，分别确定不同的内容。

再者,选择适宜的培训教育形式和途径。企业究竟采取何种形式和途径,要视教育培训对象的情况及其教育培训内容而定。组织的教育培训计划应当对号入座。

最后,计划好教育培训的时间,做好教育培训经费的预算、筹集与使用,保证教育培训计划顺利有效实施。

参考资料

1. 吴国存:《企业职业管理与雇员发展》,经济管理出版社,1999年。

2. 程社明:《你的职业——职业生涯开发与管理》,改革出版社,1999年。

3. 潘锦棠:《劳动与职业社会学》,红旗出版社,1994年。

4. 施恩:《职业的有效管理》(仇海清译),生活·读书·新知三联书店,1992年。

思考题

1. 如何理解职业这一概念?
2. 职业开发的涵义?概述如何进行企业的职业开发?
3. 简述职业生涯各阶段组织的职业开发管理任务。
4. 以职业生涯发展理论和职业选择理论为指导,试做个人职业开发与发展规划。
5. 如何做职业计划?

第十七章

员工的激励开发

本章学习要点

- 了解激励在企业人力资源管理中的特殊意义,学习各种经典的激励理论,整体激励力量取决于内部和外部两个方面。
- 了解激励变革的新模式——战略激励。该模式承认、重视和激发员工自我激励,使外在激励化为自我激励是组织追求的目标和趋势。
- 了解激励的实施原则、运作特征、构成要素、激励手段,以及手段使用的环境等。

第一节 激励开发概述

一、激励的内涵与重要性

1. 激励的内涵界定

激励是一个心理学名词,原意为促动、驱使人们行动的各种动力组合,这些动力包括个人内在性的动力和源于个人以外的外在性动力。激励不等于刺激。从企业人力资源开发与管理的角度对激励内涵的界定是,激励是指针对员工的行为产生变化的内在规律,利用能够激发、引导、强化和修正人的行为的各种力量,对员工的行为施加影响的各种活动的总和。激励的目的是调动人的积极性,使个人行为目标与组织行为目标相一致。该定义体现了以下基本点:

第一,激励必须按照人的客观行为规律进行;

第二,激励要综合运用能够影响人的行为的各种力量;

第三,激励具有很强的目的性。

2. 激励的重要性

在人力资源开发管理过程中,激励是非常必要和重要的。

(1) 企业的三项行为要求与激励密切相关。凯兹1978年提出每个组织必须满足三项行为要求:一是,必须吸引人们加入组织,使他们留下来;二是,人们必须完成组织所要求做的工作;三是,人们在工作中不只是例行公事,还必须表现出创造性和革新精神。三个目标的实现都离不开对员工工作动机的激发。

(2) 激励是对人的开发。它通过调整人的行为,激发人内在的动力,使人的潜能得到释放,并通过内在能量的发挥,逐步实现自我,得到进一步的满足感。

(3) 激励有助于改善员工的职业生活质量。从员工个体来看,动机是个体动力系统的核心。激发员工个体适度的、健康的动机,对个人的职业生活质量也将产生很大的影响。

3. 激励的作用

从企业人力资源管理角度来看,激励的作用主要体现在以下方面:

(1) 调动员工积极性。通过激励机制,可以使员工保持工作的有效性和高效性,激发员工的创新能力,同时也使企业充满活力和竞争力。

(2) 形成员工流动机制。企业的激励机制是形成员工流动机制的保证,通过对员工行为的正向和负向强化,成为调节员工流动机制的杠杆。

(3) 提高员工素质。

(4) 促进良好的企业文化。良好的企业文化是由企业内生的。通过激励,可以提高企业员工的群体素质,摒弃和杜绝不良文化,形成健康的、有利于企业生存和发展的企业文化。

二、激励的一般理论

1. 过程型激励理论

过程型激励理论着重于激励过程的研究。这一类型的激励理论认为,人们之所以作出行为努力,是因为意欲实现他们所重视的目标,而这些目标往往存在于行为过程之外。过程型激励理论认为,有必要提出激发和引导个人对工作环境作出预期反应的特定途径,即借助于人们行为所追求的外在目标和各种管理措施,来激发和引导人们的行为过程,使之朝向组织的目标。过程型激励理论主要有期望理论、公平理论和强化理论。

(1) 期望理论。美国行为科学家弗鲁姆(Victor H. Vroom)在1964年《工作的激发》一书中提出一种激励模式。他认为,人的行为过程实际上是一种决策过程,人们在从事一种工作或作出某种行为之前,总是要对这项工作的意义、行为产生的结果以及行为结果对个人会带来何种报酬等问题进行估计,对行为的结果将会带来的满足感予以期望,这种期望激发起人们采取行动的动机,并着手寻求行动方案。

弗鲁姆的期望理论认为,一个人从事某项活动的动力(激励力量)的大小,取决于"该项活动所产生的成果的吸引力的大小"和"获得预期成果的可能性的大小"这两项因素,如图 17-1 所示。

"某项活动成果的吸引力"是指一个人对某项活动可能产生的成果的主观评价,这种力量的大小因人而异。一个人对某项活动成果的吸引力大小的判断会激励他采取不同的行动,积极从事并努力完成这项活动,或不予关心,极力排斥这项活动。

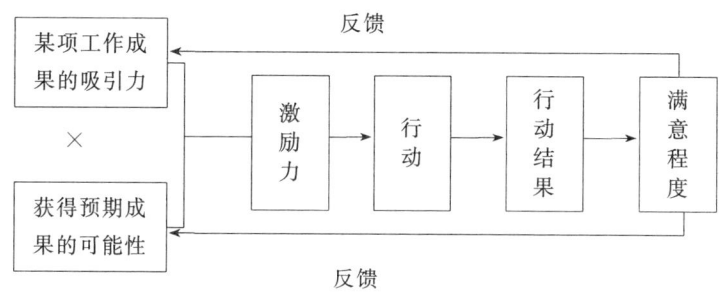

图 17-1 期望激励理论示意图

"获得预期成果的可能性"是指一个人对将来实际获得某一成果可能性大小的主观估计,这往往取决于自身条件和其他因素。"激励力"是促使一个人采取某一活动的驱动力的强度,是某项活动成果的吸引力和可能性估计值的乘积,这就是著名的弗鲁姆公式:

$$激励力量(f) = 效价(V) \times 期望值(E)$$

其中,效价是指目标对于满足个人需要的价值,也就是某项活动成果对个人的吸引力;期望值是指采取某种行为可能导致的绩效和满足需要的概率,亦即获得预期成果或实现目标可能性的大小。

当一个人对达到某一目标漠不关心时,效价为零;而一个人不愿达到这一目标时,则为负效价,这种结果对此人毫无动力可言。同样,如果期望值是零或负值,也无激励动力去达到某一目标。换言之,单有高度的吸引力(效价)或很大的可能性(期望值)都不足以产生强大的激励力量,提高激励效果必须同时提高这两方面因素的强度。

人的行为是一个较为完整的过程。激励力量促使行为得以产生,采取某种行为会取得一定的成果。接着,人们会对行为结果进行评价,并得到一种满意或不满意的态度,进而影响到今后的行为。

该理论模式有很强的应用价值,管理者要让员工积极从事某项工作并努力去完成,一方面应使员工了解这项活动成果的吸引力,并尽量加大这种吸引力;另一方面要采取措施帮助员工提高获得预期成果的能力和对获得预期成果的可能性估计,以便提高激励力和激励效果。

(2) 强化理论。这是美国心理学家和行为学家斯金纳(B. F. Skinner)等人提出的一种激励理论,又称为"行为修正理论"。斯金纳认为人的内心活动是一个无形的、不可见的"黑匣子",很难进行清楚地分析,或只能凭借某些因素进行推测。但是人的行为是外在性的,是可以分析和预测的。所以,激励在通过对人的行为特征进行分析之后,借助各种因素或力量对行为的发展施加影响,最终使人的行为符合组织的目标要求。1938年,他提出了一个"操作条件反射"理论,认为人或动物为了达到某种目的,会采取一定的行动。当这种行为的后果有利时,这种行为就会在以后重复出现;不利时,行为就会减弱或消失。这就是强化理论产生的理论根据。

从上述分析可以看出,人的行为重复频率的大小,或者说人的行为走向,取决于人们对以往行为结果价值的主观认识。人的这种主观认识可以被改变,这种改变力量就是强化。

强化有正强化和负强化两种形式。正强化是指运用工资、奖金、晋升、表彰等员工乐于接受的物质与精神"工具"为强化物,去保持或增进对实现组织目标有利的行为及其出现的频率;负强化是指在某些消极或不良行为发生后,给予行为当事人某些他不喜欢的东西,或取消他喜欢的东西,如给予批评、降职、扣发奖金等,从而加强刺激,使之降低甚至消除某些消极行为的发生频率。

斯金纳提出了关于强化的几项原则:

第一,必须针对行为结果给行为当事人以及时的、明确的信息反馈。因为当人们采取某种行动并产生一定的后果时,最先要做的就是评价自己的行为结果,人在这时最需要激励,所以必须给予及时的信息反馈。反馈给行为当事人的信息一定要明确,如果反馈给行为当事人带来某种错误的认识,会产生不良的后果。

第二,强化的时间选择或安排十分重要。斯金纳根据调查发现,间断性的强化比经常性的强化更加有效。

第三,正强化和负强化的作用表现在激励效果的不同。一般来说,正强化比负强化的激励效果要好得多,要尽量减少使用负强化。这是因为,正强化可以给人一种满意和愉快的刺激,能给人带来更多的激励信息;相反,负强化给予的是不愉快的刺激,而人们对不愉快的刺激天生就具有一种抵制情绪。当人们多次接受负强化时,便往往不从自身找原因,而可能认为自己本来就没有错,这时便会极力为自己辩解,开脱责任,甚至有的人会想办法学习逃避负强化的方法和途径。

强化理论和期望理论之间具有许多类似之处,两种理论都强调行为及其后果之间的重要性。但它们的一个重要差别是,期望理论讨论理解、评价、主观上的可能性等内部心理过程,而强化理论则企图避开这些内部心理过程而只讨论人的行为。

(3) 公平理论。它是由美国行为学家亚当斯(J. S. Adams)1965年提出的一种理论。该理论把工资分配结果对行为的影响与人对分配的内心理解结合到了一起,着重研究薪酬分配的合理性、公平性及其对员工工作积极性的影响。

公平理论是利用人们的这种心理来研究激励问题的。该理论认为,对一个职工的激励是他的投入报酬比同他了解的其他员工的投入报酬比之间的一种函数,即

$$\frac{Op}{Ip} = \frac{Oa}{Ia} \text{ 或 } \frac{Op}{Ip} > \frac{Oa}{Ia} \qquad \frac{Op}{Ip} < \frac{Oa}{Ia}$$

其中:Op 代表员工对他自己所获得报酬的感觉。报酬包括物质上的金钱和福利等,也包括精神上的被赏识、受人尊敬等。

Ip 代表员工对他自己所做投入的感觉。投入包括自己的教育程度、所做努力、投入的精力等。

Oa 代表该员工对作为比较对象的其他员工所获得报酬的感觉。

Ia 代表该员工对作为比较对象的其他员工所做投入的感觉。

公平理论认为,员工的激励程度不仅受到自己所得报酬绝对额的影响,而且受到报酬相互比较的影响。要激励员工,就必须给员工以公

平的感受。

2. 内容型激励理论

内容型激励理论重视内在性激励因素对人们行为的影响并运用这些因素来激励员工。比较著名的有马斯洛需要层次理论、赫茨伯格双因素理论、阿尔德弗生存关系成长理论，以及阿特金森和麦可里兰的需要成就理论等。

(1) 需要层次论。美国心理学家马斯洛的需求层次理论被广泛传播。他在1943年出版的《人类激励理论》一书中，把人的各种需要归结为五大类，并按其发生的先后顺序排列成一个需要等级：生理需要、安全需要、社交需要、尊重需要，以及自我实现的需要。

需要层次理论强调的是需要层次之间有其内在联系：

首先，一般来讲，人的需要是由低级逐渐向高级发展的。当低一级的需要获得相对满足之后，追求高一层次就会成为优势需要。

其次，需要的五层次之间相互有重叠，并不是低层次需要完全满足之后，才产生对高一层次的需要。

再次，满足需要的难易程度与需要层次的高低有关。较低层次的需要，偏于物质生活方面，弹性较小，易于追求和满足，并且呈现出周期性特点。较高层次的需要，偏向于精神生活方面，弹性较大，不易追求和满足，并且也不呈现出周期性特点。

最后，五个层次的需要在某种程度上反映了人类的总体需要，但对个人来讲，不同人需要差别很大，可能五种需要均具有，也可能仅有生理需要，或者除生理需要外，尚有其他一、两种需要。

马斯洛的需要理论认为，人人都有需要，激励即满足需要。

(2) E.R.G.理论。E.R.G.理论是阿尔德弗（C. P. Alderfer）在继承和发展了马斯洛的需要层次论基础上形成的。人的需要被分成三类：存在需要、关系需要和成长需要。

① 存在需要。存在需要关系到人自身机体的存在或生存，它包括衣、食、住及工作组织为其得到这些生存条件而提供的手段，如报酬、安全条件、福利等。实际上，这相当于马斯洛理论中的生理需要和安全需要。

②关系需要,即发展人际关系的需要。它通过工作或工作之外的与他人交往而获得满足。它相当于马斯洛理论中的社交需要和一部分尊重的需要。

③成长需要。这是个人自我发展、自我完善的需要。这一需要通过增进和发展个人的才能,以及在工作中发挥个人潜能,才能得以满足。它相当于马斯洛理论中的尊重的需要和自我实现的需要。

与需要层次论不同,E.R.G.理论认为多种需要可以同时存在,如果高层次需要不能得到满足,低层次的需要会更强烈。例如,某人在工作中没有得到领导对其工作成绩的肯定,他会转而追求较低层次需要,即从报酬收入中寻求物质需要的满足。

(3)双因素理论。美国的心理学家赫茨伯格(F.Herzberg)于50年代通过调查发现,促使员工在工作中产生满意或良好感觉的因素与产生不满或厌恶感觉的因素是不同的。对激励而言,存在两种不同类型的因素:一种是激励因素,即能使人们产生满意感,激励员工热情和积极性的一类因素,这类因素与工作内容相关联,如工作上的成就感、工作中得到认可和赞赏、工作本身的挑战和兴趣、工作责任感、工作的发展前途和个人晋升机会等。另一类是保健因素,即若处理不当,也是导致员工产生不满意的因素,如企业的管理政策和监督措施、与周围人之间的人际关系情况、工作环境和条件、工作报酬以及工作上的安全感等。

这两类因素彼此独立,并以不同的方式影响人的行为。具体表现在:当人们缺乏保健因素时,会产生很大的不满足感,但有了它们也不会产生多大的激励作用;相反,当具备激励因素时,人们能产生巨大的积极性和满足感,而缺乏它们时也不会产生太大的不满足感。赫茨伯格提出,激励下属,就要强调成就、认可、工作本身、责任和晋升诸因素的作用。

这种理论实际上是分析了人的各种需求对行为的影响程度,并根据程度大小把人的需求进行了归类研究,以便更好地指导管理实践。在管理措施上应当首先满足人们对保健因素的需要,使激励至少维持在零度的水平,防止产生负向的激励。在此基础上再以工作本身去激发工作动机,谨防将激励因素在实际运用中变成了保健因素。

(4) 需要成就激励理论。美国的行为学家阿特金森从人的个性出发,提出了需要成就激励模式:

$$B=f(P,E)$$

其中,B 代表行为,P 代表人的个性,E 代表环境。

该理论认为,人的行为取决于人的个性和所处的环境。人在竞争的环境中往往会存在两种心理倾向:一种是追求成功的动机,另一种是避免失败的动机。这两种动机力量的强度,取决于人的个性、取得成功的可能性以及取得成功的激励价值。

与阿特金森不同,麦可里兰侧重于用社会原因来研究人的激励问题。他认为人们有追求成就的要求,工作若能给人以发挥其技能的机会,或对人的能力提出挑战,则工作本身就可以使人感到满足。换句话说,完成任务,有所成就,这本身就具有激励性。那么,要激励员工,就必须赋予员工有意义、富有挑战性的工作。

3. 综合型激励理论

综合型激励理论比较有代表性的是罗伯特·豪斯(Robert House)的理论。豪斯把人们从事工作的内在性激励与外在性激励结合起来,提出了有名的综合激励方程。

$$M = V_{it} + E_{ia}[V_{ia} + (\sum E_{ej} \times V_{ej})]$$

其中:

M 代表激励力量;

V_{it} 代表工作任务本身所提供的内在性价值,但不涉及工作完成与否和后果如何;

E_{ia} 代表从自身角度对完成该项工作的可能性估计;

V_{ia} 代表对完成该项工作所获报酬的内在期望,以及对工作的重视程度;

E_{ej} 代表对完成该项工作所获第 j 种报酬的外在性期望;

V_{ej} 代表从外部条件对完成该项工作所能导致获得第 j 种报酬的可能性估计。

把上述公式进行简化,上面公式的右端就变为三项。其中,第一项 V_{it} 如上所述;第二项 $E_{ia} \times V_{ia}$ 表示完成工作所带来的内在性激励作用;第三项 Eia×($\sum$Eej×Vej)代表了各项外在性报酬综合起到的外在性激励作用。这样,公式右端的第一、二项属于内在性激励,第三项属于外在性激励,三项之和表明整体激励力量是内外性激励之和。

上述模型表明,整体激励力量取决于内部、外部两大方面。要提高对员工的激励效果,就必须同时重视员工的内在性激励和外在性激励。

员工内在性激励包括工作本身的内在性价值(Vit)和完成工作给员工所能带来的内在性激励作用(Eia×Via)。提高工作本身的内在性价值可以有许多办法,如采取工作丰富化和工作多样化等措施,让员工感受到工作的乐趣和挑战性;鼓励员工参与决策计划的制定工作;加强对员工的培训,提高他们完成工作的能力等。

对员工的外在性激励取决于员工对各种外在性报酬的追求。所以,要提高外在性激励水平,必须了解员工所追求的外在性报酬的种类及重视程度,采取适当的激励方式。

第二节 激励变革——战略激励

战略式激励的特点是减弱了传统的外来式激励,加强了内在式激励,将传统意义上的管理者的激励职能转化为帮助者和指导者的职能,强调了管理者的激励目标是帮助企业中的每一个人实现最大限度的自我激励。[①] 这是对传统的激励模式的变革。

一、主客体的关系由对立走向统一

传统的企业激励,是雇主对员工的激励,是管理者对员工的激励。雇主及其管理者是激励主体,员工为激励客体,主客体处于一种对立状态。这一方面源于双方根本利益对立;另一方面源于传统激励是建立在对人性不信任或没有信心的基础之上的。

---

① 齐善鸿:《新人力资源管理原理》,海天出版社,1999年,第293页。

20世纪80年代以来,人力资本的重要性为企业深刻认识。企业目标由单一转为多元,既为了利润最大化,又为员工的利益,还要考虑到员工获得全面发展的需要。进入企业的现代员工,在企业目标和价值观的感召下,在思想观念上、行为上认同企业,融合于企业。在共同利益、共同目标的支配下,企业与员工成为利益相关、休戚与共的统一体。

二、经营管理者的激励角色发生变化

传统激励,主客体分明。企业经营管理者,作为企业的代表、企业利益的维护者和激励决策者,是理所当然的激励主体。而广大员工,作为被管理者,是激励的客体。战略式激励的主客体角色发生变化,企业经营管理者的激励角色需要重新审视。

1. 高层管理者成为激励开发的首要客体。企业经理人员、企业家成为激励的重要客体,是现代企业经营管理的新思路,是20世纪80年代以来的企业激励开发的新理念。现代经济是以人力资本为依托的新经济,企业家凝结了高含量人力资本,是在动态经济中,使收益递增,起到经济增长加速器作用的特殊人力资本。但企业家的能力、素质和长期的实践经验,是难以替代的,也是必须通过激励才能开发的。对企业家的激励,是第一层次的激励。

2. 管理者激励主体角色的功能创新。在传统激励中,管理者是绝对的激励主体,由他作出激励决策,发出激励信息和激励行为,视员工为完全被动听从的激励接受者。战略式的激励开发,给予管理者以员工激励的帮助者、指导者和调节者的新的角色确认。其角色的具体职责和任务是:①与被激励者共同商定其工作目标和约束条件;②对被激励者提供必要的培训,帮助其成为自我管理者、自我激励者;③被激励者接受目标后,帮助其制定实施方案,明确完成工作的步骤、方法与标准;④帮助、指导被激励者自行开展工作,随时给其以工作中所需的信息和技术的支持,并根据工作过程中的反馈信息,帮助被激励者不断修正其行为,以最终实现预期目标;⑤对被激励者进行业绩考核与评估,帮助其进一步明确今后工作的努力方向。

三、激励开发的最高境界——自我激励

在现代企业的激励开发中,原来完全的激励主体又是激励客体,而纯粹的激励客体同时也担当了主体角色。赋予每个激励客体以主体角色的是自我激励的出现。

自我激励,顾名思义,即自己激励自己。在现实中,每一位员工都有自我的追求,有保持有关个人价值和生活的意义的需要,如按个人目标追求自我成长与成就的需要,对地位、认可、权力的需要,承担有意义的、重要的或富有挑战性工作,以表明自我能力与价值的需要等。组织一旦具备了满足员工个人需要的条件和环境,员工就能自觉地积极投入组织的工作中,将个人目标与组织目标很好地结合,通过实现组织目标达到个人需要的满足,并实施有效的自我监督、自我鞭策、自我评价与自我控制,自我激励由此而产生。

美国管理学家奥迪恩提出了一个组织成员自我激励的6项原则:

(1) 为自己设置一个目标,时刻不要忘记这个目标。

(2) 用中、短期目标和一定的专门活动来补充、配合与实践自己的长期目标。做工作要从一点一滴做起,从现在做起。

(3) 每年要学习做一项有挑战性的新工作,要学习做一名企业主管。

(4) 在服务工作上要作出优异成绩,要有丰富的想像力和创造力,作出超越他人的突出成绩。

(5) 扩大自身的优势范围,依靠自己的优势,或把自己的劣势转化为优势,在自己的工作领域中,达到优秀专家的水平。

(6) 按照自己设计的目标和一套衡量业绩的标准,进行自我考核与检查。

自我激励是内在化的自觉激励,是一种真正产生激励作用的、持久的激励,是产生于以人为本、生产经营目的多元化的现代企业中的最有效的激励。对组织而言,自我激励是激励开发管理的最高境界;对员工个人而言,自我激励是从消极被动的执行者转换为积极主动的进取者,是个人成长与发展的最佳状态。

四、激励对象扩展

传统企业激励对象是组织内全体员工,而且一般是组织内垂直的、由上至下的层级激励。在战略式激励中,激励客体发生了扩展。

1. 企业内的横向激励加强。在企业现实运作中,部门的横向联系与协作大大增加。许多项目、工作任务必须由不同的横向部门、处于不同作业环节的人员共同协作完成。在这样的运作过程中,就要建立以任务和责任为中心的工作分析、绩效评估和激励机制,发生企业内部门之间横向上的激励。就一个部门而言,本部门员工既可能被别的部门所调遣,接受另外部门的激励;又可能需要调遣别的部门的员工,并对其进行激励。企业内众多部门的相互交错,其人员互为激励对象,形成一个横向的激励系统。

2. 产生和扩大对企业外部人员的激励。在现阶段,企业面临的市场剧烈变化,从生产目标、战略到生产运作,从经营管理到组织机构、组织形式,都不再囿于企业本身,而是冲破了企业边界。企业的发展、企业目标的实现,愈益受到原材料供应商、生意伙伴、客户等企业外部力量的极大影响和制约。因此,现代企业的激励客体,不可避免地扩展到企业外部。

总之,现代战略式企业激励,其激励对象既有纵向层面上的,又有横向层面上的,既有企业内部人员,又有企业外部人员,构成一个立体交叉、相互有机联系的激励网络系统。

五、激励变为双向运行方式

现代企业战略式激励为组织与员工双方利益目标的实现而进行激励,现代企业激励开发是组织与个人双向信息交流、双方目标结合、双方行为互动的过程。其运行基本包括4方面依序进行的工作过程:

(1) 双向信息交流;

(2) 双方各自工作行为与方式的选择;

(3) 工作评价与奖励,将阶段考评信息反馈给双方,以随时修正各自的工作选择;

（4）总结、比较及双向交流与反馈。

在以人为本的现代企业人力资源管理时期,若离开个人目标,激励动力就会丧失,企业便失去了生存发展的动力与活力。因此,主客体利益的协调和目标的统一,成为企业激励开发的目的和出发点。

第三节 激励原则与方法

一、激励原则

要提高员工的绩效效果,必须使激励行为规范化、制度化,坚持以下激励工作的基本原则。

1. 组织目标与个人目标相结合原则

在激励机制中,目标设置必须体现组织目标的要求,否则激励将偏离实现组织目标的方向。目标设置还必须能满足员工个人的需要,否则无法提高员工的目标效价,达不到满意的激励强度。只有将组织的目标和个人的目标结合好,使组织目标融合较多的个人目标,使个人目标的实现离不开为实现组织目标所做的努力,这样才会收到良好的效果。

2. 物质激励与精神激励相结合

物质激励与精神激励分别满足人们生理和心理的需要。人不仅有物质需要,还有高层次的精神需求。所以,在激励实践中应该是物质激励和精神激励相结合。

物质激励的作用是表面的,激励深度有限。在实施两种激励时,就某个人或在某种特殊情况下,有时物质激励是主要的。然而,随着生产力水平和人力资源素质的提高,应该把激励的重心转移到以满足较高层次需要即社交、自尊、自我实现需要的精神激励上去。物质激励是基础,精神激励是根本,从社会的发展趋势看,适应社会的不断进步,在两者的结合上,要逐步过渡到以精神激励为主。在这个问题上应避免走极端,迷信物质激励会导致拜金主义;迷信精神激励又可能导致唯意志论或精神万能论。这两种趋势都是片面的、有害的。

3. 区别对待,灵活激励

所谓区别对待,是指:(1)因人而异。不同的员工,渴望满足需要的类型、层次不同,对甲员工能够形成激励的措施和手段,对乙员工的激励作用可能会很小,或者起到一些反面作用。(2)每个人可能同时有几种需要,要分清主次、轻重缓急,进行灵活激励。例如,一个人在一定的时期内,可能既有物质需要,又有社交需要、尊重的需要等,灵活激励,满足其目前最主要、最重要的需要可以达到最好的激励效果。(3)每个人在不同的时间有不同的需要。个人的需要是动态的,因时而异。激励内容和措施非一劳永逸,要不断进行深入的调查研究,了解和掌握员工不同时间的需要层次和需要结构的变化趋势,有针对性地适时采取灵活激励措施,才能收到实效。

4. 坚持激励的公正性

公正的激励,即以实事求是的态度,以客观事实为依据,恰如其分地进行激励。首先,应进行严格而认真的民主评议与考核,以保持激励的公正和科学性。其次,必须反对奖励中的平均主义。平均奖励会形成干多干少、干好干坏得到同样结果的不良风气,实际上等于奖差罚优,这将失去激励作用。应当使奖励与工作实绩真正挂钩,敢于重奖有功者,相应地也敢于惩罚工作业绩考核不合格者。再者,组织对所有员工必须一视同仁,不允许视职位高低来激励,不能以感情代替政策,以偏见替代标准。失掉了激动的公正性,真正的激励便不存在。

5. 激励要明确

激励的明确性原则包括三层含义:其一,激励表达明确。激励的目的是让更多的人知道"需要做什么"和"必须怎么做",如果激励表达模糊不清,就缺乏应有的引导作用。其二,激励要公开。特别是在分配奖金等员工密切关注的问题上,激励的透明度和公开性是有说服力的,而且有利于对激励的公正性形成监督和约束。其三,激励实施要直观。实施物质奖励和精神奖励时都需要直观地表达它们的指标、完成情况和授予奖励与惩罚的方式。直观性与激励的心理效应成正比。

6. 掌握和运用好激励技术

激励技术,即激励的具体操作,它是激励的关键因素,对激励的成败有重要影响。

(1)激励时机的把握。激励在不同的时机进行,其作用和效果是不同的。超前的激励,使人们漠视激励,达不到激励应有的功效;滞后的激励,会使人感到多此一举,失掉激励的意义。激励越及时,越有利于激发人的内在动力。

(2)激励频率。激励频率是指一定时间里进行激励的次数。激励次数多,频率高;反之,频率低。激励频率对激励效果有非常显著的影响。但是,二者间并非一定是正相关关系,在有些条件下,频率高,效果不一定好;反之,频率低,效果也不一定差。这是因为激励频率和效果均受诸多因素的制约和影响。

制约激励频率的客观因素很多,如工作的内容、性质及其复杂程度,任务目标的明确程度,工作及人事条件与环境,被激励者的思想、文化、技术素质状况及对工作满意程度等。激励频率应根据具体情况而定,以达到最好的激励效果和激励目标为目的。

(3)激励程度。激励程度是指激励量的大小。激励量大或小,要以被激励者的工作业绩为标准。对工作有突出贡献者、出色完成任务者,理应给予高奖励;较之稍逊色的,则给予相对低的奖励。若滥施激励量或保守吝啬,非但起不到激励作用,还会挫伤被激励者的积极性。激励量只有与被激励者功绩的大小相符,才可望发挥激励的作用并达到目的。

二、激励过程的要素

1. 激励过程的关键要素

本书第三章第二节已述激励过程。激励过程可以分解为彼此之间相互联系和相互作用的要素如下:

(1)需求。需求是人们的一种主观体验,是人体内部的一种不平衡状态,是某种客观性和必然性的反映。需求是产生人的行为的根源,了解和掌握人的需求才能有针对性地采取激励措施。人的需求主要有三个来源:①自身内在的生理需求,如饥饿是对食物的需求;②外部影响诱发的需求,如新产品宣传引起的购买需求;③自我心理活动引起的需求。如某人因为想成为管理者,从而产生的培训、管理实践需求等。

人的需求有层次性,多种多样的需求也有多种划分方式。例如,根据需求的起源,可以分为自然需求和社会需求;根据需求的对象,可以分为物质需求和精神需求等。

(2) 动机。动机是在需求的基础上产生的。当人的某种需求没有得到满足时,就会产生满足这种需求的行为动机。需求和动机从某种意义上说,并没有本质区别。前者着重于体现主观感受,而后者则强调为满足某种需求而支配行为的心理活动。

动机的产生主要有两方面的来源,一是人体自身需求产生的动机;二是外部刺激引发的动机。在现实生活中,人的行为往往取决于需求与外部诱因的相互作用。如果没有某种需求,就不会有某种行为目标;而没有某种行为目标或某种外部诱因,不存在某种需求,也就不会产生这方面的动机。动机有多种分类方法,如表 17-1 所示。

表 17-1 动机的类型

划分依据	动机类型	涵义说明
根据动机的起源	自然性动机(驱力)	由自然需求引起,目的在于满足自然需求
	社会性动机(动机)	以个体的社会需求为基础,目的在于满足社会需求
根据学习在其中的作用	原始动机	与生俱来,以人的本能需求为基础
	习得动机	后天习得,是人对社会生活与环境的反应

资料来源:MBA 必修核心课程编译组,《人力资源:组织与人事》,中国国际广播出版社,1999 年,第 441 页。

(3) 行为。当某种需求没有满足,激发了要满足这种需求的动机后,就会产生相关的行为。行为是内在需求与动机的外在表现。

2. 需求、动机与行为的关系

需求、动机与行为之间存在着直接的、因果式的关系。需求是动机产生的基础,动机是行为的驱动力,行为的目标又是为了满足需求。

(1) 动机对行为的功能。人的行为之所以千差万别,是由于个体差异和环境差异造成的。不同的行为有一个共同之处,即它们都是在一定的动机促动下产生的。动机对行为有三种主要功能:①始发功能,即动机是行为的原动力。②选择功能,即动机决定行为的目标和方向。③维持和调整功能,即动机维持和调整行为的持续性,决定行为是否持续下去,是否需要加强或削弱,是否需要改变方向,等等。

(2) 动机与行为的不对称性。动机是行为的内在动力。但这并不是说,动机与行为是一一对应的关系。有时,某种动机并不一定引起某种行为,某种行为也并不只是某一种动机的结果。动机与行为的不对称性有以下几种情况:①同一种行为包含不同动机,不同动机通过同一种行为表现出来,以实现不同目标。②同一种动机导致不同行为,以实现相同的目标。③同种行为有不同作用的动机,有的是主导动机,为了实现某种主要目标;有的是次要动机,为了实现次要目标。④某种动机导致某种行为,但在实现目标上,却可能达到了预期目标、未预期目标,甚至是相反的目标。

(3) 动机强度与工作效率。动机强度直接影响着人的行为。首先,动机强度取决于自身需求与外部诱因力的大小。需求越强烈,诱因力越大,则动机强度越大。其次,取决于目标与个人现状之间的距离。如果目标与个体现状的距离较近,成功的可能性较大,则动机强度较大。最后,动机强度还取决于动机的社会意义。如果动机具有一定的社会意义,并且个体或群体对其社会意义有一定了解,则动机强度大。另外,动机越强,则行为推动力越大,但并不意味着工作业绩越高。当动机强度与工作业绩处于适当水平时,工作业绩才是最佳的。

三、激励类型与激励保障系统

1. 激励的类型

激励是从人们客观存在的需要出发,依据一定的条件,帮助人们确立合适的目标,从而激发人们的动机,促使人们采取相应的行动。激励即满足需要,激励即实现目标。但是,人们的客观需要和主观的目标追求存在差异,采取的激励方式必有所不同。

(1) 按照激励内容,可以分为物质激励和精神激励。激励的内容是指以什么作为媒介物来进行激励。能成为激励媒介物的东西是能满足人们需要的东西。激励内容也可以分为物质激励和精神激励,两种激励的区别,不在于媒介的存在形态,而在于媒介的功能作用。就存在形态而言,两种媒介都有物质实体,都是物质存在;但就功能与作用来说,物质媒介与精神媒介则有不同的内涵,可以满足人们不同的需要。例如,一笔奖金,可以购置相应的消费品,改善物质生活,但不一定能使人们获得荣誉感和成就感,而后者有时可能是人们更需要的东西。在这种情况下,就需要以精神媒介为主的其他的激励形式,此时,褒奖和晋级可能比奖金更有意义。正确处理物质激励和精神激励的关系,是激励工作中最普遍的最重的问题。

(2) 根据激励的方向,可以分为正向激励和负向激励。激励的方向是指从什么方向调节人的行为。人们的动机从作用上分类,不外乎两种:一是有积极意义的动机,对这种动机应该强化;一种是有消极作用的动机,对这种动机应该调整。当人们采取措施抑制或改变某种动机时进行的是负向激励。必须把负向激励和强制性措施区分开来,两者是性质不同的管理手段,强制性措施立足于控制人们的行为,只考虑约束人们的不轨行为,一般不考虑其动机如何。换言之,强制性措施是从外部对人们的行为加以约束,使人们不敢干某种事,而不考虑人们是否想去干某种事情。负向激励也是一种激励,通过影响人们的动机,使人们从想干某种事转变为不想干某种事。负向激励不像强制性措施那样依靠制止和惩罚,而是重视诱导,重视调整人们的愿望和目标。

(3) 根据激励的对象,可以分为他激励和自激励。对他人进行激励,是调整他人的动机;对自己进行激励,是调整自己的动机。前一种激励容易理解,后一种激励也不能忽视。一个人的精神状态如何,影响自己的工作。如何调动自己的积极性,对提高自己的工作效率是一个重要问题。有时候,人们不是不想工作,也希望有所作为,但却因为种种原因缺乏动力,或者因为工作成绩长期不显著而泄气,或者因为工作头绪杂乱而心烦等。在这时候,自我激励具有特殊的意义,它能使人们帮助自己明确方向,树立信心,增强干劲。自我激励和对他人进行激励一样,也是从需要、目标、条件三个方面入手的,通过分析自己的需要,选择合理的目标,寻找切实的手段来调整自己的愿望和动机;其中,目标选择最为重要。实际上,人们缺乏积极性的原因,往往是因为没有一个明确可行的目标。这种目标一经确立,本身就是一种动力,能够使人们感受到工作的意义,从而带来工作热情和积极性。

2. 激励的保障系统

企业要完成对员工的有效激励,必须在客观上建立一整套的激励制度,设置专职部门,配备一定数量的人员,这就形成了激励的保障系统。该系统包括:

(1) 机制保障。激励的机制保障体现在建立优良的立体激励网络,不断强化激励的技术性。在建立立体的激励网络方面,要突出全方位激励、全过程激励和复合型激励。全方位激励是指从高层管理者到员工的全方位多层次地进行激励;将激励贯穿到企业生产经营管理的全过程,就形成全过程激励;复合型激励是指激励方式的多样性,从而形成一整套复合激励的方法体系。

在上述前提下,还要注意应用过程中的技术问题,其核心与实质就是激励方式和激励手段要因人、因时、因地而异,抓住时机进行激励。

(2) 环境保障。环境保障主要是建设组织内部的软环境,逐步建立良好的激励氛围。有了健康的激励氛围,激励政策才能得以顺利实施,并且保证反馈信息不失真。

企业健康的激励环境,就是"以人为本"的感受环境。企业文化的构建在其中有重要的关联作用。在利益引导上,要帮助员工对获得利益的原则有一个正确的认识,树立正确的价值观和利益观,从促进员工的发展角度着眼,在细微之处体现组织的人本管理理念,营造一个健康向上的企业激励环境。

(3) 制度保障。它是指激励政策与约束政策要配套。激励和约束是相互依存的,如果只注重激励而忽视约束,激励实行者的权利无约束地扩张,这样不但会导致不同利益群体之间的摩擦与冲突,而且易造成客观失控。

(4) 专业人员保障。建立一支优秀的包括企业家在内的企业管理队伍是企业激励开发的人员保障。如果现代企业没有一支具有良好素质、善经营、会管理的企业高层管理队伍,组织的战略式激励就缺乏人员保证。

(5)民主与监督保障。完善激励的民主与监督保障,就要加强企业工会和职工代表大会的建设,在加强民主参与、民主管理和民主监督的力度过程中要包含激励政策和行为。

四、激励方法

在企业日常管理中,经常使用的激励方法有三种:

1. 以奖惩为杠杆的激励

奖励和惩罚是激励的基本手段。奖惩式激励的特点,首先,作为员工需求对象的奖惩物,与作为奖惩依据的工作成效之间,是人为设定的关系,而不是客观具有的关系。也就是说,员工不能从工作成效中满足自己的需要,要从与工作成效相关的附加物中满足自己的需要。其次,员工的工作动机,不是由工作成效引起的,而是由与工作成效相关的奖惩引起的,如果没有这种奖惩,员工就可能失去工作积极性。再者,奖惩式激励是最常见的激励。从广义上说,当工作还未成为人们的需要,而只是谋生的手段时,以工作报酬的方式向员工支付薪酬、奖金等,本身就是一种奖惩激励。因此在企业中,提高薪酬和奖金,是用得最多的激励方式。但奖惩式激励远不止提高薪酬和奖金这一种方式。

国家规定的奖励一般分为:记功、记大功、授予奖品或奖金、升级、升职、通令嘉奖等六种。组织内部可以自行制定相应的奖励措施,如设立优秀员工奖、技术标兵奖、特殊贡献奖、合理化建议奖等项目。

常用的奖励原则与技巧为:(1)对于不同的员工应采用不同的激励手段。(2)注意奖励的综合效价,应该尽量增加物质奖励的精神含量,不仅使获奖者只满足物质的需求,而且能够在精神上激发其荣誉感、光荣感,从而使激励效果由浅入深,激活其内激励。(3)适当拉开实际效价的档次,控制奖励的效价差。(4)适当控制期望概率(即员工主观上认为自己获奖的概率),这就要求组织的奖励措施、奖励范围应当提高透明度,将真实的信息让员工了解,使员工对奖励的期望概率达到与实际接近的水平,否则会诱发一系列挫折心理和挫折行为。(5)注意奖励的尺度。奖励什么,奖励的程度如何定,奖励的面有多大,这些关于奖励尺度的问题,组织可以根据具体情况来确定。

有奖必有罚。与奖励手段相对应,企业使用的正规的惩罚手段包括国家和企业两个层次。国家规定的一般惩罚分为:警告、记过、记大过、降级、降职、撤职、开除留用察看、开除等。企业内部的惩罚措施有扣发奖金、罚款、辞退、除名等方式,不同的组织有自己的惩罚标准和制度。惩罚的基本原则:首先,惩罚是一种负强化的激励手段,不宜在企业内频繁、大量使用,应尽量选择适当的惩罚方式,缩小打击面,扩大教育面。其次,将原则性和灵活性相结合。在管理过程中依制度办事,执法要严,但在惩罚中讲究严得合理、合情,达到以儆效尤的目的,这就是管理艺术。

2. 以目标为导向的激励

目标导向激励,是以帮助员工树立行为目标并强化其目标意识的方式所进行的激励。目标理论认为,员工在同样需要的基础上可能产生多种目标,如果能使员工的个人目标和工作目标相融合,就能够激发员工的内激力。

目标激励方法有利于组织内部意见的沟通,减少实现目标的阻力。目标导向激励的关键在于如何把员工的目标和公司的目标相融合,即如何使工作要求转化为员工的行为目标。奖惩式激励以给工作要求附加奖惩物的方式实现这种转化;目标导向激励则不同,它通过帮助员工分析其需要状况和实现需要的条件来实现这种转化。在企业实践中,目标导向激励最有代表性的是目标管理制度的推行。目标管理,就是把工作任务具体化为目标,将具体化的目标作为人们工作的方向和标准,要求人们经常地、自觉地用来检查和督促自己的工作,通过目标管理可以把目标管理系统化和制度化。企业可以通过检查各部门、各岗位的目标实现情况来保证企业整体目标的实现;员工可以通过检查自身岗位的目标实现情况,并与部门和企业的目标加以对照来评价自身的工作意义和工作成效。

3. 情谊沟通式激励

情谊沟通式激励的原理是：人在本能地适应环境的过程中，对周围事物及其变化在认识上的褒贬、情感上的好恶、行动上的取舍，都能体现人们对于工作的态度。工作态度可以分为三种：被迫式工作、主动式工作和创造性工作。三种工作态度产生不同的工作效果，需要采用不同的管理方式进行激励。

情谊沟通式激励方法主要是通过正式沟通（如员工接待日制度、员工心态调查等）和非正式沟通（如娱乐休闲活动、家庭访问等）渠道展开的，旨在及时了解员工的心态状况、协调人际关系等。

4．战略式激励理念与方法

战略式激励强调管理者的激励目标是帮助企业中的每一个人实现最大限度的自我激励。管理者的决策作用下降，很多决策的责任下放给了更接近实际业务的一线管理员工。管理者最主要的职责是做下属的教练和培训者，帮助他们发展自己，实行自我激励；同时，最大限度地保证员工的行动目标与企业的目标相匹配。其具体运作如下：

（1）管理者帮助下属确定目标。确定目标不是单向的过程，而是管理者与其下属共同参与的，目标在充分考虑双方利益的条件下通过积极的讨论来确定。

（2）被激励者开始自我激励过程。员工在接受目标后，进行决策，确定完成工作的步骤、方法、标准；在管理者的帮助下自行开展工作；工作过程中，根据反馈信息不断自行修正行为以最终实现目标。

（3）管理者提供培训、帮助。做员工的指导者成为管理者职责的重点。管理者提供框架来培养员工成为自我管理者，训练他们的能力，使其能够并愿意去确定自己的目标、标准、责任，并随时给予下属在工作中所需的信息、技术支持。

（4）对被激励者业绩的度量。激励成为有效的行为，对被激励者工作结果的度量是必须的。随着企业竞争环境、经营意识的改变，对被激励者工作的度量指标也逐渐变得具有挑战性，如"合作意识"、"团队精神""决断性"等。度量主体也随之多元化，除了传统的直接上级外，还有同事、下级、客户、团队小组成员等，是一种360°的全方位度量。

几种较为有效的战略式激励手段如下：

(1) 企业的使命、价值观。改变被激励者的观念,使被激励者从自身意愿出发,采取管理者需要或者期望的行为的一种心理诱导方法。这种心理诱导所产生的自豪感、所激励出的工作动力强度大,也比较稳定。这种企业使命、价值观的激励从新员工进入企业就开始,可以为员工的自我激励奠定一个良好的基础。

(2) CPS战略。CPS(Co—Prosperity Strategy)战略,也称"共同繁荣"战略,是缔造企业利益共同体的一项战略,包括从企业的本质利益关系上产生出来的一系列规划和计划。企业就是所有者与员工的利益共同体,因此,必须把所有者与员工的共同繁荣作为企业的一项基本战略,否则,任何单方面追求自身利益的最大化都是不现实的。在操作上,员工持股计划、企业与员工收益共同增长计划、企业对员工的发展投资计划等都收到了良好的效果。

(3) 职业生涯计划,也称"职业生涯设计",是企业管理者帮助进入企业的每一位员工设计个人的事业发展计划,并协助进行定期评估,依此将个人在企业中的工作和个人的发展紧密联系在一起,从而达到工作者自我激励的目标。

除了上述的几类激励方法之外,还有企业对员工进行人力资本投资,个人获得学习、成长和发展的机会,员工工作内容丰富化、扩大化,分配员工具有挑战性的工作等新的激励方法和手段。这些手段的运用,使企业逐步实行整体配合激励策略,从注重外部控制到内部激励的引导,从使用硬性措施到软性管理开发,从注重短期激励效果到长短期效果的结合,从他激励到自激励等多方面的创新。

参考资料

1. 谢晋宇、吴国存、李新建:《企业人力资源开发与管理创新》,经济管理出版社,2000年。
2. 张玉利:《管理学引论》,西南财经大学出版社,1994年。
3. 赵曙明:《人力资源管理与开发》,中国人事出版社,1998年。
4. 戴良铁、伍爱:《人力资源管理学》,暨南大学出版社,1999年。

5. 刘正周：《管理激励》，上海财经大学出版社，1998年。

思考题

1. 选择过程型激励理论之一，结合实际论述其在实践中的应用。
2. 激励的基本原则是什么？
3. 激励过程的关键要素有哪些？
4. 调查一些企业，对其激励实践进行分析。